中ソ関係史 上

History of Sino-Soviet Relations, Volume 1: 1917-1960

1917-1960

沈志華 編
熊倉潤 訳

東京大学出版会

History of Sino-Soviet Relations, Volume 1
1917–1960

Shen Zhihua, Editor
Translated by Jun Kumakura

University of Tokyo Press, 2024
ISBN978-4-13-026179-1

中ソ関係史　上

目　次

【中ソ関係史　下（一九六〇―一九九一）　略目次】

中ソ関係史　上（一九一七―一九六〇）

I 不確かな相手（一九一七―一九四九）

楊奎松

一九四九年、中華人民共和国建国の前夜に、毛沢東は中国共産党が政権を獲得した主な原因を以下のようにまとめた。第一に、ロシア革命が「われわれにマルクス・レーニン主義を送ってきた」ために、中国共産党が生まれたこと。第二に、ロシア革命の勝利が、「ロシア人の道を行くこと――それが結論である」というお手本をわれわれに提供したこと(1)。

しかし、中国で最も早く主体的にロシア人に助けを求めたのは、もともとロシア共産党の人たちに重んじられていなかった「プチブル革命家」の孫文であった。モスクワは一九二三年の秋以来、孫文率いる国民党に全面的な指導と援助を行いはじめ、たった四、五年あまりで孫文が四〇年間率いてきた小さな組織を中国最強・最大の政治勢力に一変させた。国民党は自らの「党の軍」を持つようになり、中国大陸を武力統一したのである。

これと比べると、一九二一年にロシア人の支援で打ち立てられた、数十人しかいない中国共産党は、はじめ地下活動にいそしむほかなかった。彼らはモスクワの指示に従い、国民党に全員加入し、国民党の発展を助けると同時に迅速に勢力を強大化させたが、「身は曹操の陣営にあっても心は漢王朝にある」ということばどおり、国民党との衝突は避けられなかった。孫文が死去し、軍人出身の蔣介石が国民党の領袖となると、中国共産党の人たちはすぐに国民党から排除され、農村に追いやられ、ロシアにならって「ソヴィエト革命」をすることを迫られた。

一九二八年、国民党は中国の統治を基本的に確立した。中心都市と主要な交通路から遠く離れた辺鄙な農村でしか生存、発展できなくなった中国共産党の人たちには、国民党の支配的地位に挑戦することは難しかった。ところが、毛沢東が晩年に語ったように、日本の侵略がかなりの程度、中国の政治情勢を変えたのである。一面では、当時同じく脅威をひしひしと感じていたモスクワが中国に対する政策方針を調整した。また一面では、「ソヴィエト革命」が惨憺たる失敗に終わると、軍事に秀で、実務に優れ、かつ独立した考えの持ち主であった毛沢東が中国共産党内で台頭した。そのため中国共産党は一九三七年の抗戦開始後、徐々に再起することができた。八年の時を経て、中国共産党の党員と軍はそれぞれ二、三万人から百万人規模に発展した。こうして中国共産党は、日本に中国の大半を奪われた国民党に匹敵するほどの力を得たのである。

一九二〇年代から四〇年代の中国政治およびその歴史の展開において、ソヴィエト・ロシア（ソ連）の役割は誰の目にも明らかである。国民党にせよ、共産党にせよ、その勝利はどちらもソヴィエト・ロシアなしにはありえなかったのであり、その失敗もまたどれもソヴィエト・ロシアが関係していた。しかし、中国の政治状況と外部世界のこの複雑かつ込み入った関係は、中国現代史を極めて豊かにするとともに、後世の人が振り返って考える価値のある物語を数多く残したのである。

第１章　中ソ国交樹立の声のなかでの革命輸出

一八四〇年のアヘン戦争以来、中国は、列強に虐げられ、圧迫される一種の半植民地状態に日増しに陥っていった。国家のこうした状況を変えるため、中国の心ある志士たちは西洋に学び、知識を取り入れる努力をした。しかし、ロシア一〇月革命の勃発に至るまで、中国の状況は実質的に変化しなかったばかりか、軍閥割拠と戦争のため、いっそう脆弱なものとなっていった。中国の人々は、第一次世界大戦の勝利により、アメリカ等の国々が公正に仲裁することを再度望んだが、パリ講和会議が不公正な結論を出したため、多くの急進的知識人および青年学生は社会主義に向かう革命ロシアに目を向けるようになった。ソヴィエト・ロシアの政権が徐々にヨーロッパ・ロシアから極東に拡大するにつれ、レーニン率いるロシア・ボリシェヴィキは世界革命の理念から、ロシア革命の経験を極東に輸出しようとするようになった。彼らは一方で、資本主義世界の慣行に準じて、外交的手段を通じて中国政府と関係を持たざるをえなかったが、また一方で、自らの反資本主義のイデオロギーをなおも堅持し、中国の様々な急進勢力の中から同盟者を探すことに努めた。そのため彼らは中国共産党を組織することを援助しただけでなく、中国革命をソヴィエト・ロシアが望む世界革命の軌道に乗せるのは孫文と彼が率いる国民党であると、かなりの程度見定めていたのであった。

1　中国社会に対する一〇月革命の衝撃

一九一七年一一月七日、ロシアの巡洋艦「アヴローラ号」の砲声は全世界を夢から覚まし、ペテルブルクの空をはためく赤旗は、世界中のあらゆる資産階級政府を驚愕させた。この恐れおののく気持ちはたちまち世界中の世論に伝わり、またロシア二月革命以来、ロシアの前途を心配し続けていた多くの中国の知識人エリートにも伝わった。

中国の新聞・刊行物では、この年のはじめの数カ月間、ロシア二月革命がツァーリを打ち倒し、共和憲政の実施を準備していることについて称賛の声が溢れていた。しかし、四月以降、各紙はほぼどれも、欧米・日本の新聞報道を受けて、いわゆる「ロシア社会主義の連中」、「極端主義者」、「極左党」と二月革命後に成立したロシア臨時政府の矛盾・衝突、さらには「党派対立、政令の混乱、労働者と兵士のさぼりぶり」、ボリシェヴィキのストライキ、ロシア国内でまたもや大混乱が起きているといった報道に注意を向けるようになった。[2]このとき、多くの中国の知識人のロシア二月革命と一〇月革命に対する態度には二とおりあった。一つには、中国はこのとき第一次世界大戦に協商国の側で参戦していたことから、同じく協商国側のロシアの敗戦を見たくない気持ちがあった。もう一つは、ロシアの帝政を打ち倒した二月革命は、まさに中国の辛亥革命の後塵を拝し、世界の民主共和の大潮流と合致するものであると信じられていたため、過激派の「際限ない欲望」によって、再び「フランス革命の轍を踏み」、「殺人流血の惨劇」を演じるまでになってほしくないという気持ちがあった。[3]

しかし、わずか半年後、中国の新聞や世論のロシア革命に対する見方は、またも徐々に変わりはじめた。最も早くロシア平民革命の勝利に歓迎の意を示したのは、無政府主義者たちであった。彼らはロシア無政府主義の代表的人物であるクロポトキンとボリシェヴィキが協力し、労農政府が労働者、農民の利益を特に重視していた点に鑑み、率先してロシア一〇月革命に賛成する言論を発表した[4]。一九一八年五月末になると、孫文率いる中華革命党の『民国日報』もソヴィエト・ロシアに対する態度を変えはじめ、孫文もレーニンに電報を送り、社会革命の勝利に極めて大きな敬意を表明した[5]。その後、改革派の新聞雑誌も「極端な社会主義者」を嫌悪する態度を一変させ、ロシア革命により社会主義は「一日千里を行く勢いで盛り上がっており、もはや止めることはできない」と断言しはじめた[6]。

一九一八年末になると、第一次世界大戦が終わり、民主が専制に勝ち、オーストリア・ハンガリー帝国からドイツ帝国、ツァーリ政府に至るまで次々に倒れた。その一方でロシアの社会主義政権が台頭し、社会革命がヨーロッパ大陸で澎湃として起こり、資本主義世界は大きな衝撃を受けた。中国の多くの若い知識人は敏感にも、「今、世界の新しいうねりが怒濤のように東欧で沸き起こっている」、「ロシア式の革命――社会革命――が至る所に広まりつつある」と感じ取っていた[7]。一〇月革命以降、日本の新聞の助けを借りて、ヨーロッパ・ロシアの社会革命の形勢を精力的に観察、研究していた北京大学教授の李大釗は、「吾人はロシアの今日の事変を受け、世界の新文明の曙を翹首して迎えるものである（中略）。目下一時の混乱をいたずらに悲観すべきでない」との考えをこのとき公にしていた[8]。

一九一九年に入ると、北洋軍閥安徽派の政客たちさえ、「社会主義研究会」を発起しようとしはじめた。当時の国民の社会主義に対する心理状態は、まさに瞿秋白の言うように、「カーテンを隔てて朝靄を見る」にすぎず、「十分にはっきりと理解されていなかった」。「社会主義の流派、社会主義の意義、どれも混乱し、十分にはっきりと理解されていなかった。まさに水の流れを長く止めていた水門を開けたときのように、水があちこちに流れ出し、音を立ててしぶきが飛び散るも、流れる方向は定まらなかった[9]」。しかし、一つ明らかであったのは、この年にパリ講和会議が中国の国民感情を傷つけるという事件が起ころうが起こるまいが、社会主義の思潮が中国で急速に盛り上がり、ソヴィエト・ロシア革命の観念と主張がその後の中国社会に影響を与えることがすでに決定的となったことである。

2　中国共産党の形成

ロシア革命ないしロシア式の社会主義が中国に影響を与える過程は漸進的なものであった。しかし、中国人はアヘン戦争以来、様々な方法を試していた。清朝の統治を覆し、帝政を廃し、政治制度から法律、教育、そして軍事と技術については言うまでもなく、様々な面で西洋の先進的なものを取り入れようと学ぶ努力をしてきた。結果的に国家は真の独立を果たせず、それどころか軍閥割拠によって分裂し、新興帝国主義国家日本の中国植民地化の侵略計画を大いに利することとなった。日本は、一八九四年の甲午戦争で朝鮮、台湾、澎湖諸島を奪い取り、一九〇四年の日露戦争で旅順・大連および南満洲鉄道に進出、一九一四年には第一次世界大戦に乗じ、ドイツに宣戦したという名目で中国の膠東半島を占領、一九一五年には袁世凱政権に「二一ヵ条」の締結を迫り、一九一八年には段祺瑞政権と軍事密約を結び、「共同防衛」の名目で中国での軍事行動の権利を得た。日本の振る舞いに不満な中国の人々は、欧米列強に公正な裁定を望むよりほかなかった。

第一次世界大戦の間、中国は協商国の陣営に加わることを宣言した。協商国の多くは民主制、共和制の国で、アメリカ大統領ウィルソンが民族自決を唱えていたことから、思想界と世論では、戦後の世界秩序に対し、希望が大いに高まった。それゆえ、戦争終結後の一九一九年春に協商国の首脳がパリで平和会議を開催したとき、社会の名士、新聞記者らは、「公理は強権に勝つ」という美しい期待を胸にパリに集まり、平和会議が中国人のために公正な秩序を主導するという吉報を静かに待った。ところが中国人にとって大いに意外だったのは、平和会議は中国政府の要求と国際公法を無視して、日本が中国の膠東半島の独占的支配を継続することを放任したことである。このニュースが伝わると、国中が大騒ぎになり、多くの青年、学生が街頭に出て、学生、民衆の「五・四」反日運動が高揚しただけでなく、多数の青年知識人と学生が急進的な行動に走ることとなった。

「五・四」運動後の中国の人々は、社会主義思想の主張にますます注目するようになった。しかし、ソヴィエト・ロシアの赤軍は当時まだ極東地域に進出しておらず、ソヴィエト・ロシア革命の情報も主に日本、欧米を経由して伝わってくるものしかなかった。そのため、中国の急進的知識人に広まりはじめていたのは、まだボリシェヴィズムではなく、無政府主義と無政府主義的色彩のある「互助主義」「泛労働主義」「工読主義」「協同組合主義」「新村主義」等であった。しかし、一九世紀末から二〇世紀初めと明らかに異なっていたのは、およそ中国社会の根本的改造の道について討論に加わっていたすべての人たちが、当節最も力があるのが「労働者」であり、最も神聖にして輝かしいのが「労働」であると認めはじめていたことである。実に多くの人が以下のように固く信じていた。労働者は万物の創造者であり、資本家、官僚、軍閥等々は恥ずべき略奪者である。社会に存在する貧富の差の根本的原因は、『私有財産私有企業』の八字のみである」。ロシア、オーストリア、ハンガリー、ドイツで発生した革命は、「プロレタリアートがこの貧富の差を徹底的に改革する革命であり」、「この風潮は必ずや遠からず波及してくる[10]」。

一九一九年の夏から秋にかけて、ソヴィエト・ロシア政府は、ヨーロッパ地域において着々と足場を固め、アジアに向かって進出しはじめた。八月二六日、ソヴィエト・ロシア政府は、自らの政策が列強各国と異なることを中国の大衆に理解してもらうため、「ロシア・ソヴィエト連邦社会主義共和国政府の中国人民および中国南北政府に対する宣言」を発表した。宣言は、以下のようにいう。ソヴィエト・ロシアの赤軍がウラル山脈の東部に進出したのは、覇道を行い、人民を奴隷にするためではなく、「人民を外国の刀と外国の金の桎梏から解き放つためであり」、同時に喜んで「中国人民を助ける」つもりである。そのためソヴィエト政府は、「ツァーリ政府が中国人民から略奪した、あるいは日本人、協商国と共同で略奪したあらゆるものを中国人民に返還する」つもりである[11]。この外交宣言が知られると、中国の各民衆団体はソヴィエト政府に次々に電報を送って感謝を表明し、ロシア革命に対しますます好奇心、好感を強めた[12]。

ソヴィエト・ロシアの政策の重心はこのときまだヨーロッパにあった。これはレーニンの、つまり伝統的なマルクス主義の観点によれば、全世界、特にヨーロッパの先進資本主義国家において共同の勝利を得てはじめて、一国で発生する社会主義革命は強固となり、最終的な成功を得られるからであった。それゆえ一九一八年から一九一九年にかけて、ソヴィエト・ロシアは革命後に得られた経済的・政治的資源を利用して、ヨーロッパの革命、とりわけドイツ、ハンガリーの革命を大いに援助した。一九一九年三月初めには、世界革命の推進に力を入れる「世界共産党」――コミンテルンを設立させ、指導の統一とヨーロッパ革命の援助を図った。しかし一九二〇年に入ると、ドイツ、ハンガリーの革命は相次いで失敗した一方、ソヴィエト・ロシアの赤軍はシベリアと極東地域に進出し、日本の「米騒動」、朝鮮の「三・一独立運動」、中国の「五・四」愛国運動に注意を向けるようになり、ソヴィエト・ロシアの共産党とコミンテルンは、極東三カ国における革命宣伝と組織発展工作に迅速に着手した。一九一九年夏、ロシア共産党中央委員会政治局はヴォイレンスキー（維連斯基）を外務人民委員部極東事務全権代表に任命し、ガポン（加蓬）を副全権代表に任命し、彼らに以下の任務を与えた。（1）日本、アメリカ、中国の利益衝突をできるだけ激化させる、（2）中国、モンゴル、朝鮮各民族の群衆を覚醒させるように努め、外国資本の圧迫に反対する解放運動を推進する、（3）これらの国の革命運動を支持し、宣伝煽動工作の強化を援助し、日本、中国、朝鮮の革命組織と強固な連携を確立する、（4）中国と朝鮮の遊撃隊組織を援助する[13]。翌年二月には、赤軍が極東地域に全面的に進出しはじめたのに伴い、ヴォイレンスキーがウラジオストクのロシア共産党（ボ）極東ビューローに入り、この新しい革命輸出任務にすぐに着手した。

一九二〇年四月、ロシア共産党（ボ）中央委員会極東ビューローは、英語が話せるヴォイチンスキー（呉廷康）を全権代表として、中国に派遣した。ヴォイチンスキー一行はすぐにロシア人移民を通じて李大釗教授と接触し、李大釗の紹介で上海に行き、当時名を馳せていた雑誌『新青年』の主編者で、元北京大学教授の陳独秀と会った。彼らは陳独秀を通じて、さらに中国各地の急進的知識人とそのグループと連絡し、その年の夏、上海で「社会主義者同盟」の成立大会を開催し、同時に「社会主義青年団」を組織した。組織の影響力を高め、より多くの人にロシア革命を理解してもらうため、ヴォイチンスキーは宣伝刊行物、小冊子の出版を援助し、『共産党宣言』等の理論書の翻訳出版も支援した。ほどなくして、ヴォイチンスキーは陳独秀らを通じて、中国共産党の準備機関を組織した。その年の一一月、『中国共産党宣言』を起草、発表し、中国共産党の成立を宣言した。[14]同月、党機関の刊行物である月刊『共産党』が正式に発行された。翌年三月、中国共産党は会議を開き、無政府共産主義者と正式に袂を分かった。七月、コミンテルン代表の直接の参加の下、ロシア革命の方法にならって中国革命を推進すると決定した、北京、上海、広州、武漢、長沙等の中国共産党員五〇名余りが、一三人の代表を推挙し、上海で中国共産党第一次代表大会を開催した。中国の共産革命はここに幕を開けた。

3　中ソ交渉の紆余曲折

ロシア共産党は革命に勝利して以来、欧米と日本の武力干渉と経済封鎖に直面していた。共産党が領導するソヴィエト政権が各国政府の干渉と封鎖のなかで生き延びるには、対外的に革命と外交の両戦略をとらないわけにはいかなかった。革命の対外輸出は、共産党が自らの革命的イデオロギーにもとづいて考え出した、最も確実で、また彼らの考えでは最も理にかなった、自身の勝利を成し遂げる方法であった。当時のレーニンの観点によれば、革命の輸出はまた、植民地と被抑圧民族のあらゆる民族解放運動を推進することを含むものであった。[15]他方、外交手段は、国際慣例と国際関係の原則を利用し、合法的な外交的承認を勝ち取ることで、資本主義列強諸国の反ソ統一戦線を阻止し、世界革命が起こるまでの間、ソヴィエト・ロシアが力を蓄えることを目的としていた。そのため、極東に兵を進めることの難しさを考慮したロシア共産党（ボ）中央は、一九二〇年二月一八日、極東にその名も「極東共和国」なる「緩衝国」を建国することを批准し、四月六日、ザバイカル地方労働者代表大会の名義で、世界各国政府に向けていわゆる「独立宣言」の発表までした。その後、極東共和国の名義で、北京政府に対し覚書を出し、可能な限り早く互恵的関係を打ち立てることを求めるとともに、「国防部」副部長のユーリン（優林）を全権代表として中国に派遣し、「すべてを協議する」ことを要求した[16]。

中国ははじめ、帝政ロシアの崩壊と列強の対ソヴィエト・ロシア干渉戦争のなかで、多くを得た。他の列強と同様、ロシアも中国に特殊な権益を保有していた。そのなかで中国の主権を脅かしていた最大のものは、租界、中東鉄道、外モンゴルの三つがあった。

ロシア租界は多くなく、主なものは漢口、天津、ハルビンの三市であった。ロシア一〇月革命後、中国に住むロシア人の両派の対立・衝突に乗じて、旧ロシア帝国の大使・領事の地位は逐次取り消され、三つの租界も前後して中国当局に接収され、ロシア人の治外法権もそれに伴って取り消された。

中東鉄道は、ロシアのシベリア鉄道から中国黒龍江の満洲里および綏芬河を経て、遼寧の大連、旅順に通じる鉄道である。一八九八年にロシアが旅順港と大連港を租借し、同年、建設に投資した。その後、一九〇四年の日露戦争でロシアが敗北し、中東鉄道の長春から大連に至る部分は日本に割譲され、南満洲鉄道と改称され、ロシア管理下の中東鉄道は、長春以北の路線およびその沿線付属地のみとなった。ロシア一〇月革命後、中国東北当局も、中東鉄道のロシア人の間における新旧両派の衝突に乗じて、鉄道守備権および鉄道沿線付属地の行政管理権を接収した。

外モンゴルは、一七二七年の中露ブリンスキー協定（別名、キャフタ協定）の規定によれば、中国の主権の範囲に属する。しかし、一九一一年の辛亥革命後、帝政ロシアの支持の下、外モンゴルの王侯貴族が一一月三〇日に独立を宣言し、「大蒙古国」を建国した。一九一五年六月七日、中国、ロシア、モンゴルは、「キャフタ協定」を締結し、二日後に外モンゴルは独立の取り消しを宣言し、自治を行うこととしたが、中国は外モンゴルに官吏、軍隊を派遣したり、移民を行ったりすることはできなくなり、事実上、外モンゴルに対する統治権を喪失した。ロシア一〇月革命後、外モンゴルでは、親中、親ロシアの両派の間で紛争が起こり、中国北京政府はこの機に乗じて、キャフタ協定を破棄し、庫倫に派兵し、外モンゴルの自治の地位を取り消した(17)。

これらの利益を得られたのは、すべて北京政府が第一次世界大戦で協商国の側についていたことによるのであり、それゆえ協商国の中国駐在公使団の支持あるいは黙認を得られたのであった。したがって、各国がまだソヴィエト・ロシア政府と極東共和国を公に承認していないなか、北京政府のユーリン使節団に対する態度は曖昧に揺れ動かざるをえなかった。はじめ北京政府はユーリン使節団の来訪を拒絶し、後に北京入りに同意した。北京政府はこの機に乗じて、正式な協議を行い、極東共和国政府から中東鉄道等の権益を合法的に獲得することを望んでいたため、ユーリン使節団との交渉に明らかに前向きであった。しかし各国政府と歩調を揃える必要から、ユーリンとの交渉の範囲とレベルを厳格に限定せざるをえなかった。外交部には、「表面上は商務を範囲とするが、実際には中露の辺境に特別な関係があるため、政治の問題にも言及せざるをえず、労農政府が以前、我が国の一切の利益を認めると宣言したこともあるように、意見交換は妨げず、今後ロシアに正式な政府が成立したときの交渉の根拠とする」ことを求めた(18)。その結果、ユーリン使節団の訪中から半年もの間、双方は交渉のレベル、範囲等の折り合いがつかなかった。ようやくその翌年の一九二一年四月二〇日、北京政府外交部はユーリン一行を極東共和国代表団として公に承認し、両国の通商問題を協議することに同意した。しかし五月一三日、顔恵慶外交総長が自らユーリンと会談を行ってから間もなく、外モンゴル問題の勃発により、交渉は再び挫折した。

一九二〇年の一年間、外モンゴルの自治の取り消しに不満を抱き、ソヴィエト・ロシアに干渉していた日本軍部は、旧帝政ロシア軍のセミョーノフに接近し、軍備を提供、顧問を派遣し、一九二一年二月、その部隊を外モンゴルに入らせて、庫倫を攻略、中国の駐留軍を壊走させた。これと同時に、ロシア共産党の援助の下、成立したモンゴル人民党も武装し、中国軍を駆逐する作戦に加わり、三月一九日にモンゴル臨時人民政府の成立を宣言し、ソヴィエト・ロシア赤軍がモンゴルに入って参戦することを「招請」した。ソヴィエト・ロシア政府は早くも一九一九年七月に、「モンゴルは一つの自由な国家」であることを承認する宣言を発表し、外国がモンゴルの内政に干渉することに反対していた。この「招請」を理由に、すぐにシベリアの赤軍部隊を集め、極東共和国の軍隊と連合して外モンゴルに入り、「匪賊討伐」を助けた。七月、ソヴィエト・モンゴル連合軍が庫倫を占領し、その後、独立国家モンゴル国の成立を宣言した。[19]

ユーリンは極東共和国政府を代表して口頭で承諾することはできても、ソヴィエト・ロシア政府を代表して署名する権限はなかった。[20]さらにその年の末には、直隷派と奉天派の北京政府の支配権をめぐる争いが激化しはじめ、北京政府と極東共和国の接触は再び中断した。その後、奉直戦争が終結し、直隷派が北京政府を掌握し、また赤軍が大挙して極東地域に入り、極東共和国がもう存在しなくなると、中国政府との交渉の問題はすべてソヴィエト・ロシアの外交代表の手にゆだねられた。

4　両国の懸案を解決する協議

北京政府とソヴィエト・ロシア政府の間の直接交渉は、ソヴィエト・ロシアの第二次対中宣言からはじまった。この宣言は一九二〇年九月二七日に署名され、「ロシア・ソヴィエト連邦社会主義共和国外交人民委員部の中国外交部への覚書」と題されていた。覚書は、一九一九年七月二五日のロシア・ソヴィエト政府の宣言が説いた各項原則を遵守し、以前中国から奪った一切の領土と中国国内の一切のロシア租界等を放棄するとしたが、前の宣言と同じではなかったのは、新たな宣言は、中東鉄道を使用する方法に関する条約を別個に締結することを要求していたことである。(21) 北京政府はソヴィエト・ロシアのこの覚書に対し、一九二一年二月五日に回答を発出したが、ソヴィエト・ロシア政府と相互承認の問題に関して協議をすぐに開始するつもりはなく、ソヴィエト・ロシアが代表を派遣して商務問題を話し合うことに同意するのみであった。交渉を繰り返した末に、一九二一年一二月一二日、ソヴィエト・ロシア政府の商務代表団団長のパイケス（裴克斯）一行がついに北京に到着した。しかしこのとき、ソヴィエト赤軍の外モンゴル進入と外モンゴルの独立宣言がすでに問題となっていたため、パイケス使節団は北京に到着するやいなや、顔恵慶の厳しい質問に遭った。

しかし、中露交渉のまさにそのとき、ワシントン会議が開催され、同時に奉直戦争も起きた。北京政府は、パイケスとの協議に集中して向き合うことができず、モンゴル問題の解決にも十分配慮できなかった。一九二二年四月になり、北京政府はようやく、ソヴィエト・ロシアと外モンゴルが前年の一一月五日に「友好条約」を結んでいたことを知り、ソヴィエト・ロシア政府に対し厳重に抗議した。しかし、このとき奉天派が負け、長城の外に撤退したことにより、張作霖は蒙疆経略使として、また自ら東三省保安総司令となり、長城の外の東北、熱河、綏遠、チャハルを独占した。そして満蒙問題は奉天派の主導で行うと主張して、直隷派が支配する北京政府がソヴィエト・ロシアと満蒙問題について交渉することを拒絶した。パイケスも、中国とモンゴルで会議を開かないのであればソヴィエト・ロシアは撤兵できないという立場を貫いたため、双方の交渉の可能性はほぼなくなった。

一九二二年八月一二日、ソヴィエト・ロシア外務人民委員部はブレスト＝リトフスク対独講和で著名な外交官ヨッフェ（越飛）を駐北京全権代表として北京に派遣し、北京政府の新任の外交総長顧維鈞は、ヨッフェに対し以下のように明確に伝達した。ソヴィエト・ロシアがもし外モンゴルから赤軍を撤退でき、中東鉄道の一切の権益を返還できるなら、「それは中露間の親善にとって最高の機会であり、その他の諸問題もまた必ずや解決されるだろう」。しかし、ヨッフェが得ていた指示は、以下のようなものであった。外モンゴル問題に関しては、中国の主権を承認するが、「国家の法律的地位に関する問題とモンゴルからの撤兵の問題は、ロシア、中国、モンゴルが締結する協議によって解決すべきであり」、「モンゴル自身を排除することは許さない」。中東鉄道問題に関しては、保証条件を規定し、何らかの特権を得ることが必須である。[22]こうした指示があったため、ヨッフェは顧維鈞に以下のように回答した。中東鉄道の主権は中国に返還できるが、鉄道はロシアが出資・建設したものであり、ロシア側は中国側が部分的管理権を有することしか同意できない。外モンゴル問題に関しては、ロシア側は中国側が一方的に中国、ロシア、モンゴルが締結した「キャフタ協定」を破棄したことに同意しない。外モンゴルは自治の地位を回復しなければならない。旧帝政ロシアの勢力がソヴィエト・ロシアを攻撃するのに利用されないよう、中国側が外モンゴル地域をきちんとおさえておくことができる情況であれば、ソヴィエト・ロシア赤軍は即時撤退してよい。[23]

中国側はヨッフェの要求を受け入れられなかったため、交渉はたちまち暗礁に乗り上げた。間もなくヨッフェは病いを得て、ソ連政府（一九二二年末、ソヴィエト・ロシアは国名をソヴィエト社会主義共和国連邦とした。略称はソ連）は新任の全権代表として、元外務副人民委員のカラハン（加拉罕）を北京に派遣した。しかし、外モンゴルと中東鉄道の問題を巡る交渉は遅々として進展しなかった。

このとき国内では北京政府のやり方に対し、国家主権と利益の維持が必要と考える人も少しいたが、世論の多くは批判的態度をとっていた。一九二四年はじめ、イギリス、イタリア等の国が正式にソ連を承認、ソ連の国際的地位が高まるにつれ、国内世論はソ連承認を要求し、国交樹立の呼び声が高まった。圧力を受けた北京政府はその年の二月中旬、カラハンの提案を受け入れざるをえなくなり、まず相互承認を行って、中ソ会議を開いて両国間の懸案を解決することとした。かくして、双方はようやく正式に交渉を開始したのであった。

北京政府が交渉に派遣した全権代表は、中露交渉準備担当の督弁王正廷であった。王正廷が先に中露の懸案解決の大綱協定草案と中東鉄道の暫定管理協定草案を出し、その後カラハンが王の案に補充をし、修正案を出した。三月一日には双方の意見は次第に接近した。中東鉄道に関しては、中国が買い戻すこととし、ソ連側が七〇〇〇万元を請求したのに対し、中国側は三〇〇〇万元強と見積もった。接収後の鉄道の管理については、ソ連側は中国側の主権を承認し、双方で共同管理とし、全線二一区長、一五副区長のうち、ロシア人が完全に地位を保持し、局長はロシア人で実権を有し、督弁は中国人で監督権を有するとした。それに対し中国側は中露で半々とすることを主張した。外モンゴルの接収に関しては、ソ連側は、中国とモンゴルが話し合って外モンゴル問題を解決することを主張し、中国政府が外モンゴルにロシアの白軍を留めおかないことを保証するのであれば、ソ連軍は無条件で撤退するとした。中国側はソ連とモンゴルの協定の撤廃を要求するとともに、白軍が反撃することを容認したとは認めず、接収後に外モンゴルの秩序の維持に力を尽くすことを承諾した[24]。双方は協定の署名、そして中国のソ連承認を約束した。

三月一四日、王正廷とカラハンは「中露解決懸案大綱協定」一五条、「中東鉄道暫定協定」一一条および付属文書七件に仮調印した。しかし翌日、北京政府の国務会議が、王正廷とカラハンが仮調印した文書を審議した際、外交総長顧維鈞らの反対に遭った。顧維鈞の考えでは、協定草案が帝政ロシアと中国およびその他列強が締結した中国に関するあらゆる不平等条約の撤廃を規定しつつ、ソヴィエト・ロシアが外モンゴル「独立」政府と締結した条約の排除に言及していないことは、「ソヴィエト・ロシアと外モンゴルの条約を黙認した」に等しかった。また草案は中国が撤退の条件に同意すれば、ソ連軍はすぐに外モンゴルから撤退すると規定していたが、「ソヴィエト・ロシアの軍が彼の地に駐留したことは合法で、撤退前に種々の条件を出す権利があるかのような」印象を与えていた。そして草案はあらゆる不平等条約を撤廃すると規定しており、これはすなわち北京議定書の撤廃も含むが、草案はソ連が義和団事件の賠償金の使いみちを決めるとも規定しており、これではソ連は賠償金を放棄していないに等しかった。顧維鈞はまた、中国の東方正教会の経済活動をソ連政府に移管すべきとの規定、中東鉄道の買い戻しの内容にも異議があった[25]。そのため国務会議は、王正廷に対しカラハンに再度修正を促すよう求めた。

中国側の態度がまた変わったことに、カラハンは強烈な不満を覚えずにいられなかった。幾度の交渉の甲斐もなく、交渉は決裂に終わった。このことに、中国国内からも数々の批判の声が沸き起こり、教授、学生、中国各省の軍人も含め、抗議の声が次々と公に発せられた。この巨大な圧力を受けて、北京政府外交部は三月末、顧維鈞が自らカラハンと面会することで、中ソ交渉を再開せざるをえなくなった。一〇日間に二〇回もの交渉を重ね、最終的に義和団事件賠償金の用途と中国での特権の取消の面でカラハンが部分的に譲歩した。

一九二四年五月三一日、中ソ両国の代表が外交部において、「中露解決懸案大綱協定」本文一五条、「中東鉄道暫定管理協定」一一条および付属文書八件に正式に調印した。協定は以下のことを規定した。協定締結後、両国は外交関係を復活させ、一カ月以内に中ソ会議を挙行し、全懸案の詳細な方法を話し合う。中国と帝政ロシアが締結したすべての条約、協定等は一律撤廃する。ソ連政府は外モンゴルが完全に中華民国の一部分であることを承認し、当該領土内における中国の主権を尊重する。両国の領域内において、暴力により相手国政府に反対しようとする各種機関団体およびその行動を容認しない。中東鉄道の関係国および地方の事務はすべて中国政府が処理するとともに、中国側は中国の資本で中東鉄道およびそれに属する一切の財産を買い戻す権利を有し、中東鉄道は双方の共同管理とし、理事会、監査委員会は両国がそれぞれ選んだ理事五人からなるものとし、理事長すなわち督弁と監査委員長は中国人とする。局長一人はロシア人をあて、副局長二人は中露一人ずつ、以下処長は中露が半々となるように任用する。ソ連政府は以前のロシア政府の中国における租界等の特権および特別許可を放棄し、義和団事件賠償金のロシアの部分を放棄し、治外法権と領事裁判権を取り消す[26]。

「中露解決懸案大綱協定」の締結の日はまた、中ソ両国が正式に相互承認し、国交を樹立したときでもあった。しかし各国公使団の干渉のために、北京政府はソ連の大使相互派遣の意見を一時受け入れようとせず、列強各国と同じく公使を相互派遣することをソ連に繰り返し勧めた。この問題は七月中旬になってようやく解決に至った。三一日、カラハンは初代中国駐在ソ連大使として中華民国大総統に国書を奉呈した。旧帝政ロシア公使館のソ連政府への引き渡し問題に関しても、同公使館を管理していた北京公使団の抵抗に遭い、交渉は何度も不調になり、中国の世論の強烈な不満を招いた。その後アメリカ公使の調停で、九月になってようやく解決を見た。

同じ頃、奉天派の軍閥張作霖が「自治」を宣言し、北京政府とソ連政府が締結した「中露解決懸案大綱協定」を承認せず、国辱的な権益喪失であるとまで非難した。そのため、カラハンは中東鉄道等の事柄では張作霖の認可を得ることが必要であるとの考えから、奉天に代表を派遣して、張作霖と部分的な交渉を行わざるをえなかった。双方は最終的に九月二〇日に「中華民国東三省自治省政府とソヴィエト社会主義連邦政府の協定」（略称「奉露協定」）を結び、中東鉄道問題は奉天とソ連の協議で解決することを規定し、ソ連はこうしてようやく中東鉄道の接収という目的を実現した。当該協定締結後、直隷派の北京政府の抗議を受けたが、その月に発生した第二次奉直戦争で直隷派が敗れ、再度奉天派が支配するところとなった北京臨時執政府は、一九二五年三月、「奉露協定」を「中露解決懸案大綱協定」の付属文書とすることを追認すると宣言した。

しかし、「中露解決懸案大綱協定」の第二条に規定されている「一カ月以内に会議を挙行し、各規定にもとづき、全懸案の詳細な方法を話し合う」ことについては、様々な状況により順調に開催されることはなかった。一九二四年九月、第二次奉直戦争が勃発し、一カ月後に馮玉祥が裏切り、北京政変が起こり、奉天系が山海関を越えて北京に入城、奉天系の支持を受けて段祺瑞が再起し、北京政府臨時執政となった。ソ連政府は中国と国交を樹立する外交目的をすでに達成しており、またこのとき馮玉祥の国民軍と南方の孫文の国民党が最も頼りになる連合の相手であると考えていたゆえ、北京政府と中ソ会議を挙行することを急がず、先延ばしにしたのである。

5　孫文の革命化の推進力

ソヴィエト・ロシア政府が中国北京政府と外交的接触を図り両国関係正常化の交渉をはじめたのとほぼ同じ頃、ロシア共産党およびコミンテルンは、レーニンとコミンテルンの「植民地と被抑圧民族のすべての民族解放運動を団結させる」方針にもとづき、中国において反帝国主義運動を担いうる民族主義的な組織と勢力を積極的に探していた。モスクワが中国の民族主義運動の推進を活動の重点に据えたのは、その革命段階の理論にもとづいていた。すなわち、中国のような遅れている植民地・半植民地国家において、第一の任務は社会主義ではなく、独立した民主主義共和国を打ち立てることがせいぜい関の山であると信じられていた。その革命の主な原動力は、相当発達した資本主義的条件における労働者階級ではありえず、せいぜい外国資本に圧迫された民族ブルジョアジーであった。それゆえ、モスクワが中国の各種政治勢力に広汎に接触した末に、中国の政治運動において比較的活躍していて、なおかつ長期にわたって革命を担った実績のある孫文と彼の率いる中国国民党を、最も主要な抱き込み工作の対象と徐々に見なすようになったのは、必然の流れであった。

中国国民党は、興中会、同盟会の頃から、始終、「革命」を標榜していた。孫文のいう「革命」は事実上、ヨーロッパで流行していた三つの主義、すなわち民主主義、民族主義、社会主義の追求する目標を吸収し、「一挙にやり遂げる」ことを目指していた。彼はこの三つの主義をリンカーンの「人民の、人民による、人民のための政治」と結びつけ、「三民主義」、すなわち民族主義、民権主義、民生主義を作りだすとともに、民生主義を「平均地権」の範囲内に限定した。これはかなりの程度、半植民地にありながら、まだ農業国であった中国が直面する問題を反映していた。しかし、孫文の主要な活動およびその中心的な働き手たちは多く海外にいた。そのため、彼は次々に行った蜂起によって辛亥革命を起こし、中国の近代共和国の初代臨時大総統になり、その後も個人の威信に頼って第二次革命、護法運動等を推進・指導したが、その革命の過程は七転び八起きであり、結局は少人数が命がけでしているにすぎず、国内外を問わず、有力な後ろ盾がいなかった。革命が成功する見込みを強めるため、孫文はまた様々な方法で日本、アメリカ等の援助を取りつけようとし、将来の国家の権益と交換することさえ惜しまなかったが、結果は八方塞がりであった。このような状況で、同じく革命をスローガンとし、革命を通じて成功を勝ち得たソヴィエト・ロシア政府が誕生したことで、孫文は革命の成功に希望を見出すようになり、ソ連に援助を求めることを決心したのである。

モスクワと孫文のこうしたつながりは、一九二三年にはじまる。それより前、ロシア共産党（ボ）が中国に派遣したヴォイチンスキーのような代表たちも皆、孫文に会っていた。一九二〇年夏、ロシアに成立した中国共産党組織局[27]は、劉江を帰国させ、上海で孫文に会見させ、新疆、モンゴル、華南の三方向から合同で北京政府を攻撃する軍事的可能性について話し合わせた。孫文は、モスクワに二人の代表を駐在させるつもりであり、彼らはすぐにブラゴヴェシチェンスクに到着するだろうと明言した[28]。孫文の警護団長と大元帥府参軍を務めたことがある李章達が、間もなくソヴィエト・ロシアに派遣された。孫文は李章達に自分の名代として、ソヴィエト・ロシア政府に対し軍事協力の協定を結ぶことを提案させ、翌一九二一年春に赤軍がロシア領トルキスタンから中国の新疆、さらには甘粛に進出し、四川の革命家を援助して、一緒に中国各地の武装蜂起を促すよう要望させた[29]。然るに一九二二年夏、孫文は再度失敗し上海に撤退したところで、意外にもソヴィエト・ロシアの外交全権代表ヨッフェから、密接な関係をつくることを望むという書簡を受け取った。コミンテルン代表を経て、このときヨッフェの仕事を助けていたマーリン（馬林）らの仲立ちで、孫文とヨッフェは一九二三年一月二六日、上海にて重要文書、すなわち「孫文・ヨッフェ宣言」に合意した。孫文は中東鉄道の現状を維持すること、ソ連軍が外モンゴルに一時的に駐留することに同意し、ヨッフェも「共産組織、ましてやソヴィエト制度は、事実上中国に適用できない」ので、「ロシアの援助を頼りにしてよい」と孫文に保証した[30]。

孫文がこのときソ連の助けを「頼った」のは、「長期的計画」（可能な限り集中的な指導機構をつくり、国民党の思想的政治的な準備工作を強化し、自らの軍隊を組織し、たとえば西北に軍事基地をつくる等）と「応急的措置」（南方に迅速に資金を提供し、武器を輸送し、国民党が広東を奪回するのを助ける等）が結合した大事業であった。明らかに、ロシア共産党（ボ）中央は、孫文およびその指導下の国民党の先行きは明るいと見ていた。三月八日、モスクワは、まだ自分の軍隊を持っていない孫文を援助し、中国西北部で武装勢力をつくることに正式に同意し、同時に孫文に約二〇〇万ルーブルの財政援助を提供すること、孫文に軍事・政治の顧問を派遣することに同意した[31]。もちろん、モスクワは、日本製の小銃八〇〇〇丁と機関銃一五丁、大砲四門、装甲車二両およびその関連の軍事物資と教練の人員を提供するくらいしかできなかった[32]。八月中旬、孫文は新しい軍隊をつくるため、彼が最も信任する軍幹部、蔣介石が率いる代表団をモスクワに派遣して具体的な協力について話し合わせた。

孫文が西北において軍事基地をつくり、軍隊を組織する計画は、蔣介石が国民党の具体的な構想と実際の要求を報告した後、間もなくソ連軍側に否定された。これは孫文の計画が、外モンゴルの庫倫と新疆のウルムチに二つの軍事基地をつくるものであったことによる。ソ連赤軍はこのときすでに外モンゴルに進出し、政府内の多くの人が外モンゴルの独立を目指し、ソ連のユーラシア地域の結合部の安全保障を強化しようとしていた。彼らからすれば、孫文が庫倫を国民党の軍事基地とし、同地で軍隊を組織しようとすることは、当然認められなかった。ウルムチについては、ソ連政府はもちろん中国の領土であると承認していたが、孫文がそこで軍事基地をつくるという提案は、ソ連赤軍を招き入れてウルムチを占領するという基礎の上に成り立っており、これは明らかにソ連軍に受け入れられなかった。そのためソ連側が最終的に同意したのは、国民党がモスクワと広州で同時に軍の幹部を訓練することの援助だけであった。このとき広州が再び国民党の手中に戻っていたことを踏まえると、広州に専門家を派遣し、装備を海上から輸送し、同地で国民党自身の軍事学校をつくり、幹部を養成し、軍隊を組織することは、完全に可能であるとモスクワは信じていた[33]。当然ながら、大衆への宣伝煽動に頼り、暴動で政権を奪取したロシア共産党の人々は、このとき厳密には孫文の軍事革命思想に十分満足していなかった。彼らが蔣介石に出した最も重要な提言は、「孫中山先生と国民党の当面の急務は、国内において全力で政治工作を展開することであり、さもなければ目下の形勢では、いかなる作戦も失敗することになろう[34]」というものであった。

蔣介石のこのロシア行きは、期待していた目標を達成できなかった。とりわけロシア人の外モンゴルに対する態度のために、蔣介石は、世界革命を求めているかのようなソヴィエト・ロシア政府に対し非常に悪い印象を持った。帰国後間もなく、蔣介石は同僚に次のように語った。ソ連の「中国に対する政策は、満、蒙、回、蔵（チベット）の各部を、みなソヴィエトの一部にし、中国の本土に対しても手出ししようとしている」。「彼らの言う国際主義と世界革命とは、カエサルの帝国主義にほかならず、名称を変えて、人を惑わせたにすぎない」。そして蔣介石は、中国革命について、「自立できず、人に求めてばかりいて、成功を収めるのは、絶対に無理である」ときっぱりと言った[35]。しかし、蔣介石はソ連赤軍を観察し、数多く啓発されるとともに、国民党自身の軍隊をつくろうという考えをいっそう強めた。

一〇月上旬、ソ連政治顧問ボロディン（鮑羅廷）および軍事顧問の一部が孫文のいた広州に到着すると、ソ連と国民党は、正式に両者の間で密接な協力をはじめた。ソ連の軍事指導者がモスクワで蔣介石に提案したのとまさに同じく、ボロディンが広州に到着して最初にしたことは、孫文に対し、政治工作つまり広汎な大衆性を帯びた党の工作を打ち立てることを、最優先に位置づけるよう提案したことであった。孫文はボロディンの考えと主張に大変信服し、ボロディンに「国民党組織員」の肩書を与えただけでなく、党の組織と使命の規範となる政策文書を起草する人員の指導を授権し、ボロディンが紹介したソ連共産党の人の経験に照らして、国民党の改組を全面的に推進することをはじめた。ボロディンと共に到着したソ連軍事顧問は、孫文の授権の下、国民党最初の軍事学校——黄埔軍官学校の創設に着手した。蔣介石は孫文の指名により、この学校の初代校長に任ぜられた。

第2章　ソ連援助下の国民革命

ソ連の援助は、孫文の国民党を短時間でかつてないほど成長させ、発展させた。ここで重要な役割を果したのが、若い共産党の人たちであった。国民党内部では、ソ連のモデルに従って国民党を改組し、共産党を受け入れ、共産党の人たちに組織の発展の重要な責任を負わせたことで、多くの不満と摩擦が生じた。しかし孫文は、ソ連は中国革命が成功に向かう上で不可欠な支援者であり、若い共産党の人たちは国民党の人ができない役割を果たすと、はっきりと理解していた。それゆえ孫文は、国民党内の反対意見に断固抵抗した。孫文は思いもよらなかったが、彼が国民党内で強い地位にあったことで、実は国民党の将来がモスクワに左右されることを相当程度防いでいた。孫文は、まさか自分が亡くなった後、指導者を失った国民党が四分五裂するだけでなく、モスクワの代表によって自らが望みもしなかった方向に引きずられ、国民党内で激烈な反抗が起こり、最終的にはソ連との、そして同時に中国共産党との関係が完全に決裂することになるとは、このときは知るよしもなかった。孫文死後、国民党内で発生した一連の重要事件は、まさにこうした状況をありありと映し出している。ソ連はもちろん中国国民革命の最有力な援助者であったが、同時に国民革命を葬り去り、そして国・ソ、国・共関係を完全に決裂させた張本人でもあった。

1　孫文の連ソ容共政策

一九二四年一月二〇日、国民党は広州で第一回全国代表大会を開催し、正式に改組を宣言した。国民党改組の重要な内容の一つは、共産党の受け入れ、すなわち共産党員を個人の身分で国民党に加入させる政策を実行することであった。この政策はかなりの程度、この後数十年に及ぶ中国社会の基本的政治情勢を決定した。この政策の提起と推進にも、当然ながらモスクワが関与していた。

中国共産党は、その成立の日から、レーニン主義を宗旨とすることを主張し、ロシア一〇月革命とプロレタリア独裁を手本とし、ボリシェヴィキの方式にならって、下層の無産労働者階級を通じて、上層の搾取階級全体に対し革命を行い、社会の貧富の差をつくる私有制度を根本的に廃止することを強調していた[1]。それゆえ、中国共産党第一回大会で採択された党綱領も、中国革命における目標は、資本階級の財産を没収し、プロレタリア独裁を打ち立てることにあると、冒頭で説明していた。そのために、中国共産党は資産階級との妥協と協力はできないと断固主張した[2]。

しかし、コミンテルン代表マーリンは、このまだ五〇数人しかいなかった小組織の前途を明らかに疑っていた。彼の見たところ、ソヴィエト・ロシアが孫文の国民党と連合しなければ、中国で何も成功しそうになく、また中国共産党が組織上、国民党と結合しなければ、前途などあり得なかった[3]。マーリンの提案はコミンテルンに支持された。一九二二年にコミンテルンの下に属する決議を正式に採択していた中国共産党は、党員を個人の身分で国民党に加入させ、国民党と「党内合作」を行うことに同意せざるをえなかった。一九二二年九月初め、張継の紹介で孫文と「自ら連合した」陳独秀、李大釗らは、相次いで正式に国民党に加入した[4]。翌年六月、中国共産党は第三回代表大会を開催して、党内合作の原則に賛同する決議を正式に採択した。その後、約四〇〇人の共産党員と相当数の社会主義青年団員が国民党に加入した。

国民党第一回大会が開催される前、国民党に加入した共産党の人たちには、かなり重要な職務が与えられた。孫文は陳独秀らの入党を受け入れてすぐ、彼を国民党の改革戦略を起草する委員会の九委員の一人に指名し、国民党の改組工作に参与させた。(5) さらには、陳独秀を参議に、林伯渠を総務部副部長に、張太雷を宣伝部幹事に任じた。(6) ボロディンが来てからは、彼が担当する工作に、共産党の人たちがいっそう積極的に加わった。第一回大会では、中国共産党および青年団の人数は、このとき国民党の党員数の二%を占めていたにすぎなかったが、大会に出席した代表のなかでは全体の一〇%を占めた。大会で新たに生まれた中央執行委員会の委員のなかでは、共産党員と青年団員が全体の二五%近くを占めた。(7) 同様に、大会後に設立された国民党中央党部では、一つの秘書処と六つの部のうち、二つの部長職（組織部、農民部）と三つの事実上副部長にあたる秘書（組織部、労働者部、農民部）のポストを中国共産党員と青年団員が占めた。(8) 同時に中央執行委員会常務委員会で三分の一の発言権も得た。(9) とりわけ秘書処と組織部を中国共産党員に担当させたことは、孫文がこのとき、両党の合作および中国共産党の役割に対し、非常に肯定的な態度をとっていたことを示している。こうした状況があったために、共産党員・青年団員も国民党の発展工作を非常に重視し、大いに努力するようになった。

中国共産党の各地の党員・青年団員の積極的な推進の下、国民党は第一回大会後、迅速に全国で区、省、市、県、各レベルの党部を設置し、大いに党員を増やしはじめた。北京の執行部に限っても、一年で国民党員は万を数えるまでになった。しかしそれと同時に、中国共産党組織の発展は停滞に陥った。広州の中国共産党組織の報告によれば、広州の共産党幹部は全部でわずか三〇数人であった。国民党は、第一回大会より前は、広州の一二の区に一二の国民党の支部が組織されていたのみであったが、第一回大会後、九の区委員会、六四の支部が成立し、党員七七八〇人あまりを擁していた。中国共産党は、五つの区委員会と一三の支部で重要工作を担ったが、人数は増えていなかった。

結果、共産党員は国民党の大量の事務的な仕事に追われ、自分たちの党の工作をする時間が捻出できなくなった。一九二一年七月の中国共産党第一回大会のとき、共産党員は五〇人余りで、一九二二年七月の第二回大会のときには党員数は一九五人と、一年で三倍に増えた。一九二三年六月の第三回大会のときには党員数は四三二人で、一年で倍以上増えた。その後、一九二四年五月に中央拡大執行委員会が開催されるまで、すなわち国民党改組前後の一年間に、党員は基本的に増えず、一部の地方では明らかに減少していた。(10)

こうした中国共産党の努力を、ソ連外務人民委員部は明らかに肯定に値することだと見ていた。彼らは多かれ少なかれ、「国民党が共産党を必要とする理由は、共産党の手を借りることで広汎な群衆を組織し、率いることができるから」であり、「蓋し、国民党の発展は、共産党がその工作のなかで行う各種援助にかかっている」と信じてさえいた。(11)しかし、その代わりに共産党の発展が犠牲となることは、コミンテルン東方部の指導者からすれば、受け入れがたかった。彼らは、労働者階級が究極のところ国民党の旗の下で民族革命の勢力となるべきか、それとも共産党の指導下で直接組織されるべきかという、この長く続く論争は、できるだけ早く解決すべきであると、明確に主張していた。(12)

一九二四年五月、ヴォイチンスキーが上海に派遣され、中国共産党中央執行委員会拡大会議の開催を主催した。ヴォイチンスキーは、孫文を支持し、国民党第一回大会の重要な意義を肯定する点で異論を出さなかった。しかし、ヴォイチンスキーの観点によれば、会議は国民党の性質および国民党内の矛盾について、概要以下のような、相当急進的な結論を出した。第一に、国民党は「資産階級的な民族主義と民主主義の政党」であり、必然的に妥協に向かい、結果としてその内部の左右対立は避けられない。第二に、国民党左翼を強固にし、国民党右翼の勢力を減殺するために、盲目的に国民党を拡大させることを避けるだけでなく、国民党の改組のことで、集中と一致を過度に強調した欠点を改めるようにし、右派に対する公開闘争に有利になるようにする。第三に、「産業のプロレタリアートは我が党の基礎」であり、国民党が各種労働組合を設置すること、また既存の労働組合の全体が国民党に加入することは援助できない。第四に、「民主主義の政党内において、階級利益の調和は民族解放運動の勢力を増やせないだけでなく、減少させることにつながる」ことから、階級闘争を国民党に取り入れることが必須である[13]。

まさにこのとき、中ソ国交交渉および外モンゴルの権益問題をめぐって、国共両党の間で対立が生じた。一部の共産党員は北京政府がソ連承認を遅らせることの不当さを強調するため、中国共産党第二回大会の「辺境人民の自主を尊重し、モンゴル、チベット、回疆に三つの自治邦をつくり、再連合して中華連邦共和国をつくる[14]」という宣言の精神にもとづき、公開で文章を発表して、北京政府が外モンゴルの民族自治の権利を尊重していないことを批判した。一部の国民党の人たちはこれに大いに反対し、ソ連が北京政府を交渉の対象としたことを公に批判しただけでなく、共産党の人が国民党員の身分でありながら「ロシア人の利益を擁護」したことを激しく攻撃し、厳罰を加えるよう求めた[15]。孫文もこれには不満な態度を表明した[16]。

共産党員が国民党内で瞬く間に地位を上げ、しかも国民党の組織発展の権限を容易に手に入れたことは、もともと改組によって多くを失った国民党の古参党員たちには強く不満であった。一九二四年五月の拡大会議後、中国共産党の国民党に対する態度は日増しに過激化した。それに加えてソ連政府が、一面では国民党を援助すると言いつつ、一面では国民党が反対する北京政府と五月三一日に「中露解決懸案大綱協定」を結んだことを、もともと不満があった国民党の人たちはますます受け入れられなかった。

六月、国民党の人たちは上海で中国社会主義青年団の『団刊』の抄本を入手するとともに、中国共産党第三回大会の『国民運動および国民党の問題に関する決議』、中国共産党中央三期一中全会の『同志たちの国民党での工作および態度に関する決議案』、そして中国社会主義青年団第二回全国代表大会および拡大中央執行委員会会議の決議といった中国共産党党内の文書を見つけた。これら中国共産党が国民党内で秘密活動を組織していることを示す文書を手にした彼らは、すぐにソ連顧問のボロディンを探し出して問いただした。「ロシアは中国革命に対し、いかなる態度を取っているのか」、国民党のみを支持するのか、同時に共産党への援助を続ける「同時並行」ということなのか。彼らが見るに、問題の鍵はソヴィエト・ロシアにあり、中国共産党のやり方は「ロシアの中国革命に対する政策が、中国共産党の人を中国国民党に加入させることで、これを操ろうとするものである」ことを示していたのであった。国民党の人たちに問いただされたボロディンも、共産党が国民党のなかで隠れて組織的活動を行うことは不可能だと悟った。それゆえ、彼は公に自身の見方を話すことにした。曰く、国共両党はもともと「相互利用」の関係にあり、「国民党は共産党を利用し、共産党は国民党を利用する、このような相互利用によってのみ、国民党がより多くの利益を得られる」。目下の状況に照らして、「党内に分派ができるのは避けられず、党の中央執行委員会は実際には党の中心になり得ず、当然ながら党内には小さな団体が生まれ、左派と右派の区分も生まれる」。党のなかの分派は、「国民党を確実に死なせる」。しかし彼は、「国民党はすでに死に、国民党はすでに党の体をなしておらず、国民党員はいても、国民党はない。新分子、たとえば共産党の人が入って、党団を組織すれば、もともとの党員の競争心が掻き立てられ、党は復活する」と考えていた。そして彼は「右派と左派が相争って、中央派が生まれ、党の中心となることを望む」と言った[17]。

国共両党の間で中ソ国交樹立をめぐって展開された対立により、最終的に、八月中旬から下旬に孫文が国民党一期二中全会を召集し、そこで国民党中央監察委員会の共産党弾劾案が討論された。孫文は断固として国共関係を決裂させず、ボロディンは「国際連絡委員会」をつくってコミンテルンと国共両党の間の事柄を処理する提案をして、ひとまずこの危機を乗り越えたが、国民党内のソ連顧問および共産党に対する警戒、さらには敵視の傾向は収まらなかった。

続いて発生した広東商団事件と、ソ連が援助した武器第一弾の黄埔への到着により、国民党内のソ連に対する懐疑心がいったん緩んだ。このときソ連は八〇〇〇丁の銃剣付き小銃、四〇〇万発の弾丸を送ってきた。これは一個師団の兵力の装備に足るものであり、当時、黄埔軍官学校の学生兵は三個連隊、三〇丁の銃があるだけであった[18]。国民党は商団の武器も没収したことで、保有する武器を自軍の装備のみならず、広州市の警備部隊と労働者糾察隊の装備にも回すことができた。この後、一九二六年夏の北伐開始まで、ソ連は何度も国民党の人々に多くの武器弾薬を送った。内訳は日本製のライフル銃四〇〇〇丁と銃弾四〇〇万個、ロシア製のライフル銃一万四〇〇〇丁と銃弾八〇〇万個、その他各種機関銃、大砲二四門で、総額三〇〇万ルーブル近かった[19]。

実際のところ、まさにモスクワが大量の経費、借款を提供して、黄埔軍官学校や中央銀行の創設を援助し、国民党の改組を支持し、武器弾薬を提供して軍隊を装備させたからこそ[20]、国民党の人たちは広東、雲南、広西の多くの小軍閥が虎視眈々と狙うなか、広州において統治をしっかりと確立することができたのである。孫文はこのことをはっきりと理解していた。長年にわたって列強に援助を求めて失敗してきた孫文は、ついに本当に彼を援助してくれる国家を見つけたのである。このことは疑いなく、孫文がソ連との連合政策を断固として行った最も重要な要因である。

一九二四年一〇月二三日、馮玉祥が突然北京で政変を起こし、直隷派が支配していた北京政府を転覆させ、孫文らに電報を送り、北京に入り、全国和解政府をつくることを提案した。孫文はボロディンに促されて、これを喜んで承諾し、北伐の準備をすぐに取りやめて、北に向かった。天津まで来たところで、予期せぬことに肝臓の病が発症し、悪化したのである。

孫文は今回のソ連との協力に満足し、今後国民党がソ連の援助に頼ることを重視していた。そのことは、亡くなる間際になってもありありと見て取れた。彼が残した遺言には、「余が国民革命に尽力しておよそ四〇年、その目的は中国の自由平等を求めることにあった。四〇年の経験から、この目的を達するには、民衆を立ち上がらせ、われわれに平等に接してくれる世界の民族と連合し、共同で奮闘しなければならないと深く理解した」と書かれていた。彼はまた特別にソ連政府に宛てた遺書も残していた。そこには以下のように書かれていた。「私は不治の病に侵されており、私の念願は今このとき、あなたがたに、そして我が党および我が国の将来に向けられている」。「あなたがたは自由な共和国の大連合の首領である。この自由な共和国の大連合は、レーニンが被圧迫民族の世界に残した不朽の遺産である」。「私が残したのは国民党である。国民党が帝国主義の制度から中国およびその他の侵略された国々を解放する歴史的工作を完成させるなかで、あなたがたと力を合わせ、協力し合うことを望む。私は命運により我が未完の事業を手放し、国民党の主義と教訓をよく守り真正なる同志を組織する人たちに、これを引き継がせざるをえない。それゆえ私は、民族革命運動の工作を進め、帝国主義そして中国の半植民地状態の縛りから中国を救うよう、すでに国民党に言い聞かせている。この事業を達するために、私はあなたがたとの連携を末永く継続するようすでに国民党に命じている。あなたがたの政府は必ずや我が国への援助を従前どおり継続してくれると信じている」[21]。

2　ソ連の干渉と三・二〇事件

孫文が突然亡くなったことで、中国革命の進展を加速させようというソ連の意図は思いがけず挫折した。しかし馮玉祥と国民軍が北方で突然台頭したことで、すぐにソ連側では、馮玉祥の支配する北京政府を直接援助したいという強烈な願望が燃え上がった。ソ連極東の安全から言えば、ソ連がこのとき最も心配していた敵はやはり日本であった。直隷派、安徽派、奉天派などの軍閥勢力のなかで、直隷派と日本の関係が最も悪かったことから、ソ連側ではまず直隷派の軍閥呉佩孚と妥協することが試みられた。ところが呉佩孚は意外にもソ連と妥協しようとせず、それゆえモスクワはすべての希望を孫文に託したのであった。北京政府を支配するのが奉天派の張作霖であるにせよ、安徽派の段祺瑞であるにせよ、中国の対ソ政策は、日本の圧力に屈して硬化する可能性があった。このような状況下で馮玉祥の北京政変が起こったため、中国駐在ソ連大使カラハンはそこに新たな希望を見たのである。

一九二五年初め、カラハンは中国共産党の北方の指導者李大釗らを通じて、まず河南にいた国民軍第二軍軍長の胡景翼に接近しはじめ、協議を結び、胡はソ連側が軍事顧問団を第二軍に派遣して工作を行うことに同意した。しかし四月一〇日に胡が突然亡くなり、計画は失敗に終わった[22]。ちょうどその頃、ボロディンも馮玉祥と連絡を取ることに成功し、その結果、馮玉祥はソ連との協力のメリットに気づき、ソ連と手を結び、ソ連の援助を受け入れると表明した。このことに大いに元気づけられたカラハンは、四月二八日、馮玉祥の部隊に派遣される予定のソ連軍事顧問に馮に対する戦略を説明した際、「馮軍は中国北方の国民解放運動の柱石であり、馮軍の戦闘力を強固かつ持久力のあるものにしなければならない」と明確に言った。モスクワもこの情報にいたく刺激され、すぐに小銃一万八〇〇〇丁と機関銃九〇丁、大砲二四門および相当数の弾薬、さらには飛行機一〇機を、外モンゴルの庫倫経由で張家口の馮軍に届けた。全連邦共産党（ボ）中央委員会政治局中国委員会は、さらに馮玉祥の国民軍に二〇〇〇万ルーブル以上の大規模援助を提供する可能性を何度も話し合った[23]。その援助の速度は速く、その力は大きく、もはや孫文と国民党に対する援助を明らかに上回っていた。その原因はたいへん簡単で、カラハンは次のように言っている。「蓋し、奉天派の張作霖の勝利は守旧派の勝利であり、帝国主義（とりわけ日本）の勝利であり、ソ連にとって大いに危害となる。奉天派の張作霖を倒せないとすれば、せめて弱体化させるのがよい。ここで奉天派の張作霖の重要な敵となるのが馮玉祥である[24]」。

一九二五年一〇月一〇日、浙江軍閥の孫伝芳が安徽、江西、江蘇、福建の勢力と連合し、五省聯軍が結成され、反奉天派の兵が起こると、直隷系の軍閥呉佩孚はすぐに復活し、電報により一四省から推戴を受けて、討賊聯軍総司令に就任した。南方の各省からなる奉天派討伐軍が蜂起すると、この勢いに乗って親日反ソの張作霖を打ちのめすため、ソ連の外交官らも各地に行って活動した。彼らは浙江軍閥の孫伝芳らと秘密裏に交渉し、兵器を提供することを承諾したただけでない。カラハンはまた様々な関係を使って奉天派の実力者である郭松齢の夫人とつながり、この若い将軍を寝返らせることを画策した。もしこのとき馮玉祥が先頭に立って北京と直隷省を奪取し、張作霖に対し開戦し、郭松齢が寝返っていれば、張作霖は倒されていたかもしれない。ソ連外交官に促されて、北京市内の中国共産党と国民党は大衆の示威行動を巻き起こした。そして中国共産党中央は「全国の革命的民衆、革命的国民党、革命的軍人よ、速やかに北京の暴動にこたえ、安福派の売国政府を打倒し、全国統一の国民政府をつくり、政権を人民のものにしよう」というスローガンを発出した(25)。

北京でカラハンらが辣腕を振るって反奉天派の統一戦線を広汎に組織していた頃、広州ではボロディンが活発に動いていた。孫文死後、国民党は指導者を失い、右翼勢力が左翼の領袖廖仲愷を殺害するなど混乱していた。ボロディンはこの局面を利用して、その年の夏、国民党において右寄りの実権派の領袖であった許崇智と胡漢民をうまく排除し、汪兆銘と蔣介石を政治軍事の領袖の地位に引き上げた。こうした挙に出たことで、国民党内に長く存在していた反ソ反共のうねりが盛り上がることは避けられなかった。国民党中央執行委員と監察委員の半数が憤然と広州を後にし、北京の西山にある碧雲寺の孫文の霊前に集結して、「国民党一期四中全会」を分派だけで開催し、共産党を国民党の党員党籍から除名すること、ボロディンを顧問の職から解任することを求めた。コミンテルン代表のヴォイチンスキーと中国共産党中央の指導者陳独秀らは、広州の国民党の地位を維持し、多数の動揺した国民党の人たちを味方につけるため、国民党の人たちを落ち着かせる措置をとらざるをえなかった。そのため、彼らは国民党中央委員における共産党員の人数を三分の一に制限することを提起し、その他の中央委員と監察委員が「西山会議派」になびかないようにした。しかし、一九二六年一月に開催された国民党第二回大会の結果が示すように、共産党の人たちの国民党内に占める地位の数は減少しなかったばかりか、大いに増強されたのである。国民党中央執監委員における共産党員の数を全体の三分の一にするという約束は守られたが、国民党中央党部の八部一処のうち、共産党員は七七％の指導的地位を占めていた。国民革命軍の将官においても、共産党員は一〇〇人以上にのぼり、第一、二、三、四、六軍の政治部主任、蔣介石の第一軍の三個師団の党代表、および九団のうち七団の党代表を占めた。同時に、当時の国民政府では、ソ連顧問がほぼすべての軍事部門の事実上の指導者であり、中国共産党はまた広州において二〇〇〇人の労働者武装糾察隊と六〇〇〇人の農民自衛軍を掌握し、組織された労働者約一〇万人、そして農会に参加する農民約六〇万人を指導していた。中国共産党の勢力は、依然として、国民党の未来を強く憂える人たちにとって深刻な脅威であったことが窺える。

しかし、厳密に言えば、このとき国民党の実権は汪兆銘と蔣介石の二人の手中にあった。汪はボロディンから見れば言いなりであり、蔣はほぼすべてのソ連軍事顧問の眼には、確かな左派であり、広州で最も革命的な分子であった。[26]それゆえソ連顧問であれ、中国共産党中央であれ、このとき国民党の各軍、とりわけ蔣介石率いる第一軍に対し、とても満足し、「高度な政治的安定と国民革命政府に対する忠誠心を持つに至り」、絶対に問題を起こさないと考えていた。[27]しかし意外にも、国民党第二回大会が開かれて程なくして、ソ連顧問と中国共産党員を公に攻撃し排斥した「三・二〇事変」が勃発した。

「三・二〇事変」の直接の原因のうち、第一の原因は、このときの蔣介石の北伐の主張がソ連軍事総顧問の断固たる反対に遭い、双方が対立したことにある。北伐は孫文の一貫した主張であり、孫文の遺志を完成させる最も主要な方法であった。新たに成立した国民政府の北伐計画として、最初のものは以前にソ連軍事総顧問であったガーリン(加倫)ことブリュヘル将軍が提案し策定を取り仕切ったものであった。早くも一九二五年前半、彼はすでに初歩的な計画を描き、それぞれ国民党中央とモスクワに提出していた。[28]蔣介石は一九二五年の夏に国民党の軍事領袖となってから、まさに勢いに乗っており、北伐の計画を推進しようという意欲を強めた。しかし蔣が思いも寄らなかったのは、一九二五年七月、広州国民政府が成立を宣言し、国民革命軍が正式に編成された、まさにそのとき、彼が最も信頼していたガーリン将軍が転任命令を受けて帰国したことである。一九二六年二月初めには、北伐を支持し、蔣介石の台頭を最も支えていた政治総顧問のボロディンが突然辞任して帰国した。そして後任の軍事総顧問のクイブィシェフ（季山嘉）は北伐計画を大いに妨害した。蔣介石に理解できなかったことは、クイブィシェフの態度は、実のところ、モスクワの意見であったということである。モスクワが促した反奉天派の戦争は日本の関東軍の介入によってうまくいかなかったため、全連邦共産党（ボ）中央政治局は広州の国民党がここで北伐を発動すれば、日本はこの機に乗じて中国東北を奪い、中東鉄道を脅かし、さらには張作霖に「満洲独立宣言」をさせかねないと考えるようになっていた[29]。それゆえ、コミンテルン東方部部長は国民党に北伐の計画があると聞いただけで、中国代表に「われわれは北伐を強く非難する」と明確に告げたのであった[30]。

第二の原因は、蔣介石の性格をよく知っていたボロディンが、国民党第二回大会後、クイブィシェフらの排斥に遭い、広州を離れざるをえなくなり、帰国したことにある。クイブィシェフは頑固な自負心の強い軍人であり、中国の将軍など眼中になく、蔣介石に対しても常に皮肉ばかり言っていた。双方は北伐問題で対立してから、意思疎通がさらに難しくなった。クイブィシェフは依然として我が道を行き、蔣介石の受け止めをまるで気にもとめなかったばかりか、しょっちゅう政治談義をぶった。中国の軍隊は改造しなければ、仮に軍事的に勝利しても、新たな軍閥統治を作り出すだけであると言い、蔣はトルコのケマルのようになると暗喩した。こうした状況下で、クイブィシェフは蔣麾下の第一軍の第二師団を独立させて別の一軍を作ろうとして、蔣はクイブィシェフが彼の兵を奪い、権力を削ごうとしていると疑うようになった。蔣は国民革命軍第一軍軍長、軍事委員会委員、広州警備司令等の職を辞しモスクワに視察に行くと申し出て脅したが、汪兆銘は特に同情しなかった。それどころか、蔣が強硬にクイブィシェフの辞任を求めると、汪はクイブィシェフの側に立って弁解しようとした。こうしたことはすべて、蔣の疑念と恐怖を強めるだけであった。そして共産党員の海軍局長李之龍が命令を受けずに中山艦を黄埔に行かせたことを知った蔣は、汪とクイブィシェフが蔣を拘束してソ連に連れ去ろうと謀っているのではないかと疑いはじめた。蔣は何度もためらった末、最終的に彼が掌握している第一軍を用いて政変を発動することを選択した。

三月二〇日未明、蔣介石は突然、軍隊を指揮し、広州市全域に戒厳令を敷き、李之龍および国民革命軍第一軍の中国共産党党員五〇人を逮捕し、省港ストライキ委員会と東山ソ連顧問寓所を包囲し、労働者糾察隊とソ連顧問警備隊の武器を接収し、中山艦を占拠した。その後、蔣は政治委員会の開催を要求、クイブィシェフらを帰国させることを決議し、第一軍のすべての党代表を入れ替えた[31]。これに対し、ちょうどソ連の代表団を率いて広州に視察に来ていた全連邦共産党（ボ）中央委員会書記兼赤軍政治部主任ブブノフは、ソ連顧問が何でもやりすぎていると考え、蔣の要求に応じると明言し、クイブィシェフを辞めさせた。こうなると汪兆銘は何も言えなくなり、病気と称して出てこなくなった。他方、蔣は軍事委員会主席の身分をさらに利用して、国民党二期二中全会を開催し、自身が起草した「党務整理案」を採択させた。同案は、共産党員で国民党中央執行委員を担当する人の比率が三分の一を超えてはならないことを明文で規定したほか、共産党は国民党に加入した党員の名簿を国民党中央執行委員会主席に提出しなければならないこと、最高級の党部の許可なく政治関係の組織と行動を別に行えないこと、共産党員は国民党中央機関の部長に充てられず、孫文および三民主義を批判できないこと、国民党員は脱党を認められない内は中国共産党に加入できないこと等々を規定していた[32]。

二期二中全会の開催と「党務整理案」の採択は、蔣介石が発動した「三・二〇事変」を合法なものにしただけでなく、蔣をたちまち国民党の軍事面、政治面でのトップに押し上げ、権力を一身に集中させることにつながった。蔣の最大の収穫は、もはや彼が北伐を行うことに反対する人はいなくなったことである。このとき馮玉祥と郭松齢が起こした反奉天派の戦争はすでに失敗に終わり、張作霖の部隊が大挙して北京に入り、いわゆる満洲独立問題もなくなったことから、当然ながらモスクワ側も国民党の北伐にもはや反対しなかったのである。

3　ソ連顧問と北伐戦争

厳密に言えば、国民党が軍事的手段を用いて北京政府を転覆させ、中国を統一することに、ソ連は反対していたのではなかった。実際に、モスクワが派遣した軍事顧問は、人も金も出して、黄埔軍官学校の創設、そして隊列の訓練から個別教練、射撃・戦術の訓練に至るまで援助し、軍事顧問を学生軍に派遣し、陳炯明討伐の東征に直接参加した。これらはすべて、国民党が実戦に強い軍隊をつくることを助けるためであった。初代軍事顧問パブロフ（巴甫洛夫）に至っては、軍事行動に随行中、川に溺れて亡くなった。ソ連側がすぐに後任の軍事総顧問としてガーリンことブリュヘル将軍を中国に派遣したことからも、モスクワが国民党の軍事組織およびその作戦をたいへん重視していたことが見て取れる。

軍事顧問の指導の下、黄埔軍官学校およびその後組織された国民革命軍は、すべてソ連赤軍のやり方にならって、党代表と政治部の機構を設置した。ロシア人の考えと推薦にもとづき、国民党は、一部の前途有望な軍事と政治工作の人材をさらなる学習のためにソ連の軍事学校に送ることもできた。国民党の第一党軍、すなわち国民革命軍第一軍は、黄埔軍官学校の学生軍とソ連顧問の援助の下、つくられ、発展した。この軍隊があったことで、孫文と国民党はもはや過去のように地方軍閥に頼ることがなくなった。それだけでなく、ソ連顧問の援助と指揮の下、黄埔軍官学校学生軍が主力となって、東征の作戦は成功を収めた。国民党の勢力範囲は、もともとの広州の片隅から、広東と広西の大部分まで拡大し、両省の地方軍閥は国民党の旗の下に帰順した。一九二五年夏に広州国民政府が成立すると、国民革命軍は七軍に発展した。国民政府の北伐計画は、こうした状況下でガーリン将軍が提案し、彼が取り仕切って作成された。計画書は明確に、「今次北伐は一九二六年後半初めに開始される」と打ち出していた。ガーリンは、この計画によれば、北伐軍は順調に長江に進出し、漢口を占領できるだけでなく、「東に拡大して上海に至ることもあり得る」と考えていた。要するに、成功は「間違いなかった」のである。[33] 蔣介石がこの計画に終始強い情熱と意欲を見せていたのには、こうした重要な原因があった。

一九二六年七月九日、国民革命軍の北伐が正式にはじまった。北伐軍は軍団レベルから師団レベルに至るまで、すべてソ連顧問の指揮を受け、ガーリンが定めた作戦計画を厳格に徹底した。蔣介石の求めにより中国に戻ってきた総顧問ガーリンは、自ら前線に赴いたのみならず、何度も飛行機に乗って、敵陣の上空から戦場の状況を把握した。ガーリンが頼っていたのは、ソ連将官と専門のスタッフのみで構成された参謀部と、前線の偵察を担当し、敵軍を直接爆撃するソ連軍パイロットからなる航空小部隊であった。[34] そしてまさにガーリンが制定した作戦計画にもとづいて、北伐軍は速やかに湖南と湖北を奪取し、江西、福建、安徽の大部分を占領した。ガーリンの役割と貢献について、蔣介石は反ソ反共に転じた後も、何度も思い出して感心し、忘れることはなかった。[35]

北伐戦争の勝利はまた、馮玉祥の国民軍の参与と支持のおかげでもあった。馮は早くも一九二五年に、彼の部下の教練を助けるソ連軍事顧問を招聘していた。同年五月初め、ソ連教官の第一陣が張家口に到着し、国民軍第一軍で活動した。一カ月後、別の顧問らが国民軍第二軍に派遣された。馮の国民軍は奉天派軍閥と決戦を行おうとしていたことから、ソ連政府は特別に、内戦で南西戦線の司令官を務め、突出した戦績を収め、戦後、赤軍の総参謀長に就任したエゴロフ（葉戈羅夫）を駐在武官として中国に派遣し、馮の国民軍を近くで支援させた。このとき馮軍は勝利できなかったが、ソ連政府は馮のモスクワ行きを積極的に歓迎し、大量の軍事援助を再度与えた。そのため馮の国民軍は崩壊から程なくして再起できたのである。一九二六年七月までに、ソ連は国民軍に小銃五万五八五七丁、各種大砲六〇門、機関銃二三〇丁、迫撃砲一八門、各種銃弾・砲弾数千万個を提供した。北伐戦争が開始してから、ソ連は一〇月にまた国民軍に、小銃三五〇〇丁、銃弾一一五〇万個、飛行機三機、火炎放射器一〇台等を提供した。[36] まさにソ連の強力な援助とソ連顧問の全力の支援の下、馮軍は陝西から河南に進出し、奉天派軍閥の支配下にあった河北と山東を脅かし、国民革命軍が北伐戦争を最終的に完成させる上で重要な援軍となったのである。

4　「五月指示」と国共分裂

北伐が軍事面で順調に進展したことで、モスクワではすぐに国民党の軍隊を称える大合唱がはじまった。『プラウダ』は続けざまに文章を発表し、国民革命軍が「組織面と兵士・大衆の政治的意識の面で、中国の軍閥と全く違う」と称賛した。同軍は「優秀で、大衆の間で輿望が高く」「本当に人民の軍隊である」と信じてさえいた(37)。スターリンも、公に以下のように語った。ヨーロッパでは、革命が人民の蜂起と暴動にかかっているとしても、中国でそれはもう通じない。中国革命は軍隊の勝利にかかっている。なぜなら、「中国では、旧政府の軍隊と対抗するのは、武装していない人民ではなく、革命軍隊が代表する武装した人民であるからだ。中国では、武装した革命が武装した反革命に反対する。これが中国革命の特徴の一つであり、優れた点の一つである(38)」。

スターリンと全連邦共産党（ボ）中央の楽観的な見方に影響され、一九二六年末に開催されたコミンテルン執行委員会第七回拡大会議は中国共産党にさらに以下のような急進的な闘争任務を出した。「中国共産党は全力を尽くして、非資本主義に移行する発展軌道の革命を実現するよう努力すべきで」、「プロレタリアート、農民とその他非搾取階級の民主主義独裁」と「非資本主義（社会主義）に向けて発展する過渡期の反帝国主義革命政府」を打ち立てるよう努力すべきである。農民を革命に引き入れるためには、農民による農村政権の奪取を支持し、地租と税負担を減らし、軍閥、地主、土豪、買弁、寺社、教会などの土地を没収し、国有とすべきである。「共産党の人は広州政府に参加し、右翼が政策を弱め、動揺させることに反対する革命左翼の闘争を支持し」、土地の国有化の進捗、外国の租界の撤廃、

「外国による租借ないし譲渡の性質のある大企業、鉱山、銀行等の没収」を保証すべきである。[39]

一九二七年二月末から三月初め、中国共産党中央はコミンテルン執行委員会第七回拡大会議の中国問題に関する決議を受け取った。これより前、北伐の進展があまりに速く、各方面で準備不足が生じたが、他方で民衆に対する革命宣伝は十分突っ込んだもので、なおかつ急進的であったため、広東および湖北・湖南で労働者・農民の運動が統制できない状況が相次いで現れた。武漢だけでも、北伐軍が占領してから二、三カ月でストライキが一五〇件余り発生し、各業界の労働者が貧困から脱却し、生活水準を上げようとして、相互に競い合う状況まで生じた。労働者・店員らの要求は増加の一途をたどり、その結果、「給料は驚くほど増え、労働時間は毎日四時間以下に短縮され、恣意的に人が逮捕され、法廷と監獄が組織され、交通が断絶され、工場と店舗が没収される」[40]までになった。湖南の農民運動では、山高帽を被せ、地主の食料を強奪し、金銭をゆすり取り、殺人を促し、豚や鴨などの飼育を禁じ、穀物や家畜の移送を阻み、納税に抵抗し、税務局・釐金局を打ち壊し、勝手に兵糧を差し押さえる等の過激な行為が起こりはじめた。戦争が生産と貿易に与えた衝撃に加え、外国企業は操業停止し、銀行は営業停止を迫られ、大商店は次々に倒産し、中国の製造業者はストライキと原材料の深刻な不足により経営を維持できなくなり、湖北・湖南は日増しに生産の麻痺、市場の萎縮、経済の停滞、物価の高騰といった局面に陥った。こうした状況に直面した中国共産党中央は、「われわれが左に寄り過ぎることを防ぐ」努力をし、無政府状態の発生を防ぐ考えから、労働者・農民運動の過度な要求に反対した。[41]しかしそこにコミンテルン執行委員会第七回拡大会議の決議が届いたことで、中国共産党中央の態度にはすぐに重大な転換が起こった。

中国共産党中央はこのとき決議を採択して、以下のように表明した。われわれは過去に一つの根本的な錯誤があった。それは国民革命とプロレタリア革命の間に越えられない溝をつくり、今可能なのは国民革命に限ることであり、それを少しでも越えると革命の鉄則に違反したように考えたことである。しかし今、革命はこの制限を越えて、プロレタリアートの現実の指導権を勝ち取るべく努力するだけでなく、「労働者・農民およびその他被抑圧階級の民主独裁制をつくり、鉄道、水運、鉱業、大工業を国家機関の支配下に集中させ、社会主義に向かう」べきであることを理解した[42]。ここからわかるように、中国共産党中央は、「中国の民族革命は強固な時期に入り、プロレタリアートは指導権を奪取する時期に入った」のであり、「中国の労働者は確実に力があり、革命ができ」、「世界革命の責任を担いうる」ため、中国革命は「一気呵成」に進めるべきであると信じはじめていた[43]。

コミンテルン執行委員会第七回拡大会議の決議に影響され、「三・二〇事変」後に再び派遣されてきた政治総顧問のボロディンは、国民党中央を共産党と左派に掌握させようとしはじめ、同時に蒋介石の権力を弱めようと考えた。中国共産党中央も秘密裏に勢力を組織し、上海で「とても大きな防御的流血の犠牲を払うつもりで」、蒋介石と上海の支配権を争おうとした。しかし、中国革命の情勢について判断が鈍い全連邦共産党（ボ）中央は、三月下旬に突然、中国共産党中央の革命の情熱に冷水を浴びせかけた。彼らは何度も中国共産党中央に概要以下のような電報を打った。（1）租界に武力突入してはならず、上海で漢口のような租界事件を起こして帝国主義連合の干渉の危険性を生んではならない。（2）国民党の左派と右派の間の衝突を注意深く利用し、慌てて表に立って軍隊と対抗してはならず、自己の力を温存させ、密かに発展すべきである。（3）実際に武装組織を準備すべきで、武器を供出すべきでないが、勢力を比較して不利なときには武器を隠しておくように備えなければならない[44]。

スターリンがこのようにしたのは、明らかにこのとき上海で発動された闘争が冒険的すぎると彼が見ていたからである。しかしスターリンには退路がなかった。なぜなら、彼の中国政策は、まさにこのときトロツキー、ジノヴィエフらの鋭い批判を受けていたからである。蒋介石が中国共産党と関係を断つ可能性が出てきたことは、まさにトロツキーらが批判をする上で重要な口実となった。こうした状況のため、スターリンは階級闘争を高らかに唱えざるをえず、またもともとの調和的な政策をすぐに変えることはできなかった。彼はこのとき公に以下のように説明した。

「国民党は一種の連盟であり、右派、左派そして共産党の人たちからなる一種の革命議会であり、もしわれわれが多数を擁するなら、右派はわれわれに従うのであるから、どうして政変を起こす必要があろう？　どうして右派を駆逐する必要があろう？」「目下のところ、われわれは右派が必要で、彼らのなかには軍隊を指導し反帝闘争を行う有能な人がいる。蔣介石は革命に同情しないかもしれないが、軍隊を掌握しており、ちょうど反帝闘争の役割を担うことができる」。スターリンは四月六日に行った演説で、以下の名言を残した。「われわれは彼らを十分に利用しなければならない。レモン汁のように、絞ってから捨てればよい[45]」。

しかし、中国共産党側の準備が整わない内に、蔣介石らは四月一二日の未明に口実をつくって上海総工会の労働者糾察隊を武装解除させた。四月一八日には、蔣を長とする国民党の人たちは国民党中央と国民政府を別につくり、武漢の国民党中央と国民政府と相対した。同時に血なまぐさい「清党」の措置をとりはじめた。

この「四・一二事変」の発生そして南京国民政府の樹立により、国民革命軍が占領していた広東、福建、広西、安徽、浙江、江蘇、それから国民党に帰順した西南諸省は、次々に蔣介石の南京側につき、江西の朱培徳は南京・武漢（寧漢）の間で揺れ動いた。共産党およびその影響下の国民党左翼の人たちの実効支配区域は、湖北と湖南のみとなった。両省はもともと労働者・農民運動が急進的すぎて、経済危機と外交関係の緊張が高まり、水運と陸路はどこも封鎖に遭い、財政はさらに困難にあった。統一戦線関係、それから軍隊と労働者・農民運動の間の関係も、自ずと緊張は高まる一方であった。

五月中下旬、湖北の夏斗寅と湖南長沙の許克祥が相次いで叛乱し、武漢政府は湖北の一部、湖南の大部分に対する支配を失い、その地位はますます危うくなった。四月には、北京政府が突然、ソ連大使館を襲撃し、李大釗を含む共産党員と国民党員を捕らえ、殺した。それだけでなく、ソ連が国民党と馮玉祥の国民軍を援助していたことを示す大量の秘密文書を公開した。このことは国民党の人たちと馮玉祥にとってとても大きな政治的圧力となった。武漢政府はそのためボロディンを顧問の職務から解任することを発表せざるをえなくなった。

武漢のボロディンと中国共産党中央の主要な指導者らは、このような深刻な局面に直面し、極力妥協し、この危険な情勢の緩和を模索しようとした。しかし、スターリンらは、決裂はすでに避けられなくなったと認識し、トロツキーらに「妥協」政策失敗の論拠とされないよう、突然コミンテルンに有名な「五月指示」を出させた。形式上、「行き過ぎた行為との闘争は必須である」とし、「将官と兵士の土地にふれるべきでなく」、手工業者、商人、小地主には譲歩するよう要求していたが、同時に以下のように強硬に指示した。（1）下から確実に地主の土地を奪うことを断固主張し、かつできるだけこれを促進し、広汎な農民を味方に取り込まなければならない。（2）下層から新たな労働者・農民の指導者を国民党中央に吸収し、国民党の現在の構成を変える。（3）二万人の共産党員と湖北・湖南の五万人の革命労働者・農民を動員し、自己の軍隊をつくる。（4）著名な国民党の人と非共産党の人を長とする革命軍事法廷を成立させ、反動的な将官を懲罰する。[46]

モスクワの「五月指示」は決裂の方針を提起せず、従来どおり国共統一戦線の保持が必須であると強調してさえいた。これにソ連顧問と中国共産党中央は縛られることになった。指示のなかの各項目は、国民党中央に提出すれば決裂に等しいため、提出できなかったか、当時の状況では短期間で実行することは不可能であったため、現実には中国共産党中央によって棚上げされた。ただこのとき武漢に来たコミンテルン代表団団長のローイ（羅易）にとっては、最大限努力をしないと満足できない思いがあった。そのため彼は自らの判断で武漢国民党の領袖であった汪兆銘を訪ね、彼にモスクワの指示を見せ、理解を得てから徐々に進めようとした。汪兆銘は財政上、特に軍隊の給与の問題を解決するため、一五〇〇万元の借款を要求した。しかしモスクワは二〇〇万ルーブルの援助しか同意しなかった。[47]モスクワがこの条件を満たさなかったことから、汪兆銘も自ずとモスクワの要望どおりに事を進めることはできなかった。

一九二七年六月二二日、武漢の国民党政府が唯一期待を寄せていた馮玉祥が、蔣介石の南京国民党政府の側に着くことを公表し、武漢国民党政府に対しボロディンを帰国させ、共産党と分離する政策をとるよう要求した。その直後、湖南籍の将官唐生智、何健らが許克祥らに同情する人たちの側に立つことを公にし、労働者・農民運動を非難するとともに、武漢国民党政府が共産党の人たちを受け入れ続けていることに不満を示した。

七月八日、モスクワは決裂が不可逆的であると判断し、共産党員は武漢政府から出て抗議の意を示さなければならないと命令した。同時に国民党左派と連合して、ボトムアップのかたちで国民党の新一期代表大会を召集し、国民党の指導権を奪取するよう、共産党に要求した。

時ここに至り、汪兆銘はモスクワの五月指示を党内上層部で公開せざるをえなくなった。その結果は推して知るべし。七月一五日、武漢国民党中央は最終的に共産党と分かれる方針を確定させ、共産党の人たちに国民党と一切の政府機関から退出するよう要求した。武漢国民党と完全に決裂することを決心した共産党の人たちは、ソ連軍事顧問の指示の下、すぐに自ら動員可能な軍隊を組織し、八月一日に「国民党革命委員会」の名義で南昌暴動を発動させた。この動きにより、武漢国民党当局は共産党と分かれる方針から反共の方針に直ちに転向した。国共両党の党内合作の歴史は、ここにピリオドを打ったのである。

第3章　モスクワと中国のソヴィエト革命

中国のソヴィエト革命は一九二七年にはじまり、一九三六年に終わった。この時期は、中国共産党とソ連が歴史上最も緊密に結合したときであり、中国共産党が独立自主の道を進むことを迫られた重要な歴史的契機でもある。

これより前、中国共産党は基本的にモスクワの財政援助に頼って活動を展開させてきた。モスクワはコミンテルン、赤色労働組合インターナショナル、共産主義青年インターナショナル等の組織を通じて、中国共産党およびその領導下の労働組合、青年団等に、月ごとに経費を提供していた[1]。こうした経費の支援は、中国共産党組織の拡大に伴って、不断に増加した。一九二一年の一年間に提供された党の活動経費はわずか一・五万中国元ほどであったが、一九三一年には毎月一・五万米ドルを超えた。さらに労働組合、青年団、農民協会、済難会に提供された経費、各種会議と臨時の組織事件のための特別経費もあり、その額の大きさゆえに、この時期の中国共産党のモスクワに対する依存ぶりに直接影響していた。しかし、一九三〇年以降、中国共産党紅軍が徐々に成功を収め、ソヴィエト区根拠地が次第に拡大するにつれ、中国共産党中央の財政面におけるモスクワへの依存度は徐々に低減しはじめた[2]。一九三三年初め中国共産党の臨時の中央は上海からすべて撤退し、江西ソヴィエト区に向かったことで、この財政援助も一段落を告げた。中国共産党中央は財政面で自給自足を実現すると、もうモスクワにひどく依存することはなくなり、双方の政治的関係にも変化が生じた。

ソヴィエト革命期における双方の関係の変化は、中国共産党の工作の重心の転換にも現れた。国共分裂後、中国では内憂外患が続き、ソ連は共産党が起こした武装暴動を公に支持し、外交官を使って暴徒に支持を与えることさえした。張学良と南京国民政府は自ら奉ソ戦争を引き起こし、中東鉄道およびその関連の権益を奪い取ろうとした。これらは中ソ両国政府の関係を直接また間接に緊張させ、絶交に至らせた。モスクワは外交的損失を顧みず、中国共産党がロシア革命の方式でソヴィエト革命を発動することを断固支持した。政治方針から具体的な政策文書の策定に至るまで援助し、中国共産党代表をモスクワに密航させ、代表大会を開かせ、中国共産党の政治決議の制定を助け、その指導層を改組し、政治と軍事の顧問を選定して上海に派遣した。さらにはソヴィエト区にまで顧問を派遣し、作戦を近くで指導させた。事の大小を問わず、ほぼすべてやり切った。しかし一九三〇年以前にモスクワ指導下の中国共産革命は惨憺たる失敗に終わり、逆にモスクワの計画と経験にはなかった毛沢東式の農村根拠地が大変しぶとい生命力を見せた。スターリンは、一九三〇年の春夏の変わり目にすぐさま中心都市の奪取に重きをおいた行動方針を調整し、中国共産革命の工作の重心は農村に向けられるようになり、ロシア式の大衆暴動の方式も軍事闘争の方式に変えられた。こうなると、ロシア人の権威が脅かされることは避けられなくなった。ロシア式につくられた中華ソヴィエト共和国は最終的に国民党の包囲に勝つことができなかったが、地域土着の毛沢東は、豊富な遊撃戦の経験を武器に、ソ連留学の経歴のある中国共産党指導者たちの間で瞬く間に台頭したのである。

1 中国共産党武装暴動と中ソ断交

南京と武漢の国民党が相次いで共産党と分裂すると、ロシア人が中国の軍隊や街中に大勢いる奇妙な光景は、ほぼ一夜にして影も形もなくなった。しかしモスクワは明らかに、中国に人を留め置く努力を諦めたのではなかった。共産党の人が地下への潜伏を迫られたことをロシアの一九〇五年革命の失敗のようだと捉えるにせよ、あるいは一九一七年の十月革命前の七月に起こった一時的敗北のようだと捉えるにせよ、このときが共産党の人が革命を起こすか否かの分かれ目となった。スターリンは彼が指導した中国革命の失敗を認めず、次のように言った。中国革命は目下挫折したが、これは「ボリシェヴィキの一九一七年七月の失敗に類似する」にすぎない。ロシア革命のときの七月から一〇月までより少し長いくらいで、共産党の人は「再び街に出て」来ることができる。(3) それゆえ、武漢国民党が平和的に「共産党と分かれる」措置を宣言した後すぐに、共産党の人たちはガーリンの提言の下、南昌に集結し、八月一日に武装蜂起を発動し、国民党革命委員会をつくって対抗した。コミンテルンから新しく来た若い代表も、八月七日に速やかに漢口で中国共産党臨時中央緊急会議を召集し、武装暴動の方針を確定した。

「八・一南昌暴動」から「九・九鄂南暴動」、湖南秋収暴動、広東海陸豊での連続三回の武装暴動、最後に一二月一一日にスターリンが派遣した暴動の専門家自ら指揮した広州暴動に至るまで、中国共産党中央は数ヵ月の間、全国で政権を武力で奪う一連の闘争を繰り広げた。激しい暴動の局面にあって、ロシア人ですら革命の成功は間もなくだと思っていた。広州暴動の際には、ソ連駐広州領事館員が共産党の軍事顧問を直接担当し、赤旗を挿した領事館の車を走らせて、至るところで人目を引き、革命の勝利はすでに定まったかのようであった。(4) しかし広州暴動はたったの二日間で国民党の軍隊に鎮圧された。何人ものソ連の外交官が数千数百の中国人暴動者と一緒に無残にも殺され、広州の街頭にむくろを晒した。

ソ連の外交官が公に共産党の暴動を支持したことで、国民党は決心し、ソ連と断交することを公に宣言した。しかしこのとき北京政府が中国の中央政府として依然存在し、南京国民政府は各国の承認を得ていなかったことから、この断交は国民革命軍の実効支配地域でしか効力がなかった。しかし、広州暴動の惨憺たる結果によってモスクワの指導者は多少目が醒め、新たな暴動計画は棚上げされた。一九二八年初め、コミンテルンと全連邦共産党（ボ）中央は相当な努力を払って、一〇〇人以上の中国共産党代表を秘密裏に中国各地から出国させ、モスクワの郊外に集めて、中国共産党の歴史上唯一国外で開かれた代表大会を行った。疑いなく、この代表大会のほぼすべての文書は、ロシア人が起草したか、作成を援助したものであった。中国共産党中央の指導者の選択を含め、ロシア人の意志を厳格に踏まえて進められた。当然ながらこのときのロシア人は依然として、大衆暴動を通じて中心都市を奪取する方針に誤りがないこと、誤りがあるとすれば「八・七会議」が選出した若い中国共産党指導者があまりに無闇に行動したことだけであると確信していた[5]。

一九二七年の国共関係の決裂について、モスクワは早々に共産党の失敗の責任を陳独秀ら「右傾投降」に帰していた。「八・七会議」は陳独秀を更迭し、瞿秋白らに代えたが、革命の前途はまだ見えなかった。スターリンらの見るところ、根本的問題は中国共産党の指導権が終始、非プロレタリアート出身のプチブル知識人の手中に握られていたことにあった。モスクワがわざわざ手間をかけて中国共産党代表大会をソ連で開かせたことの最大の目的は、大会の代表の半数以上を最も革命性を有した労働者とし、半数以上が労働者の新中央委員会を選出し、そこから労働者が相応の比率を占める新しい中央政治局を選出することであった。最終的にモスクワは、元湖北省総工会主席の労働者である向忠発が彼らの基準に合うと考え、かくして中国共産党の歴史において唯一無二の労働者総書記が誕生した。

しかし、向忠発は総書記に就任してから何ら「プロレタリアート」の見識を見せることなく、労働者の出身だからといってモスクワの代表と良好な関係を築くこともなかった。それどころか、向忠発は従来どおり知識人出身の李立三らに頼って、宣伝工作を組織せざるをえなかった。しかし李立三の盲動的なところは瞿秋白以上に強く、全国で一斉に暴動を発動することを主張しただけでなく、中国革命は列強の干渉を招くことは必定であるとして、ソ連が中国東北に出兵し、世界革命の総決戦を推し進めるべきであると唱えた。コミンテルンから上海に派遣された極東部代表は、中国共産党中央が独断専行で全国一斉暴動を組織する動きに断固反対であった。しかし向忠発は李立三を支持して、極東局代表に対しテーブルを叩いて主張しただけでなく、スターリンに書簡を出して、スターリンが関与するよう求めた(6)。こうした状況にモスクワの指導者はすっかり困惑し、彼らは李立三に批判の矛先を向けたが、中国土着の労働者幹部をもはや信じようとしなくなった。彼らはモスクワの指示がきちんと執行されるようにするには、自分たちが養成した、ソ連に留学した中国人学生に望みを託すしかないとすぐに確信した。彼らは卒業したばかりの若い学生にそれほどの力量があるとは思っていなかったが、ソ連留学経験者だけが彼らの意志を真に理解し、やり通してくれると確信したのである。

早くも一九二一年には、ソ連は中国共産党員と青年団員のなかから人選してソ連留学に行かせはじめていた。最初に派遣された劉少奇、任弼時、羅亦農、蕭勁光、彭述之、卜士奇らは、モスクワの東方勤労者共産大学（略称、クートヴェ）に入った。一九二三年に続々とクートヴェに入学した人たちのなかには、劉伯堅、朱徳、任卓宣、王若飛、趙世炎、熊雄、穆青、傅烈、それから陳独秀の二人の息子陳延年と陳喬年らがいた。一九二四年以降、李富春、傅鍾、李卓然、鄧小平らもモスクワに行く機会を得た。正式に留学生と言える人の大半は、一九二五年に中山大学が設置されてから入学した中国人学生である。中山大学は全部で中国人二〇〇〇人も受け入れ、そのうちの相当な数が共産党員と青年団員であった。そのなかで系統だった教育を受けたことが確実なのは、王明、博古、張聞天、王稼祥、沈択民、凱豊、夏曦、楊尚昆、陳昌浩、李竹声、盛忠亮、兪秀松、周達文、董亦湘、孫冶芳らである。しかし、この正規教育の試みはすぐに国共関係の決裂により打ち切られた。一九二七年秋以降に中山大学に来た中国共産党員は、ひそかにソ連に避難してきた、董必武、林伯渠、何叔衡、徐特立、呉玉章、葉剣英、呉亮平らであった。当然ながら、この前後、軍事革命の中国における特殊な役割を考えて、ソ連で軍事を専門に学ぶ、あるいは無線電信、情報、特務等の工作の訓練を受ける中国人学生の数も多かった。著名な人には、劉伯承、王一飛、聶栄臻、傅鍾、朱瑞、陳賡、伍修権、左権、師哲、周保中、毛斉華、涂作潮、陳昌浩、顧順章、李剣如らがいた。中国共産党内にはこのように多くのソ連留学経験者が存在し、モスクワが一〇〇％「ボリシェヴィキ化」した幹部を党の各レベルの指導者に選ぶことは困難なことではなかった。

国共関係の決裂後、わずか数年で、中国共産党とモスクワの間の関係は徹底的に改造された。党の領導機関はますます独立性を失った。陳独秀が中央を率いた時期から、瞿秋白、そして向忠発の時期に至り、一九三一年六期四中全会後になると、少なくともモスクワの見たところ、中国共産党中央は「一〇〇％ボリシェヴィキ化」に向かって転換しはじめた。王明、博古らソ連から帰国したばかりの、ロシア・ボリシェヴィキに忠実なソ連留学経験者が、中国共産党中央と青年団中央の指導的地位に押し上げられたからである。

2　奉ソ戦争と「ソ連防衛」

この時期の中国共産党とソ連の関係の特殊な性質に関しては、一九二九年の奉ソ戦争のなかに、かなり明らかに表れていた。

一九二八年、南京国民政府が北伐を再度発動させ、奉天派の軍は大挙撤退をはじめた。張作霖が満洲独立を選ばず、関内に干渉してばかりいることに不満を持っていた東北駐在の日本の将校は、張作霖が奉天（瀋陽）へ帰る途中で、皇姑屯事件（張作霖爆殺事件）を実行し、六月四日、張作霖は爆殺された。しかし父の後を継いだ張学良はこうした日本人の狡猾な手段に屈服せず、複雑な過程を経て、最終的に年末に東北易幟を大胆に実行し、東北地区を中国の中央政府の統括下に統一させた。

東北易幟後も、日本の深刻な脅威の下にあるという、満洲の特殊な位置づけに変わりはなかった。南満洲鉄道およびその沿線地区、そして旅順港の各種権益を取り戻したいと直接日本に求めることも、当面は不可能だった。しかし張学良はこの目的を達しようと、明らかにあれこれ考えをめぐらしていた。一九二九年、南京国民政府が「革命外交」を推進している機をとらえ、若く血気盛んな張学良は、まずソ連が北満に有していた特殊権益から手をつけ、東北の権益を回収する計画を実行しようとした。

年初、東北当局はまず中東鉄道が電気を使用する権利を強制的に回収した。ソ連側は瀋陽領事館を通じて抗議し、一〇〇万元以上の補償を求めたが、それ以上に激しい反応はなかった。四月、東北当局は中東鉄道の権益問題でソ連側に交渉し、ソ連側は再度譲歩し、もともとロシア人が担当していた商務、機械、車内業務、総務、会計、収入等の六つの正処長を中国人に担当させることにした。この状況に対し、張学良らは明らかに不正確な見通しを持っていた。

五月二七日、張学良は駐ハルビン・ソ連総領事館が共産主義の秘密宣伝活動を行っていたことを口実に、突如として軍警察を派遣し当該領事館を捜索し、多数の人を逮捕した。そのなかで主だった人物は、総領事館の集会に来た中東鉄道沿線各駅および三六地区の各工場従業員連合会、ソ連商船局、極東灯油局、極東国家貿易局等の団体と部門のロシア側責任者であった[7]。この行動には治安面での考慮もあったが、明らかに中東鉄道を奪う意図があった。

五月三一日、ソ連外務人民委員部はハルビン領事館が襲撃された件で抗議し、「ソ連政府は今より、駐モスクワ中国代表処およびソ連領土にある各領事館に対しても、国際公法のいかんを問わず、国際公法にもとづく治外法権を承認しない」と宣言した[8]。

しかしソ連のこの行為は張学良に対し脅威とはならず、さらに蔣介石と南京国民政府が後押しし、張学良は七月一〇日、東北政務委員会等の機構の名義で、奉露協定における中国で共産主義を宣伝してはならない等の規定にソ連側が違反したため、中国側は中東鉄道管理権を回収せざるをえなくなったと宣言した。その日とその翌日に、東北当局は軍・警察を派遣し、ソ連商船貿易会社、国家貿易会社等の機構を差し押さえ、白系ロシア人を派遣して機械業務処、車両業務処を接収し、鉄道局のソ連人労働組合、青年団、婦女会、少年団等を解散させ、中東鉄道管理局のソ連側の局長、副局長を含むソ連側管理職員二〇〇人余りを逮捕・駆逐した[9]。

ソ連はこの事件を受けて、当初は平和的解決を望む態度を示していた。七月一三日の最後通牒では、会議をすみやかに開いて中東鉄道の一切の問題を解決することを、なおも提案していた。しかし、南京国民政府の一六日の返答は、態度頑なに、以下のように宣言した。この度の行為は純粋に、ソ連側が中国人民を煽動して中国の国家社会を破壊し、中国政府に反対する各種組織的宣伝工作を行ってきたことが、近年何度も発覚したことで、中国政府としては適切な措置をとらざるをえなくなったことによる。今回東北当局がとった措置はまた、純粋に騒乱事件の突発的発生を防ぐことを目的としたものでもある。

拘束されたソ連側人員を速やかに釈放し、不合法な行為を取り消してほしいというソ連側の求めに中国側が応じようとしなかったため、ソ連政府は一七日に中国と全面的に断交すると強く宣言した。その後、ハルビン、チチハル、ハイラル、満洲里、黒河、綏芬河等にあったソ連の領事館は次々に撤収し、中東鉄道のソ連人職員もまた相次いで辞職、離職した。ソ連はまた赤旗極東特別集団軍を設立し、ソ連極東地区の軍事力を統括させ、ガーリンを統帥に就け、東北当局に対し武力で脅しをかけはじめた。中国人の商人数千人を拘束し、中国の汽船を多数拘留し、ソ連の飛行機を中国領内に侵入させ偵察させるなどした。

蔣介石と南京国民政府は、この行為は反共の列強各国の支持を得られるともともと考えていたが、意外にも各国政府は、中国側が武力を用いて中国と外国の権益の紛争を解決しようとしたことに揃って異議を唱えた[10]。それ以来、ソ連側の態度もますます強硬となり、大規模にソ連華僑の財産を没収し、身柄を拘束して、報復しただけでなく、軍を大挙動員して東北の中ソ国境で騒擾を起こした。張学良はソ連に対し武力を用いる用意が全くできていなかったため、妥協を図る方向に転じたが、南京政府は譲歩に断固反対した。国民党はこのとき各地で次々と国家主権を守る大衆動員型のデモ行進を組織し、蔣介石は公の場で、以下のように宣言した。「吾人の対露政策の目的はまずソヴィエト・

ロシアの侵略の真相を暴露することである」。「ソヴィエト・ロシアは公然と世界平和を破壊し、我が民族の利益を侵しており、吾人は世界平和のため、民族の利益のため、革命の精神をもって、一切の犠牲を惜しまず、国権を擁護する政府の主張を貫き通す所存である[11]」。

中ソ両国は三カ月の舌戦の末、一〇月一二日、ついに有名な同江戦役を起こすに至った。ソ連軍は未明に飛行機二五機、軍艦一〇艘、戦車四〇両余り、その後騎兵約八〇〇人、歩兵三〇〇〇人を増派し、同江の中国軍守備隊に向かって大規模に侵攻した。中国海軍の艦隊は頑強な抵抗の末にほぼ全軍が沈没、江平、江安、江泰、利捷、東乙の五艘が撃沈し、利綏は重傷を負い富錦に逃げ帰った。将官一七人が戦死、負傷者、死者は七〇〇人余りであった[12]。午後三時に至って、ソ連軍は同江県城を奪取し、中国側守備隊は富錦に撤退を余儀なくされた。ソ連軍がその後すぐに後退したため、南京政府はソ連が近々、大規模な侵攻を発動する可能性はないと信じ、従来どおり妥協しない態度をとった。結果、一一月一七日から、ソ連軍は東路と西路に分かれて大挙侵攻してきた。西路では満洲里と札蘭諾爾を攻め、東路では綏芬河と密山県を目指し、牡丹江を爆撃した。東路では百里余りも入り込み、密山県を攻略するとともに、佳木斯以北、牡丹江以東の地に進出した。西路では満洲里と札蘭諾爾から、嵯崗を経て一気にハイラルを攻め落とした。黒龍江守備隊の韓光弟の旅団は全軍が壊滅し、旅団長および連隊長は全員戦死した。梁忠甲の旅団は囲みを突破すること成らず投降した。西路の二旅団だけで捕虜は一万に上り、その他の人員、財産の損失は計り知れなかった[13]。東北の西部戦線守備軍は満洲里、漠河の線から、ハイラル以東および興安嶺、博克図まで退かざるをえなかった。張学良は漠河方面の将兵に対し、商人が嫩江に退避するのを保護するよう求めさえした。

東北辺防軍の二度の失敗は損失が大きく、張学良は南京政府の反対を無視して、単独でソ連と講和することを余儀なくされた。この行為に南京政府は不満であったが、蔣介石は関内で形成されつつあった反蔣の風潮を考慮して、承認せざるをえなかった。この事件は、中国側が自己の権益を回収する行動であったが、結果は正反対であった。将兵を損耗し、人々にとってはとんだ災難となり、国家は面子を失った。それだけでなく、東北軍の実力そして国際社会が中国東北問題でどの程度干渉できるかを暴露した。このことは二年後に日本の関東軍が大胆に発動する「九・一八事変」にとって重要な参考となった。

奉ソ戦争に関して、コミンテルン極東局ははじめから中国共産党中央に対し、「武装してソ連を防衛する」というスローガンを打ち出し、国民党に反対しソ連を擁護する大規模な大衆デモを組織するよう明確に要求していた。これに対し中国共産党中央は躊躇することなく積極的に応じた。中国共産党中央は政治局会議を開き、宣伝の手段すべてを使って、八月一日の「反帝日」にデモを行い、上海の労働者の総ストライキを発動させようとした。こうしたやり方に対し、陳独秀はわざわざ中国共産党中央に手紙を書いて、今ここで「ソ連擁護」ばかりを宣伝することは「われわれに不利」であり、「広汎な大衆が皆、ソ連を中国解放の友人と見なしている」とは決して思うべきではないと批判した[14]。この一件により、中国共産党中央は陳独秀らが事実上、中国共産党中央の政治的路線に根本から反対したことに鑑み、彼らの党除名を素早く正式に決議した[15]。陳独秀らの奉ソ戦争に対する意見は、「党内の動揺した機会主義分子の立場の最も露骨な表現である」と、中国共産党中央は明確に断じた[16]。中国共産党中央は、ソ連赤軍が中国領に大挙侵入して東北軍を攻撃したことについて、帝国主義のソ連に対する戦争が間もなく勃発し、国民党は中東鉄道を武力で奪い取り、「白系ロシア人の軍隊を組織し、ソ連国境地帯に攻め入ろう」としていることから、ソ連は先制攻撃せざるをえなかったと考えていた。そのため、中国共産党中央は、「取消主義の陳独秀だけが」「ソ連と奉天の和平交渉により、ソ連が攻撃される危険性がすでに軽減したとか、はたまたなくなったと考えている」とした。また党は「大衆闘争をさらに強化して武装闘争に向かわせ、労働者と農民の武装闘争の実際の行動すべてを統合し、武装してソ連と反軍閥戦争を擁護する任務を執行し、全国での総暴動に向かっていく」べきであると主張した[17]。

当然ながら、奉ソ戦争が最終的にソ連の勝利で終わったことで、中国共産党と紅軍の「武装してソ連を防衛する」

ことも主としてデモ行進と宣伝のスローガンに留まり、実際の行動となることはなかった。

3　ソ連の模倣版——中華ソヴィエト共和国

奉ソ戦争が発生した時、中国共産党中央はまだいくらか独立性を残していた向忠発の中央の指導下にあった。それゆえ、彼らが奉ソ戦争でとった「ソ連擁護」の態度は、盲目的にモスクワを追随した結果ではなく、当時共産党の人のほぼ一致した信念であった。これはつまり、世界は階級で区分するものであって、ソ連とは社会主義国家であり、全世界のプロレタリアートの唯一の祖国にして世界各国共産党の大本営と固く信じていたということである。換言すれば、各国共産党の存在はソ連の存在と密接に関わっていた。ソ連を防衛するとは、各国の革命を防衛することであった。このことから、この時期のソ連は、世界各国の共産党の利益が存在する場であるだけでなく、各国の共産革命の模範と目標が存在する場であったことが窺える。党は全連邦共産党（ボ）の形式で組織されるべきで、各国の革命もロシア革命の形式にならうべきであり、これはソヴィエト革命と称された。

中国共産党が「ソヴィエト」革命の旗印を掲げたのは、一九二七年九月中旬のことであった。当時、コミンテルンの指示に従い、コミンテルン代表が「国民党左派およびソヴィエトのスローガンに関する決議案」を起草した。そして、国民党の旗はもはや「資産階級地主および反革命の象徴」となったのであって、共産党は今、「ソヴィエト思想の宣伝だけでなく、革命闘争の新たな高潮においてソヴィエトを成立させなければならない」と宣言した(18)。

「ソヴィエト」とは、「会議」を意味するロシア語の一つの名詞にすぎない。この単語が固有名詞になったのは、ロシア一九〇五年革命で出現した一種のストライキ参加者からなるストライキ委員会が組織した代表会議が「ソヴィエト」と略称されたことによる。これは労働者の蜂起の機関と労働者の自治政府の両方を兼ね備えた政治組織の形式であると革命党の人に見なされ、共産党の人が政府に対する労働者の闘争を指導するのに適していたことから、一九一七年の革命のうねりのなかで、再度この組織形式が登場し、上層の立憲議会ないしは政府に対抗する一種の革命闘争機関となった。最終的にロシアのボリシェヴィキは、「ソヴィエト」を利用して反政府の政変を指導し、革命の勝利後、これを政府最高権力機関の代名詞にして、階級独裁の意図が徹底されるようにした。

ソヴィエト革命の形式が中国革命で具体的に応用されたなかで、最初期のものが広東の海陸豊であった。海陸豊の農民蜂起が彭湃の指導下で成功すると、一時その地の政権はソヴィエトと称された。しかし、これはコミンテルン代表が起草した決議の要求とは明らかに一致していなかった。決議には、「(広州、長沙といった)中心地が革命暴動によって占拠されないうちは、小さな県城でソヴィエトを組織することは断固拒絶する」ことで、ソヴィエト政権が持つべきプロレタリアート領導の「真意」が失われないようにすると明確に規定されていた[19]。それゆえ、共産党人、特にモスクワの共産党人が中国のソヴィエト革命の段階がすでに到来したと本当に信じたのは、広州暴動であった。広州の蜂起二日目、すなわち一二月一二日、中国史上最初の、モスクワから見て真に意味のあるソヴィエト政府が成立を宣言した。政府の組織形式、それから官職の名称までもすべて基本的にソヴィエトの方式にならい、たとえば蘇兆征が政府主席（本人未到着のため張太雷代理）、葉挺が労農紅軍総司令、黄平が内務人民委員、外務人民委員、楊殷が粛清反革命人民委員、周文雍が労働人民委員、彭湃が土地人民委員、陳郁が司法人民委員、何来が経済人民委員、張太雷が陸海軍人民委員となった[20]。

しかし、広州暴動は二日間持ちこたえただけで失敗した。都市暴動の方針が相次いで失敗し、特に広州暴動が失敗したことで、スターリンはロシア一〇月革命の方法にならって中国の中心都市でソヴィエト政権を樹立する試みを取りやめざるをえなくなった。中心都市を奪取して都市ソヴィエトを打ち立てる状況が再度出現するのは二年半後のことである。湖南軍閥何健が中原大戦に向かった隙をついて、彭徳懐が紅軍第三軍団を率い、湖南省の都長沙を占領し、向忠発を主席とする中華ソヴィエト政府の成立を再度宣言したのである。しかし、このときの占領も、名義の上ではソヴィエトであったが、二日足らずしか続かなかった。何健の部隊が引き返してきて、終焉を告げたのである。

実際のところ、中国共産党がソヴィエト革命の旗印を打ち出すことをスターリンが承認して以来数年で、中国共産党が農村につくった小規模な根拠地は、彼らがつくった様々な形式の政府を、ほぼすべて「ソヴィエト」と称するようになった。中国共産党中央は、「ソヴィエト」は中心都市の、とりわけ産業労働者の組織であるべきと終始考え、農村のなかにある事実上農民の政権を「ソヴィエト」と呼ぶことに断固反対していたばかりに、各根拠地は一つの統一のソヴィエト政権をなかなか形成できなかった。一九三〇年初めには、各地の農村ソヴィエトの存在は既成事実化していたことに鑑み、極東局がコミンテルンの要求にもとづき、全国ソヴィエト代表大会を招集する問題を提起した。しかし中国共産党中央はこれを重視しなかった。二月に発出したソヴィエト代表大会を招集する通告のなかで、中国共産党中央は「ソヴィエト」（蘇維埃）の三文字の後にわざわざ「区域」の二文字を付け加え、代表はソヴィエトの形式を持つ根拠地の代表だけであることを強調した。極東局がこれに異議を唱えると、中国共産党中央はようやく修正し、大会を「中華労農兵会議（ソヴィエト）第一次全国代表大会」と改称した。そして「準備委員会」の文字をまたもわざわざ付け加え、今度の会議が真の意味での全国ソヴィエト政権を選出する資格がないことを示した。しかし五月一九日にこの会議が上海で密かに開催されると、中国共産党中央は「準備委員会」という表現が参加者の間で様々に解釈されることを恐れ、再度改めて「ソヴィエト区域代表大会」と呼称するようにした。これについて極東局は鋭く批判した。コミンテルンは七月一〇日にもこの問題について明確な指示を出し、ソヴィエト中央政府を組織することを目下の党の最も優先的な任務にすべきであり、なおかつ生存の保障があり、紅軍が保護するソヴィエト区のなかに、このソヴィエト中央政府をつくってもよいと指摘した。(21) しかし、コミンテルンのこの動きは、向忠発と李立三が率いる中国共産党中央が全国で大規模な暴動を発動させ、中心都市を奪取するタイムテーブルを早めただけであった。李立三は変わらず、ソヴィエトは全国的に大きな意義のある区域、少なくとも湖北の沙市や宜昌くらいの大きさの重要都市に打ち立てられるべきであって、農村であってはならないと考えていた[22]。

一〇月、コミンテルンは中国のソヴィエト革命の特徴について、最終的に中国共産党中央が理解するロシア一〇月革命式とは異なる解釈を打ち出した。その五カ月前、すでにスターリンは中国共産党指導者に、中国革命はロシア革命とは異なる道を進むべきで、紅軍と根拠地の発展に力点を置くべきであると戒めていた。コミンテルンの書簡はまさにスターリンのこの考えを受けて、いっそう概括したものであった。指示は明白に以下のように指摘していた。中国革命はロシア革命のように、一つか二つの中心都市を奪取することで全国の政権を得るということにはならないだろう。中国革命は別の道すなわち、「まだソヴィエト区でない場所で、農民運動を発展させ、遊撃戦争を発展させ、農民の騒動を起こして、当該地域の都市を包囲し、さらには大都市、最大都市を包囲し、軍閥の軍隊のなかでわれわれ自身の勢力を組織し、そうした軍隊のなかでの工作を十倍強化する」という道を歩まねばならない。「これはつまり、国民党の政権を瓦解させ、至るところで国民党の政権を動揺させるということである。このようにして、ようやく大工業の中心都市での武装蜂起が準備でき、武装蜂起によって労働者と紅軍が都市を占領する準備ができる[23]」。

コミンテルンのこの指示は、ソヴィエト革命における労働者階級と中心都市の役割に対し、中国共産党中央のこれまでの盲信的な態度を根本から一変させた。その後、六期四中全会の開催を通じて、モスクワの指示により詳しく、従順なソ連留学経験者を指導的地位に押し上げると、中国共産党中央の工作の重心はコミンテルンの指示にもとづき、たちまち大幅に調整された。一九三一年二月から、六〇％を超える幹部と労働者の骨幹をなす人材が、農村根拠地に派遣され、ソヴィエト区と紅軍の工作はこれまでになく重視され、また強化された。

同年一一月七日、全国統一ソヴィエト中央政府として、中華ソヴィエト共和国臨時中央政府が、江西ソヴィエト区の首府瑞金において、正式に成立を宣言した。毛沢東が中央執行委員会と人民委員会主席に任命され、朱徳が軍事人民委員に、王稼祥が外務人民委員に、鄧子恢が財政人民委員に、項英が労働人民委員に、瞿秋白が教育人民委員に、周以粟が内務人民委員に、何叔衡が労農検査人民委員と最高法院院長に、張国燾が司法人民委員に、鄧発が国家政治保安局局長に就任した。

スターリンは「ソヴィエト」というロシア式の革命と政権の形態を依然として信じていたが、その信念は土着の中国共産党指導者の考えほど固くなかったことが、容易に見て取れよう。

4　ソ連軍事顧問の指導下における軍事的失敗

中華ソヴィエト共和国はもとより中華民国に取って代わり、中華民国の領土をその範囲とするという意味であったが、その「国」の存在のためには、一定の地域を占拠することが前提となっていた。しかしまさにこのことが、ソヴィエト地区と紅軍を大いに困らせていた。共産党の勢力は華中、華南のいくつかの省境にあったが、これは中国の地域は広漠として、経済、政治の発展は極めて不均衡であったからである。中心都市と幹線道路から遠く離れた辺鄙な農村と山岳地帯は、交通が不便であり、なおかつ自給自足の自然経済の状態に置かれており、昔からよく盗賊が出没し、武装勢力が割拠するところであった。民国になってから、各省の軍閥は徐々に省を単位に割拠し、それぞれ占領した地区の都市と幹線道路を強化することに注力し、遠く離れ、地形が複雑な省境にはその力も及ばなかった。そのためこれらの地域には、中国共産党およびその武装勢力が割拠することが可能であった。

その上、中国共産党紅軍は中華ソヴィエト共和国の成立前、終始実力を蓄えることを原則とし、戦術は臨機応変で一カ所の地域にかかわらず、「敵が進めば退き、敵が駐留すれば攪乱し、敵が疲れれば叩き、敵が退けば追う」を作戦方針としていた。同時に、各地の紅軍の遊撃範囲は広く、敵を包囲するときも、されるときも、生存と発展をすべての前提としていた。中央紅区も含め、中華ソヴィエト共和国成立から一年以上、中国共産党中央が入ってきていなかったため、軍事上の進退は臨機応変であった。そのため国民党地方当局が三度の包囲を行い、さらに蔣介石自らが出陣して四度目の包囲を行ったが、何ら収穫がなかったばかりか、複雑な地形を熟知し、臨機応変に動く紅軍に大敗を喫したのである。しかし一九三三年初め、中国共産党中央が上海から中央ソヴィエト区に撤退してきてから、状況は一変した。

第一に、中央ソヴィエト区に撤退してきた臨時中央の責任者らは、ほぼ全員、若いソ連留学経験者で、軍事の経験がなかったが、ソヴィエト共和国の「領土」を守り、国民党政権に対し「決戦」を展開することについては、使命感に満ち溢れていた。第二に、モスクワは中国共産党に軍事顧問のマンフレッド・シュテルン（弗雷徳）将軍を派遣し、上海から遠隔で指揮をとらせた。同時に、ソ連の軍事大学で学んだ若いドイツ人オットー・ブラウン（李徳）を中央ソヴィエト区に秘密裏に潜入させ、マンフレッド・シュテルンが中央紅軍の作戦行動を指揮するのを助けさせた。第三に、若いソ連留学経験者からなる臨時中央は、中央紅軍と根拠地を創った毛沢東らを信用せず、軍事の理論に詳しいだけの前述のドイツ人の若者に、事実上、指揮の全権を与えたため、何万人もの中央紅軍は臨機応変な動きができなくなり、包囲作戦に転じる可能性も失われた。

厳密には、こうした状況はモスクワが望んだものではなかった。少なくとも、モスクワから来た指示は、中央ソヴィエト区が国土防衛戦を戦うことを夢想していたのではなかった。彼らは一九三三年初めに中央ソヴィエト区の第四次包囲における勝利を語ったとき、わざわざ中国共産党中央に以下のように戒めていた。「あなたがたが最近の戦略で成功したことを過大評価してはならない」。「われわれは駐屯する敵を攻めるのに十分な力はない」ので、「紅軍の臨機応変さを維持することに注意せよ。犠牲を惜しまずに紅軍を投入して領土を守ることはできない。まず可能な退路を考えて、きちんと準備すべきである」。「敵の大部隊と不利な衝突が発生することを防ぐためには、敵を深く誘い込み、敵を分散させ、戦意を喪失させ、疲弊させる戦略をとるべきで、遊撃戦方式を十分に運用せよ」。その年の春、軍事上やむをえないとの判断から、彼らは湖北・河南・安徽の紅軍に根拠地から撤退し、四川等の地へ移ることを明確に承認していた。彼らはすでに中国共産党中央に対し、「四川、陝西省南部まで拡大し、新疆まで発展させうるソヴィエト根拠地の工作が意義重大である」ことを説いてさえいたのである[24]。

しかし、このモスクワの軍事指揮の原則は、ソ連軍事顧問と当時の臨時中央の指導者の軍事指導思想には、完全にはなりえなかった。李徳が中央ソヴィエト区に来て最も努力したのは、ソ連の軍事大学で学んだ正規軍の考え方を、遊撃戦に慣れた紅軍に実行させることであった。一九三四年、国民党による第五次包囲の発動後、国土防衛の重責を担う李徳は、彼が詳しい正規戦の作戦理論を用いて、国民党軍の正規戦に相対した。ちょうどこのとき蔣介石も過去に紅軍との戦いで敗れた教訓を生かして、注意深く隊列を整えて進軍し、部隊間での協力と連携を強化し、道を整備し、堡塁を築く作戦に出て、一歩一歩、着実に迫った。結果、もとより陣地戦が不得意な紅軍は、受け身となり、兵力と武器弾薬を不断に消耗すると同時に、敵と渡り合った「国土」も縮小を続けた。

南方で孤立無援の中央ソヴィエト区が不利な情勢にあるのを見たモスクワは、まだ一九三四年春のうちに、臨時中央に直ちに移動を検討するよう指示した。その年の七月、中央ソヴィエト区は七県にまで縮小し、形勢は極めて危険となり、紅軍はもはやこれ以上戦うことは不可能となった。マンフレッド・シュテルンはモスクワの指示にもとづき、紅七軍団を抗日先遣隊の名義で、福州経由で江西省東北部に向かい、紅一〇軍団と合流し、浙江・安徽・江西の省境でソヴィエト区をつくるよう命令した。これにより、国民党包囲軍を動かして、中央ソヴィエト区が受けている圧力を軽減させることを図ったのである。その後また、湖南・江西の省境の根拠地にいた紅六軍団に対し、西に向かって包囲を突破し、湖南省南部に根拠地あるいは遊撃区をつくるよう命令した。これにより、中央紅軍が西に向かって包囲を突破し、湖南省南部の山間で一時休息した後に、四川・陝西の根拠地に至るための条件を整えようとしたのである。

その年の夏、中央ソヴィエト区はすでに維持できなくなった。数万の紅軍と中央機関が包囲を突破するために、臨時中央の指導者は情報を厳しく遮断し、一面では従来どおり最後まで戦う姿勢を打ち出しつつ、一面では撤退の準備工作を秘密裏に開始した。一〇月中旬、中国共産党中央は八万七〇〇〇人の紅軍とソヴィエト区の党と政府機関の人員を率い、政府、銀行、病院、印刷所の各種文書、機材を担いで、あるいは馬に乗せて、まず南へ、それから西に向かって、ソヴィエト区を出た。これにより、ロシアの政権を完全に模してつくられた中華ソヴィエト共和国は、中国の地図上から姿を消したのである。

第4章　戦争の脅威が迫るなかでの中ソ外交

一九三一年、モスクワの支持を得て、中国共産党が国民党に対する闘争を繰り広げている頃、日本の軍人が発動した「九一八事変」（満洲事変）と中国東北三省の占領が、全連邦共産党（ボ）中央委員会政治局の既定方針を大いに狂わせた。日本の中国東北への進出により、日本を最も危険な敵と見なしていたソ連は、いつ日本と開戦するかわからない危機のなかに引きずり込まれた。そのためソ連は対中政策を調整せざるをえなくなった。一九三三年、ドイツのファシストが政権に就き、ますます予測不可能な危機的局面に置かれたソ連政府は、各国の革命を援助する従前の方式を放棄して、外交により西洋民主主義諸国と関係を良くし、集団的安全保障の相互承認を得て、ドイツの熱狂的な反ソ分子が対ソ戦争を起こすことを防ぐ方針に転じた。ソ連政府は、まさにそうした危機が重なるなか、これまでの孤立政策を改め、蔣介石の国民党政府を含む各国政府との外交に動きはじめた。ソ連に頼って存在していたコミンテルンの政策方針も、外交政策上のこうした必要に自ずと影響された。中国共産党と国民党が妥協を進めることも含め、新たな統一戦線政策を打ち出し、推進することが不可避の情勢となった。

1　「九一八事変」と中ソ関係

一九三一年九月一八日、日本の関東軍が陰謀により鉄道を爆破し、これを東北軍のせいにして、一挙に奉天（瀋陽）を奪取し、東北三省すべてを奪いはじめた。

事変発生から二日後、中国共産党臨時中央政治局は、以下のような宣言を発表した。日本の東北侵略は、第一に世界第一のプロレタリアートの祖国にして世界革命の大本営であるソ連に進攻するためである。第二に中国を略奪し、中国の労農革命を圧迫するためである。第三に第二次世界大戦、特に太平洋の帝国主義戦争を発動させ、中国を分割するためである(1)。

一九三一年一一月七日、ソ連とコミンテルンの何度もの調整を経て、「中華ソヴィエト共和国」が江西ソヴィエト区に成立を宣言した。このことは、モスクワと中国共産党の、階級闘争を要とする政策が、「九一八事変」によって何ら変更されなかったことを、はっきりと表している。それだけでなく、ロシア一〇月革命では当時のロシア国家が対独戦争で危機に陥ったことを利用して政権奪取に成功したことに鑑み、モスクワと中国共産党の臨時の指導者は、この機に国民党の統治を転覆させることに大きな期待を寄せてさえいた。

一九三二年一月二八日、上海事変が勃発し、上海を守る第十九路軍および増援の第五軍が日本海軍の進攻に抵抗、広く上海市民および国内世論の支持を得た。しかし中国共産党臨時中央政治局は「国民党の各軍閥および中国の資産階級はどれも日本帝国主義の走狗」で、彼らはせいぜい「あの手この手で勤労大衆を愚弄し」、この機に乗じて「民衆の募金を横領しよう」としているだけだと思い込んでいた。このときがちょうど、民衆が革命を起こし、兵隊に「長官を殺す」よう、そして近郊の農民に武装するよう呼びかけ、土地を奪い、「遊撃戦を行い」、ひいては「国民党の統治を転覆させ、民衆自らの政権を打ち立てる」最高のチャンスであると思われていた(2)。

果たして日本軍が大挙上海に進攻し、国民党の軍の将兵が果敢に抵抗していたときに、コミンテルンも中国共産党臨時中央も、上海地区の各レベルの組織に戦闘区域で積極的に反乱を起こすよう要求した。中国共産党臨時中央は上海の民衆に告げる書を公に発表し、「国民党および十九路軍の長官は帝国主義のクズ拾い」であり、「国民党はいかなるときも、いかなる場所でも、いかなる派閥、軍閥も揃って帝国主義の奴隷であり、南京政府、広東政府、馬占山、蔡廷鍇、いずれも皆同じである」と訴えた。さらに前線の兵士に対し、「国民党軍閥の撤退命令に反抗し、反動的な長官を銃殺し、銃を手に閘北、呉淞、南市へ行き、民衆と共に帝国主義との決戦を最後まで続ける」ことを呼びかけた(3)。コミンテルン執行委員会は蔡廷鍇ら抗日の将官個人に反対するスローガンを出すことこそ主張しなかったが、中国共産党と同様に状況を見ていた。そして中国共産党に電報を打って、この機に乗じて全国の各工業都市、「まずは閘北、呉淞、上海、南京において」、「革命軍事委員会を創設」し、「降伏した国民党軍の高級将官および売国奴を逮捕」し、「南京国民政府を転覆させ、革命的民衆の政権を宣言する」よう求めた(4)。

一九三二年四月一五日、江西省の農村にあった「中華ソヴィエト共和国」臨時中央政府も公に日本に対し宣戦布告した。この宣言の目的ははっきりしたもので、根本的に従来どおり「革命戦争を積極的に行い、中心都市を奪取し、国民党の統治を転覆させる」ことを民衆に呼びかけたものであった。これは彼らが「国民党政府の統治を転覆する」ことこそ「民族革命戦争を順調に発展させ、対日戦争を実行することの必要な前提」と固く信じていたからである(5)。

しかし、この方針はいざ実践するや、そのとおりにいかないことが判明したのである。

中国共産党はこの頃、東北の武装するにあたって、まず極めて厄介な状況に直面した。当時の情勢は、日本が東北三省を呑み込みつつあり、東北軍の主力は東北から撤退したが、国民党およびその他の党派は東北各地に留まり、大部分が抵抗を続けていた。中国共産党臨時中央の方針に照らせば、中国共産党の武装勢力は日本と国民党の二つの大敵と開戦するばかりか、抗日の国民党武装勢力を主要敵と見なして打撃を加えなければならなかった。その結果、もとより弱小な中国共産党の東北抗日遊撃隊が深刻な被害に見舞われることは避けられなかった。こうした状況は、一九三二年九月、コミンテルン執行委員会第一二回総会が方針を転換し、満洲において関内と異なる政策、すなわちあらゆる抗日勢力と連合することを打ち出して、ようやく変化することとなった。

続いて、一九三三年一月下旬、中国共産党駐コミンテルン代表団は、コミンテルン指導者の提案にもとづき、「可能な限り全民族の反帝国主義統一戦線をつくる」方針を提起し、東北において下層の統一戦線を行うだけでなく、その他の抗日武装勢力と連合し、一致して抗日を行うべきであると主張した[6]。まさにこの新たな指示の影響の下、中国共産党は東北の抗日武装勢力のなかで徐々に発展をはじめた。最初は十数の遊撃隊だったものが、次第に六軍を擁する東北人民革命軍に発展し、東北の抗日武装勢力の核心となった。

しかし、日本の東北三省占領後、特に一九三二年に満洲国を扶植して以降、ソ連の態度は複雑に変化し出した。ソ連側は日本が中国東北を占拠したことを「ソ連進攻の序幕」であると確信していた[7]。しかしソ連の政治経済の重心はヨーロッパ部にあり、中国東北に近い極東地区の防御は弱かったことから、日本が中国東北を占領し、満洲国を成立させる過程で、ソ連側は終始、中立的態度をとっていた。まさにそれゆえに、モスクワは当時、関内の中国共産党の国民党に対する闘争を大胆に支持していながら、関外の抗日勢力に対しては、中国共産党の抗日武装勢力も含め、支持しなかったのである。中国の敗残兵が大勢、ソ連領に逃げ込むと、武装解除した上でソ連領中央アジアに送り、新疆を経由して帰国させた。中国共産党の東北における地下党組織および抗日武装勢力は、何度も国境を越え、ソ連軍に助けを求めたが、いずれも拒絶された。一九三三年、馮玉祥は中国共産党北方党組織の援助の下、チャハル地区で抗日同盟軍を組織し、ソ連に援助を求めたが、これも門前払いされた。そのためこの軍は間もなく瓦解することとなった。

これと対照をなしていたのが、中ソ両国政府は相変わらず相互に信頼せず、ソ連側も中国共産党を支持し続けていたにもかかわらず、日本を牽制する考えから、早くも一九三二年末に、ソ連が中国政府と正式に国交回復を宣言したことである。日本の脅威が強まったために、ソ連の中国政策がもはや変更せざるをえなくなったことを、よく表したできごとであろう。

2　ソ連外交の転換の連鎖反応

ソ連が日本の侵略的陰謀を大いに警戒していたのとほぼ同時期の一九三三年一月三〇日、反ソ反共を唱えるドイツ・ナチ党のヒトラーが政権を獲得し、すぐに全国でファシスト制度を実行しはじめた。ソ連を除くヨーロッパで最大の共産党であったドイツ共産党は、たやすく活動停止に追い込まれた。東西両面で敵と向かい合う危険性が生じたことで、スターリンは、コミンテルンと各国共産党の力に頼っていては、とてもソ連の安全を保障できないことを、はっきりと認識した。それゆえに、全連邦共産党（ボ）中央はすぐに外交政策を調整しはじめたのである。

まず日本がこのときアメリカとの関係を緊張させていたこと、それから日ソ間で外交的、軍事的衝突を起こしやすかったのが主に日本占領下の中東鉄道であることに着目し、ソ連政府は中国政府の抗議を顧みず、一九三三年五月二日、日本に中東鉄道を売却すると公に提案した。そして六月二六日、東京にて満洲国の代表と正式な会談を開始した。次いで、可能な限り中国政府を宥和し、中国が問題事の策源地とならないようにするために、ソ連政府は八月六日、正式に南京国民政府外交部に通知し、不可侵条約締結に同意した。そしてすぐに中国側に中ソ相互不可侵条約の草案を提出し、南京国民政府と正式な交渉を開始した。

それから、ソ連政府はヨーロッパにおける政治的孤立から脱却するため、一九三三年一二月、集団安全保障の仕組みをつくる提案をすることを正式に決定した。これは侵略を防止する、地域的な相互保護協定を、国際社会で締結することを主張するものであった。すぐにソ連は過去の排他的な態度を改め、国際連盟への加入を自ら申請した。

ソ連の外交政策の調整が、コミンテルンがこれまで唱えていた階級革命の方針に直接の影響を与えることは避けられなかった。

ドイツでファシストが政権獲得後、ドイツ社会民主党も活動禁止に追い込まれ、労働社会主義インターナショナルは率先して社会民主党と共産党が反ファシズムの統一戦線を結成するよう主張するようになった。過去に社会民主党に極端に反対していたコミンテルンは、これにすぐに積極的な反応を示した。一九三三年三月からコミンテルンは、各国社会党と統一戦線をつくることを試みはじめ、共同で世界平和を勝ち取るべきであると公に訴えるようになった。一九三四年七月、新任のコミンテルン総書記ディミトロフは、「統一戦線は下の方で実行できるだけであるという観点は捨てなければならないと同時に、社会民主党の指導部が出したアピールをすべて機会主義であると見なすことはもうやめなければならない」と正式に表明した。その後、コミンテルンは「基本的な政策と戦略においてのみ、「各国共産党を指導する」こととし、「各国、各党、各組織の特徴を顧みない」一律の革命綱領とスローガンは根本的に改めた。(8)

コミンテルンの政策調整に促され、コミンテルン第七回代表大会が一九三五年七月から八月に正式に開催された。大会は正式に、平和を勝ち取り、ソ連を防衛することを中心的考えとする新たな統一戦線政策の確立を宣言した。この中心的考えに則り、中国共産党駐コミンテルン代表も抗日民族統一戦線の新政策を提起した。

一九三四年七月にはすでに、中国共産党駐モスクワ代表団は、「ソヴィエトだけが中国を救える」とのスローガンを堅持しつつ、「神聖なる民族戦争こそが中国を救う唯一の出口である」と初めて宣言した。(9)

八月三日、中国共産党代表団は中国共産党政治局に宛てた書簡のなかで、いま一歩踏み込んで、われわれは「目下の国際情勢、中国情勢にもとづき、また敵との力関係にもとづき、また広く大衆の切迫した需要にもとづき、また敵の内部対立を利用する戦略的原則にもとづき」、目下革命の最も主要な敵に反対する戦略を立てるべきであると主張した。

九月一六日、中国共産党代表団はこの戦略を「反日反蔣」の戦略と明確に定め、「あらゆる反蔣の勢力すなわち軍閥国民党内のあらゆる反蔣勢力を、われわれはできるだけ利用しなければならない」と主張した[10]。

一一月一四日、中国共産党代表団はさらに踏み込んで、この戦略の趣旨を説明し、次のように述べた。「中国の目下の条件では、蔣介石は中国人民および紅軍の最も主要な敵であり、蔣介石が反蔣の派閥に勝つごとに、蔣介石の中国人民および紅軍に対する力が強まる。同時に蔣介石が紅軍に勝つごとに、同様に蔣介石の中国人民およびあらゆる反蔣の派閥に対する力が強まる」。「それゆえ、我が党は反蔣の派閥の軍事行動を傍観すべきでない」。「特定の戦線では最も積極的な軍事行動を行う」ことでこの戦争を支持し、この反蔣の軍事行動を、中国人民が日本の強盗と中国本国の売国奴に反対する民族解放闘争の一部分に転化させるべきである[11]。

対立を利用する観点から、抗日反蔣の統一戦線戦略を「反帝国主義革命と土地革命の発展に有利」な闘争手段ととらえ、反蔣派との関係を一種の統一戦線の関係と見なしたことで、中国共産党のソヴィエト革命の政策に影響が及ばないはずがなかった。

一九三五年六月三日、中国共産党代表団が東北地方党組織に宛てた指示のなかで、全人民の反日統一戦線を行うことを主張した。それから一カ月と少し経って開かれたコミンテルン第七回代表大会において、中国共産党代表団は中国共産党を代表して「反帝人民統一戦線」を行うことを主張した。

この新政策の実質は、蔣介石以外のあらゆる党派団体、将官兵士、ないし「国民党、藍衣社のなかの真に愛国愛民の熱血青年すべて」と連合すべきであると主張していた。また皆が代表を選び、統一の抗日国防政府に共同で加入し、統一の抗日聯軍を組織し、一致して「抗日反蔣」を行うことを主張していた[12]。

これにより、中国共産党代表団は中国共産党中央と中華ソヴィエト共和国臨時中央政府の名義で、「抗日救国のために全同胞に告げる書」（いわゆる八一宣言）を発表し、「抗日反蔣」の前提のもと、「民族の生存のために戦い」、

「国家の独立のために戦い」、「領土の保全のために戦う」といった、一連の民族主義的色彩が強いスローガンを打ち出した。[13]

このときまだ長征の途中にいた中国共産党中央とモスクワの間で電報の連絡ができなかったため、コミンテルンおよび中国共産党代表団が出した統一戦線の新政策は、リアルタイムで中国共産党中央に伝達されることはなかった。しかし王明を長とする中国共産党駐コミンテルン代表団は海外の中国語新聞を通じて宣伝を行い、また中国共産党中央と中華ソヴィエト共和国中央政府の名義で、秘密ルートを通じて国民党統治下に残存する中国共産党組織に出された指示もあって、この政策転換の情報は多かれ少なかれ国内にも伝播した。

一九三五年一一月下旬、中国共産党中央が一年かけて陝西省北部の保安にたどり着いて二カ月も経たない頃、中国共産党代表団がコミンテルン第七回代表大会の期間に派遣した連絡員張浩（本名林育英）が、外モンゴルを経由して保安に到着した。こうして、九〇％以上の部隊と根拠地を失い、数千人の兵士、数百人の幹部だけが残り、生死を賭けた決戦の瀬戸際に直面していた中国共産党中央は、意外にも統一戦線工作を大いに展開してよいとのコミンテルンの新たな指示を受け取り、たちまち息を吹き返した。中国共産党がそれまで何度もひどい失敗をしたのは、かなりの程度、自ら統一戦線を放棄し孤立する極端な政策をとったからであった。国民党軍の絶え間ない包囲に対し、従来どおり硬直したソヴィエト革命戦略をとるのでは、南方の根拠地での失敗の轍を踏むことになりかねなかった。コミンテルンの新政策は、中国共産党に極めて大きな政治的柔軟さをもたらした。これにより、中国共産党中央と中央紅軍が国民党の派閥衝突の狭間で生き延びる力が増強されたのである。

3　中ソ軍事同盟の秘密交渉

ソ連が外交政策を徐々に調整すると、蔣介石と国民政府もソ連との関係改善に向けて動き出した。これは中国共産党の南方の根拠地が一つ一つ潰され、紅軍がもはや南京国民政府の統治にとって重要な脅威ではなくなり、ソ連が中国共産党と紅軍を利用して国民党政権を脅かすことへの蔣介石の懸念が基本的になくなったことによる。これにより、一九三四年秋には、中央ソヴィエト区の占領とほぼ同時に、蔣介石は蔣廷黻を非公式の代表としてソ連を訪問させ、ソ連の態度を探ろうとした[14]。蔣廷黻の訪ソはソ連側に肯定的に受け止められ、ソ連側は南京政府といっそうの相互理解を促進したいと表明した。このため、蔣介石も日本の中国侵略問題でいかにソ連の助けを借りるか考えはじめた。

一九三五年に入り、蔣介石がずっと心配していた事態が現実のものとなった。一九三三年に「塘沽協定」の締結を強いられ、日本軍に長城沿いの各要路の占領を許してから、日本は徐々に河北およびチャハルに侵入、干渉し、傀儡政権を立てていた。そしてこのとき公然と華北事変を引き起こし、国民政府に「梅津・何応欽協定」と「土肥原・秦徳純協定」の締結を迫り、国民党と中央軍に北平・天津、河北からの退去を強制し、華北五省を第二の満洲国にしようとした。こうした状況に蔣介石は否応なく緊張を募らせていたのである。

七月四日、蔣介石は孔祥熙に中国駐在ソ連大使ボゴモロフのもとを密かに訪問させた。このとき、目下の状況下で「ソ連政府は中国と相互援助条約を締結する用意はあるか」との問いがはじめて提起された[15]。三カ月後の一〇月一八日夜、日本側がいわゆる「広田三原則」を吞むよう中国側にいっそう強く求めてきたことから、蔣介石は自らボゴモロフと面会し、ソ連と秘密軍事協定を締結したいとはっきり述べた[16]。それからほぼ二カ月後、「ソ連政府は協議に反対せず、中国側とこの問題を具体的に討論するつもりである」との肯定的な回答がソ連側から返ってきた[17]。

一二月一九日、ソ連側の態度を知った蔣介石はもう待ちきれない様子で、ソ連駐在武官の鄧文儀と二〇年代にソ連軍事顧問として訪中し蔣を助けたガーリン将軍の面会をすぐに設定するようソ連側に求め、ガーリン将軍と再度一緒に仕事ができることを望むと明確に表明した(18)。わずか二日後の二一日、鄧文儀は慌ただしくモスクワに舞い戻り、そのまた二日後のクリスマス直前に、蔣介石は腹心の陳立夫を派遣した。陳は李融清という偽名で、ロシア語通訳の江淮南という偽名の張衝を伴い、駐ドイツ大使程天放の随行員に扮し、ベルリン経由でモスクワに入り、軍事相互協定の交渉にあたった。

しかし蔣介石は、ソ連と軍事相互援助協定を結ぶには前提条件があると考えていた。蔣介石は「孫文・ヨッフェ宣言をソ中関係の基礎としなければならない」として断固譲らなかった。これはつまり、同宣言のなかにある「共産組織、特にソヴィエト制度に至っては、事実上中国に適用できない」との条項に、ソ連側が改めて賛同の意を表明しなければならないということであった。このときの状況から言えば、蔣介石はソ連に対し、南京政府の指導下で一つの統一された中国がつくられることを支持し、また中国共産党に国民政府を転覆する行為をやめるよう勧告することを要求したのである。まさにこのために、蔣介石はまず鄧文儀をモスクワに戻らせて、中国共産党代表団と交渉させ、陳立夫にはひとまずベルリンに留まらせて、交渉の結果を見定めることにしたのである。

鄧文儀と中国共産党代表団の交渉は一月一三日からはじまり、一月二三日まで続いた。双方は最終的にある種の妥協をすることで合意し、潘漢年を帰国させ、国内の中国共産党中央と連絡のうえ、国民党と正式な交渉を行わせることで、両党関係を政治的に解決する方法を探ることに同意した。これに対し、蔣介石も同意したが、潘漢年が出立する前日の二二日に、ボゴモロフと蔣介石が軍事協定と共産党の問題について会談を行った。そこでボゴモロフは、蔣介石に以下のように伝えた。ソ連が中国共産党に対し、国民政府の転覆をやめ、中央の統一的指揮に従うよう説得してほしいという提案について、ソ連政府はすでに検討した。ソ連側の回答は、国民党が中国共産党との統一戦線をつくりたいのであれば、「中国共産党と直接交渉」しなければならないというものである。当然ながら、ソ連は国共両党がモスクワで交渉することに同意するが、ソ連は調停者としての役割を演じない[19]。

中国共産党に圧力をかけて南京政府に従わせることをソ連側が拒絶したことで、蔣介石は大いに落胆し、不安になった。このとき蔣介石は明らかに、ソ連が圧力をかけて、国民政府を武力で転覆させる政策を中国共産党に放棄させ、国民政府に服従させることではじめて、将来、中ソ合作の下で、ソ連がその機に乗じて中国共産党を援助する事態を防げると考えていたのである。ソ連が国共両党を調停することを拒絶したことは、ソ連側が今後、南京国民政府のみを支持する義務を負いたくないことを意味していた。このことは、中ソのこれからの軍事的相互援助の関係にとって災いのもとになりえた。何度説明しても、ボゴモロフから積極的な反応が得られなかった蔣介石は、鄧文儀にすぐに電報を打ち、ひとまず中国共産党代表団との交渉を中止するよう告げなければならなかった。

蔣介石が国共両党のモスクワでの接触と交渉を中止したことは、彼が共産党問題を政治的に解決する考えを完全に放棄したことを意味していたわけではない。蔣は国内で共産党との関係を探り、交渉を行うとともに、ソ連側が彼の提案に反応することを待ち続けた。こうした状況下で、蔣は陳立夫にすぐにソ連に行かせ、軍事相互援助協定について交渉させることはなかったが、陳を帰国させることもしなかった。

しかし思わぬことに、陳立夫が欧州経由でソ連に赴き、軍事相互援助協定の交渉にあたるという情報は、国民党上層部にすでに伝わっていた。中ソ協力に反対で、共産党を包囲する既定方針に影響が及ぶことを懸念した一部の指導者らは、このことが心配でたまらなかった。湖南軍閥の何健はこうした指導者のうち代表的なひとりであった。彼は日本にこの情報を伝えるという方法を思い立った。こうして三月の中旬が終わる頃、日本同盟社を含む上海の日本の新聞が、陳立夫が秘密裏に訪ソし、密約の締結を図っているとのニュースを一斉に報じた[20]。このときソ連と外モンゴル当局が軍事相互援助条約を締結するとのニュースもあって、中国政府はこれに抗議せざるをえなかった。こうした状況下で、蔣介石とソ連が同盟を結ぶという考えは、ひとまず棚上げとなった。これにより陳立夫らもヨーロッパから戻されたのである。

4　中国共産党、「反蔣」から「連蔣」へ

ソ連政府は蔣介石の南京国民政府と接触を試みはじめ、なおかつ軍事相互援助協定について交渉するつもりであった以上、コミンテルン第七回代表大会が批准した中国共産党中央の「抗日反蔣」の方針に対して、全連邦共産党（ボ）中央委員会政治局がどのような態度をとったかは容易に推察できよう。しかし、このとき中国共産党中央とコミンテルンはまだ電報のやり取りがなく、中国共産党代表団はこの問題にあまり敏感でなかったことから、蔣介石と南京国民政府に対する方針を変えることは、一九三六年七月に至るまでできなかった。

一九三六年六月一六日、中国共産党中央はついに高性能な電信局を建て、中国共産党代表団に宛てた最初の電報を出した。七月二日には、さらに長い電報を出した。この二通の電報で、中国共産党中央はこの半年間に国民党西北剿匪総司令代理の張学良およびその東北軍を寝返らせることに成功したことを力説し、以下のように報告した。ソ連の同意と援助を得られ次第、西北で抗日反蔣運動を発動し、陝西、甘粛、寧夏、青海、新疆の五省を一体として、張学良を長とする西北国防政府と抗日聯軍を成立させることを、すでに張学良と取り決めた。両広事変が進行中であることに鑑み、中国共産党中央も急ぎ前倒しして、この西北大連合計画を発動する。コミンテルンにはこの承認と援助の提供を求める。同時に、張学良を入党させる用意ができたことを報告する。(21)

中国共産党中央のこの計画は、すぐにコミンテルンと全連邦共産党（ボ）中央委員会政治局に上げられた。この計画では、中国は再度、大規模な内戦に突入することになり、中国が一体となって抗日に向かうことで日本のソ連進攻

を牽制するという、モスクワの目的が実現不可能になることは明らかであった。そのため、この計画はすぐにスターリンらに否定された。七月二三日、コミンテルン総書記ディミトロフは、中国問題を討論する会議の場で、「中国での任務は今、ソヴィエト区の拡大と紅軍の発展ではなく、中国の民衆の絶対多数を抗日で連合させるための機会を探し、道筋を探し、適当なスローガン、適当な方法を探すことである」と明確に述べた[22]。

八月一五日、ディミトロフは中国共産党中央宛ての政治指示の電報を書いて送り、「抗日反蔣」を続けていることを鋭く批判し、次のように指摘した。中国では目下、統一の中華全国民主共和国をつくることを主張し、普通選挙にもとづき、中華全国議会を開催し、中華全国国防政府を成立させるべきで、ソヴィエト区は統一の中華全国民主共和国への加入を準備し、全国議会に参加すべきで、自らの区域内では民主制度を実行すべきである[23]。これにより中国共産党中央は、またも戦略をすぐに修正せざるをえなくなった。彼らはすぐに「国共両党抗日救国協定草案」を起草し、南京国民政府を主要な交渉相手として、抗日で連合することを話し合う方向に転じた。同時に、彼らは会議を開いて、「目下中国の主要な敵は日帝であるため、日帝と蔣介石を同等に見たことは誤りであり、『抗日反蔣』のスローガンも不適切であった」と認め、厳しい自己批判を行った[24]。

コミンテルンの八月一五日の指示は中国共産党の蔣介石に対する戦略を変えた。しかし、国共関係を政治的に解決するにあたっての蔣介石側の基本条件は変えることができなかった。それはすなわち、南京政府が中心となって全国の軍事と政治を統一し、共産党はソヴィエト革命の主張を放棄し、政権と軍隊は編制を改め、蔣介石と南京政府の指導を受けるべきである、という条件であった。蔣介石のこの条件とコミンテルンおよび中国共産党の当時の願望とでは、雲泥の差があった。幸いにも中国共産党中央は国共両党の力の差をよく知っていたため、過度な要求にこだわることはなく、以下のとおり、かなりの譲歩を考えると表明した。譲歩の内容は、武力で国民政府を転覆させるとの言論および行動を自ら停止し、紅軍は「共産党の人員の紅軍における組織と領導を変更しないという条件の下」、全国の軍隊と「統一の指揮と統一の編制を行い」、紅軍の代表は国民党の人が「主要な領導的地位を占める」「全国統一の軍事指揮機関」に自ら参加する、というものであった[25]。そしてその核心的な要求は、「抗日を実行し、ソヴィエト区の紅軍を維持するといった基本的な条件下で、双方の統一戦線の成立を求む」というのみであった[26]。

しかし、モスクワはこのときそれほど悲観的でなかった。それどころか、モスクワは、中国共産党中央は要求をもっとふっかけ、党と紅軍が国共両党の妥協のなかで有利な地位を得られるようにすべきで、国民党の主導下に屈従すべきでないと言い張った。そのため、中国共産党中央が陝西省北部と甘粛省北部で部隊が極端な困難にある状況を報告すると、スターリンは直ちに外モンゴルを通じて紅軍に五五〇〇トンの軍事物資を援助することを承認した。モスクワのこの援助計画により、紅二方面軍と別に中央をつくった紅四方面軍が共同で北上し、一九三六年一〇月、「寧夏戦役」を発動、黄河を西へ渡り、綏遠を北上、外モンゴルの国境に至り、ソ連の援助を受け取ろうとした。

紅二方面軍は戦力を基本的に失い、中央紅軍の援護が必要となり、紅四方面軍は国民党中央軍の追撃を阻止できず、渡河点を奪われた。二万人強の紅軍の主力はすでに黄河を渡ったものの、渡河点が奪われたため、大部分の紅軍はまだ東岸にいて、国民党中央軍の東南両方向からの追撃軍に封鎖、包囲された。悪いことは重なるもので、一一月上旬に綏遠事件が期せずして勃発し、綏遠でソ連の援助を受け取ることは不可能になった。モスクワは援助物資を倍増させ、受け渡し地点を新疆と甘粛の境界に変更することを決定した。こうした状況下で、甘粛北部の黄河東岸にいた数万の紅軍と中国共産党中央は、もはや黄河を西に渡ることもできず、また甘粛北部の何県かの荒れ果てた地で弾丸と食糧が尽きるのを待つこともできなかった。生き残るために、中国共産党中央は一方ですでに西岸に渡った二万の紅軍にできるだけ西岸に留まり、両岸の国民党軍を牽制するよう求め、また一方で一一月八日に、東岸の紅軍は、西あるいは南に包囲を突破し、一年の時間をかけて内地を転戦し、新たな長征によって国民党軍の包囲、封鎖を打破することを決議した。

紅軍と密接な統一戦線の関係をすでに結んでいた張学良は、紅軍が陝西、甘粛を間もなく離れると知り、どうにも動けない状況に陥った。張学良が率いる東北軍は、その家族も合わせて数十万人おり、「九一八事変」以降、関内に移って数年になり、張学良が皆を故郷に戻してくれることにすがる気持ちでいた。しかるに張は蔣介石と中央政府に東北奪還を期待することは不可能だとわかり、日本と利害衝突が深刻なソ連の援助を得ることを望んだのであった。問題は張学良とその父張作霖が二度もソ連を傷つけたことをソ連が忘れておらず[27]、張学良と関係を持つことを拒絶したことであった。しかし、張の部隊は陝西、甘粛に派遣され、西北の剿匪を担当することになると、たちまち紅軍と秘密裏に連携した。そのため、中国共産党中央も張を助けてソ連と連合して抗日を行う意志を明確に示し、双方はソ連を後ろ盾として、西北国防政府と抗日聯軍をつくることを取り決めた。こうした状況下で、張は中国共産党中央と紅軍が包囲を突破することを望まなくなった。中国共産党中央が密かに通報してから間もなく、張は中国共産党中央に密かに電報を打ち、中国共産党紅軍にあと一、二カ月持ちこたえてもらえれば、その間に解決方法を模索する努力をすると説得した。このため張は自ら洛陽に赴いて、蔣介石に剿匪をやめ、部隊を率いて綏遠に行き、抗日に参加するよう求めた。しかしこの諫言は効果なく、その後彼は必死の覚悟を決めた。楊虎城およびその十七路軍と連合し、蔣介石が西安に督戦に来た機に乗じて、一二月一二日、世界を震撼させた西安事変を起こし、蔣介石および随行員全員を一挙に監禁したのである[28]。

西安事変の発生が深刻な内戦の危機を生むことは避け難かった。中国共産党中央はこの危険をよく認識していたことから、平和解決を強く求めた。問題は、以前蔣介石と交渉する努力が続けざまに挫折した後、中国共産党中央は明らかに蔣介石と組んで抗日を行うことへの幻想を完全に捨ててしまっていたことである。それゆえ中国共産党中央は当初、「人民を動かして、南京政府に蔣介石を罷免させ、人民裁判にかけるよう要求」し、蔣の部下および南京政府の親英米派など事変に同情する人を抱き込むことで、西安を中心に「抗日聯軍を組織」し、全国に「革命的国防政府」を成立させる方針を試みた[29]。

西安事変そのものに対し、モスクワははじめから新聞を通じて明確に反対の態度を示していた。スターリンとコミンテルンは中国共産党中央が出した支持を求める多数の電報にすぐに返信しなかったが、中国共産党中央もモスクワのラジオ放送から、西安事変にソ連が困惑している可能性を感じていた。

一二月一七日、中国共産党中央はディミトロフの返信を受け取った。暗号を完全に解読できなかったものの、モスクワのラジオ放送の内容と突き合わせると、その趣旨は難なく理解された。それゆえ一八日に、再度、西安事変のことで国民党中央に電報を送ったとき、中国共産党中央は蔣介石の公開裁判を要求するとの主張をすでに取り下げ、蔣の安全と自由に同意する方針に転じていた[30]。翌日開催された中国共産党中央政治局拡大会議において、参加者の多数はすでに、蔣介石を人民裁判にかけるというスローガンは妥当でないと考えはじめていた[31]。二〇日、中国共産党中央は再度ディミトロフの電報を受け取り、モスクワが事変に反対していることが裏付けられた[32]。これにより中国共産党中央はすぐに、西安入りしていた周恩来に対し、張学良、楊虎城と全力で協力し、蔣介石側の代表宋子文、宋美齢と交渉して問題を解決するよう指示した。

最終的に、この危機は解決することができ、国共両党は交渉により妥協を図る道を進むこととなった。

第5章　中ソ両国の戦時協力と衝突

一九四一年に太平洋戦争が勃発する前は、中国の抗日戦争は国際的にほぼ孤立無援の状態にあった。ソ連の援助は中国の抗戦初期に重要な支えとなったが、抗日戦争期の中ソ関係が、党と党、国家と国家の関係の矛盾に陥ることは避けられなかった。国民党が代表の中国政府を支持することは、中国共産党の利益を部分的に犠牲にすることになり、中国共産党を援助することは当時国益の代表であった国民政府を傷つけかねなかった。ソ連は、中国共産党に対して統一戦線に配慮するよう要求し、抗戦を有利に進めようとする一方で、国民党が共産党を圧迫し、損害を与えることも放置せざるをえなかった。それゆえ、ソ連は中国共産党を公式、非公式に援助し続けたことで、結果として国民党も満足させられず、共産党も信服させられなかった。こうしたソ連の行動がもたらした結果は、独ソ戦が勃発するや、たちまち中ソ両国、中ソ両党の間で浮き彫りとなった。

1　中国の抗戦初期におけるソ連の援助

ソ連が西安事変でとった態度は、蔣介石のソ連に対する印象を変え、中ソ両国の政府間の接触は明らかに頻繁となった。一九三七年三月一一日、ソ連駐在中国大使蔣廷黻は再度、ソ連外務人民委員リトヴィノフに中ソ相互援助協定の締結を提案したが、リトヴィノフは婉曲に断り、中ソ米英日等の国が参加し、中ソを核心とする太平洋地域の条約を締結したいと述べた[1]。四月初め、中国駐在ソ連大使は中国政府に、ソ連側は中国政府に軍事物資を提供するとの意向を伝達した。蔣介石は、ソ連が西安事変の際にとった態度について、ソ連政府に謝意を示しただけでなく、あらゆる方法で両国関係を改善させることを保証した[2]。ソ連側も中国政府の積極的な態度に着目し、相互援助条約のことで態度を変え、両国政府はまず相互不可侵条約の交渉をはじめ、もし太平洋地域の条約が締結できないときは、ソ連としてもソ中両国の相互援助協定締結を改めて考慮したいと言うようになった[3]。こうして中ソ両国は、間もなく相互不可侵条約の具体的交渉に入り、「七・七事変」（盧溝橋事件）勃発後の八月二一日に条約を締結、同条約は以下のように規定した。双方は単独で、あるいは他の一カ国また複数国と連合して他方に対しいかなる侵略も行わない。一方が一カ国または複数の第三国の侵略を受けた際には、他方は衝突の期間中、当該第三国に対し、直接または間接のいかなる援助も行えないとともに、被侵略国を不利にする、いかなる行動も行えず、またいかなる協定も締結できない[4]。

アメリカ、イギリス、フランスが揃って日本の中国侵略に構わず、日本と軍需物資の貿易を続けているなか、ソ連政府は不可侵条約の規定に則り、日本への軍需物資の輸出を禁止し、日本との貿易までも停止した。それゆえ抗戦初期、真に中国側に立ち、道義的に、物質的に、そして特に軍事的に中国を援助したのはソ連のみであった。日本の侵略に対し、ソ連は国内の新聞において、遠慮なくこれを非難する態度をとっていた。日本が関係諸国に対し南京の大使館を撤退させ、爆撃に遭わないようにするよう通知した際には、ソ連政府は駐日大使を通じて日本政府に強烈に抗議し、ソ連大使館は決して南京から撤退しない旨、また爆撃による損失の責任はすべて日本側が負うべきである旨を表明した。ソ連極東軍司令ガーリン元帥は、日本の公然たる中国侵略に対し、ソ連は必要なときに、「身を挺して中国を公然と援助しなければならない」と宣言した[5]。これと同時に、ソ連政府もあらゆる国際的な場で積極的な外交活動を展開し、集団的制裁と共同援助を通じて、日本の対中侵略がいっそう拡大することを防ごうとした。

ソ連の援助を得るために、「七・七事変」が勃発すると、蔣介石の中国政府は、軍事委員会の名義でソ連から兵器弾薬の貸与・購入について話し合うため沈徳燮をモスクワに派遣した。交渉が進展すると、蔣は軍事委員会参謀次長の楊杰をモスクワに派遣し、交渉にあたらせた。双方は迅速に第一の、そして第二の借款協定と購入兵器の発注書に調印した。それによれば中ソ両国は、一〇月末からソ連政府が中国政府に五〇〇〇万米ドルの借款を与え、年利三%とし、ソ連から軍需物資を購入するのにあて（公には工業製品および設備の購入とする）、中国は茶、皮革、綿花、絹、桐油、獣毛、およびアンチモン、錫、タングステン等の鉱物で、五年に分けて借款を返済すると取り決めた。第二の借款は一九三八年七月から始まり、額は五〇〇〇万米ドル、用途と返済の仕方は同じであった。第三の借款は一九三九年七月から始まり、額は一億五〇〇〇万米ドル、これも用途と返済の仕方は同じであった。

中ソ両国が取り決めた兵器の発注書にもとづき、ソ連は九月下旬に最初の軍事物資の運搬をはじめた。そこには重爆撃機六二機、戦闘機一〇一機、戦闘爆撃機六二機、戦車八二両、対戦車砲二〇〇門のほか、若干の高射砲、機関銃、爆弾等が含まれていた。ソ連側が公開したところによれば、抗日戦の前半、すなわち独ソ戦勃発前までで、ソ連が中国に援助したのは、飛行機九〇〇機余り、大砲一一四〇門、戦車八二両、機関銃一万丁近く、小銃五万丁、自動車およびトラクター二〇〇〇台以上、航空爆弾三万一六〇〇発、砲弾二〇〇万個、手榴弾二〇〇万発、銃弾一億八〇〇〇万個等であった。[6] これら軍事装備品の運搬のため、ソ連はソ連領のサルィ＝オゼク（現カザフスタン領）から迪化（現ウルムチ）経由で蘭州に至る道路の建設、それからソ連のアルマトゥから中国の蘭州に至る航空路の開設を援助した。さらにソ連は船を使い、英仏植民地の港から海路で、弾薬、大砲等を中国に輸送することもあった。

ソ連は当時、軍事物資の援助以外にも、中国に多くの軍事顧問と志願者を派遣し、中国の対日戦を援助した。一九三七年一一月末からソ連は、M・И・ドゥラトゥヴィン、A・И・チェレパノフ、K・M・カチャノフ、B・И・チュイコフらを中国駐在武官として相次いで派遣、彼らは国民政府の軍事総顧問に就いた。一九四一年初めまでに、ソ連が中国に派遣した軍事顧問の数は一四〇人以上に達した。ソ連の軍事顧問は、国民党の軍隊の特性に応じ、多くの建設的な提案を出すとともに、台児荘戦役、武漢戦役、長沙戦役、宜昌戦役など、多くの重大な戦役の指揮に直接参与した。それから一九三七年一二月から中国に派遣されはじめたソ連空軍志願隊は、二爆撃機中隊、四戦闘機中隊を擁し、総勢七〇〇人以上のパイロットと技術員が、武漢、岳陽、杭州、南昌、南寧、広州、台北等の地で空中戦に直接参加し、爆撃を行い、また陸軍と連携して作戦を行った。爆撃機大隊長クリシェンコ、戦闘機大隊長ラフマーフら二〇〇人以上が、中国での対日作戦中に犠牲となった。またこの間に、ソ連専門家が訓練を支援したパイロット、航法士、その他各種技術者は、八三五四人にも上った[7]。

ソ連が中国に対しこれほど大量に援助したことは、当然、日本人から隠し通せるものではなかった。このことはまさに、日本軍内部に常に存在していた「南進」あるいは「北進」の戦略論争の原因の一つでもあった。明らかに、ソ連の中国への援助、それからソ連が中国東北の中ソ国境に兵を配置している現実が、日本の中国侵略と東南アジアへの南下に対し、極めて大きな牽制となっていた。しかし、二度の相当な規模の軍事衝突を経て、日本は最終的に北上してソ連を征服する考えを放棄した。この二度の軍事衝突が張鼓峰事件とノモンハン事件である。

張鼓峰事件は一九三八年夏に発生した。その場所は中国と朝鮮の国境を流れる図們江東岸、元の吉林省琿春県にある海抜約一五〇メートルの高台である。この高台からはソ連領の平原地帯がよく見渡せるため、戦略的価値があり、朝鮮に駐留している日本軍第一九師団が当時防衛していた。一九三八年七月上旬から中旬にかけて、ソ連極東方面軍は図們江東岸を支配下に置いて図們江を国境にすべく、この高台の西側に派兵して陣地を構築しようとして、日本軍と近距離で対峙した。最終的に日本軍と軍事衝突が発生した。日本軍は当時兵力を武漢作戦に集中させていたため、東北の兵力には限りがあり、七〇〇〇人と大砲三七門しか集められなかった。ソ連軍は一万五〇〇〇人の兵力で、大砲二三七門、戦車二八五両、飛行機二五〇機が参戦した。その結果、日本軍は惨憺たる敗北を喫し、停戦協議を余儀なくされ、防衛線は図們江西岸まで撤退させ、図們江東岸の張鼓峰およびその周辺を放棄した。

ノモンハン事件は一九三九年五月から九月にかけて発生した。ノモンハンは、中国の外モンゴル東部と黒龍江省の境界にあるハルハ川東岸にあり、当時日本が占領していた中国東北はハルハ川を国境とし、西岸を外モンゴル、東岸を満洲国の領土と見なしていた。但し、外モンゴルの辺防軍は一貫してハルハ川以東のノモンハン地区もその領土であるとしていた。一九三九年五月、外モンゴルの国境守備騎兵隊がノモンハン地区を警備していた際に、日本軍の襲撃を受け、衝突が発生した。五月二八日、日本軍は一個歩兵連隊を出動させ、ノモンハンに進攻したが、ソ連軍の騎兵二個連隊、機械化歩兵一個大隊、自動車化歩兵師団の一部の兵力の猛烈な抵抗に遭い、二日間の激戦の末、日本軍は撤退を余儀なくされた。六月二三日、関東軍は飛行機を出動させ、ソ連・モンゴル軍の集結地タムスクを爆撃、七月初めには再度、地上戦を展開させた。このとき日本軍は第二三師団の歩兵三個連隊、砲兵一個大隊、第一戦車師団の主力を出動させ、ハルハ川を渡り、ハルハ川以東のソ連赤軍および外モンゴルの国境守備軍を包囲殲滅しようとした。ソ連・外モンゴル軍は第一一戦車旅団、第七装甲車旅団、第三六自動車化狙撃師団の一個連隊と外モンゴル軍の装甲大隊一個を基本部隊とし、砲兵と航空兵の火力支援の下、日本軍と大規模な攻防戦を展開させた。最終的に日本軍は多くの死傷者を出し、再度の撤退を余儀なくされた。七月二三日、日本軍はまた八〇門あまりの大砲を集中させ、再度進攻したが、成功しなかった。八月四日、失敗に甘んじない日本軍は第六軍を創設し、荻洲立兵中将の指揮のもと、第二三師団の主力、第七師団の一部、第八国境守備隊臨時配属の部隊総数七万人以上、五〇〇門の大砲と一八二両の戦車、三〇〇機余りの飛行機を集中させ、ソ連・モンゴル軍と長期対峙に備えた。ソ連・モンゴル軍もこのときいっそう兵力を集中させ、第一集団軍級の集団を組織し、ジューコフを司令に任じ、その指揮下に第三六自動車化狙撃師団、第五七、第八二歩兵師団、第一一、第六戦車旅団、第七、第八、第九装甲車旅団、第五狙撃兵機関銃旅団、第八騎兵師団、第二一二空挺旅団、外モンゴル第六騎兵師団、砲兵部隊とその他臨時配属の部隊、総勢五万七〇〇〇人、四九八両の戦車、三八五両の装甲車、五四二門の大砲と迫撃砲、二二五五丁の機関銃、五一五機の戦闘機と五・五万トンの弾薬等の物資を擁した。一ヵ月近くの周到な準備の末、ソ連・モンゴル軍は八月二〇日に三路に分かれて進攻し、四日間の戦闘を経て、日本軍第二三師団の主力をほぼ全滅させた。

九月九日、日本政府は駐ソ在大使を通じてソ連側に停戦要求を出すことを余儀なくされた。このときソ連とドイツが「独ソ不可侵条約」を締結していたため、ドイツは九月一日にポーランドに侵攻し、ソ連側はドイツと交わした密約にもとづき、ポーランドの一部を占領していたため、ソ連側も停戦は好都合であった。双方はすぐに当時のソ連の実効支配線で協議を妥結した。九ヵ月後、ソ連はさらに外モンゴルと満洲国の間の国境問題について、日本と境界画定交渉を行った。日本側は再度妥協し、結果としてこのときの国境線は、ハルハ川から黒龍江の内側に四〇キロ近く入り込むこととなり、面積約二〇〇〇平方キロメートル以上が外モンゴルに組み込まれた[8]。

しかし、ソ連の援助は蔣介石と国民政府を真に満足させるものではなかった。蔣介石が最も望んでいたものは、相互不可侵条約でも、ソ連の援助でもなく、双方が軍事相互援助協定を締結することであったからである。これはつまり、日中戦争が勃発したときに、ソ連が出兵し、中国の作戦を援助することであった。日本が大挙侵略してくることが予見できなかったため、一九三七年四月に相互援助条約を提案した後、南京国民政府は全力でこの交渉を推し進めることはなかった。日中戦争が突如勃発してから、南京国民政府は何度もソ連政府に対し、相互援助条約を交渉したいと提起したが、もはやソ連側が応じることはなかった[9]。上海での抵抗が失敗し、南京もたちまち陥落すると、蔣介石は再度、軍事相互援助条約のことを提起した。蔣はソ連政府が出兵できなければ中国は失敗するだろうと、ソ連政府を戒めた。国民党代表も同時に中国共産党中央の代表に圧力をかけ、中国共産党がソ連に出兵を説得するよう求めたが、中国共産党中央も国民党の人たちの思いを叶えることはできなかった。一九三八年の武漢陥落に至るまで、蔣はソ連と軍事同盟を結成する努力をやめることはなかった。当然、モスクワは最後まで日中戦争に単独で介入しないという態度を変えることはなかった[10]。

2　中ソ両党関係の困惑

中国の抗日戦争に対するソ連の援助は、蔣介石と国民党をあまり満足させられなかったと同時に、中国共産党中央も少なからず困惑させた。当然、これはモスクワが出兵に同意することを望む国民党の要求に中国共産党が応えられなかったからではなく、国民政府の下に属する中国共産党の政府と軍隊が、ソ連の対中援助の分け前をほとんど得られなかったからである。ソ連から国民政府に輸送された武器装備で、中国共産党の軍隊が得たことが知られているのは、戦争初期に蔣介石が認めた一二〇丁の機関銃と六門の小型の対戦車砲のみであった。

抗日戦争がはじまったばかりの頃の中国共産党の軍隊は、人数にせよ、装備にせよ、困難な状況にあった。たかだか四万人の武装であっても、中日全面戦争のなかを生き延びるのであれば、国民政府が提供する毎月数十万元の経費だけでは、非常に苦しかったに違いない。しかし、国民政府の頭越しに共産党に武器弾薬を輸送するようソ連に期待するのは、当時の条件では不可能であった。こうした状況が、共産党の人たちを困惑させたことは、想像がつく。しかしこれは、モスクワが本当に「武器を資産階級に渡して、プロレタリアートには書籍を渡した[11]」という意味ではない。モスクワは中国共産党中央に武器を直接輸送することはできなかったが、それでもやはり重要なときには、中国共産党に相当額の経費を援助していたからである。

抗戦が勃発したばかりの頃、最も人目を引いたモスクワからの援助は、スターリンが承認した、中国共産党の武器弾薬の購入を五〇万米ドル分、援助するというものであった[12]。この後、一九三八年夏、中国共産党中央政治局委員の王稼祥が帰国する際、モスクワからまた三〇万米ドルを得ている[13]。さらに分かっているのは、一九四〇年二月、スターリンが周恩来とコミンテルン総書記ディミトロフからの求めに応じて、またも三〇万米ドルの援助を決定したことである。[14] 一九四一年の独ソ戦発生後、スターリンは中国共産党中央の求めに応えて、再度一〇〇万米ドルの援助を承認している。[15] 実際、モスクワからの経費援助とその他各種物資の援助は、一九三七年から抗戦の終結まで断続的にずっと続いていたと言ってよい。一九四三年五月二二日にコミンテルンが解散を宣言してからも、こうした状況は、事実上継続していた。この種の援助は、一九二〇年代から三〇年代中期の中国共産党に対する毎月の経費の提供とだいぶ異なっていたが、モスクワが財政およびその他軍事物資あるいは技術装備の面で中国共産党を支持する努力をし続けていたことは、誰の目にも明らかであろう。

当然ながら、この時期モスクワはやはり政治的に中国共産党をもり立てていた。抗戦初期、モスクワは二つの面から中国共産党中央に明確な要求を出していた。一つは、国共両党が再度協力する情勢を踏まえて、中国共産党に絶対に紅軍の戦力を保持し、「最大限、革命の警戒を高め」、蔣介石による分裂工作、挑発、特務活動等から党と紅軍の組織を守るよう求めていた。[16] もう一つは、共産党に対し、民族解放闘争の広々とした海原に飲み込まれることを恐れないよう求めていた。スペインとフランスの経験から、抗日は全てを凌駕し、すべては統一戦線を通じて、統一戦線のスローガンの下に服従し、国共両党が共同で責任を負い、共同で領導し、共同で発展するようにすべきであるとしていた。[17] 明らかに、これらの方針は共産党が抗戦初期に自身の勢力が弱いなかで、いかに自身の組織の独立性を保ち、国民党との統一戦線を保つかについて、ある種の指導的な作用を果たしていた。また中国共産党内において、国民党を過度に重視し、依存しようとする傾向、あるいは自身の独立性を過度に重視し、国民党と摩擦を起こそうとする傾向を抑えるはたらきをしていた。

この当時、中国共産党とコミンテルンの関係はやはり上級組織と下級組織の関係で、中国共産党の政治面、組織面での独立自主の余地はあまりなかった。この状況は自ずと、中国共産党中央の領導核心の組織構成および中国共産党中央の最高指導者の選定の問題に、極めて大きな影響を与えていた。これより前、中国共産党中央が南方の根拠地にあった頃の最高指導層の人選は、基本的にコミンテルンから中国に派遣された代表が推薦し、最終的にモスクワが決定していた。まさにそれゆえに、一九三一年一月初めにコミンテルン東方部の責任者ミフ（米夫）が単独で計画し、たった一日で中国共産党六期四中全会を開き、ソ連留学経験者の王明らを指導的地位に押し上げるようなことが起きたのであった。その後半年も経たずに、中国共産党中央が続けざまに破壊されたため、コミンテルン代表は六期四中全会で推挙された中央政治局を再度改造し、臨時中央政治局を立て、まだ二〇代のソ連留学経験者であった博古を総書記に据えた。臨時中央が中央ソヴィエト区に撤退してからは、コミンテルンが別途指示しなかったため、巨大な根拠地と多くの紅軍、十数万人の党組織、それから多くのベテランの指導者たちは、本に書いてあることしか知らないソ連留学経験者に指導を任せるほかなかった。博古の指導の下、紅軍は劣勢になり、根拠地は全部喪失した。中国共産党上層部は、モスクワの指導と干渉がない状況下にあって、長征の途中で遵義会議を開き、最高指導者を交代させた。しかしこれも、少し年長のソ連留学経験者であった洛甫をあまりに若い博古に取って代えただけであった。こうしたことから、モスクワの権威が中国共産党内部にいかに影響力を持っていたかが、容易に理解できよう。

中国共産党の体制は高度に統一され、かつ集権的なものである。とりわけ複雑な政治闘争と国内外の戦争という環境では、党の最高指導者の権威と能力は、党の生き残り、発展、未来にとって極めて重要な影響を持つ。抗日戦争勃発後、モスクワは中国共産党指導層が複雑な政治・軍事情勢にすぐに適応できないのではないかと心配し、王明を長とする、モスクワで長年薫陶を受けた一群の上層幹部を帰国させ、彼らに中国共産党中央内部でコミンテルンの意志を徹底させようとした。こうした状況下で、王明は自ずと党内のその他の指導者に担ぎ上げられ、事実上、洛甫に取って代わり、中国共産党中央の新たな最高指導者となった。しかし、中国共産党中央内部の権力の角逐は王明らが有利であると徐々にわかってきた頃、モスクワはもう王明も洛甫も支持しなくなり、毛沢東を中国共産党中央の新たな最高指導者に選んだのであった。一九三八年九月一四日、モスクワから当時の中国共産党中央の所在地、延安に戻ってきた王稼祥は、コミンテルンの指示、それから中国共産党中央は「毛沢東を長とすべき」であるとのディミトロフの意見を伝達した[18]。まさにこれにもとづき、その後すぐに開催された中国共産党六期六中全会で、毛沢東は中国共産党の最高指導者になった。毛沢東の言に倣えば、これが「中国の命運を決定した」のである[19]。

モスクワが思いもよらなかったことに、毛沢東ははじめコミンテルンの意図を貫く努力をし、国共両党の関係を密にしようと試みたにもかかわらず、結果はそのとおりにならなかった。戦争で次々に国土を失った国民党は、中国共産党が後方でどんどん発展するのを阻止できなかったため、一九三九年一月の国民党五期五中全会を召集した日から、中国共産党を全面的に抑え込む方針に転換しはじめた。国民党がこの挙に出たことで、国共両党の関係は摩擦と衝突が連続する過程に入った。ディミトロフは毛沢東に冷静な態度を保つよう勧告したが、毛沢東は中国共産党がすでに獲得した利益を犠牲にすることをよしとせず、国民党に勝ちたいと一心に願ったため、妥協を拒み、「闘争をもって団結を求める」方針を堅持し、全面対立も辞さなかった。こうした状況により、モスクワと中国共産党中央の間には自ずとわだかまりと対立が生じるようになった。

一九三九年末から一九四〇年秋にかけて、国共両党の間では、陝甘寧辺区および華北と華中の後方において、一連の軍事摩擦と深刻な軍事衝突が発生し、両党関係は異常に緊張した。国民党側は、中国共産党軍と国民党軍が複雑に入り組み、衝突が激しさを増す状況を徹底的に解決するため、境界を決めるよう発案した。そして一九四〇年七月一六日、「中央提示案」を出し、中国共産党が領導する八路軍と新四軍は一カ月以内に、黄河以北の河北、チャハル両省と山東省北部、山西省北部に全部移動すること、八路軍の兵力は三軍六個師団、五個補充団、新四軍二個師団を超えてはならず、これ以外にはいかなる名義の武装勢力も持つことはできないことを要求した[20]。このときすでに、八路軍と新四軍は、山西、河北、チャハル、山東等において、敵後方の農村の大部分を基本的に支配下に置き、河南、安徽、江蘇において敵後方の根拠地をいくつか築き、部隊はすでに五〇万人に迫る勢いであった。河北、チャハル両省と山東省北部、山西省北部の八個師団と五個補充団に到底収まるものではなかった。中国共産党中央もこれらの地区の遊撃武装勢力をすべて国民党に明け渡すことは、絶対に受け入れられなかった。

一〇月一九日、中国共産党が応じないとみた国民党側は、最後通牒として、中国共産党軍に一ヵ月以内に指定地区に移動するよう再度命じるとともに、同時に軍への支給を止めて圧力をかけた。また軍令部が「黄河以南の共匪軍を包囲殲滅する作戦計画」を策定し、中国共産党が命令に従わなかった場合に大挙して軍事行動を行う準備を整えた。

蔣介石の国民党が日本との戦争で次々と敗退するなか、突然、中国共産党に対し、かくも強硬な態度をとり、武力による威嚇までしたことで、毛沢東は蔣介石が別の陰謀を企んでいるのではないかと疑わざるをえなくなった。国内外の情勢を繰り返し検討しても要領を得なかったが、毛沢東は最終的に、蔣介石の今度の動きは、おおかた「我軍を黄河以北に追い立てた後で、黄河に沿って封鎖し、日本と蔣介石の挟み撃ちによって我軍を消滅」させようとしたものだと結論づけた[21]。

この深刻な局面に対処するため、中国共産党中央は一五万の精鋭を準備し、先制攻撃で、国民党の侵攻軍の後方にあたる河南、甘粛等を叩いた。毛沢東の言い方では、これはつまり「向こうが共産党を包囲してくるなら、われわれは反包囲をしなければならず」、「敵の後方を遮断し、何度も大勝利して、何応欽の解任（君側の奸を除く）と包囲軍の撤退を要求する」ということであった[22]。毛は当然、今度の動きは国共関係を破壊するもので、政治的には中国共産党に不利であり、万一判断を誤れば、「将来に無限の禍根を遺す」ことになることをわかっていた。それゆえ彼は一一月四日、コミンテルン総書記のディミトロフに自ら書簡を認め、指示を求めないわけにはいかなかった。これに対し、ディミトロフは当然ながら断固反対であった。モスクワの意見を尊重するため、また蔣介石と日本が結託していたとの判断には十分な確証がなかったため、毛沢東はすぐさま元の計画を変更し、国民党と再度交渉することを考えた。ところが一九四一年一月、期限までに北に移らず、国民党の規定に反する路線をとったという理由だけで、国民党は一挙に安徽南部の新四軍軍部七〇〇〇人余りを全滅させ、新四軍は賊軍であると宣言し、新四軍の番号を禁止した。国民党のこの動きに毛沢東と中国共産党中央が大いに刺激されたことは想像に難くない。

この皖南事変を受けて、ソ連側は国民党のやり方を鋭く批判する態度をとったが、元々の軍事援助を取りやめることはしなかった。また中国共産党に対しても、自制を保ち、両党関係を決裂させないようにすることを要求し続けた。こうした状況により、毛沢東がモスクワと距離をとりはじめることは避けられなかった。

3　独ソ戦と中ソ関係の逆転

国共関係が大いに緊張していた頃、ソ連と日本の関係も微妙な状況にあった。ノモンハン事件以降、関東軍は満洲の歩兵師団を一二個に増やし、総兵力は三五万人となった。そしてさらに編制を拡大し、装備をよりよくして、自軍を強化しようとしていた。これは関東軍が依然としていつでもソ連極東と外モンゴルを脅かしうることを意味していた。しかし相対的に言えば、ソ連はこのとき西からのドイツの脅威をより懸念していた。それはソ連の政治、経済、文化、工業、エネルギーの重心がすべて西部にあったからだけではない。ドイツがポーランドを占領し、第二次世界大戦を勃発させてから、一気にイギリス、フランス等の軍隊に打ち勝ち、ソ連周辺のハンガリー、ルーマニア、スロバキア、ブルガリア等を従属させたからである。明らかに、ドイツがヨーロッパ大陸全土を征服した後、イングランドを攻める以外に、残るはソ連であった。ヒトラーが次々に勝利を収めるのを前に、「独ソ不可侵条約」でドイツ軍の東進が防げると考えるのはほぼ不可能であった。それゆえソ連が対日政策を調整し、ドイツに集中できるようにしたのは、一種の避けようのない外交的選択であった。

対日政策の調整とは、日本と中立条約を締結することであった。このような条約を結ぶという提案は、はじめ日本側から出された。当時日本は南太平洋のゴムなどの戦略物資を獲得しようとし、南進の戦略的意図を固めており、ソ連が満洲を脅かさないようにする必要があった。それゆえ日本の駐ソ大使東郷茂徳は、一九四〇年七月に日本政府を代表して日ソ中立条約締結を提案した。しかし当時双方は樺太の権益で争っていたため、交渉は妥結しなかった。一九四一年四月、日本の外相はドイツと結託したうえで、実際にそぐわない要求は捨てることにした。四月一三日、日ソ両国は「日ソ中立条約」を締結し、「ソ連は満洲国の領土保全および不可侵の尊重を保証し、日本はモンゴル人民共和国の領土保全および不可侵の尊重を保証する」ことを声明した。[23]

「日ソ中立条約」の締結は、疑いなく、ソ連が戦争の危険を遠ざけるべくファシスト・ドイツと「独ソ不可侵条約」を締結した外交戦略の延長にあった。独ソ条約の犠牲となったのは、ポーランド、フィンランド等の弱小国家で、「日ソ中立条約」で犠牲となったのは、このとき孤軍奮闘していた中国であった。特にソ連が公に「満洲国」を承認したことは、極めて困難な状況にあった中国の抗日運動にとって大打撃となった。もともとソ連の援助に不満で、中共の背後にソ連がついていることを常に疑っていた蔣介石は、日ソ中立条約締結を知った日の日記に次のように書き綴った。「露倭協定は事実上、我が抗戦に何ら害をなすものでないことは明らかだが、精神的な打撃は名状しがたい！　この二週間、何故かわからないが、気分が沈んでいた。まさかロシアと日本が謀っていたとは。嗚呼！」[24]

まさにこのとき、援助を求めてアメリカを訪れていた宋子文が、アメリカ大統領が一億二五〇〇万米ドルの借款を承認し、「兵器の借款として中国に五万元貸すことが内定した」と伝えてきた。[25]これによって蔣介石は希望を取り戻し、アメリカに目を向け、ソ連から次第に遠ざかるようになった。

一九四一年四月、「日ソ中立条約」締結後、ソ連側は何度も、ソ連の対中援助政策は不変であると中国政府に説明したが、わずか二カ月後、ドイツが六月二二日に一方的に「独ソ不可侵条約」を破棄し、ソ連に「バルバロッサ」と号する急襲を仕掛けた。ソ連西部の広大な領土があっという間にドイツ軍に占領され、自ずと中国への援助を顧みる暇もなくなった。少数のソ連顧問が中国にとどまったのを除けば、ソ連側人員の多数は、中国西北にソ連が設立した飛行場およびサルィ＝オゼクと蘭州を結ぶ道路の人員も含め、皆すぐにソ連に撤収した。

独ソ戦勃発後、中ソ関係への影響が最も大きかったのは新疆問題であった。新疆は当時、盛世才の統治下にあり、彼の地位はソ連の援助に依拠し、かつ親ソの旗印を掲げて得たものであった。盛世才はかつて一度ならず全連邦共産党（ボ）への加入を求め、新疆をソ連に併合させることさえ主張した。それゆえ、長きにわたって盛世才と国民政府はつかず離れずの関係にあり、新疆はソ連の勢力範囲に完全に入り、中国共産党の人員も新疆ではそれなりの礼遇を受けていた。こうした状況は一九四一年の独ソ戦勃発前後まで続いていたが、盛世才はソ連が自国のことさえおぼつかないでいるのを見て、国民政府に接近しはじめた。盛は五番目の弟を重慶に派遣して蔣と会見させ、第八戦区司令長官朱紹良と宋美齢を新疆に招きもした。太平洋戦争勃発後、蔣介石ははじめて軍政の官僚を新疆に派遣し、このときから新疆は正式に中国政府の統括に帰した。一九四二年から盛世才とソ連の関係は自ずと悪化しはじめた。蔣介石も自らソ連に対し、新疆の飛行機製造工場、独山子油田、飛行場等の人員およびハミに駐留するソ連赤軍に新疆から撤退するよう圧力をかけた。これにより、抗戦初期に一度は中国の重要な国際交通路となった西北の国際交通は中断されることになった。新疆で活動していた中国共産党人員は、大勢が逮捕され、殺害された。ソ連と中国共産党の新疆における多年の活動の成果も一夜で崩れ去った。

ソ連側が西部戦線で攻勢に転じつつあった一九四三年五月四日、全連邦共産党（ボ）中央委員会政治局会議は、盛世才に打撃を与え、蔣介石と揉め事を起こすため、盛世才の新疆統治を転覆させる方法を行うことを討論し、「民族復興小組」の名義で、新疆の少数民族のなかから革命勢力を養成することを決定した。このためにソ連は特別に、内務人民委員部のエグナロフ将軍を長とする特別行動小組を設置し、反乱軍と連絡をとり、訓練と装備を与え、武器弾薬を新疆に密輸した。同時に、駐新疆の各領事館を通じ、地下工作員を介して、少数民族各界で革命宣伝を進め、統一的な「解放組織」を組織した。アルタイ地区のカザフ牧民の反乱軍オスマン部は、最も早くソ連と外モンゴル政府の承認と支持をとりつけ、武器装備の援助を得ただけでなく、ソ連の飛行機およびソ蒙軍事顧問の援助の下、たちまち一〇〇〇人に上る武装勢力に成長し、アルタイ地区全域を戦禍のなかに陥れた。アルタイと境を接するタルバガタイ地区も影響を受け、たちまち牧民が蜂起し、新疆政府軍に敵対した。イリ地区では、イーニンにソ連領事館があったことから、ソ連が新疆の反乱勢力を援助する中心地となった。

国民党中央の勢力が入ってくるに従い、盛世才はすぐに新疆の支配力を失った。一九四四年九月、盛は省主席と警備司令等の職務から外され、新疆を離れた。しかし、ソ連側は新疆で武装反乱を画策することをやめることはなかった。一つの重要な理由は、新疆の北、外モンゴルの西北、ソ連東シベリアの南に位置するタンヌ・ウリヤンハイ地区を、ソ連が長らく併合しようとしていたことにある。この地区は、一七二七年に清王朝と帝政ロシアが「ブリンスキー協定」で清帝国の統治範囲に属すると画定していた。しかし一八六〇年から一八六九年に、帝政ロシアは第二次アヘン戦争を機に、清朝と新たに三回協定を締結し、タンヌ・ウリヤンハイ西部のアムハ川地区をロシアに割譲した。それ以降、辛亥革命により外モンゴルが独立を宣言すると、タンヌ・ウリヤンハイ地区の各旗も影響を受けて独立を宣言した。帝政ロシアはこの機に乗じて当該地区を占領した。一九一八年、北京政府はロシア十月革命の混乱に乗じて、一度はタンヌ・ウリヤンハイ地区を再び中国政府の管轄下に入れたが、ソ連赤軍はすぐに白軍を制圧する名目で当該地区を占領した。一九二一年にタンヌ・ウリヤンハイはソ連の策動の下、再度独立を宣言し、国名を「タンヌ・トゥヴァ共和国」とした（後に「トゥヴァ人民共和国」と改めた）。ソ連政府はすぐに承認を行い、外交関係を樹立した。それからしばらく経ち、一九四四年になってスターリンは、タンヌ・ウリヤンハイをソ連に併合する名目はすでに十分に立ったと考えるようになった。その年の八月、トゥヴァ人民共和国のバガ・ホラル（小会議）は緊急大会で宣言を採択し、ソ連が同国を受け入れて、ソ連の共和国にするよう「請求した」。一〇月、ソ連最高ソヴィエトはこの「請求」を受け入れることを決議した。「トゥヴァ人民共和国」は「トゥヴァ・ソヴィエト社会主義自治共和国」と名を改め、ロシア・ソヴィエト社会主義連邦共和国に属することとなった。

この行為は、戦争中に発生したとはいえ、ソ連政府は中国側の反発を引き起こさないようにするため、すでに準備ができていた新疆の反乱軍を利用して、まず一〇月七日にアルタイのソ連移民が「ニルカ暴動」を起こし、数日でニルカ県を奪取した。続いて一一月七日、彼らはイーニンでより大規模な暴動を起こした。ソ連駐イーニン領事が現地のウイグル族の「解放組織」とソ連軍の小部隊の統合を指揮し、この行動を起こした。

その後、ソ連側は事変の規模と影響を広げるべく、コズロフを団長とする軍事顧問団とストゥパノヴィチを団長とする各部顧問団、多数部隊を越境させ、この事変に参加させた。一一月一二日、「イーニン解放組織」は事前に取り決めたとおり、「東トルキスタン共和国」臨時政府の成立を正式に宣言し、イスラーム指導者アリハン・トレが政府主席に推挙され、ソ連顧問はモフセン（莫合森）となった。一九四五年一月五日、臨時政府委員会第四次会議は、「東トルキスタン共和国」は中国から独立するとの宣言を採択し、発表した。ソ連顧問とソ連軍人指導下に成立した「民族軍」は、ソ連の飛行機、大砲の支援のもと、いくつかに分かれて、たちまちアルタイ、イリ、カシュガル（訳註：タルバガタイの誤記）の三区の大部分の地区を占領した。この事変は当初から漢族の圧迫への反対を宣伝のスローガンとしていたことから、反乱軍の強烈な民族感情により、漢人の大量追放、さらには漢人の殺害が引き起こされることは避けられなかった[26]。

ソ連と国民党の関係が全面的に悪化すると同時に、ソ連と中国共産党中央の関係も史上最も低い谷へと落ち込んでいった。モスクワはドイツの脅威に対応する必要があったため、一九四一年一月に勃発した皖南事変で中国共産党が未曾有の損失を出したことを知っていながら、毛沢東が過激な措置をとって両党関係を決裂させないよう押しとどめたのであった。ソ連の支持がなかったので、中国共産党は軍事的に報復作戦を行いえなかった。さらに一九四〇年の秋冬、八路軍総部が発動した華北の日本軍に対する大規模破壊攻撃（「百団大戦」ともいわれる）が日本軍の中国共産党華北根拠地に対する全面報復を招き、八路軍がまさに極めて困難な局面に陥ったときも、軍事的に蔣介石に強い態度で応じることはできなかった。このことで、毛沢東のモスクワに対する不信感と疎外感はますます強まった。

このような状況下で、六月二二日に独ソ戦が勃発し、ソ連が自分のことで手いっぱいになったことは、双方の関係に根本的な変化が生じる重要な契機となった。

独ソ戦勃発後、日本がこの機に乗じて西進することを恐れたモスクワは、中国共産党中央に積極的な軍事行動を行ってソ連を援助するよう求めた。たとえば、兵力を出して、日本の軍隊が北平、張家口、包頭のラインに集結するのを牽制するなどであった。これに対する毛沢東の態度は以下のように大変はっきりとしたものであった。八路軍は目下、戦略的な連携しかできず、戦術的な連携はできない。八路軍の基本方針は冒険的でも消極的でもなく、長時間の遊撃戦をただ行うというもので、具体的な行動としては破壊戦と情報戦を通じてしかソ連を援助できない。毛沢東は、このことで焦慮していたソ連軍事顧問チュイコフ（崔可夫）に、以下のように告げるよう周恩来に頼んだ。「敵と味方の軍事技術装備の差はあまりに懸け離れ、味方は人的にも物的にも、地域も、弾薬も日を追うごとに苦しくなっており」、「とりわけ小銃の弾は宝物のようなもので、われわれはどの小銃にも平均二〇発の弾しかなく、機関銃は極めて少なく、大砲はさらに少なく、爆発のためのダイナマイトは手に入らない」。かような状況下では、「われわれが軍事上連携することの作用は恐らく大したものではない。もし一切の犠牲を顧みずに動くのであれば、われわれは打ち破られ、長く根拠地を持ちこたえることはできなくなる。これはどの面から言っても不利なことである[27]」。

毛沢東がソ連防衛に対してこのような消極的態度をとったことで、モスクワの強烈な不満を招くのは避けられなかった。この点に関して、毛沢東も内心よくわかっていた。それゆえ独ソ戦がはじまって三ヵ月も経たない内に、毛沢東は中国共産党中央で会議を開き、「九一八事変」後の党、紅軍、根拠地の失敗の歴史的原因を討論するという名目で、王明、博古を長とする、ソ連とコミンテルンに影響され、信頼された、ソ連留学経験のある指導者に批判の矛先を向けた。この大討論の結果、王明、博古らはたちまち批判を受ける立場に置かれた。王明は一度、ソ連防衛に対する毛沢東の消極的態度にディミトロフが不満を示した電報を取り上げ、毛が厳重錯誤を犯したと批判した。しかし毛は指導者の地位にあり、参加者はこれまでの討論で基本的に共通認識を得ていたため、王明は反撃の旗を振ったことで、自らさらに不利な状態に陥るばかりであった。

王明、博古らの錯誤に対する検討と批判により、コミンテルンの威信は地に落ちた。こうなっては、モスクワも過去のように中国共産党中央の内部に組織的に干渉することは、簡単にはできなくなった。当然、毛沢東も中国共産党上層部にいる党内の「国際派」が批判的地位に置かれただけでは不満で、鉄は熱いうちに打てと言わんばかりに、王明らへの信用を全党で打ち砕こうとした。これは毛が見るに、絶対多数の幹部はほとんどが農民出身であったために、王明らモスクワで特別な訓練を受け、マルクス・レーニンを熟読し、「口を開けば必ずギリシア（ソ連）」の留学生出身の指導者に対し、畏敬の念で溢れていたからであった。もしこのような盲従を全党で改め、中国革命の成功は中国化されたマルクス主義にかかっていることを真に理解しなければ、主観、教条の弊風を徹底的に粛清することはできないと考えられた。それゆえ、一九四二年に入り、毛沢東は間を開けずに全党での整風運動を起こした。毛の意図ははっきりしていた。全党に一種の思想を植え付ける、つまり中国式のマルクス主義だけが中国革命を勝利に向けて導く唯一正しい思想であることを全党に確信させなければならないというものであった。

延安整風運動がはじまって一年後、ソ連は、米英に欧州で第二戦線を開くよう急ぎ求め、また戦後の大国協調に備える必要から、米英各国に各国共産党を利用して各国政府を脅かすつもりがないことを示すべく、一九四三年五月二一日、コミンテルンを解散した。そして各国政府に自らの誠意を信じてもらうため、ソ連外交官は駐在国の指導者に具体的な説明と保証を示す行動に出た。中国駐在ソ連大使パニュシキン（潘友新）は蔣介石に、コミンテルン解散後、ソ連はいかなる外国の共産党にも援助せず、中国共産党も同じであり、現在も、将来も、いかなる援助も与えないと保証した[28]。

コミンテルンの解散は、各国共産党が組織の上で一つの統一的な指揮に服従しなければならなかった歴史を完全に終わらせ、毛沢東のこれまでのモスクワに対する態度が正しかったことをいっそう証明した。毛はこのとき公に以下のように述べた。コミンテルンが解散したのは、「もはやこのような非常に複雑で目まぐるしく変化する状況に適さなくなった」からである。各国革命を統一的に指揮するコミンテルンの存在が完全に不必要となったのは、「革命運動は輸出も輸入もできない」のであって、各国共産党は自らを民族化しなければならないからである[29]。

コミンテルンの束縛がなくなったことで、中国共産党の整風運動はいっそう順調に進んだ。しかし整風運動が思想批判のうねりを生み出すに伴い、党内の同志たちの間で相互不信と猜疑が起こるのは避けられなかった。国共関係が極めて緊張していた状況下で、敵への過度な疑いによって、社会部主導の、拷問で自白させる幹部審査運動が起こり、多くの党員幹部が理由なくスパイ容疑者とされて、批判闘争、尋問、さらには監禁を受けた。コミンテルンはすでに解散を宣言していたものの、中国共産党に強い関心を払っていた前コミンテルン総書記のディミトロフは、自ら毛沢東に電報を打ち、中国共産党のこの種のやり方に対し、率直に疑念を示し、婉曲に批判した[30]。

当然、これら整風運動のすべてが、毛沢東とその指導下の中国共産党に対するモスクワの極度の不信感をいっそう強めた。この種の不信感は、早くも一九四〇年に周恩来が腕のけがの治療でソ連に行った際に、コミンテルンの指導者が露わにしたことがあった。彼らは中国共産党が長く農村にあり、農民が党員の絶対多数を占めていることに、強い懸念を抱いていた。毛がソ連防衛および党内のソ連留学経験者の幹部の問題で、モスクワが受け入れられない態度をとるようになると、モスクワの指導者は自ずと、中国共産党は本当の意味で共産党なのかという疑問を抱くようになった。こうした疑念は、徐々に公の外交の場面でも流露するようになった。一九四四年六月、スターリンはアメリカの駐ソ大使ハリマンと会談中に、「中国の共産党人は本当の共産党人ではなく、『人造バター式』の共産党人である」と単刀直入に言った[31]。その後、ソ連外務人民委員のモロトフも、アメリカ大統領の特使ハーリーとの会談中、中国共産党に対してほぼ同様な評価を示した。まさにこうした理由で、コミンテルン解散後、延安に以前から派遣していた連絡員の電信局を除けば、モスクワ上層部は毛沢東あるいは中国共産党中央と直接連絡もとろうとしなかったのである。

4　ヤルタ密約と中ソ条約交渉

一九四四年六月初め、米英は長期の準備の末に、アイゼンハワーを総司令とする連合国軍をフランスのノルマンディーに上陸させ、反ファシズム戦争の第二戦線を開いた。これより米英ソ連合国軍は、東・西・南三方からドイツに攻め込んだ。欧州の戦場で連合国は、ファシスト・ドイツを粉砕する最終決戦段階に入った。欧州戦争の勝利の日は近づいていた。

欧州戦場が勝利に近づいたことで、太平洋戦争の形勢も連合国に有利に進んだ。とりわけアメリカは太平洋戦場で飛び石作戦を行い、日本軍を一歩一歩後退させ、日本本土にじりじりと迫った。しかし一九四四年春、日本軍は中国で大規模な攻勢、すなわち「一号作戦」、別称豫湘桂会戦を行い、善戦した。国民党軍は八カ月の間に、続けざまに河南、湖南、広東、福建の大部分と貴州省の一部を失い、日本軍は間もなく重慶に迫ろうとした。こうした状況は、仮に米軍が日本本土に進攻しても、外国軍の援助がなければ、中国大陸の日本軍は長期にわたって戦い続ける可能性があることを物語っていた。そのため、アメリカは欧州戦争終結後、ソ連が踵を返して対日作戦に参加してくれることを望まざるをえなくなった。

米英ソ三国首脳は一九四五年二月初め、ソ連を説得し参戦させるため、ソ連南部のクリミア半島のヤルタで重要会議を行い、ドイツ問題、ポーランド問題、国連問題といった戦後に解決しなければならない重要問題を話し合った。このとき、ソ連の対日参戦問題について秘密協定、いわゆる「ヤルタ協定」が合意された。この協定によれば、ソ連は参戦後に以下の条件を得ることができた。

(1) 外モンゴルの現状を維持する。
(2) 一九〇四年の日露戦争前に旧帝政ロシアが有した以下の権益を回復する。
(甲) 樺太南部およびその周辺島嶼をソ連に返還する。

(乙) 大連商港を国際化し、ソ連の当該港における優先権を保証し、ソ連は海軍基地としての旅順港の租借を回復する。

(丙) 中ソが合弁会社をつくり、ソ連から大連に至る中東鉄道と南満洲鉄道を共同で経営する。
(3) 千島列島はソ連に引き渡される。

ソ連側は、欧州戦争終結後、二、三カ月以内に対日参戦し、同時に中国国民政府と中ソ友好条約締結を準備することを承諾した。アメリカ大統領も、蔣介石に前述の取り決めに同意するよう措置をとることを承諾した[32]。注目に値するのは、このとき新疆の「東トルキスタン共和国」の「民族軍」はソ連軍の支持の下、中国政府が派遣した軍隊と激しい戦闘を行っていたにもかかわらず、スターリンはこの問題に何ら言及しなかったことである。明らかに新疆は連合国公認の中国領土であり、中国は連合国の最も主要な構成員であるからには、ソ連が新疆の分裂勢力を支持していることは、どうあっても公にすることはできなかった。しかも、ソ連の少数民族が多く住む、中央アジアのイスラーム勢力が強い連邦構成共和国の隣に、パン＝トルコ主義の国を成立させることは、ソ連中央アジアの安定にとっても不利であった。それゆえ、戦後の中国におけるソ連の権益に関するスターリンの要求からすれば、新疆問題は実際のところ、中国政府に譲歩を迫るための駆け引きの道具になっていたのである。

一九四五年三月中旬、アメリカ大統領ローズヴェルトは、中国駐米大使の魏道明との会談で、ソ連政府の戦後の中国に対する要求が、（1）外モンゴルは中国に帰せない、（2）東北の鉄道は共同管理とする、（3）旅順は無条件でソ連に長期租借することであるとさしあたって明らかにした。ローズヴェルトはヤルタ協定に言及しなかったので、蔣介石ははじめ「アメリカが旅順をロシアに長期租借させることを提案する意図は何」であるかわからなかった。蔣は怒り心頭で、「ロシアに強権的に占領されようとも、決して租借というかたちでその権利を認めることはしない」と強く言い放った。そして魏にアメリカ政府に対して、「租借地の名称は我が民族全体が最大の恥辱と汚点に思うことであり、今後この名詞を中国の歴史のなかでもう二度と見たいとは思わない」と回答までさせたのである[33]。

四月二九日、アメリカの新任中国駐在大使ハーリーは、半ば正式に蔣介石に対し、ヤルタ協定の内容を以下のとおり説明した。（1）樺太南部および千島列島はソ連に帰属する。（2）朝鮮は独立する。（3）旅順港はソ連に貸す。（4）大連港は自由港とする。（5）中東鉄道および南満洲鉄道の株権は中ソが半分ずつとし、ソ連は各鉄道に特殊利益を持つ。（6）外モンゴルの現状は変えない[34]。蔣介石は米英ソがすでに合意した協定に接し、大きく態度を変えた。蔣は、「中国領土内に、いかなる特権も二度と設置しない」という中国政府の目標に対し、トルーマン大統領に賛同を求めるよう、アメリカにいた行政院長代理の宋子文に指示した。蔣はまた一方で、中国駐在ソ連大使と面会し、「東三省の領土の完全回復と行政的独立を助けるよう」ソ連政府に求めた。そして東三省の鉄道と商港はどれも「ソ連に便宜を与え」てもよいと言い、ソ連が旅順軍港を使用することを望めば、中国側は両国の「共同使用」に同意するとした。ただ「再び租借というかたちで」ソ連に貸すことは絶対にできないと明言した[35]。

その後、六月一二日に中国駐在ソ連大使ペトロフ（彼得洛夫）は、蔣介石との会談のなかで、ヤルタ密約にもとづき、ソ連政府の要求を、旅順港租借、大連港におけるソ連の優越的権益の保証、合弁会社の組織と中東鉄道の共同使用、外モンゴルの独立国家としての承認等、五点にまとめた。大使は、この五条件が、ソ連政府が中ソ友好相互援助条約の締結交渉に同意するための「先決条件」であると明言した[36]。

米ソ両国政府の圧力と催促のもと、六月三〇日、行政院長宋子文率いる外交団がモスクワに到着し、スターリンそしてソ連外相モロトフと、ヤルタ密約に書かれた条件について双方の会談をはじめた。

七月二日、スターリンと宋子文は最初の正式会談を行った。双方は交渉がはじまるや、外モンゴルをめぐる問題で論争となった。宋子文は外モンゴルの問題は現在中国で重要な地位を占めると強調し、今度の条約でこの問題に触れるべきでないと主張した。これに対し、スターリンは半ば脅迫のように言った。「モンゴル人民は民族の独立を獲得したいと心から願っている。目下の状況では、中国は外モンゴルを分離するのが最もよい。さもなければ、外モンゴルは中国内政の重大な不安定要素となろう。つまり、外モンゴルはあらゆるモンゴル人と連合して、モンゴル民族全体の独立を求めよう。これは中国にいっそう不利となる」。しかしソ連が要求した東三省のその他の特殊権益に対し、宋子文は反対の意見を述べなかった。双方は年限について駆け引きをしたにすぎない。宋子文は、中国側はソ連が旅順港と中東鉄道を使用する期限を二〇年から二五年に限定したいと望んでいると言い、スターリンは基地の建造等々の費用が甚だ多くかかると考え、四〇年から四五年とすることを希望した[37]。

宋子文は会談後に何度か蔣介石に電報を打ち、以下のように主張した。（1）旅順軍港は中ソ共同使用とするが、民事行政権は中国に帰属する。（2）大連は中ソ合弁とする。（3）中東鉄道、南満洲鉄道の権利は均等分配する。それから外モンゴルの独立については絶対同意できず、せいぜい高度な自治を許し、ソ連の駐兵を認めるくらいとする。

もしスターリンが、外モンゴルの独立を我が方が承認すべきであると言って譲らないなら、交渉中断を考えてもよい[38]。しかし蔣介石は、次のように考えていた。「ロシアは外モンゴルに対する要求を必ず実現しようとする。高度な自治や駐兵といった方法では、彼らの要求は決して満足させられない。もし満足させられないなら、東北と新疆の行政権の保全についても交渉しようがなくなり、共産党の問題はいっそう解決困難になる。しかも外モンゴルは事実上、すでにロシアが占領しており、名をとって実害を受けるのは、国のためにならない。もし外モンゴルの不毛の地を犠牲にするのをこらえて、代わりに東北と新疆、そして全国の統一を得られるならば」、統一の大事業を成し得られよう。それゆえ蔣介石は、七月七日、宋子文に次のような電報を送った。最大限の犠牲を払って、最大限の誠意を示し、「外モンゴルの戦後の独立を許す」が、「第一に、東三省の領土、主権および行政を保全すること、第二に、ソ連は今後二度と中国共産党と新疆の反乱を支持しないことを、我が方の要求の交換条件とする[39]」。

それにもかかわらず、宋子文は七月七日の会談で、これまでと同じく、スターリンと外モンゴル問題について長時間の論争を行った。宋子文は、ヤルタ協定の外モンゴルの地位に関する規定は、「外モンゴルの現状を維持する」と言っているだけであり、中国は現状維持に同意してもよいが、「正式に外モンゴルの独立を承認することはできない」と言って譲らなかった。スターリンは、「現状維持はモンゴル人民共和国の独立承認と理解でき」、なおかつソ連は「モンゴル問題が終始、一種の不確定な状態に置かれ続けることを容認できず」、「もし中国がなおも固執するなら、われわれとの交渉では何ら結果を出せない」と主張した。しかし宋はなおも強硬に、「中国は外モンゴルの独立を承認できない。これは蔣介石の既定方針だ」と主張し続けた。双方は最後まで言い争い、喧嘩別れとなった[40]。

外モンゴル問題について、蔣介石と宋子文の態度は明らかに異なっていた。宋子文は行政院長兼外交部長として、明らかに自らの手で、外モンゴルの一五〇万平方キロメートルの土地を割譲したくなかった。しかし蔣介石がいっそう関心を持っていたのは、戦後中国の統一と政権の安定の問題であった。畢竟、国民政府は成立以来、長城の外にある東北と西北の各省を実際に管轄したことがなく、これらの地方の統治を実現するには、まさしくソ連の援助を得ることが必須であった。それゆえ、宋子文とスターリンの二回目の正式会談終了後、蔣介石はすぐにスターリンに電報を打つとともに、宋子文に電報の内容を、「いかなる説明も加えずに、誤解なく正確に、スターリン大元帥に伝えるよう」要求した。

蔣介石は、電報のなかで次のように綴っている。「両国の共同利益を仔細に考えた結果、中国は旅順口を海軍基地とし、中ソ両国が共同使用すると同時に、大連を自由港とし、ともに期限を二〇年とすることに同意する。中国が満洲で真に有効に自己の主権と行政管理権を行使できるようにするために、旅順口と大連の行政管理権は中国に帰属させる。中東鉄道と南満洲鉄道は中国の財産であり、二本の鉄道の主要幹線は両国の共同経営とし、期限は二〇年とする」。中国政府が新疆の中ソ国境地区の暴乱を鎮圧し、中ソ間の交通と貿易をできるだけ早く回復することを、ソ連が可能な限り支援してくれることをわれわれは心から望む。ソ連が中国に与えるいかなる援助――政治的、物質的、精神的な――は中央政府にだけ提供し、中国共産党が中央政府の指導下に統一されることをわれわれは求める。その上で、全国民の公議によって外モンゴルの帰属問題を決定することに、「中国政府は同意する」(41)。

蔣介石がすでに決定したことで、宋子文に選択の余地はなくなった。しかし宋はなおもスターリンに次のように言った。中国の領土の一部を割譲すれば、中国が国を挙げて強烈に反発するであろうことをソ連は理解すべきだ。私が外モンゴルの独立の承認を拒絶したのは、中国人が領土主権に対し異常に強烈な本能を持っていることを私は熟知しているからだ。もし中国政府がモンゴル人民共和国の独立を承認すれば、この民族的本能に背くことになる。実際のところ世論を無視すれば、政府が地位を強固にすることも難しくなる。しかしスターリンは宋子文に取り合わなかった。スターリンは蔣介石が譲歩したことに大変満足し、「満洲に関して、われわれはすでに中国が満洲に主権を持つことを完全に承認する旨、声明を発表した。中国共産党に至っては、われわれはもう支持しないし、援助しない」と明言した。ソ連の旅順口、大連、中東鉄道、南満洲鉄道の使用期限に関しては、三〇年に譲歩すると述べた。新疆問題については、スターリンは至って真剣そうに、現地の状況をよく知らないし、反乱軍の武器がソ連から来たとは思えないと言った。さらに、もし新疆の反乱軍が本当に独立を望み、武器を用いたのなら、「当然粛清すべきだ」と表明さえした。

スターリンは中国側が受け入れがたい条件を二つだけ出した。一つは、蔣介石の電報における旅順口管理権の要求についてである。スターリンは、「旅順口そのものの行政指導者はソ連人であるべきだ」と言い張った。もう一つは、蔣介石が電報で、中東鉄道と南満洲鉄道は中国の財産であると表明したことについてである。スターリンはこの点に反感を示し、「この鉄道はロシア人が建設したもので、すべてロシア人の金が使われた」と強調した。それゆえ、「われわれは何であれこの鉄道をすぐに中国側の管理下に渡すことに同意できない」とした。もちろんスターリンはやはり最終的には、二つの鉄道を「両国の共同経営」とする提案に同意した[42]。

その後の討論は主に旅順港、大連港の問題に集中した。蔣介石は以下の二点を要求した。「（1）旅順軍港は中ソ両国によって同盟期間に共同使用され、純粋な軍用部分はソ連側の管理に委託するが、行政権は中国に属する。また中ソ両国が旅順軍港を共同使用するため、同盟期間内に、中ソ両国軍を組織する。（2）大連は純粋な自由港とし、その行政権は中国に属すべきで、倉庫、運輸等に関しては、商業の方式にもとづいて方法を決めればよい[43]」。これに対し、ソ連側は旅順港区をソ連軍に提供するだけでは不足で、大連も旅順港の軍事区の範囲内に入れるべきで、大連およびその隣接地区と一括してソ連側の管理下に渡すべきであると主張した。ヤルタ密約で、ソ連が旅順港の租借を回復させ、大連における優先権を持つべきであると規定されたことにもとづき、旅順だけでなく大連もソ連管理下に帰属すべきとしたのである[44]。

中ソ交渉は、スターリンがドイツに行き、米英ソ三国首脳によるポツダム会談に出席していたことから、延期の上、八月七日に再開された。双方は旅順、大連の管理権問題で争い続けただけでなく、中国側が提供する外モンゴルと中国の国境地図をめぐっても新たな論争が起こった。宋子文はモスクワが一九四四年にタンヌ・ウリヤンハイをソ連に編入したことを恨みに思い続けていたことから、中国の地図にもとづき国境を引き直すと主張したのに対し、ソ連側は双方が目下実効支配している哨所をもとに国境を画定すべきであると言い張って、過去の地図から出発することに反対した。

しかし八月六日と九日にアメリカが広島と長崎に原爆を投下し、九日にソ連軍が大挙、中国東北に押し寄せ、一〇日に日本の天皇が公に同盟国に降伏を願い出た。ソ連軍があっという間に中国東北を全面的に占領しそうになったため、蔣介石の国民政府はもはやソ連と駆け引きする時間はなくなった。

八月一一日、蔣介石は宋子文に、「全体の情勢が大きく変わった」ため、大連の管理権の問題は「そちらで適宜決定することを許す」と伝えた。一三日、蔣介石は再度宋に電報を打ち、「外モンゴルおよびその他のまだ決まっていない事項について、そちらで適宜決定してよい」と伝えた(45)。しかし蔣介石は外モンゴル独立後の中国モンゴル国境について、双方の主張の差があまりに大きいことになおも気をもんでいた。そこで外交団に伴ってモスクワに交渉に行く蔣経国にスターリン宛ての書簡を持たせ、双方が中国モンゴル国境について基準となる協定を結び、将来の紛争の種を増やさないことを望む旨を伝えた(46)。

一三日、宋子文と王世杰外交部長は続けざまにスターリン、モロトフと会談を行ったが、外モンゴル国境問題は進展せず、基本的にソ連側の要求を受け入れるよりほかなかった。王世杰は一四日朝、蔣介石に以下のとおり電報を打った。「宋院長および小職は深夜スターリンと一切を話し合い、どれも解決し、今日署名する予定である。外モンゴルは現状の国境を境界とし、鉄道管理局の局長一人はソ連籍、副局長一人は中国籍、董事長一人は中国籍とし、二票の権利を得る。旅順には中ソ軍事委員会を設置する」。そして次のように説明した。「外モンゴル問題について、小職は交渉を繰り返したものの、結果を得られず、申し訳ない次第。ただ（中略）今度の条約締結は、中ソ関係をよくし、中共の勢力を弱め、ソ連軍の撤退を保証し、ソ連側の東北の権益を限定するもので、これらすべて今後の統一および建国に必要なことである(47)」。

5　ソ連軍、中国東北に大挙進攻

八月一四日、「中ソ友好同盟条約」がモスクワで正式に締結された。この条約は四項の協定、すなわち「中国長春鉄道に関する中ソ協定」「大連に関する協定」「旅順口に関する協定」「中ソ共同対日作戦におけるソ連軍の中国東三省進攻後のソ連軍総司令と中国行政当局の関係に関する協定」を付帯していた。これらの条約と協定を根拠に、ソ連政府は国民政府の要求により、「道義的また軍需物資その他の支援を中国に与えることに同意するとともに、この援助は完全に中国中央政府すなわち国民政府に供給するものである」と公にした。これにより、中国側は外モンゴルが公民投票によって独立してよく、なおかつ「現在の国境を国境とする」ことを承諾した。中東鉄道と南満洲鉄道（中国長春鉄道と改称）については、中ソ共同経営となり、鉄道の権利は中国政府が完全に所有することを宣言した。大連港に関しては、中国側は国際自由港の設置に同意するとともに、別途協定を締結し、この自由港が指定する埠頭と倉庫をソ連に貸与することに同意した。中国はまた海軍基地として旅順口をソ連と共同使用することに同意した。これらの中国長春鉄道、大連港、旅順港の協定は、有効期限を三〇年とした(48)。

中ソ両国政府がモスクワで交渉を行っていた頃、中国共産党中央は第七回代表大会を開いたところであった。会議は、抗日戦争が終わりに向かいつつあり、アメリカ大使ハーリーが強い反共の姿勢を示したことから、戦後の国共両党の衝突は不可避と考え、再度、帝国主義と封建主義の打倒について提起した。毛沢東は、「中国はアメリカの半植民地になろうとしている。これは新しい変化だ。高級幹部はアメリカの状況を注意して調べ、損失に備えなければならない」と皆を戒めて言った。しかし毛沢東は、会議の場で次のようにも述べた。状況が許せば、ソ連は必ず中国共産党を援助するだろう。戦後、「国外からの援助はきっと来る」。なぜなら、ソ連党は全世界のプロレタリアートの総司令であって、コミンテルンはなくなったが、総司令は依然存在するからだ。そのため毛沢東は次のように明確に主張した。「二、三〇の旅団、一五万人から二〇万人を軍区から離れて、将来満洲に向かわせる準備をし」、一つにはソ連軍の東北奪還に協力するためで、二つには技術的条件を得るためだ。さらに毛は興奮して言った。「現在われわれの根拠地はまだ強固ではなく、基礎がない。東北を得れば、強固な基礎ができる」。東北は中国最大の重工業基地であることから、「われわれが現在保有する全根拠地を失ったとしても、東北さえ得られれば、中国革命は強固な基礎を得たことになる」[49]。中国共産党中央はソ連が国民政府と外交交渉を行っていることを知っていたが、この種の外交交渉がソ連の対中国共産党援助を何ら束縛するものでないことを、かつての経験からよくわかっていたのである。

一九四五年八月八日夜、アメリカ軍の進攻の速度、とりわけ日本本土への原爆投下を重く見たソ連は、中ソ条約の正式な締結を待たずに、中国東北に展開していた日本の関東軍に向けて全面進攻した。このとき関東軍は三一個師団、一三個旅団、合計九七万人をなおも有し、満洲国軍、蒙古軍を含めると兵力は合計一〇〇万人を超え、五〇〇〇余りの大砲と二〇〇〇機近くの飛行機を保有していた。ソ連・モンゴル軍は三つの方面軍一三七万人に、空軍、海軍等三〇万人余り、各種大砲三万近く、戦車、自走砲五〇〇〇両あまり、戦闘機五〇〇〇機以上で、その兵力と装備は絶対的優勢を占めた。しかし、東北三省の面積は一五〇万平方キロメートルにおよび、フランス、イタリア、スペイン、ポルトガル、スイス、ベルギーをすべて合わせた面積に匹敵し、陸戦区は南北一五〇〇キロ、東西一二〇〇キロで、ソ連は五〇〇〇キロにもわたって全面進攻しなければならず、六〇〇キロから八〇〇キロも奥まで進攻しなければならなかった。任務は三週間以内に完成させなければならず、その指揮、連絡、とりわけ部隊間の連携と燃料等の補給の困難さは、推して知るべしであった。

関東軍と戦うことの困難さは、関東軍の防御施設がかなり強大であったことにもあった。関東軍は一九三四年から中ソ国境での陣地構築に着手し、すでに全長一〇〇〇キロ以上にわたって要塞地域を築き、八〇〇〇以上の永久陣地の工事を行っていた。要塞の面積は正面が五〇から一〇〇キロで、奥行きが約五〇キロ、三個から七個の陣地を有した。各陣地は三から六の拠点からなり、相互に火力が連携していた。すべての陣地が当時最新の工事によって作られ、鉄筋コンクリートでつくられた砲兵および機関銃の火力拠点、トーチカ、装甲監視所、土木火力拠点、歩兵掩体、対戦車壕、鉄条網を有し、地下壕は四方に通じ、各陣地が一体となっていた。虎頭要塞地域は、日本軍歩兵四個中隊、砲兵四個中隊、兵力一四〇〇人足らずで、航空部隊の支援を伴うソ連軍歩兵二個師団、戦車一個旅団を迎え撃った。八月二六日まで戦い続け玉砕した。東寧要塞地域では、日本軍は歩兵二個大隊、歩兵二個中隊、総勢二〇〇〇人足らずで、ソ連軍二個軍団を迎え撃った。ソ連軍は延べ五〇〇機の爆撃機を出動させ、四〇〇門の大砲で波状爆撃し、七〇〇〇トンの銃撃の雨を降らせても、攻略できなかった。八月二六日に日本軍が命令に従って降伏し、ようやくソ連軍は占領したのである。作戦全体で日本軍の死傷者は僅か一五〇〇人であった。ハイラル要塞地域では、日本軍は一個旅団四六〇〇人が守備していた。ソ連軍の進攻兵力は徐々に増加し、歩兵二個師団と機関銃二個旅団、砲兵四個連隊で、飛行機と戦車の支援もあったが、最後まで攻め落とすことができなかった。日本軍の死傷者は一六〇〇人で、ソ連軍の死傷者は二〇〇〇人以上に達した[50]。日本軍が要塞地域で頑強な抵抗をしたため、ソ連軍は多くの犠牲を払っただけでなく、要塞の抵抗に遭ったところでは、どこも前進が困難であった。

もちろん、日本軍の要塞防御はソ連軍にとって極めて大きな障害であったが、火力に勝り、欧州戦線で百戦錬磨のソ連軍は、やはり圧倒的に軍事的な優勢を占めていた。日本が正式に降伏を宣言した八月一四日までに、ソ連軍は基本的に関東軍の抵抗を壊滅させ、日満軍六〇万人余りを捕虜にし、中国東北の大部分を占領した。

第6章　中国内戦と中ソ・国共関係

戦後の中国は変数に満ち溢れ，米ソは戦後中国の歴史過程に巨大な影響力を及ぼした。米ソ間で長期の平和を維持することが渇望されたため，スターリンはアメリカの勢力範囲内では揉め事を起こさないよう特別な注意を払っていた。このため，中国共産党中央が抗日戦争終結時に，これを好機としていっそう多くの利益を得ようとすると，スターリンは自ら干渉に乗り出し，毛沢東を重慶に行かせ，蔣介石と和平交渉をさせようとした。実際にスターリンは中国共産党が武力を捨て，フランス人の道，すなわち議会での戦いを通じて未来を勝ち取る道を進むことを望んでいた。しかし，毛沢東はスターリンの意見に従わず，重慶に行っても，蔣介石と妥協しようとしなかった。事実，モスクワもこの後すぐ，中国共産党の助けがなければ，ソ連が自己の勢力範囲とみなす中国東北にアメリカの勢力を入れないようにするのはほぼ不可能と悟るのであった。中国共産党の軍隊を東北に入れた結果，それまで関内だけに留まっていた国共内戦が，たちまち関外でも展開されるようになった。スターリンは中国共産党の力量に終始懐疑的であったが，最後には中国情勢を見誤っていたことを認めざるをえなくなり，他方，スターリンの意見に従わなかった中国共産党は真の勝者となったのである。

1　スターリンが推し進めた国共重慶会談

八月一四日、日本が無条件降伏を宣言したその日、蔣介石は公に毛沢東に電報を送り、戦後の「国際的、国内的各種重要問題」に関して話し合うために重慶に来るよう招待した[1]。一五日、アメリカ大統領トルーマンは日本軍降伏を受け入れる「命令第一号」を発表し、中国東北の日本軍がソ連軍に降伏する以外、中国およびベトナムの北緯一七度線以北の日本軍隊はすべて「蔣委員長に降伏する」ことを規定した[2]。

この当時の中国共産党軍は、華北、華中ないし華東沿海部の敵後方に広がり、日本軍の降伏を受け入れ、重要都市および主要幹線を接収するのに有利なところにいた。国民党軍は、少数が山東、江蘇、安徽の敵後方にあり、部分的に山西と華北近隣区域にいたが、中央軍の主力はほぼすべて雲南、広西、貴州、四川といった西南諸省にあり、沿海部および各大都市から遠く離れていた。そのため中国共産党中央は蔣介石の突然の招待を「完全に騙し」であるとみた[3]。中国共産党中央は朱徳の名義で六つの条件を出し、「あなたがすぐに一党独裁を廃止し、各党派の会議を開催し、民主連合政府を成立させ」、われわれの同意を得るのでなければ、「あなたの政府とその統帥部」が日本傀儡政権の降伏および関係協定、条約を受け入れることになり、「われわれは自己の発言権を留保する」と宣言した。その後毛沢東は蔣介石に電報を打ち、「あなたが意見を表明するのを待ってから、あなたとの会見について考えよう」と伝えた[4]。

これと同時に、機先を制して華北、華東の各大都市をおさえるべく、毛沢東は各地の中小都市およびその周辺の幹線をすばやく接収するよう命じた。それから、北平、天津、上海、南京等の中心都市の周囲の八路軍、新四軍に、事前に人を市内に潜伏させ、各都市を国民党軍より先に占領するための手はずを整えるよう命じた。しかし中国共産党中央が急ぎ中心都市の奪取を準備すると同時に、蔣介石は駐留米軍の最高指揮官ウェデマイヤーを通じて、米軍機、米軍艦艇によって西南地区の中央軍を内地に移送することを急がせた。一方で蔣は、粘り強く何度も毛沢東に電報を打ち、「国家の危機を理解し、人民の苦痛を憐れみ」、「一丸となって国家の大計を取り決める」ことを毛に求めた。(5)

八月二〇日、蔣介石が毛沢東に再度電報を打ち、重慶での交渉に招いたとき、スターリンもロシア共産党中央委員会の名義で毛沢東と中国共産党中央に電報を打った。スターリンは、中国は平和発展の途を進むべきで、毛は重慶に行き、蔣介石と平和交渉をすべきであり、一旦戦争になれば、中華民族は半分が壊滅するだろうと説いた。(6)

スターリンのこのような態度に、毛沢東は非常に不満であった。毛は、中国共産党が日本傀儡政権の占領地域を接収することをアメリカと蔣介石が禁止していることに、強く反対したいと考えていた。しかし、ソ連の支持がなく、合法的地位もなければ、大都市と幹線をおさえるには強攻するしかなかった。然るに、当時中国共産党が持っていた武器装備では、敵を攻略できないだけでなく、都市を占領できたとしても守ることができなかった。また中国共産党中央はソ連との関係をよくしなければならなかった。なぜなら最も重要なことは、ソ連軍の東北占領に乗じて、軍を東北に進めることであり、そうすることでソ連を頼り、武器装備の遅れた状況を根本から改善することができると考えられたからであった。それゆえ毛沢東はすぐに命令を変え、中心都市を奪取するための手はずをとることをやめるよう、各地に伝達しなければならなかった。同時に、中国共産党中央は態度を決め、周恩来を先に重慶に派遣し、局面を変えようとした。しかし三日後、蔣はまた毛に電報を打ち、「目下、各種重要問題はどれも毛先生と直接話し合いを待つものである」として、毛沢東と周恩来が「一緒に来る」ことを求め、「飛行機で迎えに行く」と伝えた。(7) 同時にスターリンも電報を送って、毛の重慶行きの安全を保証した。(8) こうして二四日、毛は、「蔣先生と会見し、平和建国の大計を討議し、飛行機の到着を待って、周恩来同志はすぐに重慶に行き拝謁し、当方も直ちに重慶に行く準備をする」と蔣に返事せざるをえなかった。(9)

ソ連が国共両党に対し話し合いを呼びかけたことについて、中国共産党中央は八月二二日、次のような見通しを全党に伝えた。「ソ連は中ソ条約の取り決めのため、また極東の平和を保つため、われわれを支援できない。蔣介石はその合法的地位を利用して、敵軍の降伏を受け入れ、敵の傀儡は都市と交通幹線を蔣介石に譲り渡すしかない。この状況下では、我が軍は方針を変え、一部の占領可能なところ以外、相当の兵力をもって大都市および農村を脅かし、解放区を拡大かつ強化し、大衆闘争を巻き起こすとともに、軍隊の訓練に力を入れ、新たな局面に対応することに備え、長期戦を準備する」[10]。翌日、中国共産党中央は政治局会議を開催し、毛沢東は次のように述べ、明確にソ連のやり方に理解を示した。現在の国際情勢において、ソ連と米英等の間には明らかに深刻な矛盾と対立が存在しているが、大戦は終わったばかりで、第三次世界大戦をまたやることはありえない。ソ連は中国でわれわれを助けるなら、アメリカは必ず蔣介石を助ける。結果、大戦が勃発するのは必然で、世界平和は手に入らなくなる。それゆえ、ソ米間で各自の勢力範囲をすでに決めたのだ。ソ連がヨーロッパでブルガリアを援助して、イギリスの勢力下のギリシアを援助できないように、中国内地はアメリカの勢力範囲であるのだから、ソ連がわれわれを援助しないのは、われわれを援助するより、中国人民にとってよいことなのかもしれない。われわれはこの事実を受け入れるしかない[11]。

毛沢東のこの判断は正しかったようである。一九四四年、スターリンはチャーチルと戦後のヨーロッパにおける米英とソ連の勢力範囲を取り決め、いわゆる「パーセンテージ協定」を結んだ。これはソ連が、ポーランド、ルーマニア、チェコスロバキア、ハンガリー、ブルガリア、ユーゴスラビアといった近隣の東欧諸国に影響を及ぼし得る代わりに、ギリシャを含むヨーロッパのその他の国家は米英の勢力範囲に属すことを規定したものであった。これこそが毛沢東のいう、ソ連がブルガリア共産党を援助し、ギリシャ共産党を援助しないことの原因であった。事実、自己の勢力範囲外にある共産党に対し、スターリンは当時、基本戦略として「フランス式の路線を歩む」こと、すなわち武力を放棄し、平和的な議会闘争に転じることを求めていた。フランスでは戦争終結時、共産党が領導するパルチザン部隊と民兵が優勢であったが、英米はド・ゴール将軍の政府しか承認しなかったため、ソ連側はフランス共産党にこれと協力するよう求めていた。ソ連側のはたらきかけにより、フランス共産党総書記トレーズは、同党が領導する武装勢力はド・ゴール政府の求めに従い、正規軍に加わり、各地の権力をド・ゴールが任命した地方官僚に移譲することを、自ら放送によって指示した。このようにした結果、フランス共産党は一九四五年一〇月の選挙で第一党となり、そのうちの四人が政府の大臣に就任した[12]。スターリンは非常に満足し、少なくともこのときは、これで戦後国際平和を維持できるだけでなく、ソ連の東欧支配に対する米英の支持を取りつけることができると確信したのである。

明らかに、スターリンはヤルタ協定の取り決めにもとづき、中国もこのようにすべきだと確信していた。つまり万里の長城を境とし、その外にある東北地区はソ連の勢力範囲とし、内側にある中国のその他の地区はアメリカの勢力範囲に属するということである。したがってソ連はその勢力範囲内の権益を確保すべきで、長城の内側で揉め事を起こしてはならず、アメリカも長城の外に手出ししてはならなかった。アメリカの協力を得るために、スターリンは長城の内側で国共両党が内戦を起こしてほしくなかった。そしてアメリカの望みに従い、蔣介石の領導の下、一つの中国政府をつくることを支持すると主張した。スターリンはまた自ら毛沢東に武装闘争を停止して、重慶に行き、蔣介石と和平交渉をするよう勧告した。その後、アメリカ大統領特使マーシャルが中国に行き、国共両党の関係を直接調停することに賛同した。スターリン自らは調停に参加せず、長城の外にある中国東北を調停の範囲に含めることに同意しなかったが、それは上に述べたような認識にもとづいていた。

それゆえ、蔣介石と毛沢東の重慶会談が順調にいったのは、まさにスターリンが口を出したからであったことが理解されよう。しかし毛沢東はフランス共産党総書記トレーズでなく、中国もヨーロッパと異なり、長城を境に二つに分けることができた。毛沢東は重慶に行き、蔣介石と会談を行ったが、自らの軍と共産党の根拠地を放棄することに同意せず、長城内外の地区をより多く接収できる権利を要求した。それゆえ重慶会談は、スターリンが望んだように、フランス方式で中国に平和の大門を開くことはなかったのである。

2　中国共産党の東北奪取とソ連の援助

戦争の終結と「中ソ友好同盟条約」の締結により、ソ連がヤルタ密約で要求した各権益を獲得すると、スターリンは約束どおり新疆の分離独立勢力と中国中央政府の代表の和平交渉を進める手助けをはじめた。九月一四日、ソ連総領事代理は、イーニン事変の処理のために迪化に派遣された政府代表張治中と面会した際に、ソ連は新疆の衝突の平和解決を援助すると明確に保証した。翌日、中国駐在ソ連大使は、新疆の事件に対して調停を行う用意があるとのソ連政府の意見を正式に伝えた。双方の交渉は、ソ連が調停者を務めるなか、一九四五年一〇月中旬からはじまり、八カ月近く続けられた。「民族軍」内部に中国中央政府との交渉に対して重大な意見対立があったため、交渉は進んだり進まなかったりで、何度かソ連が独立派に圧力をかけ、独立派の首領アリハン・トレらを秘密裏に新疆から連行して、ようやく一九四六年六月六日に平和協定が締結された。「民族軍」は吸収編制され、駐屯地を定められた。新疆省政府は改組となり、「民族軍」の代表を引き入れた。七月一日、新疆省連合政府が成立、張治中が国民政府西北行轅主任の身分で新疆省主席を兼任し、「民族軍」のアフメトジャンとウイグル族知識人のブルハンが副主席に就いた。省政府委員会のなかで、「民族軍」の代表が四七％を占め、カシュガル、アクス、トゥルファンなどの地の専員、県長はどれもアフメトジャンが任命した。「東トルキスタン共和国」は解散したとはいえ、イリ、タルバガタイ、アルタイは「民族軍」が自治を続けており、中央政府の軍はそこに入ることができなかった。一方、「民族軍」およびその青年組織は新疆全土で活動と宣伝を行うことができた[13]。

新疆の和平交渉とほぼ同時期に、関内の国共和平交渉もアメリカの調停ではじまった。一九四五年一二月、アメリカ大統領特使マーシャルが中国に到着し、国共両党の調停にあたった。国共両党は、アメリカからの圧力とソ連の支持により、すぐに妥協し、関内では停戦が実現するとともに、政治協商会議を開催し、憲法草案と軍隊の整頓を含む一連の重要決議案が採択された。一九四六年初め、中国には平和的、民主的な情景が生まれ、平和な前途が開ける可能性が大いに高まった。しかし実際には、蔣介石は中ソ条約に照らして、国民政府軍だけが関外の東北地区の主権を接収する権利を有すると主張し、すでに東北入りしていた中国共産党軍の存在を認めなかった。その結果、国共両党が一月一〇日に正式に締結した停戦協定は東北を含まず、関内の停戦と平和もまた絵に描いた餅となりかねなくなった。

ソ連は、中国関内ではアメリカの主導の下、平和を実現することを支持していたが、それはアメリカが関外のことに手出ししないことが前提であった。しかしソ連は、のっけから二つの難題にぶち当たった。一つは中国共産党とソ連の間のイデオロギーの関係により、ソ連軍が中国共産党への援助を拒絶できなかったことである。ソ連軍が東北を占領して間もないうちに、中国共産党の関内の軍隊は、ソ連軍が中国共産党に対しイデオロギーの面で共感していること、それから治安維持の面でソ連軍が中国軍に支援を求めていることを早速利用し、陸続と東北地区に入った。それとともに、延安に人を派遣して、中国共産党中央が代表を東北に送り、近くで連絡を取り合うことを求めたのである。もう一つは、アメリカは東北地区に介入しないとヤルタ協定で取り決めたが、アメリカはこの規定を認めず、東北は「門戸開放」政策を実行すべきであると主張したことである。それどころか、もともと中国で作戦任務がなかったアメリカ海軍陸戦隊が、戦争終結後一カ月経ってから、突然、日本軍捕虜の送還を支援する名目で、東北に近い華北の沿海部に多数上陸し、国民党軍が東北に挺進するのを直接支援しはじめたのである。この状況をソ連軍は大いに警戒し、急ぎ中国共産党代表に連絡し、関内の各根拠地を放棄してでも、一刻も早く主力を関外に向かわせ、ソ連軍の支援の下、米軍と蔣介石軍の東北進出を阻止するよう中国共産党に求めた。中国共産党中央はすぐに十数万の軍を東北に向かわせ、たちまち巨大な軍事勢力を東北に作り上げた。これにより、国共内戦は東北に拡大することとなった。

国民政府はすでに一九四五年九月初めに、熊式輝を東北行営の主任、軍事委員会委員長に、杜聿明を東北保安司令部の司令に任命し、東北の主権の接収に着手していた。それとともに東北を九省に分け、九省の省主席とハルビン、大連両市の市長をそれぞれ任命した。しかし、米軍が九月下旬に中国華北に大挙上陸したため、中ソ間の東北接収をめぐる交渉はたちまち複雑なものとなった。ソ連の支持の下、東北入りした中国共産党軍は、東北の陸海空の交通を全面的に封鎖した。こうした状況下で蔣介石は、ソ連との関係を決裂させる危険を冒しても、東北行営の撤退を命じ、アメリカ政府にソ連が協定違反をしたと訴えざるをえなくなった(14)。同時に、中国共産党軍が守る山海関を全力で攻めるよう国民党軍に命令し、武力によって東北に進入する陸路を切り開こうとした。

ソ連軍はもともと一二月一日に中国東北から撤退を完了する予定であった。国民政府が東北行営を撤退させ、接収の継続を拒絶したことで、ソ連は外交上、窮地に陥った。そのため、ソ連軍は外交上の必要、また軍の撤退の必要から、一時譲歩せざるをえなくなり、撤退を一、二カ月先延ばしし、さらに中央軍が到着し、治安を維持させるのを待ってから、ソ連軍は撤退することを承諾した。そしてソ連軍はすぐに、すでに大都市に入っていた中国共産党軍を市外三〇里まで撤退させ、国民党側に弱みを握られないようにした。これにより、ソ連側は国民政府と協議し、ソ連軍の撤退の最終期限を一九四六年二月一日に延期することで妥結した。その後、東北行営は一二月二二日に長春を、二七日に瀋陽を、一九四六年元日にハルビンを接収し、続いて一月の間に遼北、松江、嫩江各省を相次いで接収した。国民党軍もすぐに山海関を攻略し、綏中、興城、錦西を奪取し、一九四五年一一月二六日に錦州を占領、一九四六年一月一二日に新民、一五日に瀋陽鉄西地区に入った。

しかし、ソ連側は外交で譲歩しても、目的は変わらなかった。それはつまり、中国東北はソ連の勢力範囲で、絶対にアメリカに手出しさせないという目的である。一九四五年一二月末から一九四六年一月初めにかけて、蔣介石は息子の蔣経国をモスクワに派遣し、ソ連との間で妥協を図った。スターリンの要求は、第三者を絶対に東北に入れないという簡潔なものだった。しかし蔣経国は、東北で門戸開放政策を実行しなければならないと主張し、経済関係ではソ連が主導的地位を保持することに同意するとした。これは国民党がアメリカ人とアメリカ資本を東北に引き入れることを意味していたため、スターリンは受け入れられず、次のように述べた。ソ連は対日戦争で損失を出したと同時に、東北の重要産業は実際どれも日本資本の産業であることから、ソ連側はそれを戦利品であると考えており、半分はソ連の損失への賠償とすべきで、もう半分は中国側への賠償としてよい。スターリンはまた、東北の重要企業はすべて独占的な中ソ共同経営とすべきであり、そうしないならソ連軍は戦利品と考えて自ら処理すると述べた[15]。

実際、早くも一九四五年九月下旬にソ連側はアメリカ人が中国東北地区に入ってくる可能性を見越していた。ソ連占領軍は組織的に、戦利品の名目で東北の軍事工業の機械設備を取り外し、東北の銀行のあらゆる現金、有価証券、貴金属をすべて運び出しはじめていた。一九四六年一月一五日、東北行営の撫順炭鉱接収の責任者、張莘夫一行は接収しようとして殺害された。二月一一日、米英はヤルタ密約を公表し、中国東北の権益をさらおうとするソ連側の計画を明らかにした。この手のニュースが次々に伝わり、二月一六日にはついに全国規模の反ソ・デモ行進が起こった。中ソ経済協力の交渉も進展しなくなり、国民党の反ソ感情は明白であったため、ソ連側は破れかぶれになって、もはや外交のことなど構わなくなった。そして中国共産党東北局に対し、ソ連軍はまもなく撤退を開始し、瀋陽以南の全地区はもう国民党には引き渡さない旨、また中国共産党軍は自由に行動してよく、「大いに戦って」東北を最大限奪い取ってほしい旨、明確に伝えたのであった。

ソ連軍が突然、南満洲から撤退しはじめたことにより、中国共産党の武装勢力はすぐに安東、本溪、遼陽、海城、撫順、通化、通遼、遼源などを接収した。南満洲の工業地域の大部分が共産党の手に落ちたことで、蔣介石は一時大いに衝撃を受けた。蔣介石はこのときマーシャルを探し出して、東北にも国共の衝突が存在することを認めたいと述べ、すぐに停戦小組を東北に派遣し、共産党がソ連撤退区にさらに入り込むことを阻止することを求めた。

東北停戦交渉が延々と決まらずにいると、ソ連側は明らかに苛立った。ソ連軍代表は中国共産党東北局に、なぜアメリカにこれほど遠慮しているのか、なぜ国民党が五軍を東北に派遣するのを許容できるのかと、何度も問い質した。ソ連軍代表は、ソ連軍が撤退する土地はすべて、「瀋陽であれ、四平街であれ、遠慮なく入ればよいし、むしろ大胆に入ってきてほしい」が、長春以北のハルビンなどは、絶対に譲らないつもりだと強調した。これにより、中国共産党中央も態度を頑なにして、「中東鉄道全域（ハルビン市を含む）を我が駐留軍は永遠に占拠し、国民党進駐軍は一兵たりとも入れない」と表明した[16]。

当然ながら、中国共産党中央は東北全域を支配するには自軍が実力不足であることに気づいていた。三月二〇日、中国共産党中央は長春を境として、国共両党がそれぞれ南満洲と北満洲に駐留する戦略構想を提起し、ソ連側の支持を得た。中国共産党軍はこれにもとづき、ソ連軍と協力し、北寧鉄道と瀋陽付近の長春鉄道を破壊し、吉林市以東の地区の防備を引き継ぎ、ハルビン、チチハル、長春およびその沿線地区を奪取する手はずを整えた。同時に、鉄嶺、昌図、四平等の地で、北進する国民党軍に抵抗し、反撃する準備を行った。

四月一日、蔣介石は国民参政会において、中国共産党の東北における、いわゆる「民主聯軍」と「民選政府」は「決して認められない」と宣言し、これにより東北問題を平和解決する可能性は再び絶たれた。このときソ連軍も再度、中国共産党東北局に次のように伝えた。アメリカが蔣の東北接収を反ソに利用し、蔣がアメリカを反ソ反共に利用している。ソ連は東北に直接干渉することを望まない。それゆえ中国共産党が全力で東北をおさえ、事をうやむやにし、アメリカと蔣介石を出し抜くことを望む。ソ連軍は一五日と二五日にそれぞれ長春、ハルビン、チチハルから撤退するので、中国共産党軍はすぐにこの三市の近郊に前進して待機し、時が来たら三市を奪取してほしい[17]。これにより、中国共産党中央は四平、本溪において、全力で国民党軍の進出を阻止する決心をした。そして一九日に東北の政治の中心である長春市を完全に占領し、その後さらにハルビン、チチハル等の都市を奪取した。当然、国民党がこのとき東北に投入した軍は中央軍を主力とし、装備はすべてアメリカ式で、ミャンマーでの作戦に参加したこともあり、戦闘力、火力ともに強かった。それに対し中国共産党の軍は多くが臨時に組織したもので、また不慣れな防御戦を強いられたこともあり、一カ月ほどで四平、本溪の守りはともに破られ、長春もすぐに陥落した。しかし国民党軍は一時、戦線が長くなりすぎ、中国共産党が南満洲で戦いを組織し、非常に大きな牽制となったことで、勝ちに乗じて松花江を越えることはできなかった。そのため中国共産党の武装勢力は、ソ連に確実に頼れる状況下で、強固な北満根拠地をつくることができたのである。

当然、蔣介石の東北での独断専行は毛沢東を大いに刺激した。長春陥落から間もなく、毛沢東は関内で報復作戦を行うことを決定した。中国共産党は山東などで報復作戦を開始し、国民党もこの機に乗じて中国共産党の中原根拠地を包囲攻撃する作戦をはじめた。もともと停戦が実現していた関内は再び内戦状態に陥り、そうなるともはや収拾不可能であった。

3　冷戦後のソ連の対中政策

一九四六年六月、中国で大規模な内戦が勃発し、ソ連の刊行物は国民党が「ひそかに日本帝国主義に尽くし、自軍を八路軍への攻撃に向かわせた」と公に非難し、また中国内戦はアメリカが挑発し、支持したものであると非難した。その態度は明らかに中国共産党の側に立っていた[18]。同年九月、東北のソ連軍は本国に撤退してから四カ月後、スターリンは書面で談話を発表、アメリカに対し速やかに中国から軍を撤退させるよう促した。ソ連外務次官のグロムイコもこれに応じた声明を発表した。続いて、国民政府とアメリカ政府が「友好通商航海条約」（略称「中米商約」）を締結した。規定された点には、双方の領土は一律に相手国に開放し、双方の商船は相手国が開放した貿易港、地方および領海への自由を有すること、双方の国家の会社、団体、法人はどれも相手国に居住し、旅行し、商業、製造業、加工業、金融業、科学、教育、宗教、慈善事業等に従事することができ、不動産を購入、保有でき、相手国の国民、団体、法人と同等の権利を享受できること、双方の商品の相手国における販売、納税は現地の商品と同等の待遇を受けること等があった[19]。この条約は形式上、両国の権利を平等としていたが、実際には中国とアメリカの条件は全く異なっていたことから、ここでいう開放とは実際にはアメリカにとって有利なものであって、中国にとっては実利があまりなかった。国民党がアメリカとソ連に対してかくも異なる態度をとったこと、そして東北をアメリカの全面的開放の対象のなかに含めたことは、ソ連当局を強く刺激しないはずがなかった。十月革命二九周年に際して、毛沢東、朱徳は連名でスターリンに祝意を示し、スターリンは毛、朱に謝意を示すという破天荒なことを行った。ここには、ソ連がこのときすでに国民党への嫌悪感を隠さなくなってきていたことがはっきりと表れている。

一九四七年三月、アメリカ大統領トルーマンは議会に宛てた書簡において、アメリカはあらゆる自由国家の人民に援助を提供し、全体主義に反対すべきであると明確に主張した。六月、アメリカはマーシャル国務長官が提起したヨーロッパ援助計画を承認し、ヨーロッパ諸国を、援助を与えてもよい自由国家と援助を与えてはならない全体主義国家に区分けしはじめた。その後、ソ連はヨーロッパの各国共産党と統一行動をとり、アメリカが東欧に手出しするのを阻止し、共産党と労働党の情報局の設置を決断し、社会主義（民主）陣営が帝国主義陣営に対抗するという強硬な態度を公に宣揚した[20]。米ソ両国のこうした振る舞いは、戦後両国間に徐々に生じていた隔たりと衝突を、両陣営の対立と闘争に全面的に拡大させた。米ソ冷戦の国際政治情勢がここに形成されたのである。

米ソ冷戦の情勢が形成されたことに伴い、ソ連と中国共産党の関係も、自ずと接近に向かうこととなった。それから間もなく、国民党の胡宗南の部隊が中国共産党中央の所在地であった延安を襲撃し、占領した。毛沢東ら中国共産党指導者の安全のために、モスクワは中国共産党中央に電報を打ち、必要であれば、ソ連側が専用機を派遣して指導者を脱出させると表明した。これと同時にスターリンは、毛沢東のもとに派遣していたソ連人医師アロフ（阿洛夫）を通じて、毛沢東と密接な電報のやりとりを開始した。その後毛沢東は秘密裏にソ連を訪問したいとの考えを伝え、全連邦共産党（ボ）中央ははじめ賛同の意を示し、ハルビン経由でソ連側が迎えの飛行機を出すことを提案した。しかし七月一日、スターリンは当時ソ連が直面していた情勢と国共内戦の形勢を考慮し、「ひとまず毛沢東の訪ソを延期することが望ましい」との方向に転換した[21]。しかしその僅か二カ月後、中国共産党は軍事面で攻勢に入り、国民党は徐々に一方的に叩かれる状態に追い込まれはじめた。ソ連の新たな中国駐在大使ロシン（羅申）も、以下のように報告している。中国共産党軍はすでに内戦の主導権を握り、国民党は一三〇万人の兵力と三七個師団の武器装備を喪失し、その統治の基盤はすでに揺らいでいる。中国共産党指導者の楽観的な見方では、戦争はあと一年半から二年で終了するだろう[22]。このためスターリンは、一九四八年二月、ユーゴスラビアとブルガリアの共産党指導者との会談のなかで、次のように明確に述べた。ソ連はかつて中国には蜂起が成功する条件がなく、国民党と妥協を図らなければならないと考えていた。中国の同志はソ連の同志の観点に同意すると言ったが、実際には自らの武力についで口に出さなかったのだ。事実は中国の同志こそが正しかったことを証明している[23]。スターリンはこのように述べ、その一カ月後、次の決定を下した。「苦難と闘争を経て、中国人民は新たな反帝、民主の中国をつくりつつある。われわれの仕事は、中国の同志がすべての敵に徹底的に打ち勝ち、ソ連と仲良くし、新たに幸せな生活をはじめるまで、あらゆる手段で彼らを支援することである[24]」。

ソ連は、とりわけ中国共産党の東北根拠地の強化を支援するため、中国共産党の東北当局と積極的に貿易を展開させ、鉄道、橋梁の修復にあたる専門家と技術者を派遣するだけでなく、ソ連が関東軍から、また朝鮮で得た武器弾薬を中国共産党に流した。東北のハルビン以南の鉄道、橋梁、排水溝、駅等の設備がほぼすべて破壊され、解放軍への輸送が極めて困難であったため、一九四八年五月、東北人民解放軍司令員林彪はスターリンに書簡を送り、援助を求めた。スターリンは受け取ってすぐに文書に署名し、林彪の要求に応じた。ソ連閣僚会議もすぐに指令を出し、コヴァリョフ（科瓦廖夫）元鉄道大臣が全権代表として専門家を率い、六月中旬、ハルビンに到着した。一九四八年一二月五日までに、専門家グループの五〇人の技術者、五二人の技師、二〇〇人の熟練労働者の援助、指導の下、中国共産党の東北鉄道総局は、東北の最重要な鉄道路線一万五〇〇〇キロメートル以上、九〇〇〇キロメートル以上の大、中規模の橋梁一二〇基、機関車八八五台の接収と修復に成功した。これらは東北人民解放軍が遼瀋戦役を戦う上で、重要な交通面での条件となった[25]。

しかし、ソ連は依然として関内と関外の違いを非常に気にしていた。スターリンの観念では、ソ連が関外で中国共産党をどのように支持しようとも、また仮にアメリカ人がそれを察知しようとも、ソ連が東欧でとってきた政策と同じく、アメリカの干渉の範囲外であったからである。しかし関内の場合、中国共産党は順調に国民党に対する軍事闘争を進めていたが、これはアメリカの干渉に遭う可能性が高かった。もし中国を離れたばかりのアメリカ軍が、再度、大規模に中国を占領し、反共の旗印を掲げ、中国共産党に対する作戦に参加するならば、アメリカ軍が中国を長期間占領し、ソ連を脅かすという危険な局面に、ソ連は直面することになりかねなかった。それゆえスターリンは、深謀遠慮の末、一面では秘密裏に中国共産党を援助し、一面では中国に駐在する外交官をつかって、国民党の官僚、それからアメリカの中国駐在外交官に対し、国共内戦の調停を提案させたのである。

中国駐在武官を以前務めたロシンが、一九四八年二月、新たに中国駐在ソ連大使に任命され、国共内戦の調停のための外交遊説活動を正式に担当することとなった。その後の数カ月間、ロシンは何度も国民政府に対し、ソ連が中国の内戦を調停する用意があると表明した。あるときロシンは、これは毛沢東が「アジアのティトー」になることをソ連が恐れているからだとまで言った。しかし彼は同時に、ソ連が調停を提案するのは、国共内戦のためにソ連が脅威に直面するのを望まないからであることも漏らした。彼に言わせれば、もし中国側が彼の提案に同意しないなら、ソ連は中ソ国境に沿って緩衝地帯をつくって、ソ連の国家安全と国家利益を確保しないわけにはいかなくなるかもしれないのであった(26)。

まさにこうした戦略的考慮から、毛沢東とスターリンは一九四八年に頻繁に電報のやりとりをし、毛沢東の訪ソについて何度も話し合っては延期することを繰り返し、毛沢東はモスクワに行って具体的な政策戦略について意見を求めるつもりだと何度も説明した。また一方では、中国駐在ソ連大使が南京で国民政府の官僚と頻繁に接触し、国共内戦の調停を提案した。一九四九年初め、中国共産党がいとも簡単に国民党の最精鋭部隊百万人以上を全滅させ、戦線を長江沿岸まで推し広げ、国土の半分を手中に収めると、スターリンは躊躇なく政治局員ミコヤンを秘密裏に訪中させ、毛沢東と中国の革命と建国の諸問題について具体的に話し合わせた。一方、ソ連大使は、アメリカはじめ各国の外交官が南京から離れるのを拒絶するなか、驚くべきことに、国民政府とともに広州に向かった。ロシンの目的は、想像に難くない。

当時の状況について、一九四九年四月にスターリンが毛沢東に宛てた電報は、次のように説明している。目下最も危険であるのは、アメリカ軍が中国の内戦に武力干渉し、特に中国人民解放軍が大挙南方に押し寄せるなか、アメリカ軍が華北から上陸することである。そのため、現状では米英等の資本主義国と関係を断絶すべきでなく、また積極的に彼らとの貿易関係を続け、資本主義国と外交関係を打ち立てるべきである。そうすることでやっと、これらの国が敵側に立ち、国民党政府への支持を続けることを防げる。同時に、軍を縮小すべきでなく、また南方の隣国との国境にあまりに早く迫るのもよくない。精鋭部隊を選抜して港湾地区の防備に充て、防衛を強化し、万一の事態に備えるべきである(27)。

4　両党の相互訪問と新中国の建国

一九四九年一月末、全連邦共産党（ボ）中央委員会政治局員ミコヤンは、旅順口、石家荘を経由して、中国共産党中央の所在地であった河北省阜平県の西柏坡村に到着した。まだ内戦中の中国に危険を冒してミコヤンを派遣した理由は簡単であった。それはスターリンが毛沢東の秘密訪ソに終始不安であったからである。もし秘密が明るみに出れば、ソ連政府はヤルタ協定と中ソ条約の国民政府だけを支持することに関する規定に違反したことになり、米英と国民党に協定を破棄する口実を与えることになる。そうなればソ連がこれらの協定と条約にもとづいて、樺太、千島、旅順港等の各種権益を得たことにも、極めて大きな影響が及ぶことになる。スターリンはこのことを恐れていた。しかし、新中国が間もなく誕生しようとするなか、たしかに多くの問題について予め話しておく必要があった。何度も毛沢東の訪ソを延期すれば、毛も内心不快に思うであろう。それゆえミコヤンを秘密裏に訪中させ、新中国の建国について直に話し合わせ、毛沢東の不満も鎮めさせたのである。

毛沢東は一九四七年以来、ずっとモスクワを訪問したがっていた。それは戦争の展開が速く、新中国成立の問題が議事日程に上るようになり、多くの問題について、スターリンに直に相談し、教えを受ける必要があったためである。そうした問題の例として、民主党派および民主人士との関係問題、政治協商会議の開催問題、東方の革命勢力の連合および各国共産党との連携問題、ソ連の借款および中国の工業の復興と建設問題、英仏等との外交関係の樹立問題等があった。中国党の政治方針をソ連と完全に一致させるためには、ソ連党と話し合いを行う必要があると、毛沢東は明確に主張していた(28)。

実際に、中ソ両党の間には、皖南事変以来、長期にわたって溝があったため、彼らが話し合う必要があったのは、上記の諸問題だけではなかった。スターリンがミコヤン訪中を決定する前にも、両党の間である種の誤解が発生した。一九四八年の秋から冬に、戦争の情勢が国民党に極端に不利になるなか、国民党内で和平交渉を主張する声が日増しに高まった。これに対し、毛沢東は受け入れることはできないと明確に考えていた。そのため毛沢東は、一二月二五日、蒋介石ら四三人の最も著名な国民党要人を戦犯であると宣言し、人民の敵に位置づけた。三〇日、毛はさらに踏み込んで、「革命を徹底的に行う」との公のスローガンを発出し、「中国人民は決して蛇のような悪人に情けをかけず」、アメリカと国民党との「和平」に決して応じないと宣言した。そしておよそ仲裁をしようとする者はすべて「人民の友ではなく、敵の友である」と警告した。一九四九年一月六日から八日には、毛はまた中国共産党中央政治局会議を開催し、「(革命が)途中で終わるのは許さない」と強調した。そして「反動派の代表が参加しない、中国人民革命の任務の完成を目標とする、各民主党派、各人民団体の政治協商会議を一九四九年のうちに開催し、中華人民民主共和国の成立と共和国の中央政府の発足を宣言すべきである」と提起した(29)。

こうして毛沢東がアメリカと国民党の「和平」の陰謀を全力で打破しようとしていた矢先の一九四九年一月一〇日、思いも寄らず、スターリンが突然、一通の電報をよこしたのである。スターリン曰く、南京政府はソ米英仏政府に国共両党の戦争の調停について照会した。ソ連側としては、「これに次のように答えるつもりである。ソ連政府は過去も現在も中国が戦争をやめ、平和を実現することに賛成である。しかし調停に同意する前に、相手方すなわち中国共産党がソ連の調停の受け入れに同意するか否かを知っておきたい。それゆえ、ソ連は相手方すなわち中国共産党にも中国政府のこの和平措置を知らせ、相手方のソ連の調停への同意をとりつけたい」。その上でスターリンは、毛沢東が国民政府の提案を受け入れる際、次のように表明するよう提案した。「中国共産党は国民党と交渉を行うことに賛成だが、中国の内戦を発動させた戦犯が交渉に参加することは認めない。中国共産党はいかなる外国の調停者も参加しない状況で、国民党と直接交渉を行うことに賛成する」(30)。

スターリンのこの電報に、毛沢東は、一九四五年八月に重慶談判に行くよう要求されたときのことを思い起こした。毛はスターリンが、共産党は長江以北にとどまり、国民党が長江以南を統治するという「南北朝」の構想を持っているのではないかと疑ったのである。それゆえ毛は妥協することなくスターリンに国民党の提案を直接拒絶するよう提案した。そして「われわれは国民党の和平のペテンに対し、理路整然と拒絶すべきであり」、「目下の形勢でこうした迂回策をとれば、利益より弊害のほうが大きくなる」と強調した(31)。

その後スターリンが再度電報をよこして、戦犯を交渉に参加させず、外国による調停を認めないと強調したのは、平和の旗を渡されても、交渉を進められないようにするためだと細かく説明した。これで毛沢東は多少納得した。

同様に、ソ連が国民党と締結した「中ソ友好同盟条約」、それから当該条約が関わる旅順港、中国長春鉄道、外モンゴルおよび新疆等、中国の主権と権益に関わる問題もすべて、中ソ両党の関係に直接間接に影響を及ぼす問題であった。中国共産党だけが中国民族解放の真の指導者であることを証明するため、中国共産党の指導者は明らかに外モンゴルが中国に戻ってくることを明確に希望していた。しかし、ソ連の東北権益に対しては、特に中国に海軍がなく、東北はまだソ連の直接の援助を必要としていたことから、中国共産党中央には、旅順口と中国長春鉄道に関する中ソの関係協定を即座に破棄しようという意図はさほどなかった。ミコヤンはスターリンの電報にあった要求に従い、中国の形勢にはすでに根本的変化が生じたため、ソ連政府は対日講和を締結したら、ソ連軍が旅順港を租借する不平等条約を撤廃し、旅順から自軍を撤退させること、またもし中国共産党が即時撤退のほうが適切であると考えるなら、ソ連軍はすぐに撤収することを、自ら提起した。これに対し毛沢東は、次のように述べた。撤退問題は、中国が反動勢力を粉砕し、人民を動員し、外国資本を没収し、ソ連の援助の下、国家の統治が秩序立ってから、また考えよう。そのときにはわれわれは、ソ連・ポーランド条約に類似した相互援助条約を締結する必要があろう。

毛沢東に言わせれば、長年毛の心に鬱積し、両党関係に影を落としていた最大のしこりは、モスクワの毛に対する不信であった。ミコヤンが西柏坡を訪れてから、毛沢東はほぼ二日もかけて、中国革命と中国共産党の路線闘争に関する状況をミコヤンに紹介した。毛は「左」傾と右傾の錯誤路線とどのように闘争したか、コミンテルンが支持する王明によって党、軍、根拠地がいかに深刻な損失に見舞われたか、毛およびその他の党の指導者がいかに打撃を受けたかについて、また彼が指導者に就いてから、いかに同志を団結させ、錯誤を糾正したかについて、事細かに説明した。毛沢東は明らかに、毛に対するこれまでの見方が根本的に誤りであったことにソ連人が気づくことを望んでいた。

当然ながら、中ソ両党の指導者がより多く話し合ったのは、ソ連の援助の下でいかに新中国を建設し、経済を復興させるかであった。毛沢東はソ連が以前無償で武器を援助したことを特に感謝した。任弼時は、中ソ経済連合体の建設、借款、ソ連による企業譲渡等により、ソ連が中国の地下資源開発、自動車、飛行機、戦車、その他各種兵器製造業を援助することを希望した。劉少奇は、ソ連が経済に対する社会主義改造の経験を伝授し、関係の書面資料を提供し、中国の各経済部門に顧問と技術員を派遣するといったかたちで、中国ができるだけ早く生産を回復させ社会主義に向かうことを援助するよう希望した。最後に、毛は「過渡期の短縮のため、われわれは経済援助が必要である。われわれはソ連と新民主国家からこれらの援助を得ることは可能であると考えている。われわれが必要とするのは、三年間（一九四九年から一九五一年）の三億米ドルの借款である」と述べた[32]。

ミコヤンの訪中は、中ソ両党のこれまでのわだかまりを解き、両党の間の理解と相互関係を強めた。とりわけ中国共産党中央は、明らかに、ミコヤンが伝達したスターリンの各意見に基本的に満足し、なおかつソ連の道を歩み、ソ連と同盟を結ぶ決心を固めた。続いて三月五日から一三日に開催された中国共産党第七期二中全会では、毛沢東は明確に向ソ「一辺倒」を準備する姿勢を表明した。四月三日には、中国共産党中央と各民主党派がアメリカを長とする「北大西洋条約」の声明に共同で反対を表明し、ソ連側につく態度を公にした。六月三〇日には、毛沢東は自ら「人民民主独裁を論ず」を発表し、次のように正式に宣言した。「一辺倒、これは孫中山の四〇年の経験と共産党の二八年の経験がわれわれに教えてくれたものであり、勝利に至ってその勝利を確固たるものにしたければ、一辺倒が必須であることを深く理解している。四〇年と二八年の経験を積み、中国人は帝国主義の側に向かうのではなく、社会主義の側に向かうのであり、絶対に例外はない。日和見はすべきでなく、第三の道もない」。「ロシア人の道を行く——これが結論である」[33]。

毛沢東が「人民民主独裁を論ず」で向ソ「一辺倒」を宣言する四日前の六月二六日、劉少奇率いる中国共産党中央代表団一行は秘密裏にモスクワに到着し、ソ連訪問を開始した。劉少奇はまず中国共産党中央を代表し、スターリンとソ連共産党中央に、中国革命と未来の新中国の内外政策の構想に関する詳細な報告を提出した[34]。スターリンはこの報告を大変重視し、五三カ所にマークと書き込みを入れた。その行間には報告への称賛がにじみ出ていた。その後の会談でスターリンは、新中国政府が成立したらソ連はすぐに承認すると明言した。スターリンはまた、三億米ドルの借款の提供にも同意し、借款は年利一％で、平均毎年六〇〇〇万米ドルを支出し、機械、設備等、現物の商品のかたちで提供し、五年以内に払い終え、中国は一〇年以内に返し終えることとした。同時にソ連側は、中国共産党側の求めにより、新中国の海軍と空軍部隊の建設、海軍、空軍の幹部と技術員の養成を援助することに同意した。また沿海都市とりわけ上海等の地が国民党の軍機による爆撃を不断に受けている問題を解決するため、中国共産党側が防空部隊をつくることを緊急援助し、高射砲、高射機関砲を提供し、ソ連の飛行中隊を上海に進駐させて防空任務にあてることとした。そしてソ連側は、中国共産党中央の各種専門家に対する需要を満たすため、すぐさま二二〇人の各種専門家を集め、劉少奇一行とともに中国に向かわせることを認可した[35]。

中国共産党が中国内陸で軍事的優位に立ったことにより、遠く離れた新疆は真空地帯となった。一九四八年後半から新疆では、共産党の統治を望まず、ソ連が力を伸ばすことも望まない勢力が出現していた。そのなかで、「民族軍」と対立したオスマンら一部の武装分子を除けば、最も力があったのは、新疆省の新しい省主席マスード・サブリを長とする上層人士であった。ソ連の情報によれば、彼らは「汎トルキスタン・イスラーム共和国」の樹立を密かに謀って、アメリカおよび中東諸国の外交的承認を得ようとし、イスラーム諸国の民衆の支援をとりつけ、新疆が共産党の手に落ちることを阻止しようとしていた。それゆえ、スターリンは劉少奇に会った日に、すぐに新疆を占領すべきであると指摘し、中国共産党の連隊が新疆に進出しやすくするために、ソ連は戦闘機と移動手段を提供して作戦を援助してもよいと言った。スターリンはさらに中国側に、新疆の支配で肝要なことは、新疆に住む漢人の比率を現在の五％以下から三〇％まで上げることであると伝授した(36)。劉少奇はこのことをすぐに毛沢東に伝えた。そのため中国共産党中央も、年内に新疆を占領するという重要な決定を出したのである。

劉少奇の訪問中、スターリンは中国共産党を褒めちぎっていた。劉少奇が会談中、抗日戦争の終結時の情景に言及した際、スターリンは口を挟み、「われわれはあなたがたを混乱させたり妨害させたりしなかったかね?」と尋ねた。彼はまた宴会の席でも公に次のように語った。西欧人は驕り高ぶり、マルクスとエンゲルスの死後に落ちぶれた。革命の中心は西から東に移り、今や中国と東アジアである。ソ連人、ヨーロッパ人は中国に学ばなければならない。「中国が今後、植民地、半植民地、属国の民族民主革命運動の面で多くの支援を担うことを願う。中国革命とその経験は、彼らに大きな影響を生み、彼らが参考にし、吸収することになるからである(37)」。

以上から、一九四九年の中ソ両党指導者の相互訪問により、抗日戦争中期以来、猜疑心とわだかまりに満ちた中ソ両党の関係は改善に成功したことがわかる。中国共産党が新中国を建設するため、ソ連の承認と援助を得ることは、重要な外交的基礎、また党間関係の基礎となったのである。

II 同志かつ兄弟（一九四九―一九六〇）

沈志華

中国共産党とソ連共産党、それから中華人民共和国とソ連の間の同盟関係は、実際のところ、十数年しか存在しなかった。しかも本当の「蜜月」は一九五八年の初めにはほとんど終わったのであった。新同盟条約の締結は中ソ同盟の形成と社会主義陣営の壮大さを示していたにもかかわらず、この条約はソ連に東方の戦線の安全保障をもたらすと同時に、スターリンにかすかな苦悩と脅威を感じさせた。

朝鮮戦争の勃発、とりわけ毛沢東が危急存亡のときに朝鮮を援助する決定を果断に下したことは、スターリンの毛沢東と中国共産党に対する認識を大きく変えたばかりか、新中国の社会主義陣営における地位と影響力を大いに引き上げた。モスクワの新指導者、とりわけフルシチョフは、一九五〇年代中頃に中ソ関係と対中友好政策を新たなレベルに押し上げ、対外戦略の重要な部分とした。新中国の国防と建設事業も中国共産党がソ連に全面的に学ぶことを要求し、ソ連の経済援助に依存するものであった。

しかし、中ソ関係が「同志かつ兄弟」であった蜜月の時期は、長く続かなかった。中国の国際政治上の影響力が拡大し経済力が増強されるにつれ、中国共産党はソ連の社会主義陣営における指導的地位を脅かす条件と実力とを徐々に備えるようになった。この点は、ソ連共産党第二〇回大会とポーランド・ハンガリー事件が東欧各国の動揺を引き起こしたことで強められた。とりわけ時代状況と国際情勢に対する毛沢東の見方とソ連共産党のそれの隔たりは広がり続け、中ソ両党の国内政策および対外政策上の対立が露呈しはじめ、かつ深まり続けた。こうして中ソ両党の間で「冷戦」の幕が開けた。

第7章　同盟条約の締結と中ソの利益衝突

新中国成立後の外交において、最初の大きなできごとは、ソ連と同盟条約を締結したことであった。毛沢東はモスクワで二ヵ月以上の時間を費やし、交渉、談判を重ね、ついに念願をかなえた。「中ソ友好同盟相互援助条約」と関係諸協定は、中国とソ連の戦略同盟関係を法的に定めたものである。これは疑いなく、中ソ関係史上、最も研究に値する歴史的できごとの一つである。

中国革命の勝利、発展は、極東の情勢を根本から変え、ソ連に対中政策の再調整を迫るものであった。冷戦という国際環境においてアメリカへ対抗する力を強化するために、スターリンは疑いなく新中国がソ連の東側陣営に加入することを必要としていた。すでに全国的な政権となった中国共産党も、イデオロギーや安全保障、国家の将来の経済建設といった様々な面の考慮から、明らかにソ連と緊密な同盟関係を保持することを要求していた(1)。この点では、スターリンと毛沢東の目標は一致していた。しかし、この目標をいかに法的に実現するかについては、中ソ間に考えの隔たりがあった。まさにこの点に双方の利益の衝突が映し出されていた。スターリンは新中国との同盟の方式、表現が、ヤルタ体制を破壊せず、ソ連の中国東北部における既得権益を損なわないことを希望していたが、毛沢東は、新中国の独立自主外交のイメージをいかに確立し、条約のなかで中国の主権と経済利益をいかに保証するかを考えていた(2)。

1　毛沢東、新条約締結を堅持す

一九四九年一月から二月にソ連共産党中央政治局員ミコヤンが西柏坡を訪問し、六月から八月に劉少奇がモスクワを訪問した時期に、すでに中ソはこの問題に触れはじめていた。しかし、どのような条約を結ぶのかについて、双方ともそれぞれ根本的な目標を明確にしていなかった。スターリンは毛沢東と直接話し合いたいとしていた。そこで毛沢東は、一九四五年に国民政府がソ連と結んだ条約に代わる新しい中ソ同盟条約を締結したいと、ソ連に出発する前の一カ月間にソ連側に繰り返し伝えていた(3)。

スターリンは中国側の再三の探りに対し明確な答えを出さなかったが、彼の心は早くに決まっていた。毛沢東がモスクワに到着して最初の会談で中ソ同盟条約の問題を話題にしたとき、スターリンは彼の話を遮って、次のように言った。「この問題は話し合って解決できる」が、「ソ中間でヤルタ協定にもとづいてこの条約を締結した」ため、ソ連指導部は「この条約のいかなる条項も当面変更しないことを決定している。なぜなら条約の一条でも変えれば、アメリカとイギリスに、千島列島、南サハリン等々に関わる条項を修正する法律上の口実を与えることになりかねないからだ」。スターリンの考えは、「可能な方法があるとすれば、現行の条約を形式上はそのままにして事実上修正する(4)」ということであった。ここからソ連は新条約を締結するつもりがなかったことが明らかである。

毛沢東は一二月一八日に劉少奇に宛てた電報のなかで、ソ連は「もともとの中ソ条約の合法性を変更するのは適当でなく」、またソ連の旅順口三〇年の租借は「形式上変えられない」としているが、ソ連が軍を撤退させることに同意する声明を発表することは可能だと考えていると伝えた。毛沢東は、中国共産党中央政治局にこの問題を議論し、意見を提出するよう求めた(5)。一二月二一日、劉少奇、周恩来、朱徳が連名で毛沢東に電報を発し、政治局会議で検討した意見として、もし「旅順駐兵問題と一般的な政治問題に対して声明を発表するのみであるならば、恩来同志がモスクワに赴く必要はなかろう」と伝えた[6]。しかし、毛沢東は努力を諦めなかった。彼はまず、会談の結果にとても不満であるという態度をとった。ソ連共産党中央の駐中国共産党中央代表コヴァリョフの観察によれば、ここ数日の毛沢東は、「悶々としていて」「機嫌が悪く、情緒不安定」であった。中国側の態度をさらに表明するため、毛沢東はコヴァリョフを招いて彼に、一二月二三日あるいは二四日にもう一度会談し、中ソ条約と協定の一連の問題について引き続き議論したいという希望を伝えた[7]。

しかし、一二月二四日に開催された第二回会談で双方が主に論じたのは、ベトナム、日本、インドなどアジアの兄弟党のことであり、スターリンは全く中ソ条約の問題に触れず、毛沢東はこれに大いに失望した[8]。今度こそ彼は本当にいきり立った。毛沢東から見れば、中ソ条約の問題は「重大事」にして「中国の今後の発展の見通しを決定する」ものであったのに、スターリンは怠慢で避けるような態度をとっていた。毛は意地になってもう顔を出さないことに決め、「別荘でずっと寝ている」ほうがよいと考えた[9]。スターリンは毛沢東が立場を変えるのを待っていたが、毛沢東もなんとかしてスターリンに譲歩を迫ろうとしていた。二人の駆け引きは大体一週間続き、スターリンがついに譲歩した。その原因の一つは毛沢東が門を閉ざし出てこなくなったことで、外界では様々な議論が起き、彼がスターリンに軟禁されたと噂になったからである。もう一つの原因は、毛沢東がソ連側に対し、中国が最近イギリスや他の英連邦の国家と国交樹立交渉を準備していることを敢えて明かしたからである。スターリンは中国との関係が壊れるリスクを引き受けることは望まず、毛沢東に同意し、タス通信の記者の質問に答えるかたちで、毛沢東がモスクワに来た第一の目的は、中ソ友好同盟条約等の問題を解決するためであるとの声明を外界に公開した。また一方で閣僚会議第一副議長のモロトフとミコヤンを毛沢東が宿泊していた別荘に派遣し、ソ連が新しい中ソ条約の調印に同意することを伝えた[10]。毛沢東はすぐに周恩来がソ連に赴き具体的な交渉を行うよう取り計らった。一月三日、この日毛沢東は

「機嫌が特別によく」、「話していて笑いが絶えなかった」[11]。

2　ソ連の中ソ新条約のきめ細かな設計

スターリンが譲歩したのは準備の上だった。周恩来がモスクワに条約締結交渉に来るのを毛沢東が待っている間、ソ連は新条約と一連の関係諸協定の文面を念入りに準備していた。スターリンのもともとの考えは、条約の形式は変えられず、既存の中ソ条約を残さなければならないが、その実際の内容は修正してもよいというものであった。しかし一九四五年の条約を廃止することにしてから、ソ連側が最初に考えた新条約と協定の草案は旧条約の内容を完全に踏襲するものであった。その真の意図はソ連の極東における既得権益と既定目標を維持することにあった。

一九五〇年一月五日、ソ連外交部は「ソ中友好協力相互援助条約」と題した草案の第一稿を起草した。政治上の友好同盟関係を保持する条文のほか、草案の第七条は明確に「締結国双方は一九四五年八月一四日に締結した中国長春鉄道、大連、旅順口の協定が有効であり続けることを承認する」[12]とした。明らかに、ソ連側の最初の考えは、新条約を締結すると同時に、一九四五年の三協定を保留し続けるというものであった。一月九日、ソ連外交部は条約草案第二稿を上申した。そのなかで第七条は以下のように改められた。「締結国双方は、ソ中友好協力相互援助条約の規定にもとづき、一九四五年八月一四日に締結した中ソ大連港協定と一九四五年八月一四日に締結した旅順口協定およびその付属文書を完全に保留し、なおかつそれを本条約の不可分の一部とすることを声明する」[13]。このように、ソ連外交部は一九四五年の大連と旅順に関する協定の有効性をますます明確にして強調し、中国長春鉄道の問題に至ってはソ連交通省が処理するとした。

ところでスターリンは以前、中国が対日講和を締結したらソ連軍は旅順海軍基地から撤退すると答えていた。これにもとづき、外務大臣ヴィシンスキーが草案の第二稿に修正意見を出した。この指示により、一月一〇日の第三稿は第七条を以下のように改めた。「締約国双方は、旅順口と大連港に現在駐留するソ連軍は本条約発効の日から二、三年以内に撤退し、一九四五年八月一四日に締結した旅順口と大連港の協定は規定の期限を満了した後に改めて修訂することに同意する」[14]。この表現には、ソ連軍が時期を繰り上げて撤退すると決めているのに、なぜ当該協定は期限の満了、すなわち二十数年待ってから改めて修訂しなければならないのか、という矛盾がある。明らかに、スターリンがはじめに語った、条約の形式は変えられないが実際の内容は修正してもよい、という原則がここに体現されている。この矛盾を解消するため、外交部は草案を再度修正し、第四稿では、旅順口と大連港協定を改めて修正する期日を「対日講和締結後」に繰り上げ、第五稿ではソ連軍の「撤退」を「縮小あるいは撤退」に改めた[15]。

一月一六日、ヴィシンスキーは外務省が最後に確定した文面（第六稿）をモロトフに上申、そのなかの第七条の書き方は以下のようになった。「締約国双方は、旅順口と大連港に現在駐留するソ連軍が本条約発効の日から二、三年以内にすべてソ連領内に撤退し、撤退は一九五〇年に開始することに同意する。締約国双方はまた、中ソの間で一九四五年八月一四日に締結した旅順口と大連港の協定および大連港協定議定書は対日講和締結後に改めて審議することに同意する」。この草案のなかには、もう一つ注目に値する変化があり、条約の名称は「友好協力相互援助条約」から「友好同盟相互援助条約」に改められた。これが新しい中ソ条約の名称になった[16]。

中国長春鉄道協定に関しては、ソ連外務省が確定した原則と法律専門家の助言にもとづき、ヴィシンスキーが一月一六日、「中国長春鉄道協定の有効性を確認する議定書」と同じ内容の「声明」の草案をモロトフに提出した。この草案は、「一九四五年八月一四日にモスクワで締結された中国長春鉄道協定が示す期限に完全に依拠して当該議定書の有効期限を確定する」と指摘した。同時に、中ソ条約の署名に際して「補充条項」の方法で、「本条約の締結はソ中双方の以前の条約におけるそれぞれの債務を承認しない」と声明することを提案した[17]。

続いて、ソ連交通省は一月一九日、中国長春鉄道および大連港の協定に関し、具体的な修正意見と草案の文面を提示した。もとの協定の条項を維持するほか、新草案に新たに以下の規定を加えた。すなわち、一九四五年の協定が含んでいなかった南線（ハルビン・大連）上の工場およびその付属企業を鉄道資産のなかに組み入れること。中国長春鉄道およびそれに属する企業と機関が必要とする輸入貨物に対し、関税、各種特別税その他貨物運輸税の徴収を免除すること。大連港は中国長春鉄道のなかに組み入れないが、港の主任は中国長春鉄道局局長がソ連側の人員から派遣すること。大連港と大連の工場の共同経営のため、中ソ合弁の極東海運会社をつくり、かつ当該会社のソ連側指導権はソ連海軍部に委託することを提案すること。交通大臣ブイシェフは報告の末尾で、一九四五年以前に南満洲鉄道の管轄に属していた地域を中国長春鉄道の資産に組み入れるべきことは経済利益上の考慮から出たものであると、特別に強調した(18)。

一月二一日、グロムイコ外務次官らは、起草を委任されていたソ連閣僚会議の中国長春鉄道に関する決議と中国長春鉄道の二つの議定書の草案を上申した。その要点は、以下のとおりである。第一に、外交部が起草した一九四五年協定の有効期間を再確認する中国長春鉄道協定の議定書草案をソ中交渉の基礎とすること。第二に、一九五〇年二月から中国長春鉄道の共同経営、共同管理を再開することに関しては、必ず中国政府と合意に達すべきこと。第三に、交通省の提案にもとづき起草した中国長春鉄道の補充議定書が述べる各条項を確認し、かつ関係条項の修正を必ず踏まえて中国政府と合意に達すべきこと。第四に、中国長春鉄道のすべての資産を確定する前に、中国政府と交渉する際、鉄道の固定資産をソ連と中国の共同所有とする提案を出すべきこと(19)。ソ中共有の資産とすることを確定するために、ソ中連合委員会のソ連代表団の成立を批准すること。ここから十分明らかなように、ソ連は旅順港を放棄せざるをえなくなると同時に、その注意力を大連港に集中させたのである。

一月二二日、各専門の委員会が起草した一二の草案がスターリンのもとに提出された。そこに含まれていたのは、ソ中友好同盟相互援助条約、旅順口および大連港協定に関する議定書、中国長春鉄道協定に関する議定書、ソ連対中借款に関する協定、ソ中航空運輸株式会社の設立に関する議定書、新疆に設立されるソ中非鉄金属およびレアメタル株式会社に関する議定書、新疆に設立されるソ中石油株式会社に関する議定書、ソ中バーターおよび支払いに関する議定書、ソ連と新疆の貿易に関する議定書、ソ連専門家の費用支払い条件に関する協議、ソ連の機関とソ中合弁株式会社とが共同管理する満洲および遼東半島地区の不動産に関するソ連閣僚会議の決議、ソ連の専門家および教師の対中派遣工作に関するソ連閣僚会議の決議である。全連邦共産党（ボ）中央はこれらの草案をただちに承認した[20]。ここで、これらの草案が中ソ交渉の議題となりうる、およそすべての問題を含んでいたにもかかわらず、旅順口、大連港協定と中国長春鉄道協定だけはなかったことに特に注意すべきである。その原因は、ソ連側の考えと願望によれば、双方の実際の利益に関わるこの二つの協定はもとより新たに起草する必要がなかったことにある。元の中国長春鉄道協定は有効であり続けており、元の旅順口協定と大連港協定は日本との平和条約締結を待って改めて審議するため、ソ連が提出した修正箇所はすでに二つの協定の議定書の草案のなかに体現されていた。

ソ連側は中ソ第二回交渉のためにあらゆる文書草案を準備していた。その主要な内容は以下のようにまとめられる。「中ソ友好同盟相互援助条約」に関しては、原則的に中ソ同盟関係を確定したほか、双方の実際の利益に関わる内容はなかった。中国長春鉄道に関しては、一九四五年の協定と比較すると、もともとの三〇年間の有効期限を保留しただけでなく、その修正箇所は指導的職務に順番制を取り入れたほか、その他の資産確定、関税と貨物運輸税の徴収免除、鉄道営業税徴収といった規定はどれもソ連の利益を保証するのにより有利なものとなった。大連港に関しては、その行政指導者をソ連が任命することを要求し、そこに属する企業は中ソ共同経営とした。旅順口に関しては、ソ連軍は一九五〇年から撤退を開始し、条約発効後の二、三年内に撤退を完了することを規定した。旅順口、大連港、中国長春鉄道に関する規定は、対日講和締結を待って再度審議をすることとした。

3 スターリン、再度大きな譲歩を強いられる

一九五〇年一月二〇日、周恩来率いる巨大な中国政府代表団がモスクワに到着し、二二日にスターリンと毛沢東の第三回正式会談に参加した。今度の会談では、毛沢東とスターリンはいくつかの原則的問題で意見が一致した。第一に、中ソ条約を修正し、締結し直すべきこと。第二に、対日講和を締結する前は旅順口協定が依然として有効であり、締結後にソ連軍は旅順から撤退すると発表すること。第三に、法律上保留されている中国長春鉄道協定が有効であるという原則を基礎とし、実際には適当な修正を行うこと。第四に、ソ連は大連港における権利を放棄し、中国側が大連の問題を決定するが、共同経営としてよいこと。第五に、中国側は中国長春鉄道管理委員会主席と局長の職務は中国側が担任することをもともと主張していたが、のちに順番制をとることに同意した。第六に、周恩来が双方の中国長春鉄道への出資比率を修正し、中国側の出資比率を五一％まで高めることを主張したが、のちに双方の利益を保証する観点から改めて検討することに同意した。このほか、借款協定、新疆貿易等の問題も議論され、ミコヤン、ヴィシンスキー、周恩来、李富春に具体的交渉を委任することが決定された。[21] ここで以下の二点が注意に値する。旅順撤兵問題に関しては、中国側が、ソ連軍が一定期間駐留を継続することを希望したため、スターリンはこの機に乗じ対日講和締結後、改めて撤退することを主張した。大連問題に関しては、中国側が所属企業の双方共同経営に応じたので、ソ連側は行政主管の任命のことに言及しなかった。

一月二三日、中ソ双方の代表が会談を行い、まずソ連側が提出した条約草案について討論した。一月二四日、毛沢東、周恩来らはソ連側の草案を検討し、中国側が修正を加えた文面を定めた。[22] 一月二四日二三時、中国大使館参事官戈宝権は中国側が修正を加えた「中ソ友好同盟相互援助条約」草案をソ連側の人員クルジューコフに手渡した。双方

の草案を仔細に見比べると、中国側が修正した草案は、段落の配置を調整し修飾語を加えたほか、名称から内容までソ連側の草案となんら実質的な違いはなかった[23]。この点は、条約が述べる、日本およびその同盟国の侵略を防止し、双方の協議と協力を強化するといった内容は、すべて中ソの共同の願望と要求であるからに、理解するに難くない。双方の利害衝突に本当に関わっていたものは、中国長春鉄道、旅順、大連といった実際の問題であった。

モスクワが全く想像していなかったのは、中国側がソ連の考えと根本的に異なる、完成された草案を提出してくるということであった。二日間の検討と討論を経て、一月二六日に周恩来が責任者となって起草した「旅順口、大連、中国長春鉄道に関する協定」の草案がソ連側に提出された。この草案はまず形式上、いくつかの利益に関わる重大な問題を一つの統一された協定のなかで解決することとし、実際上は対日講和の調印後に改めて関係協定を審議するというソ連側の意見を否定するに等しく、あらゆる協定の再審議の問題を即座に一括して解決することを要求していた。内容面では双方の考えの差はさらに大きくなった。会談ですでに確定したソ連軍の対日講和締結後における旅順口撤退の原則に対しては、中国側の草案は、もし「なんらかの原因で対日講和の締結が困難になり、しかも本協定の発効後三年の期限を超過してなお相応の条約が締結されていないのであれば、ソ連軍は旅順口地区から即撤退する」との補充条件を加えた。このほか、中国側はソ連側が完全に思いもしなかった三つの問題を指摘した。第一に、ソ連は旅順口を租借して海軍基地とする権利を放棄し、大連と中国長春鉄道における一切の権利と利益を放棄すると同時に、上述のすべての権利と義務を中華人民共和国に返還すると声明すること。第二に、現在ソ連が臨時で管理あるいは租借している大連と旅順口地区の全財産は、ひとしく中国政府に接収されること。第三に、対日講和締結あるいは本協定発効の三年後、ソ連政府は中国長春鉄道およびそこに所属する全財産を無償で中国の所有に移すこと[24]。

中国側の草案はソ連側のもともとの考えをほとんどひっくり返しただけでなく、一月二二日の会談で合意した原則にさえ、重要な修正を加えた。なぜ中国の態度と主張がかくも大きく変化したのか、現在説明できる確実な史料はないが、モスクワの反応は想像にあまりある。周恩来の草案を受け取った後、ソ連側は大変意外に感じ、すぐに検討を行い、繰り返し修正を加えた。中国側草案のロシア語版の修正稿は、いま見られるだけで四部ある。そのなかでとくに注意を引くのは、スターリン本人が指示を書き入れた版で、中国側草案の内容のほぼすべてを削り、数多くの感嘆符と疑問符を付けており、行間から彼の苛立ちと憤慨が透けて見える。それでも、冷静な検討と慎重な考慮の末に、スターリンは譲歩することを決定した。ソ連側が一月二八日に返送した修正稿は、中国側の草案文面にかなり近いものであった。ソ連側のこの協定草案では、ソ連が旅順、大連、中国長春鉄道のすべての権利を放棄する問題は触れられず、中国が「ソ連が一九四五年以来、旅順口の修復と建設の工程で要した費用を償還する」ことが加えられた。これ以外に、ソ連側は旅順口に関する条項（財産の移管を除く）を受け入れ、大連の行政が中国の管轄に完全に属し、中国政府が大連（旅順口を除く）の全財産を即座に接収する条項も受け入れた。とくに注目に値するのは、対日講和締結後あるいは遅くとも一九五二年末までに、中国長春鉄道の権利および全財産を無償で中国に移管する条項にもソ連側が同意したことである。しかし、ソ連側は同時に提出した当該協定の議定書のなかに以下の三条を加えたのであった。第一に、ソ連が旅順口に搬入、搬出する物資と原料には一切の税金が課されないこと。第二に、上述の物資と原料は中国の税関検査を免除されること。第三に、ソ連軍と軍用物資は中国長春鉄道を使って自由に輸送でき、その運賃は中国軍の輸送の現行価格で計算すること。[25]

一月三一日、中国側はソ連側の草案にもとづき修正した旅順口、大連、中国長春鉄道の協定および議定書草案を提出した。協定そのものに対して中国側はほとんど変更を加えなかったが、議定書のなかでソ連軍の中国長春鉄道輸送問題に対し、中国側は一項の条項、すなわち中国の軍隊と軍用物資も自由にソ連国内の鉄道を使って輸送できると加えるよう主張した。[26]これは、ソ連側は容認できないものである。かくして中ソ双方は交渉中、激しい言い争いを起こすようになった。

一月三一日から二月二日、ミコヤン、ヴィシンスキー、周恩来は続けて三日間の会談を行い、内容は中ソ双方が出したあらゆる問題にわたった。会談の状況に関するヴィシンスキーのスターリン宛報告は、中ソ双方は、条約の文面は字句を多少直しただけで、旅順口、大連、中国長春鉄道に関する協定と借款、航空、貿易、専門家派遣等の協定も原則的な対立は見られなかったが、旅順口、大連、中国長春鉄道の協定の議定書について言い争いが起こった。中国側が主張した中国の軍隊と軍用物資がソ連国内の鉄道を使って輸送できる条項を増やすことに対しては、ソ連側は断固反対を表明した。ソ連側は一方では、譲歩として、議定書の修正時に中国側の要望にもとづき変更を加え、極東地域で対ソ戦争の脅威が出現したときのみ、中国長春鉄道を使って部隊を輸送できると規定した。だが他方では、ソ連側は中国軍が満洲からソ連の鉄道で新疆に輸送を行うことに何ら実際上の意義と合理性がなく、中国側の提案は実質的にはソ連の提案に対する「反提案」であり、「ソ連のこの提案に暗に反対する一種のおかしなやり方」であって、「全く受け入れる必要がなく、また絶対に受け入れられようがない」と考えていた。周恩来はこれに対し詳細な説明を加え、中国側がこの条項を主張したのは、ソ連側が先に主張したからであって、対等のために、議定書のなかに中国側のこの条項を入れる必要があると言って譲らなかった。ミコヤンはただちに、そうであるならば、ソ連側のこの提案は取り消そう、しかし議定書のなかですでに短縮した中国長春鉄道協定の有効期限は一〇年保留してもらうと指摘した。明らかに、ソ連側はすでに形成された交渉結果を取り消すと言って脅迫していた。周恩来は毛沢東の指示を仰いだうえで、交渉二日目にソ連側の条項を受け入れたが、必要な場合、中国はシベリア鉄道を使って軍隊を輸送できることを口頭で承諾するようソ連側に求めた。ミコヤンは、これは受け入れられるとしたが、再度この問題での中国側の立場に驚きを示し、立腹して以下のように言った。「同盟国としてソ連は巨額の財産を無償で譲渡した。中国長春鉄道、大連、旅順口、それからこれらの地区で我が国が持っているすべての権利も譲渡した。それなのに中国は、ソ連が一本の鉄道を使って軍隊を移動させることにさえ同意しようとしない。こんな譲歩さえ中国側は受け入れられないのなら、我が国は一体どういう同盟国なんだ？」[27]

ロシアのアルヒーフ史料によれば、二月一一日から一三日、双方の代表は新しい交渉に入った。二月一〇日、中国代表団はモロトフが出した新協定草案を受け取ったが、そのなかの規定はソ連極東地域と中央アジアの各連邦構成共和国の領土および中国の満洲と新疆の領域内では、外国人に租借を行ってはならず、第三国の資本あるいは国民が直接または間接に参加する工業、財政、商業その他の企業、機関、会社および団体の経済活動を認めないとした。これはいわゆる「補充協定」である。会談で周恩来は、毛沢東はこの協定草案に同意したが、字句にいくつか細かい意見があると述べた。たとえば、「以下のように協議した」は「双方は本補充協定を合意した」とし、「租借」は「租借権」とした。周恩来はさらに、中国は経済措置をとることを準備しており、外国企業と組織が東北および新疆で行う経済活動を徐々に減少させると述べた。[28] 会談の内容はまた、関係条約と協定の署名、発表の問題にも及んだ。周恩来は署名式を二月一四日一八時に行うことを要求し、貿易協定、航空協定、石油・非鉄金属株式会社協定は、なおいっそうの協議と明確化が必要であり署名できないと主張した。周恩来は、毛沢東と相談した意見は、近くモスクワで署名する協定はすべて公に発表すべきであると述べた。[29]

二月一四日、劉少奇は毛沢東に電報を送り、中国政府と政治協商会議責任者が同席する会議は関係条約と協定の署名に同意したと知らせた。[30] その日の夜、スターリンと毛沢東はクレムリンにおいて中ソ条約の署名式に出席した。それからほどなくして、中ソ両国の新聞に関係条約と協定が掲載された。ソ連側の要求により、旅順口、大連、中国長春鉄道の議定書と「補充協定」は公に発表されなかった。[31]

こうして中ソ同盟交渉中の経済利益の衝突は、ようやく解消された。譲歩したのは実際にはソ連側であった。

4　スターリンの中ソ関係に対する深い考え

二月一四日に正式に締結された「中ソ友好同盟相互援助条約」および関係文書は、総じて言えば中国の願望にかなったものとなっており、その結果、中国の主権と経済利益は守られ、新中国がすべての不平等条約を排除する道を開いた。スターリンからすれば、これは、ソ連が戦後、ヤルタ協定と中ソ条約を通じて実現した極東戦略の目標の一つである、太平洋への出口と不凍港、すなわち中国長春鉄道、大連港、旅順口の支配が、遅くとも一九五二年末にはもはや存在しなくなることを意味していた。スターリンはソ連が戦後極東で獲得した戦略利益をまさか本当に喜んで放棄したのだろうか。もちろんそうではない。現在見られる史料からは、中国側が主張した旅順、大連、中国長春鉄道の協定をスターリンが受け入れたのは、およそ以下の考えがあったからだと言える。

第一に、ソ連の極東における戦略目標のもう一つの要素であるモンゴル問題が、中ソ交渉中に順調に解決したことで、スターリンの悩みの種の一つが消えた。しかし、中国側がモンゴル問題での譲歩を中国長春鉄道等の問題を解決する交換条件としていたことをスターリンも理解していた。

一月二六日、中国側が中国長春鉄道、旅順、大連の協定を提出しソ連側の頭を悩ませていたとき、周恩来は突然モンゴル問題を議論しようと主張した。スターリンは真意がわからず、表情はとても緊張し、外モンゴル独立の問題で面倒なことが起きるのではないかと大変心配した[32]。しかしスターリンにとって意外なことに、中国側はなんと自ら、新政権はモンゴルが一九四五年に独立を宣言した既成事実を承認すると主張した。そしてソ連が厄介だと感じているこの問題を、覚書を交わして解決することを提案したのである。周恩来はその後中国側が起草した覚書の文面をヴィシンスキーに手渡した。その主な内容は、中国が外モンゴルの独立の覚書と中国長春鉄道、旅順口、大連の協定を、同時に中ソ友好同盟相互援助条約の構成要素とすることを承認するというものであった。[33] このときようやくスターリンは、モンゴル問題を順調に解決するのは中国側が提出した協定草案に同意することが前提であり、さもないと中ソ同盟条約も締結できないという、中国側の真の意図を理解した。これに対し、スターリンは真剣に利害を比較せざるをえなかった。中ソ同盟を成立させたければ、モスクワはモンゴル問題と東北問題のどちらかを選ばなければならない。二日後、ソ連は原則的に中国の案を受け入れた。

第二に、米ソ間に形成された冷戦状態の国際政治の構図において、ソ連を頂点とする社会主義陣営に中国を加えるのは、スターリンがアジア情勢を支配し影響を及ぼすことでアメリカに対抗する戦略上の段取りであり、またソ連が中国と結んだ同盟関係の基本的出発点でもあった。それゆえ、アメリカの圧力と影響力と向き合うなかで、スターリンは毛沢東の要求を満足させるしかなかった。

スターリンは毛沢東を信用せず、中国共産党がティトーの道を歩むのではないかと常に懸念し、とりわけ新中国とアメリカの関係の発展に始終不安であった。ソ連が掌握していた情報は、アメリカがあの手この手で中ソ関係を引き離そうとし、新中国をソ連の支配と影響下から離そうと策動していることを示していた。一九四九年一一月一七日ソ連が手に入れた情報は、アメリカがかつて「中国共産党を第二のティトー集団に変える」計画を持ち、アメリカのスパイ機構の目下の、中国での活動の主要任務は「中ソ間の友好関係を破壊する」ことと伝えていた。その後もモスクワは類似の情報を得続けた。[34] これらの情報がスターリンを大いに刺激したことは疑いえない。特に中ソ交渉の間、アメリカ政府は内部での論争を経て、中国を手懐け、中ソを引き離す策略をとることを決定した。このためトルーマンは大統領の名で公に声明を発表し、中国の台湾に対する主権を承認した。国務長官アチソンは長文の演説を発表し、ロシアが歴史上、中国に対し侵略を行い、危害を加えてきたと述べ、台湾はアメリカの極東防衛戦のなかにはないと言明した。[35] ホワイトハウスは中国共産党に繰り返し好意を示したほか、八方手を尽くして噂を流していた。「ソ連は中国の戦略的要地の支配を要求した」、毛沢東はスターリンに「軟禁」された、「朱徳に十分な権威と指導力があれば、劉少奇と親クレムリン集団を牽制することができる」、「中国は今まさにモスクワに売り飛ばされている」、中ソ条約は「中国人民に『モスクワ製の』手かせ足かせをはめようとするものだ」などといった流言を作り出し、「最高の宣伝目的を達成しようとした」(36)。スターリンはこれに焦り、毛沢東にアチソン演説の全文を送り、中ソ共同でこれに反応することを希望するとともに、中国政府に先に声明を発表するよう要求した(37)。このとき毛沢東が新聞総署署長の名義で声明を発表することになぜこだわったのか、未だに解明されていないが、スターリンはこれに大いに不満で、毛沢東が決まった段取りを乱したとして非難したことから、スターリンがこの問題をいかに重視していたかがよくわかる(38)。スターリンは、太平洋への出口や東北の経済利益と比べ、中国を失うことがソ連極東の安全にとってさらに大きな脅威となることを当然よく理解していた。彼は何としても、ソ連と中国の同盟関係締結をぶち壊しにしようとするアメリカの陰謀を実現させるわけにはいかなかったのである。

第三に、スターリンには、ソ連の極東における戦略的利益を守るため、中国が主張した同盟条約締結の条件を受け入れ、なおかつソ連の太平洋における出口と不凍港を失わないことについて、緻密で深い考えがあった。彼の考えでは、この目標を実現する鍵は朝鮮半島政策の変更にあった。

一九五〇年一月一二日、アチソンはアメリカの極東における軍事防衛戦を発表するに際し、南朝鮮を排除した。一月一九日、ソ連のシュトゥイコフ（什特科夫）駐朝大使は、金日成がスターリンと会って朝鮮統一問題を協議したいと強く要求していると報告した(39)。ヨーロッパで冷戦状態が形成されて以降、スターリンは極東で米ソが直接衝突する戦争が発生するのを見たくはなかった。そのため、金日成の武力を用いて朝鮮を統一したいという求めを再三にわたって拒絶していた(40)。しかし一月三〇日、中国側の草案を受け取った二日後、スターリンは考えを変えた。平壌に自ら返電を打ち、南朝鮮に進攻をはじめることを金日成と直接協議したいと明確に伝えた(41)。

この少し前の一月二六日に、中国側が提出した旅順、大連、中国長春鉄道の協定草案の最後で、締結国の一方が侵略を受け戦争が勃発した局面では、ソ連海軍は旅順基地を使用継続できると言及されていたことは、大いに注目に値する。[42]ソ連は中国側の協定草案を受け入れると同時に、新たに条件を加え、ソ連軍と軍用物資は中国長春鉄道を使って自由に輸送できるとした。[43]これはつまり、極東で危機が起これば、東北の利益の回収に関する中国側の協定は紙くず同然ということである。もし金日成の願いがかない、朝鮮戦争が順調に進めば、ソ連は疑いなく朝鮮半島全域を支配し、仁川、釜山その他南朝鮮の港を旅順口と大連港の代わりにできる。何であれ、スターリンはソ連の極東における戦略的利益を保障できるのである。

第四に、金日成に青信号を出した原因について、もう一つ注目に値することは、スターリンは毛沢東に対する恨みからこうした行動に出た可能性が高いということである。毛沢東に迫られてモスクワは二度も譲歩せざるをえなかった。これはスターリンが権力の座について以来、空前の出来事であった。そのためスターリンの心中には、社会主義陣営に加わるという毛沢東の誠意に対する疑念が浮かんだだけでなく、報復への思いも芽生えた。[44]スターリンは一月三〇日に、軍事手段で朝鮮統一問題を解決すると金日成に答えたが、実際には毛沢東に対して承諾したことに二つの面で違背していた。第一に、毛沢東は朝鮮の統一と解放を支持すると何度も言っていたが、条件はまず中国が統一事業を完成させるまで待つことであった。この点、少なくとも一九四九年末にはスターリンの承諾も得ていた。一〇月二一日、毛沢東はスターリンに電報を打ち、金日成が急いで行動をとることがないよう、ソ連に説得してほしいと希望した。一一月一五日スターリンは返電で、中国の意見に完全に賛同するとして、朝鮮側に言い聞かせると答えた。[45]スターリンは以前から、中国共産党の台湾解放のために、飛行機と軍艦を提供すると劉少奇に対し答えていたが、毛沢東に会った後、再び保証した。[46]第二に、毛沢東は経済の復興と政権固めのためによいとして、新中国の建国初期の国際環境が安定的で平和的であることを望んでいた。一二月一六日のスターリンとの会談で、毛沢東がまず提起したのも平和への要求であり、「最重要な問題は平和の保障だ。中国には三年から五年、平和に一息入れる期間が必要で、この時間を使い、戦前の経済水準を回復し、全国の情勢を安定化させる」と述べていた。スターリンは「平和はわれわれの努力にかかっている。われわれの関係がよければ、五年でも、一〇年でも、あるいは二〇年でも、二五年でも保障しうるし、もっと長くもなりうる」[47]。然るに、毛沢東がモスクワを離れる前にすでに、スターリンは自らの言に背く決心をした。スターリンが一月三〇日に平壌に送った電報は、毛沢東が朝鮮統一より先に台湾問題を解決することはもはや不可能で、また中国の経済復興のために平和な周辺環境を求めることも不可能であることを意味していた。スターリンは毛沢東に、彼が獲得した中ソ同盟条約の対価を払わせようとしたのかもしれない。少なくとも結果から言えばそうなろう[48]。

いずれにせよ、スターリンは毛沢東との同盟締結交渉のなかで生じた国家利益の衝突を解決するにあたって、ソ連の極東における戦略方針を緻密かつ全体的に考えていた。そしてその前提と計画の結果は、ソ連は軍事的、政治的同盟を通じて中国をモスクワの東側陣営に引き入れ、またその極東における戦略的利益を保証し得ることであった。

中ソ条約の交渉過程の分析を通じて結論付けられることとして、中ソ同盟条約の締結は北京とモスクワの盟友関係を保証し、中国の基本的な要求を満足させたが、同時に双方の利益衝突により、毛沢東とスターリンの間には猜疑心と不満が強まり、中ソ同盟はそのはじまりからすでに不吉な影に覆われた。しかし朝鮮戦争の勃発により、特に中国は極端に困難な条件の下にありながら、朝鮮を助けるためにやはり派兵を決定したことで、中ソ間の同盟関係を行動で示し、中ソ同盟の政治的、経済的基礎を強固とし、また発展させたのであった。

第8章　朝鮮戦争と中ソ同盟の実質的な進展

朝鮮戦争は戦後国際関係の変遷のなかで最も注目を集めた歴史的事件の一つである。このとき中ソ同盟も政治、軍事、外交、経済といった様々な面で、その役割を見せた。[1]中国が極めて困難な条件の下で朝鮮に派兵し、平壌を取り返しただけでなく、モスクワの決定の誤りを補い、社会主義陣営の東の大門を守った。このため、スターリンは中国共産党と毛沢東への見方をかなりの程度変えることになり、ソ連は中国に全面的な援助を提供した。中ソ同盟は戦争が不敗に終わることを保証し、また戦争は中ソ同盟の政治的、経済的基礎を強化したと言えよう。

1　毛沢東、朝鮮派兵を決断

毛沢東は条件が熟しない間は軍事行動をとることに一貫して反対していたが、朝鮮戦争勃発後、特に戦況が劣勢に転ずると、衆議を排して朝鮮に派兵し参戦することを決心した。アメリカが正式に参戦を表明して間もない七月二日に早くも周恩来はソ連大使ロシンと会見し、アメリカは朝鮮に追加派兵を行い、南部の港で上陸させ、鉄道沿いに北進するだろうと指摘していた。周恩来は同時に、もし米軍が三八度線を越えたら、中国は人民軍制服を着せた志願軍を組織し米軍に対抗すると強調していた。[2]八月一一日、すでに東北に結集していた第一三兵団は毛沢東の指示に従い所属各軍、師団幹部の会議を召集した。会議の場で東北軍区司令員兼政治委員の高崗は越境作戦を準備する目的と意義を詳細に述べ、主体的かつ積極的に朝鮮人民を助け、期限内に各準備工作を完成させなければならないと述べた(3)。中国側からの度重なる参戦の暗示、それから金日成からの正式な要求に対し、スターリンは始終知らぬふりをしていた。明らかにスターリンは戦後の朝鮮が中国の支配地域となることを望まなかった。マッカーサーが仁川で上陸に成功し、朝鮮人民軍主力を瞬く間に殲滅した後、金日成がソ連に直接の軍事援助を求める絶望的な要請を行うに至って、ようやくスターリンは朝鮮を救う責任を毛沢東に押し付けた(4)。

一〇月一日になり、スターリンから中国に派兵を求める電報を受け取った毛沢東は、即座に決断し、翌日未明に東北「辺防軍は準備工作を繰り上げて終え、出動命令を常時待ち、もとの計画で新たな敵と戦う」と訓電した。同時にスターリンへの返電をしたため、中国志願軍は一〇月一五日に出動すると知らせた(5)。しかしこの電報が発出されないうちに、その日の午後に中国共産党中央書記処が中南海頤年堂で開いた検討会議で意見が割れた。そこで毛沢東は、政治局拡大会議を開き、再び議論することを決定した。それとともに毛は、ロシンを引見し、中国が目下派兵するのは困難であるとスターリンに伝えるよう要請した(6)。一〇月四日に中南海豊沢園で開催された政治局拡大会議でも前回同様、意見が割れた。当時党内にあった異なる意見は、「真にやむをえないときでなければ、戦争しないに越したことはない」という傾向にあった。しかし毛沢東は派兵を強く主張し、彭徳懐を主帥に就かせると鼓舞した。毛沢東と彭徳懐が頑張り、一〇月五日午後に会議は朝鮮支援の派兵を決定した(7)。一〇月八日には志願軍を組織する命令が発令されたが、それで毛沢東は安堵しなかった。中国の困難さを考え、毛沢東は周恩来と林彪を派遣して、スターリンに面会させ、ソ連に武器装備と空軍支援を求めることを決定した。

一〇月一一日、黒海沿岸のスターリンの休養先で、中ソの指導者の会談が行われた。スターリンはソ連が派兵できない理由を説明し、中国がすぐに派兵するよう促した。周恩来は中国の困難さを主張し、ソ連が武器装備と空軍支援を提供するよう要求した。スターリンは、ソ連は武器と装備を保障できるが、空軍は準備にあと二、三カ月を要するとした。繰り返しの討論を経て、双方は最終的に北朝鮮を放棄し、中国も暫時兵を出さず、また金日成には鴨緑江まで撤退し兵力を保持するよう伝えると決定した。会談終了後の夜七時、スターリンと周恩来は連名で中国共産党中央に打電し、会談の結果を伝達した。電報を受け取った後、毛沢東は一〇月一三日、中央政治局緊急会議を召集した。毛沢東が再度説得したことで、会議は最終的に、暫時ソ連空軍の支援がなくとも、米軍が大挙北上している状況では、いかに困難が大きかろうと朝鮮支援の派兵を即時行わなければならないと決定した。その後、毛沢東、彭徳懐、高崗は志願軍が朝鮮に入ってからの作戦を詳細に検討し、一九日に派兵することを決定した。会議が終わってから、毛沢東は周恩来に打電し、会議の決定を知らせたが、ソ連に武器装備の提供を貸借のかたちで承諾するよう、また二カ月から二カ月半内に空軍の出動を保証するよう要求した。空軍の援助がなかったため、毛沢東は当初南朝鮮の部隊とだけ戦うことを決定した。同時に、毛沢東は派兵の決定をソ連に通知した[8]。

一〇月一五日、平壌も危険となり、金日成は朴憲永を瀋陽に派遣し彭徳懐と会見させ、中国ができるだけ早く派兵するよう要請した。彭徳懐は、中国はすでに最終決定を出し、一〇月一八日か一九日に部隊がいくつかに分かれて渡河する予定だと彼に伝えた。同日、毛沢東は高崗と彭徳懐に打電し、志願軍の出動の日を繰り上げるよう指示した。しかし一六日にモスクワから届いた情報は、ソ連は空軍を中国国内に派遣して駐屯させるだけで、二カ月から二カ月半後も朝鮮に入って戦う準備はないと、スターリンがモロトフを通じて周恩来に伝えたとあった。毛沢東は再度、彭徳懐と高崗の二人を北京に緊急に呼び寄せ話し合わざるをえなくなった。一八日に開かれた緊急会議において、毛沢東は決断して次のように言った。「現在敵は平壌を包囲攻撃しており、数日後には鴨緑江に到達するだろう。われわれはどれほど大きな困難があろうと、志願軍の渡河と朝鮮支援はもう変えられず、時間をもう遅らせられない。元の計画どおりに渡河する」。一〇月一九日夜、中国志願軍は安東と輯安の両地から鴨緑江を渡り、朝鮮での戦いに入った。[9] 毛沢東が朝鮮への派兵を決定したことは、中国が社会主義陣営の忠実な盟友であることを示すものであり、スターリンはこれを大いに喜んだ。[10]

2　中ソの軍事戦略上の協調と統一

志願軍の鴨緑江渡河から朝鮮停戦協定の署名に至るまで、毛沢東とスターリンは戦況の評価、戦略方針の確定等、どの面でも基本的に見解が一致したため、重大な問題で容易に協調し意見の統一を図ることができた。ただ、この共通の見方がどれも正しいとは限らなかった。

中国人民志願軍は朝鮮に入ってから、極めて成功裏に二度の機動戦を進め、顕著な戦果を収め、平壌を解放しただけでなく、戦線を三八度線付近に押し戻した。このとき三八度線以南に向けてすぐに第三次戦役を発動するか否かをめぐり、内部対立が起きた。前線総司令の彭徳懐は、二つの戦役を終え、部隊は疲労困憊、病兵も増え、休養と補充が急ぎ必要との認識であった。後方の補給に保証はなく、大部分の部隊にはまだ冬服がなく、弾薬と兵糧も欠乏していた。しかも前進するほどこうした事態が増えると考えられた。それゆえ彭徳懐は、第三次戦役は来年二月と三月の間に行うことを考慮すべきであると主張した。彭徳懐の電報を受け取った聶栄臻も、部隊は二カ月以上戦い続け、非常に疲弊し、物資装備の損耗も大きく、休養と補充が至急必要と考えた。まして、中国軍は最前線の兵力において絶対的優勢を確保していなかった。それゆえ、次の戦役の発動を二カ月遅らせることを毛沢東に提案した。[11]

しかし毛沢東は第三次戦役をすぐに発動し、迅速に三八度線を突破することを断固として主張した。[12] 実際には三八度線を越えるか否かの問題で、スターリンと毛沢東は早くに密約を交わしていた。一二月五日にソ連は「鉄は熱いうちに打て」という方向性の意見を発表していた。[13] まさにこの日、インド等、アジア・アフリカ一三カ国は中朝の軍隊が三八度線を越えないよう呼びかけた。国連およびイギリス、インド等の国は、なおも中国に停戦条件を打診し続けていた。中国政府は、主導権を握り、攻勢をかけるため、以下の五条件を起草した。すべての外国軍は朝鮮から撤退する、米軍は台湾海峡と台湾島から撤退する、朝鮮問題は朝鮮人民自らが解決すべきである、中華人民共和国の代表が国連に参加し国連は蔣介石の代表を放逐する、四大国の外相会談を招集し対日講和を準備する。

周恩来はロシンを引見し、中国政府の停戦交渉に関する条件を伝え、中国政府は今日中に回答を得たいと言った。ソ連政府はただちに電報で回答し、中国政府の提起した五条件に「完全に同意する」と示し、「これらの条件が満たされないなら軍事行動は止められない」と考えるとした。同時に、ソ連は中国にひとまずこれらの条件を出さず、アメリカと国連が先に条件を出すのを待つべきであると提案した。中国と協調行動をとるため、全連邦共産党（ボ）中央政治局は同日に決議を出し、朝鮮軍事行動の停止の提案に二条、すなわち中国の五条件の第一条と第三条を加えることを国連代表団に通知した(14)。

まさにこうした状況下で、毛沢東は進攻を暫時停止する彭徳懐の意見に同意できなかった。明らかに毛沢東が電報のなかで言った「政治」とは、英米だけでなく、ソ連、朝鮮といった社会主義陣営の国の意見も考慮してのものであり、毛沢東はもし中国軍がこの一戦を戦わないなら、「資本主義諸国の非常に多くの憶測を必ず引き起こし、民主主義陣営の各国も納得できず、色々な議論が起きよう(15)」と考えていた。しかし、第三次戦役はある程度の勝利を得たが、志願軍はもはや動けなくなった。国連軍は計画的に撤退したのであって、中朝連合軍はいくらかの地域を占領した以外、敵の兵力に何ら打撃を与えられなかった。志願軍の苦境はいささかも変わらなかったため、漢城占領後、彭徳懐は毛沢東の同意を得て、一月八日に志願軍部隊に進攻の停止を命令し、全軍休息に入った(16)。

志願軍の進攻停止命令に対し、朝鮮側と中国駐在ソ連顧問は強く反対した。中国駐在ソ連軍事総顧問ザハロフ（札哈羅夫）はこう言った。戦争をしていて敵を追撃せず、戦果を増やそうとしない軍人が世界のどこにいる？　これは敵に一息つく機会を与え、戦機を失う過ちを犯すものだ。聶栄臻が辛抱強く説明しても、ザハロフは考えを曲げなかった。新任の駐朝大使ラズヴァエフ（拉祖瓦耶夫）も志願軍は南進を続けるべきだと強く主張した。金日成と朴憲永はすぐに彭徳懐と会見し、激しい言い合いになり、直接毛沢東とスターリンに彭徳懐のことを訴えた。意見の対立が中ソ両国の最上部に報告されると、毛沢東とスターリンは共に彭徳懐に賛同し、彼を支持した。スターリンは、真理は彭徳懐の側にある、彭徳懐は当代きっての軍人だと述べた[17]。こうして彭徳懐と金日成の衝突はやんだ。当然、毛沢東とスターリンの考えは暫時休息のみで、米軍全部を朝鮮から駆逐する戦略的意図を放棄したのではなかった。そのため周恩来は、国連の政治委員会を一九五一年一月一三日に通過した中国に極めて有利な休戦提案を拒絶し、その結果中国は政治、外交、軍事の各面で守勢に立たされることとなった[18]。

一九五一年夏、三八度線で戦況が膠着状態に陥ってから、またもや毛沢東とスターリンの間の協調により、ソ連が国連で即時停戦の主張を打ち出した。一九五一年五月下旬、毛沢東は中国共産党中央会議を召集し、「話し合いつつ戦争し、交渉による問題解決を勝ち取る」方針を決定した[19]。その後、六月三日に金日成を北京に招き協議を行い、続けてスターリンに金日成、高崗との会見を、またソ連で病気療養中の林彪も会談に参加することを要請した。スターリンの同意を得て、六月一〇日金日成と高崗はソ連が派遣した専用機でモスクワに向かった。彼らはスターリンと意見交換した後、六月一三日に毛沢東に報告した。スターリンも電報を送り、「今は停戦が良いとわれわれは考える」と示した。毛沢東はその日に高崗と金日成に返電し、ソ連が表に立ってアメリカと連絡をとり、停戦の探りを入れることを希望すると伝えた。スターリンも同意した。六月二三日、ソ連の国連大使マリクはラジオ演説で、双方の即時停戦を提案した。六月二七日のソ連駐在アメリカ大使カークとグロムイコの会談後、アメリカはマリクの演説がソ連政府の見方を表していることを確認した。六月三〇日、国連軍総司令リッジウェイがラジオ局を通じて正式に停戦を提案した。同日、毛沢東はスターリンに打電し、「マリク演説で平和交渉を進める上での主導権がわれわれの側にあることが保証された」と認めるとともに、スターリン自ら交渉を率いることを要請した[20]。その後、スターリンは中朝が停戦交渉を行うのを直接率いることはなかったが、交渉過程全般にわたってモスクワと北京の間で電報が頻繁に行き来し、中朝がとった各具体的対策、中朝が確定した具体方針のどれもが、スターリンに指示を仰ぎ、その承認を得たものであった。

一九五二年後半、板門店停戦交渉が膠着状態に陥り、毛沢東は戦争を続け和平交渉で絶対に譲歩しないことを主張したが、朝鮮側は逆にアメリカの停戦条件を受け入れ、停戦協定に早期署名することを望んだ。スターリンはソ連とアメリカが対抗する世界戦略から、再び毛沢東を支持した。朝鮮の指導者はもともと五月より前にアメリカと停戦協定を結び、それにより一九五二年後半の経済工作と政治工作を計画することを望んでいたが、捕虜の問題で紛糾し引き延ばしになるとは思いもよらなかった。「これは朝鮮の指導者を大いに失望させた。金日成は中国の同志に捕虜問題で譲歩し停戦協定締結を勝ち取るよう提案した[21]」。毛沢東は七月一五日に金日成に宛てた電報で以下のように述べた。敵の猛烈な爆撃という軍事圧力を前に、挑発的かつ誘惑的で、決して正しくない譲歩を受け入れることは、中朝の政治と軍事どちらにも極めて不利だ。戦争によってアメリカの主力は東方で損失を受け続け、ソ連の建設は強化され、各国人民の革命運動の発展に影響を与え、それにより世界大戦の勃発を遅らせている。この電報で毛沢東は、中国人民は朝鮮人民が困難を解決することをできる限り助けたいと保証した。同日、毛沢東はスターリンに状況を報告した。三日後、スターリンは返電で、「あなたがたの和平交渉での立場は完全に正確だ」と述べた。スターリンは自ら金日成の説得工作にあたり、中国の妥協しない立場への支持を明確に表明した[22]。

つまるところ、中国の朝鮮派兵からスターリンの死去に至るまで、中ソの指導者、特に毛沢東とスターリンの間には戦争のあらゆる重大問題で共同歩調と統一の立場が保たれていた。

3　志願軍に対するスターリンの軍事援助

中国は朝鮮のために戦っているだけでなく、より重要なことには、ソ連のため、そして社会主義陣営のために戦っているということを、スターリンは当然ながら理解していた。そのため戦争中、スターリンはこの勇敢な盟友に大量の援助を提供した。

ソ連が志願軍へ与えた最も直接的な軍事援助は、まず空軍を出動させ、後方の兵站線を援護したことである。中国の派兵前、スターリンの返事は一貫しなかったが、中国志願軍が国連軍に対し正式に開戦して四日後の一〇月二九日、ソ連顧問は、ソ連空軍が「安東で防空を担当」し中朝国境を越えて飛行することにモスクワがすでに同意し、また一〇日後に基地を瀋陽から安東に移すと答えたことを周恩来に通知した。[23] 一一月一日、瀋陽地区に駐屯するソ連軍機MiG-15は安東・新義州地区ではじめて戦闘に入り、二機の米軍機を一挙に撃墜した。[24] 間もなく、瀋陽地区に駐屯する第一五一および第三二四戦闘機師団を基に、ビエロフ（別洛夫）少将が指揮する第六四独立戦闘機航空軍が組織された。ソ連空軍の主要任務は鴨緑江上の橋梁、発電所、ダムおよび中朝国境の南七五キロ以内の北朝鮮領土の交通線と飛行場を守ることであった。このとき、第六四航空軍も瀋陽と鞍山基地から中朝国境の安東飛行場に移った。[25] 一一月上旬だけで、ソ連のパイロットは、二三機の米軍機を撃墜する優秀な戦果を挙げた。同時に、スターリンはビエロフの航空軍に二度に分けて一二〇機のMiG15新戦闘機を増派した。一九五一年三月初め、スターリンはビエロフが指揮する戦闘機二個師団の基地を朝鮮国内に移すことに同意し、中国と朝鮮の後方を援護しやすくし、毛沢東が出した要求をさらに満たした。スターリンはまた、飛行場の部隊を守るための高射砲と砲弾を提供することを自発的に主張した。三月一五日にスターリンは、ソ連からもう一個の大型戦闘機師団を安東に派遣し、安東の援護を予定していた中国の戦闘機二個師団が前線へ移動できるようにすると決定したと通知した[26]。その後、朝鮮国内の飛行場の修理建設工作がしばしば破壊に遭ったため、ソ連空軍は朝鮮に進駐できなかったが、中朝国境地区の廟溝、大堡、大孤山の三飛行場が新たに建設されると、大規模なソ連空軍の後続部隊が中朝連合軍後方を援護する戦闘に加わり、第六四航空軍が飛行場あるいは空中で作戦を行う当番の戦闘機の数を航空連隊二、三個から四、五個に増加させた[27]。概して一九五一年春までに、ソ連の戦闘機は朝鮮上空の軍事行動でそれなりの戦果を収め、鴨緑江大橋を援護する任務を全うし、中朝連合軍の兵站線を保証する働きをした。飛行距離の限界により、米軍航空兵が朝鮮中部、東部の飛行場、交通路を爆撃、襲撃するのを阻止できなかったが、朝鮮北西部の鴨緑江から清川江に至る地区の上空では米軍パイロットが肝を冷やす「MiG回廊」を作り出していた[28]。

第六四航空軍のもう一つの任務は、中朝連合空軍のパイロットの訓練を援助するだけでなく、彼らの作戦に協力することであった。中朝連合空軍は一九五一年秋以降、作戦行動に参加した。言語が障害となり、中朝空軍とソ連空軍の混合編隊、合同作戦はなかった。しかし双方は作戦方針の協調、使用兵力の統一といった問題のいずれも始終協議を行っていた。第六四航空軍の乗組員は、F-86戦闘機の強大な援護の下にある大量の爆撃機を撃退する責任があったが、中朝連合軍のパイロットは必要な場合に増援に行く責務しかなかった。彼らは前線で、主に小型敵機と戦った。ソ連戦闘機は中朝空軍を援助する必要もあり、緊急事態となると中国、朝鮮のパイロットを追撃するF-86戦闘機を食い止めた。中朝連合空軍の前線飛行場である安東、廟溝、大堡、大孤山の飛行機の総数が第六四航空軍のMiG戦闘機を上回ったときでも、ソ連パイロットはより複雑な任務を完遂し続ける必要があった。一九五二年から五三年の冬など、複雑な気象条件が阻み、熟練されていない中朝連合空軍を戦闘に投入できなかったことから、第六四航空軍の作戦任務が増えた。一九五三年のソ連空軍の戦闘飛行の月平均は、前年比で三三%増加した[29]。このほか、一九五二年三月一一日、米軍機が中国東北に侵入し細菌を散布したと中国が認識した際には、毛沢東がスターリンに、朝鮮上空で敵と戦う任務を負うソ連空軍部隊のほか、さらに航空師団一個を瀋陽地区に進駐させ敵機迎撃を担当させるよう要請した。スターリンは翌日、ジェット戦闘機師団一個を中国に増派することに同意を示した[30]。

ソ連空軍は中国の抗米援朝戦争で無視できない役割を果たした。戦争中、一二個の空軍師団が前後して投入され、参戦したのべ人数は総計七万二〇〇〇人となり、一九五二年の最多時には二万五〇〇〇から二万六〇〇〇人に達した。戦闘中、ソ連空軍の戦闘機は敵機一〇九七機を、高射砲兵は二一二機を撃墜した。ソ連空軍は三三五機と一二〇人のパイロットを失った[31]。

武器装備から言えば、中国が一国でこのような近代戦をするのは不可能であった。弾薬の供給という任務一つ取ってみても、中国は自国で全く完遂できなかった。一九五一年第1四半期など、朝鮮の戦場で必要な弾薬は一万四一〇〇トン以上だったが、国内の軍事工業の生産能力は全部で一五〇〇トンを少し上回るにすぎなかった[32]。戦争中、とくに停戦交渉開始前、ソ連は中国の求めがあれば必ず応じた。一九五〇年一〇月二八日、毛沢東はソ連に高速魚雷艇、装甲艦、駆潜艇、沿岸砲等の海軍の武器装備を要求し、海軍司令員蕭勁光をモスクワに派遣して協議させようとした。スターリンは翌日、返電で同意を示した。一一月一七日、周恩来はスターリンに打電し、前方作戦の焦眉の急に対処するため、急ぎ遼東半島に駐留するソ連部隊から五〇〇台の自動車を出す必要があると伝えた。スターリンは当日に返答し、一〇日以内に中国に五〇〇台の新車を、年内にさらに一〇〇〇台を引き渡すと伝えた。周恩来がソ連に出した、中国が組織中の空軍集団軍に軍事顧問一五名を派遣してほしいという要求にも、スターリンはすぐに応じた。志願軍の空軍作戦能力の強化のため、スターリンは無償で中国に大量の新式の飛行機を提供することまで自発的に主張した。彼は一九五一年五月二二日の毛沢東への電報のなかで、二カ月以内に中国にMiG15戦闘機三七二機を提供し、輸送費のみ受け取ると伝えている[33]。

朝鮮戦争中、中国軍は装いを全面的に改め、なかにはソ連軍の編成の技術あるいは組み立てに完全にならったものがあった。一〇六個の陸軍師団のうち五六師団、六個の戦車師団と独立戦車連隊、一〇一個の（三七ミリ）独立高射砲陣地、五個の野戦高射砲師団と一個の都市防衛高射砲師団、二個のロケット砲師団、一四個の榴弾砲師団、二個の対戦車師団、三三個の高射砲連隊、四個のサーチライト連隊、九個のレーダー連隊と独立レーダー陣地、二八個の工兵連隊、一〇個の鉄道師団、通信兵、対化学兵器部隊である。一九五四年初めまでに、中国は二八個の空軍師団、五個の独立飛行連隊を編成、三〇〇〇機の飛行機を有するようになった。飛行機はどれもソ連が寄贈、売却したものである。海軍に至っては、資金と技術の問題で、双方の交渉はゆっくりと進んだ。中ソ初の海軍協定「海軍装備の提供および軍艦製造の面での対中技術援助に関する協定」（略称「六四協定」）の締結時には、朝鮮戦争は終わりに近づいていた。ソ連が提供した武器装備すべてが新式、先進的とはいかず、一部は第二次世界大戦でアメリカから貸借した物資のなかの余剰装備であったが、中国からすれば結局すべてが近代兵器であり、ソ連は当時中国に軍事援助を提供できた唯一の国家であった[34]。

いずれにせよ、ソ連の軍事援助は、中国軍が朝鮮の戦場で戦果を挙げるのに無視できない重要な役割を果たしていた。

4　ソ連の中国に対する経済援助

中国の朝鮮派兵の最大の困難は、経済力の不足であった。長年の戦争の破壊により、新中国の大地は傷だらけの状態で国家の再建が待たれており、戦争に対処しつつ経済も復興させるには困難が山積していた。ちょうどそのときにスターリンが提供した経済援助は、問題を完全に解決できるものではなかったが、雪中に炭を送る効果は確かにあった。

この復興期において、中国近代工業のインフラの核心はソ連が建設支援した重点プロジェクトであり、よく言及される一五六の導入工程のなかの第一期五〇プロジェクトであったといえよう。一九五〇年二月、中ソの指導者らによる会談の結果、ソ連政府は中国の経済復興で需要が急速に高まった石炭、電力、鋼鉄、非鉄金属、化学工業、機械、軍事工業部門の五〇の重要プロジェクトの支援に応じた。執行過程で状況が変化したため、一つが取り消され、二つが統合され、実際の建設プロジェクトは四七となった。そのうちエネルギー産業が二一で四四・七％を占め、建て直しと拡張のプロジェクトが二二で四六・八％、東北の建設プロジェクトが三六で七六・六％と、この建設支援工程が工業化のための基礎作りと経済復興の性質を有していたことは明らかである。[35]設計の進展と朝鮮の戦局の緩和傾向に伴い、これらのプロジェクトは復興期に続々と着工した。一九五〇年から五三年に中ソが締結した技術プラントの輸入契約額は計六億八三九四万ルーブルで、三年累計の実際の輸入額は四億六九七四万ルーブル、契約額の六八・七％であった。[36]それゆえこれらの重点プロジェクトが完全に生産に入るにはまだ時間を要したが、復興期の中国の経済成長において重要な位置を有していた。一九五〇年から五二年の全国固定資産は新たに合計五九億元増加し、主要産品の生産能力は、電力が二二・二万キロワット、石炭採掘量が年一五六三・七万トン、銑鉄が年七六・四万トン、鋼塊が年五五・八万トン、鋼材が年三三・六万トンの増加を達成した。これに対しソ連が建設支援した一部の重点プロジェクトの完成後の固定資産増加額は計四一・三九億元に達し、生産能力は電力が八七・五五万キロワット、石炭採掘量が年七八〇万トン、銑鉄が年二五〇万トン、鋼塊が年三二〇万トン、鋼材が年二五〇万トンの増加を達成した。[37]ここからソ連の建設支援プロジェクトが中国の経済発展に与えた影響が見て取れよう。当時、ソ連は第五次五カ年計画の大綱がソ連共産党第一九回大会をすでに通過しており、中国のこれらの企業の建設、建て直しを援助するため、ソ連は計画を再調整し、生産と人員を再配置しなければならなかった。大量の技術専門家を中国に派遣しなければならなかったほか、国内の設計単位だけで三万人を増やした。[38]このほかに工場の場所の選定、設計の基礎資料の収集、設計の進行（ソ連側が七〇%から八〇%を受け持つ）、設備の供給（ソ連側が五〇%から七〇%を受け持つ）、技術資料の無償提供から、建築の取り付け、操業の運行に至るまで、ソ連が全面的に援助を与えた[39]。

中国の経済復興と発展のために、ソ連は大量の科学技術資料をも提供したが、これは主に図書資料の交換と、プロジェクトあるいは設備の輸入契約との両方の方法で実現した。一九五〇年九月二九日、ソ連科学アカデミー主席団はソ連科学院図書館に、「人民民主主国家の科学機関への寄贈書を大幅に増やし、特に中華人民共和国との図書交流を重視する目的で、一九五一年国際図書交換計画を審査し直す」ことを命じ、「彼らに同じ数の本を要求しない」とした。一九五〇年から五三年にソ連が中国に提供した図書資料は一二万セットで（中国がソ連に提供したのは僅か二万五〇〇〇セット）、ソ連科学出版物を受け取った中国の機関は三〇〇に達し、そのなかに三一の大型図書館があった。建設支援工程あるいは中国が特別に要求した具体的なプロジェクトと設備の技術資料に関しては、双方の貿易輸出入会社を通じて中国に提供された。ソ連が提供した科学技術資料に対し、中国側は、実際には引き渡し資料のコピー製本費のみを支払い、この費用でさえ毎回は取られなかった。一九五三年五月一五日締結の中ソ経済協力協定は、はじめて独立の条項のかたちで中国に技術資料を無償提供する原則を確定した。一九五〇年から五三年にソ連が中ソ両国政府間の科学技術協定にもとづき、中国に提供した科学文献と技術資料は計二九二八セットに上った[40]。

新中国の経済建設が直面した深刻な問題の一つが科学技術の人材不足であった。大量のソ連の専門家と技術者の対中派遣は、中国国民経済の復興と建設にとって単に必要であるにとどまらず、大至急必要であった。ソ連専門家の訪中には一九五一年と五三年に二つのピークがあり、この二回は建設支援の重点プロジェクトが定まった後であった。中国の檔案資料によると、一九五〇年から五三年に中国に入り経済建設工作を援助したソ連専門家は合計で一〇九三人、一九五三年末の段階で七四一人がすでに帰国、なお各地の工場、鉱山、企業に留まる者が三四二人（そのうち重工業部系統が一五九人、燃料工業部系統が一〇二人、第一機械工業部系統が五二人）であった[41]。対してソ連の関連統計資料によると、仕事で中国に赴いた高級専門家は一九五一年に五五七人、一九五二年に二五八人、一九五三年に三九五人であった[42]。この統計によれば、一九五〇年を含めないでも、訪中したソ連の高級専門家は一二一〇人に上った。これらの専門家は情熱を胸に中国に赴き、その豊富な経験と先進的な技術で中国の経済建設の各業種に新しい空気をもたらしただけでなく、その滅私奉公の奉仕精神は中国の幹部と労働者に影響を与え、彼らを教育した。彼らはまた中国が近代工業管理の規則制度を整備する手助けもし、言葉で、また行動で、中国のために大規模な科学技術人材を養成したのであった[43]。

このほか、ソ連は中国の留学生と技術幹部実習の二つを受け入れることで、中国の専門家の養成を援助した。中ソは一九五一年一二月六日に中国国民がソ連で生産技術の実践を行う条件に関する協定を、一九五二年九月一日に中国国民のソ連の高等学校における学習に関する協定を締結した。この二つの協定で、ソ連はいずれも優遇した条件を与えていた。ソ連の工場、鉱山、企業で実習する中国の技術幹部は、ソ連専門家と教師の授業料と実習費を少し支払うだけでよく、その額は実習指導者の給料の一〇%から二〇%にすぎなかった。ソ連で学習する中国の大学生、大学院生に対しては、教科書代と公共事業費のほか、中国政府はソ連政府に五〇%の奨学金を支払うだけでよかった[44]。中国の関係檔案資料の計算によれば、一九五二年だけで中央と東北の計画委員会がソ連留学に派遣した在職幹部は二七三名、教育部および各経済部門所属の高等学校の学生は二八七名であった。同年ソ連に実習に行った技術幹部は、中央の九つの部と委員会の一七四名と、東北工業部に属する各会社の五六〇名であった。一九五三年教育部が準備したソ連への留学生は一一〇〇名で、そのうち財政経済系統が六五〇名であった。留学生の派遣計画とは別に、中央財政経済委員会は五〇〇名から六〇〇名の実習生を選抜、派遣しようとしていた。そのほか、ソ連科学アカデミーおよびその科学機関で学習する中国人大学院生は一九五二年に一一人、五三年に一三人いた[45]。

後年のソ連の対中経済援助の規模と比較すると、スターリンが提供した援助に限界があったことは疑いない。しかし当時の状況では、この種の援助が結果として、中国が戦争に持ちこたえるのを可能にしただけでなく、新中国の経済復興全体にも極めて重要な役割を果たしていたこともまた疑いを差し挟む余地がない。

一九五三年三月、朝鮮戦争の軍事衝突と停戦交渉のいずれも膠着状態にあったときにスターリンが死去した。朝鮮で軍事行動をとったことが、スターリンの生涯における国際情勢に重大な影響を及ぼした最後の決定であったとすれば、中国軍を朝鮮に派遣して参戦したことは、毛沢東が新中国建国後最初に出した、共和国の将来の命運に深い影響を及ぼす決定であった。このときの彼らの間の協力は、中ソ同盟関係のいっそうの発展のために基礎を築いた。しかし同時に、ソ連の政治と経済の力、スターリンの国際共産主義運動と中国共産党内での権威、さらにはスターリンの熟練した外交手腕、これらすべてにより、毛沢東は新中国成立初期にソ連との関係で一種の受け身の服従的地位に置かれ、そのため中ソ同盟関係には潜在的な対立の種が蒔かれたのである。

スターリンの死後、ソ連の新指導者の対外政策には変化が生じ、譲歩と緩和の方針が優勢となった。毛沢東は依然として強硬な立場を堅持していたが、彼もソ連の意見に従った[46]。板門店での交渉は困難な歩みの末に結果を出し、一九五三年七月朝鮮戦争は終わり、中ソ同盟もまた新たな発展段階に入った。

第9章　ソ連共産党第二〇回大会およびその中ソ関係への影響

一九五四年から五五年の中ソ関係は平穏に発展し、早くも蜜月の時期に入った。一九五六年二月、ソ連共産党は第二〇回大会を開催し、スターリン問題を提起した。これは疑いなく国際共産主義運動と冷戦の進行過程において最も震撼させる、そして最も興味深い歴史的できごとの一つであった。その結果、各国の社会主義路線をいかに発展させるかをめぐり、一連の深刻な問題が引き起こされただけでなく、中ソ関係の変化ないしは冷戦構造の発展の方向にも潜在的な影響が生じた。中国の歴史研究においても、ソ連共産党第二〇回大会の路線の認識および評価は疑いなく最も論争のあるテーマである。中ソ論争のときの中国共産党中央は、ソ連共産党が第二〇回大会で「一連の原則的問題でマルクス・レーニン主義に違背しはじめ」、特に「いわゆる『個人崇拝への反対』を口実にスターリンを全般的に否定し、またいわゆる『議会の道』を通じて平和的に社会主義に移行する」と言ったと認識していた。中国共産党はまた、中ソ両党の対立はソ連共産党第二〇回大会からはじまったと指摘した。[1] この種の決まりきった説明は、長期にわたり中国の公式の歴史学で修正されなかった。そのため非常に多くの研究者が、ソ連共産党第二〇回大会が引き起こした中ソの対立は、中ソ関係に深刻な分裂が生じたことを示すものであり、これが「中ソ関係史上最初の歴史的転換点となった」と考えた。[2] しかしすでに明らかになった史料によれば、こうした結論は軽率であったことが明らかである。

1　ソ連共産党第二〇回大会の路線およびその実質

まずソ連共産党第二〇回大会の路線とは一体何であったかを明らかにしたい。ソ連共産党第二〇回大会は、対外、国内、党内の三つの面から、スターリンが率いた一九回大会と完全に異なる方針、路線、綱領に関わる意見を打ち出した。

まず対外政策の面では、ソ連共産党は完全に「平和共存、平和移行、平和競争」という対外政策の総方針、総路線を打ち出した。ソ連の対外政策の新理論の前提は、以下のような認識にもとづいていた。今の時代の特徴は社会主義が一国の範囲を超えて一種新たな「世界体系」を作り出したことにある。これに鑑みれば、資本主義と社会主義の二つの制度の共存はもはや争いようがない事実となった。核兵器の時代にあって、未来は「平和共存でないとしたら、歴史上最も破壊力のある戦争」となり、「第三の道はない」。同様に国際情勢の根本的変化により、「各国、各民族が社会主義に移行する面にも新たな見通しが生まれ」、平和的な移行も実現しうる。社会主義と資本主義の二つの制度の間の闘争に至っては、このような情勢では、社会主義の勝利も武力での内政干渉によるのではなく、平和的な競争で決まるものである。大会を通過した決議は、ソ連共産党中央委員会第一書記フルシチョフが総括報告で主張した「平和共存、平和移行、平和競争」の理論を全面的に肯定した。そしてこれは「ソ連の外交政策の総路線」であり、「根本的かつ原則的な、現代国際情勢の発展に関わる問題であり、目下特に重要な意義を有する」とした(3)。

国内の面では、ソ連共産党第二〇回大会は経済発展および管理体制の改変を意図した一連の方針と施策を指摘した。そのうち主要なものは、重工業優先の発展を今後も保証し続ける前提の下、「消費財の生産を迅速に発展させる」こと、あらゆる施策により農業を積極的に発展させること、人民の生活水準と質を大いに高めること、経済管理体制を改革すること、社会主義民主を発展させることである。[4] 対外政策と比較すると、ソ連共産党第二〇回大会が提起した国内政策は系統立っておらず、あまりに表面的で、ソ連の経済ないし政治の制度そのものに全く触れていなかった。これらの問題は、ソ連の新指導者は感じてはいても深くは認識していなかったか、認識していたが言い出せなかったのであった。

党内の面では、組織、思想工作等の強化といった一般的なスローガンを除けば、注意を引いたのはソ連共産党第二〇回大会が集団指導を強化し個人崇拝に反対するという問題を提起したことである。この問題はフルシチョフの活動報告でまず提起されたが、全面的に展開され世界の注目を集めたのはフルシチョフの二月二五日の「個人崇拝およびその結果について」と題した秘密報告であった。この冗長にして激情に満ちた秘密報告のなかで、フルシチョフは個人崇拝現象の深刻な影響として、三〇年代の大粛清期、その後の大祖国戦争期、また戦後の党内政治におけるスターリンの種々の誤りを列挙した。その内容はすでに周知のことだが、中国共産党のスターリン問題に対する反応を吟味し、また比較対照するために、ここで以下の二点のみ強調しておきたい。第一に、報告はスターリンを「全般的に否定」したのではなかった。フルシチョフは、スターリンが最も堅強なマルクス主義者のひとりであり、党に対し、労働者階級に対し、国際労働運動に対し大いに功労したと再三表明していた。報告のスターリンに対する批判は、大粛清と軍事指揮の誤り等、少数の問題のみに集中しており、スターリンのその他諸々の誤りには全く触れないか、賛同するかたちで言及されていた。第二に、報告では議論がスターリンの誤りの根源に及ぶと、スターリンの個人的性格と道徳的欠陥にばかり帰結してしまい、個人崇拝を生み出した社会的、歴史的、文化的根源は深く分析されず、ましてや制度面からスターリン問題の核心を論じることはなかった。フルシチョフは、スターリンが犯した誤りはすべて、「労働者階級の利益、勤労人民の利益、社会主義と共産主義の勝利の利益を守る立場から出た」ものであり、「真の悲劇」はここにあると考えてさえいた。[5]

程度の差はあるにせよ、ソ連共産党第二〇回大会は確実に対外、国内、党内の三つの面から非スターリン化の方針を打ち出し、それによって国際共産主義運動史上におけるいわゆる非スターリン化現象を形作った。これらはフルシチョフ個人があるとき激情に駆られ突発的に思いついたものではなく、スターリン死後からモスクワの新指導者層のなかで徐々に形成された共通理解であった。

冷戦は戦後初期の大国間協力の局面を打ち壊し、スターリンに対外政策と安全戦略の再調整を迫った。東欧各国ではソ連的体制が普及し、コミンテルンに似た情報組織が設置された。ヨーロッパ情勢の緊張はベルリン危機の発生に伴って強まり、朝鮮戦争でソ連と西側の対抗はヨーロッパからアジアに拡大し、緊張は極限に達した。スターリンの死去はソ連が従来の政策を転換する機会を提供した。中国を説得しアメリカの条件を飲ませ、朝鮮戦争を終わらせたのは、ソ連の緊張緩和の意図が最初に現れたものであり、クレムリンの新しい主人らが出した非スターリン化の第一歩の試みでもあった[6]。その一年後に閣僚会議議長となったマレンコフは、ソ連はアメリカを含むすべての資本主義国家と「平和経済競争」を行うと主張した[7]。この表現は観点として、また単に口調としてだけでも、スターリンが堅持した階級闘争と暴力革命のセオリーとは大いに異なっていた。党内の権力継承の闘争があったからではあるが、マレンコフが公開した驚くべき言説は批判を受け、彼が失脚する一因となった[8]。しかし実際には、この理論枠組みとロジックはソ連の新指導者にあまねく受け入れられていた。ソ連共産党第二〇回大会開催前の二年間に、モスクワは実際に西側との緊張緩和を進めた。たとえば、ソ連のＮＡＴＯ（北大西洋条約機構）加入を提起し、ユーゴスラビアとの関係を自ら動いて改善し、オーストリアの中立に賛同しソ連占領軍の撤退に同意したり、アルジェリア民族解放戦線が発動した蜂起に冷淡な態度をとったり、日本との関係正常化の外交交渉を積極的に進めたり、率先して軍縮を提起し自国だけで軍縮したり、アメリカに米ソ友好協力条約への署名を提言したりした。一九五六年一月三〇日に幹部会会議がソ連共産党第二〇回大会の活動総括報告の草稿を検討した際に、最も議論が集中したのは議会の道、平和共存、プロレタリア独裁の問題であった。ひととおりの論争を経て、報告の趣旨は平和であることに全員が一致して賛同した。[9]

また第二次世界大戦によって人々の視野が開き、軍服を着た数百万人ものソ連の労働者、農民は戦線が前進し国境の外に出てはじめて、彼らが生活していた「社会主義の天国」が「資本主義の地獄」とまるで比較にならないこと、さらには敗戦国のドイツ人の生活水準も戦勝国のソ連人の生活水準より高かったことに気づいた。人々は不満を言い出し、社会は思考し出した。しかし冷戦の影響下、とりわけスターリンの晩年には、ソ連の党内と社会生活は再度、政治的粛清と抑圧の暗雲に覆われ、すべては戦前の状態に戻った。[10] 一九五三年のソヴィエト国家はもはや社会が大爆発する前夜にあった。人々は恐怖と驚きのなか苦しんだだけでなく、物質生活の欠乏にも耐えなければならなかった。信じられないことに、社会主義になって三〇年が経ち一九五二年にもなるのに、ソ連の一人あたり主要食品消費量は、牛乳、乳製品、魚、水産品が一九一三年の水準にやっと近づいたところで、小麦粉、米、肉、油脂に関してはまだそれを下回っていた。[11] スターリンの死後、ソ連指導者は軽工業と農業生産の発展を加速しはじめ、経済政策の調整を行った。一九五三年ソ連邦最高会議八月会議における、日常生活消費財の生産の優先が必須であることに関するマレンコフの演説と、一九五三年ソ連共産党中央委員会九月総会においてフルシチョフが提出した農業改革綱要は、経済政策の「雪解け」の最初期の兆しであり、ソ連の伝統的な経済発展方針を修正する初歩の試みであったと考えられる。フルシチョフとマレンコフの政治的対決が背後で進行していたが、経済政策を改変することで社会生活の緊急需要を解決しなければならないことはソ連中央の新指導者の共通認識であった。日用品の生産を増やし、住宅建設を伸ばし、販売店舗を広げ、農業税収の基準を下げ、処女地の開墾を速める、これらすべての施策は誰が最初に提起したかはともかく、結果的にソ連共産党第二〇回大会が改革方針を打ち出すための思想的、政策的準備となった。[12]

生前、スターリンに対し危機感を抱いたのは、まず彼の身辺にいた人たちであった。とりわけスターリンの晩年には、クレムリンは誰しもが危険な、耐え難い緊張状態にあった。一九五二年一〇月開催のソ連共産党第一九回大会を経て、スターリンは自分と同世代の「老近衛軍」を新たな指導部から全部追い出した。党と国家の重大事はどれも事実上、スターリンの郊外の別荘での晩餐の席で決められ、そこに招かれたのはマレンコフ、ベリヤ、フルシチョフら少数の第二世代の指導者だけであった。その彼ら数人も、いつ晩餐の招待リストから外されるかわからず、四六時中戦々恐々としていた。まさにそうしたときにスターリンは突然脳卒中で倒れた。スターリンが最終的に死に至った真の原因について目下定説はないが、党の最高指導層にスターリンの再起を願う人がいなかったことは明らかである。スターリンが昏睡状態となり、今際の際に開催されたソ連共産党中央、閣僚会議、ソ連邦最高会議幹部会の合同会議、それから会議が出した党と国家の機構および人事の調整の進行に関する決議は、スターリンの陰影から脱しようとする党内指導者の心情をありありと裏付けている。[13] スターリンの死後はじめて開催された中央委員会総会で「集団指導の実行」に関する決定が通過し、今後党の指導層ではいかなる人も、いかなる時においても、中央委員会幹部会のその他の委員を凌駕する職務に就くことはできないという共通認識が形成された。[14] ソ連指導層の「非スターリン化」は事実上、早くもスターリンが倒れたときからはじまっていた。もっとも、その歩みは曲折し、自己矛盾に満ちていた。ソ連共産党二〇回大会が提起した問題は、時代の前進の体現であり、社会発展の要求であり、人民生活の需要であったことが見て取れよう。スターリンの死後のソ連党内活動と社会の趨勢は改革の基礎を示しており、ベリヤとマレンコフを含むソ連共産党の新指導者らの施策は変革の必要を反映していた。したがって、その理論的前提は客観的に存在していた。フルシチョフを代表とする新指導者は、政治的に成熟していなかったが、結局のところ社会主義の発展の道という問題を考え直しはじめていた。より正確に言えば、ソ連共産党第二〇回大会は一種の方針転換の可能性を、スターリン式の束縛から逃れる歴史的機会をもたらしたのであった。社会発展の角度から見れば、この点はソ連にとって、また中国にとって、そして社会主義の体系全体にとって、いずれも十分重要な意義を有している。

2　フルシチョフ秘密報告の由来

社会主義陣営に激震を走らせたのはフルシチョフの秘密報告であったが、最も早く個人的に行動をとったのはベリヤとマレンコフであった。スターリンの死後一週間ばかりが経った三月一三日、内務省と国家保安省の大権を掌握したベリヤは、捜査班の設置を命じ、有名な「医師団事件」を含む重大事件の再審査をさせた。これらの事件はどれもスターリンの生前に組織された大規模な政治的抑圧の重要な内容であった。一カ月もかからずに「医師団事件」は名誉回復され、幹部会は決議を出し、ベリヤが過去の国家安全機構が捏造した冤罪を暴いたことに賛成し、「ソ連の法律を破ったことで生じた負の結果を取り除いた」とした。その後ベリヤの提言で、五月九日の幹部会において祝日にパレードの隊列が指導者の肖像を掲げることを禁じる決議が通過し、ここでマレンコフとベリヤは個人崇拝の危険性に言及した(15)。これらの施策はスターリンと直接関係がなかったが、それが示すことは明らかであった。六月二二日のベリヤ逮捕は、もちろん彼が名誉回復した事件の多くがスターリンの承認を得たものであったからではない。しかしベリヤ事件を処理する過程で、クレムリンの新しい主人にはスターリン問題を討論する機会が生まれたのであった。

七月の中央委員会総会で形成された決議は、「経済建設の一連の領域」と「共産主義教育」の面であれ、「レーニンが定めた党の規則」と「党の指導のボリシェヴィキ的原則」を守る面であれ、いずれも深刻な誤りが存在していることを認めた。特に党の政治生活で、「多くの極めて不正常な現象が蓄積している」とした。たとえばソ連共産党第一九回大会の開催が再三延期され、何年も中央委員会総会が召集されず、幹部会は「長期にわたって正常に役割を発揮せず」、「国家と経済建設における多くの重大な問題の決議は、往々にして党規約の規定に従って事前に党の指導機関において集団で研究討論されることはなかった」。決議は特に「もう一つの不正常な現象」を指摘したが、それは

「最近数年来の宣伝工作」は「個人崇拝を宣揚する間違った道を歩んだことで、党の指導核心と党全体の役割を貶めた」ことであった。明らかにこれは、名指しせずにスターリンを批判していた。しかし決議は打って変わって、本来スターリンが負うべき罪をすべてベリヤに転嫁した。[16] 当時のソ連におけるスターリンの権威に鑑みれば、このようにしたことは全く想像に難くない。

フルシチョフの政治的ライバルが続々と失脚した後、ソ連共産党第二〇回大会を開催する問題が議事日程に上った。一九五五年四月七日、フルシチョフは一〇カ月後にソ連共産党第二〇回大会を開催することを提案し、その議事日程は慣例どおりであった。翌日、ソ連共産党中央委員会幹部会はこの提案を採択したが、そこには大会でスターリン問題を提起しようと表明した形跡はない。[17] しかし、ソ連共産党第二〇回大会のために資料を準備する過程で、避けられない重要問題が浮かび上がった。それは三〇年代の大規模な政治的抑圧の問題である。名誉回復工作は、スターリンの死後ほどなくしてはじまり、モロトフを長とする専門の委員会が設置された。国家安全機関は一九三六年から三九年に有罪判決を受けた党および国家の活動人員の案件について再審理を積極的に行った。たちまち、陰謀で捏造された偽の案件やら、暴力ででっち上げられた冤罪案件やらが暴露され、摘発の資料は潮が満ちるかのように次々に出てきた。一九五五年三月一四日にソ連共産党中央委員会は、検察庁が一九五四年後半と五五年一月、二月に全部で一万三〇八四件の反革命罪を審理したとの報告を受けた。そのうち、元の判決で「暴力的に社会主義法制を破壊した」とされた案件が七七二七件に上った。これらのほかに、判決を受けた人およびその家族の訴えにより審査中の案件が一万件以上あり、未処理の訴えが三万以上あった。[18]

幹部会はこれらの案件の検討に本格的に取り組むとともに、無辜の被害者の名誉回復について考えざるをえなくなった。一九五五年秋になると、三〇年代の大粛清、およびスターリンのこれらの冤罪への責任に関する各種報告資料はすでに山のように積み上がっていた。同時に、名誉回復した人が、監獄、収容所、流刑地からモスクワその他の大都市に戻りはじめた[19]。このような状況下で、一九五五年一一月五日開催の幹部会会議は、来るスターリンの誕生日に、かつてのような集会を開いて祝うことはせず、新聞にニュースを一つ載せるのみとすることを決定した[20]。社会の圧力により、名誉回復工作の歩みをさらに加速することが必須となった。一二月三一日の幹部会会議では、フルシチョフの提言により、中央委員会書記ポスペーロフを長とする専門の委員会を新たに設置した。会議では当事者のシャトゥノフスカヤがミコヤンに宛てた手紙が読み上げられた。手紙にはキーロフ暗殺事件の調査に関する状況が以下のように述べられていた。それはレニングラード国家政治保安総局の執務室において、下手人のニコラエフが、スターリンと国家政治保安総局局長のヤゴダの面前で、事件当時、彼の背後で指示していたのは国家政治保安総局の職員であったと話した瞬間、激しく殴られたというものであった。衝撃を受けた幹部会員らは、調査の継続を要請した[21]。

一九五六年二月一日の幹部会会議では、国家安全部門で重大案件の捜査官だったロドスを監獄から会議の場に連行し、幹部会員の質問にありのまま答えるよう要求した。喚問後、多くの人はもう疑わなかった。抑圧も拷問もみな、スターリンが自ら計画し、自ら指導して、敵対者を排除したのだった。ミコヤンとポスペーロフ、それからKGB議長のセーロフが、さらにいくつかの具体的な事実を話し、スターリンが大規模なテロルを直接指導し、各地の逮捕者の人数まで規定したと述べた。中央委員会書記アリストフは率直で鋭い問題を提起した。「われわれに真相を話す勇気はあるだろうか」。激しい討論を経て、フルシチョフは最後に、「代表大会でテロルの手段については話さない」が、「スターリンをしかるべき地位に据えるという方針を確定すべきだ」と指摘した[22]。二日後、スターリンの名前は初めて政府公式の政治語彙のなかから消えた[23]。

問題はまだこれで終わらず、モロトフは党大会前に事実関係を必ずしも明らかにできないと考えていたが、大した時間もかからずに明確な答えが出た。二月九日、幹部会はポスペーロフの委員会が事前に提出した七〇ページにわたる詳細な報告について討議した。同報告が列挙した大量の事実は、これらの反党、反ソ、反革命事案がどれも捜査機関の捏造であり、各種違法な手段で自白させた結果であったことを証明していた。驚くべきは、以下の統計資料である。一九三五年から四〇年に、反ソヴィエト活動に従事したとして逮捕されたソ連国民は計一九二万六三五人、そのうち判決を受けた者六八万八五〇三人、抑圧が主に集中した一九三七年と三八年には逮捕者が一五四万八三六六人、そのうち判決を受けた者が六八万一六九二人に上った。大粛清の荒波は全国の地区と部門におよび、「大多数の共和国、辺境地区、州で、党とソヴィエト機関の指導者はほぼ全員逮捕された」。一七回党大会が選出した一三九人の中央委員と同委員候補のうち、九八人が逮捕され、例外なく銃殺された。一九六六人の表決権、発言権を有する大会代表のうち、一一〇八人が逮捕され、うち八四八人が銃殺刑に処された。報告が挙げた十分な証拠によれば、大規模な抑圧はスターリンが直接推進しただけでなく、そのなかの多くの重大事案は彼自ら口出しし、決定し、「社会主義法制にとって最も粗暴かつ無恥な破壊」である酷刑と「最も野蛮な拷問」によって尋問まで行い、かつて二度もスターリン本人の承認と激励を受けていた[24]。この報告を読んだ人は皆驚き、次なる問題はこの資料をどう処理するかであった。幹部会会議では再度意見が深刻に分かれた。フルシチョフがまず態度表明し、代表大会で真相を説明する勇気を持つべきだとした。モロトフは即座に立ち上がって反対した。彼はスターリンがレーニンの継承者で、しかもソ連の工業化の実現を指導したと断固考えていた[25]。論争を経て、会議は二月一三日午後に中央委員会総会を開催し、この資料の公開の是非について議論することを決定した[26]。

二月一三日に先に開催された幹部会会議で以下の決議が討論、採択された。フルシチョフに中央委員会総会の開催を委任し、中央委員会総会に議案を提起し、代表大会の秘密会議で個人崇拝に関する報告を行うことが必須であると幹部会が考えていることを説明し、フルシチョフが報告者を務めることを確定する[27]。フルシチョフがその後開催された中央委員会総会で行った説明はごく簡単なもので、具体的な内容に全く触れず、次のように言及しただけであった。「個人崇拝と集団指導の問題における重大な転換を代表たちに正確に理解させるために、また彼らにより多くの具体的な資料を手に入れさせるために、個人崇拝とその結果について報告を行うべきである」。会議は全会一致で幹部会の議案を採択した[28]。

総会開催後、数日が経った二月一八日になってようやく、ポスペーロフとアリストフが起草した「個人崇拝およびその結果について」の報告の初稿が二人から提出された。その主な内容は、三〇年代に行われた政治的抑圧についての大量の具体的事実であった。フルシチョフはこれを明らかに不足と感じ、翌日にいくつかの補充が必要な内容を口述筆記させた。この口述記録には、四〇年代と五〇年代初頭にスターリンが党内指導者に行った粛清の事例が加えられただけでなく、言葉遣いも明らかにいっそう尖鋭的で過激なものになったと見られる[29]。その後、以上の二つの版とその他の人が提供した文書を基礎に、最終版が整理され、幹部会員、同候補および中央委員会書記に配られ、意見が求められた。二月二二日に臨時に開催された幹部会会議で、秘密報告が読み上げられる時間は二四日の大会選挙終了後と決定された。二五日より前に報告の最終版の準備がついに終わった[30]。

以上の過程は、スターリン崇拝がソ連の社会変革にとっていかに越えにくい壁であったかを伝えている。スターリン批判とは、その根本的な目的から言えば、個人あるいは少人数の集団が権力を手に入れるための道具ではなかった（もっとも、党内闘争でこれを利用した人もいたが）。むしろ、スターリンの一部政策と彼のやり方を改変する下地となりうるものであった。歴史上の冤罪の名誉回復を求める社会の流れは、フルシチョフに一つの機会を与えたにすぎなかった。ソ連は危機を脱したいのであれば、個人崇拝という桎梏を打ち破らなければならなかった。これはソ連共産党中央が集団で決定したことであって、意見対立は問題の提起の仕方と批判の程度をめぐってのことにすぎなかった。それでも、フルシチョフの驚くべき所業が中国をはじめとする共産党世界に与えた影響には複雑なものがあった。

3　ソ連共産党第二〇回大会の中ソ関係への影響

ソ連共産党第二〇回大会が中ソ関係に結局どのような影響を与えたのかを明らかにする際、歴史研究者がまず答える必要がある問題は、フルシチョフが提起した新方針と当時の中国の国内および対外政策とは、詰まるところどの程度の差異があったのか、そしてソ連共産党第二〇回大会の路線と中国共産党第八回大会の路線は一体どれほど食い違っていたのかである。

まず平和移行については、ソ連共産党第二〇回大会の提起の仕方に毛沢東は内心明らかに不満であった。それは武装して政権を奪取することが、中国共産党の考える一〇月革命の道を行くということであり、中国共産党が世界のプロレタリアートに提供する貴重な経験であったからである。しかし重要なことに、いかなる場面でも、当時毛沢東と中国共産党中央は正式にこの問題を提起しなかった。その原因は、平和共存、平和移行、平和競争が理論体系と政策方針の上で一体となっており、しかも朝鮮戦争後、ジュネーヴ会議からバンドン会議にかけて、中国が対外政策面で実際に行っていたのは、まさにこの種の理論と方針であったからである。[31] 中国共産党とソ連共産党は手を組んでホーチミンに一七度線を受け入れさせ、マラヤ共産党に武装蜂起を放棄するよう指示した。それから周恩来とネルーは連名で「平和五原則」を表明し、バンドン会議で革命を輸出しない保証等々を発出した。これらは当時の中国共産党が平和移行の方針に賛同していたことを示している。[32] したがって、ソ連共産党第二〇回大会が提起した「三つの平和路線」は中国共産党上層部で広汎な共鳴を得た。外交部の日常業務を司る張聞天は、二月二一日に外交部幹部の会議で、「戦争は不可避という論点は改める必要がある。社会主義に移行する形式の多様性はすでに現実に存在している」と述べた。[33] 周恩来も何度も平和共存の問題に言及した。周は三月四日の専門の会議で、以下のように述べた。国際的な緊張状態は緩和に向かっている。戦争は不可避とは決まっておらず、この見通しが正しい。世界情勢にこのような大変化が生じており、平和はいっそう世界人民の手に握られ、戦争は抑止できる。さらに五月三日の国務院の幹部会議でも周は、国際関係において、「平和共存すべきで、平和的方法で競争すべきであり、どの制度が優れていて、どの制度が良いか、人民に選択させよう」と述べた[34]。それから間もなく『人民日報』も、「平和共存という重要な方式を促す」、「平和中立の方向性の発展」等を題目に掲げ、文章とニュースを連続して掲載するようになった[35]。この種の雰囲気のなか、毛沢東も自ずと平和移行に反対する意見を出しづらくなった。

国内経済の方針に至っては、当時の毛沢東の「ソ連を鑑にする」という考えの集大成が、毛の報告『十大関係を論ず』である。フルシチョフの総括報告、閣僚会議議長のブルガーニンの第六次五カ年計画の報告と毛沢東の論述を逐一対比するなら、農業、軽工業、重工業の投資比率の調整、工業配置の改変から人民の生活水準の向上等の各経済施策に至るまで、中ソ間に一つも違いがないことが明らかに見て取れる。中国駐在ソ連大使館が『十大関係を論ず』を分析して出した評論は根拠があるもので、毛沢東が提起した一〇項の方針のうち、最も重要ないくつかの項、とりわけ人民群衆の福利向上への配慮、民主のいっそうの発揚等を強調している面は、ソ連共産党第二〇回大会の決議と緊密に関係しているとした[36]。もちろん、ソ連共産党の考えも中国共産党のそれも、いずれもスターリンの方式を乗り越えておらず、制度を改変あるいは改革するというレベルで社会主義の発展経路の問題を考えていなかった。中国の経済建設が採用した方法はどれもスターリン時代のもので、特に戦後復興期のソ連の経験であった。それゆえ毛沢東が模範とする必要があると考えたものはスターリン方式の悪弊でもあった。そしてそれはまさしくスターリン死後のソ連の新指導者がすでに考えはじめ、ソ連共産党第二〇回大会で提起した問題でもあった。特に注意が必要なのは、すべての東欧社会主義国、モンゴル、朝鮮と異なり、中国は主体的にソ連社会主義の方式を移植していたことである。ソ連への「一辺倒」から「全面的にソ連に学ぶ」へ、さらに「過渡期総路線」へ至るまで、中国共産党はいつもソ連方式の国家建設を参照していた。一九五六年に毛沢東が中国独自の道を模索したといわれるが、本質的にはスターリンが示したソ連の道から脱却していなかったのであって、自国の国情に適した方法をとることでソ連より多少速く進もうとしたまでである。そしてソ連の指導者同様、毛沢東の見たところ、スターリン方式の原則は間違っていなかったが、方法に問題があった。まさにこうした思考様式の下、中国共産党第八回大会は模索を続けていたが、突如勃発したポーランド・ハンガリー事件と反右派闘争のなか、その試みはあっけなく潰えた[37]。要するに、ソ連共産党第二〇回大会の路線が提起された直後は、中ソ両党はかなりの程度共同で社会主義の発展経路の問題を模索していたのであって、「根本的な対立」、「深刻な分裂」が起きたとは言えないのではないだろうか。

従来の歴史叙述から作られた印象では、毛沢東はフルシチョフがスターリンを批判したことに頗る不満のようであった。ソ連共産党第二〇回大会がスターリンを公に批判したことで、確かに中国を含む社会主義陣営と国際共産主義運動に巨大な衝撃が走り、中国共産党と毛沢東は確かに反対意見を持っていたが、中ソ関係に与えた影響について言えば、考えられているほど単純ではない。

スターリン問題の批判を党の上層部から基層へ、一般民衆へ、そして外国へと積極的に押し広げたのが、ほかならぬソ連共産党中央委員会第一書記その人であることを疑う人はいないだろう[38]。フルシチョフの目的は究極のところ、これで政治的ライバルに打撃を加え、自分が統治者の地位を獲得するためであったか、保守派の干渉を排して、伝統的な政策をいっそう改変し道を開くためであったか、はたまた純粋に情勢に迫られてのことであったのか、どれも研究者の推断にすぎない。しかし一点、疑いないのは、スターリン問題がかくも速く、そしてとめどなく拡散したことである。歴史の長期的な目で見れば、社会主義の道は、スターリンの示した方向を参照して進むことはもはやできなくなったのではないかと考えさせられよう。しかし、現実から見れば、ソ連共産党のやり方も確かにソ連社会と社会主義陣営に思想的混乱をもたらし、その結果、改革と非スターリン化の継続推進の方針に多大な困難をきたし、抵抗を招くこととなった。

最大の衝撃を受けたのはソ連社会であった。広汎な討論のなかで、様々な疑問や意見が提起され、一部はかなり先鋭で過激であった。多くの人は、スターリンは共産党人の鮮血を浴びた「国家の罪人」であって、「レーニン廟に葬られる資格はない」と考えた。さらに極端な意見は、三〇年来のソ連社会は「高度な独裁の専制国家」であって、「スペインの宗教裁判所」の方がマシだと見なした。甚だしきに至っては、ソ連共産党を取り締まり、マルクス主義の古典すべてを焼却すべきだと主張する人まで現れた(39)。しかしより多くの人は、すべての罪をスターリンひとりに押し付けるのは「不公平」であって、秘密報告は「スターリンに対する誹謗」であり、「全部嘘八百」であり、「スターリンは永遠に歴史のなかで生きている、永遠に進歩的人類の心のなかに生きている」と考えた(40)。観察者と研究者とでは、当時のソ連社会の主流の傾向に対する判断が異なるが、スターリン問題がかくも広汎なレベルでの討論となり、その結果、主として思想の迷走と疑念、社会の分裂と混乱が引き起こされたことは明らかである。

社会主義陣営のなかでの反応も同様にかなり強烈だった。社会主義の大家族に加わったばかりのユーゴスラビアでは、これに賛同する声が聞かれたが、西欧とアメリカの共産党では深刻な分裂の局面が現れた。東欧各国の状況は複雑で、東独の指導者ウルブリヒトは待ちきれずにソ連共産党の新精神を称賛し鼓吹する文章を公表し、アルバニアはソ連共産党第二〇回大会に表面上賛同しつつ、内々に不満と否定の傾向を示した。ポーランドとハンガリーでは、改革派が鼓舞され保守派が意気消沈し、その他の数カ国は茫然として、なす術もなかった(41)。アジアの各党に至っては、比較的保守的な方法をとり、朝鮮、ベトナム、それからインドネシア共産党では、個人崇拝問題の伝達と討論を厳格に制限した(42)。また、スペイン共産党総書記のドロレス・イバルリの心情は、当時の人々の思いを代表している。彼女は後に回顧して、ソ連の指導者が明らかにした痛ましい事実を知ってから、われわれは異常な重苦しさを感じ、何も知らずにいた方が良かったようだったと述べた(43)。その原因を突き詰めると、鍵となるのはスターリン問題の提起ではなく、問題の提起の仕方にあった。この点、新華社モスクワ駐在記者の観察、分析には信服させられる。それによれば、当時、ソ連共産党は思想的にも組織的にも十分な準備をしないまま、やみくもにスターリン問題を持ち出し、しかも伝達の範囲はあまりに広く、あまりに速く広まり、その後も解釈と教育工作が欠けていたという[44]。

ソ連共産党第二〇回大会が直面していた局面は、長期にわたる残酷な抑圧手段と狂気の神造り運動がスターリンを真理と理想の化身に仕立て上げてしまっており、スターリンの個人崇拝をやめなければ、いかなる理論の創造も、政策の調整も多くの抵抗に遭うことになり、スターリン体制とその方式を変えるなど尚更難しいというものであった。ただまさに個人崇拝の病毒がすでにソ連社会の骨髄と細胞に浸透していたため、いかに小さな手術でも慎重に進める必要があり、さもなければ機能不全をきたすおそれがあった。こうした混乱した局面に、世論の圧力と党内にもともと存在していた意見対立も加わり、ソ連共産党は第二〇回大会を開催して間もなく相対的に保守的な方針をとり、「雪解け」の歩みを緩め、また止めることまでした。六月三〇日のソ連共産党中央委員会の決議「個人崇拝およびその結果について」は、フルシチョフの秘密報告の主要な観点を残していたが、言葉遣いはだいぶ和らぎ、しかも「もし過去に存在した個人崇拝の事実からソ連の社会制度に何らかの変化が起きたと結論を出したり、あるいはソヴィエト社会制度の本質にこの種の崇拝の根源を求めたりするのであれば、それは厳重な誤りである」と敢えて強調した[45]。続いて多くの人がソ連共産党第二〇回大会の規定した討論の範囲を超えて言論を発表したために、反ソ反共の罪名で監獄に入れられた[46]。五〇年代にソ連の検察庁が公訴を提起した「反ソ煽動宣伝案件」の数について、筆者が統計による対比を行ったところ、特に以下のような説明が可能である。一九五三年がピークで一二二九件、一九五四年は急激に下降し一五一件、一九五五年は七一件、一九五六年には上昇に転じ九三件、一九五七年は急増し一〇五六件となった[47]。「一九五六年末までに、すべては旧来の軌道に戻ったかのようであった」といわれるのも理解できよう[48]。

ソ連と比較すると、中国が当時置かれていた環境と直面していた問題は異なるため、物事を観察する角度と立場には大きな違いがあった。毛沢東と中国共産党中央のソ連共産党二〇回大会に対する最初の反応は、後年中ソ論争のときに言われたように当初から反対と否定の態度をとっていたのではなく、そこには複雑な変化の過程があった。

ソ連共産党第二〇回大会後、『人民日報』はミコヤンの発言を含むソ連共産党が公表したすべての重要文書を全文掲載し、新華社の『内部参考』は西側の新聞の平和共存方針とミコヤン発言への評論、それからソ連が三〇年代の政治的抑圧の被害者を大量に名誉回復したニュースを詳細に報道し、中国社会でかなり強烈な反響を呼んだ(49)。『内部参考』の報道からは、各地の幹部、知識分子、民主党派、商工界の人士らがみな「驚きと戸惑い」を感じ、「各種の思想的混乱」と「種々の憶測」が生じ、翻訳に誤りがあるのではと疑う人まで現れたことが見て取れる。議論は主にスターリンの評価と議会の道などの理論的問題に集中し、中央が明確な解釈と指導を与えることが広く求められた(50)。

中国共産党の指導者は秘密報告の文面を入手して、まず様々なルートや方法を利用してソ連がスターリンを批判した具体的内容を人々に理解させた。朝鮮、ベトナムのやり方とは違い、中国共産党は秘密報告の伝達範囲を工夫して制限することをしなかった。広範な党員にフルシチョフの報告を一字一句読み上げて聞かせたばかりか、中国語訳を36Kサイズの小冊子に印刷して、表紙に二行で「内部刊物，注意保存」と印字し、『参考資料』と共に配布した。同時に、『参考消息』にも各国のソ連共産党第二〇回大会とスターリン問題への反応が大量に掲載された。これら幹部の閲覧に供された内部刊行物は、刊行範囲に限りがあったが、機密文書ではなかったため、とても速く拡散した。外国語書籍を扱う外文書店に至っては、秘密報告を掲載したアメリカ共産党の英語新聞『デイリーワーカー』を公然と売っていたため、北京各大学の学生が先を競って買い漁り、売り切れたほどだった。李慎之の印象では、毛沢東は「この報告の内容が様々なルートから漏れ伝わることに反対していない」ようであった(51)。ここから少なくとも毛沢東の当時の心理状態がわかる。非スターリン化が中国でどのような深刻な結果をもたらすかを心配するのではなく、賛同し評価する眼差しでこれを見てさえいた。

中国共産党上層部のソ連共産党第二〇回大会に関する討論は、主にスターリン問題に集中していた。三月一一日から一二日に開催された政治局拡大会議は、ソ連共産党第二〇回大会がスターリンの個人崇拝を打破し、その錯誤の重さを暴露した点で積極的な意義があるが、フルシチョフが報告のなかでスターリンを全般的に否定したのは間違っていると考えた[52]。三月一七日の中央書記処会議で毛沢東は、フルシチョフの秘密報告は「一つには蓋を開けたが、二つには面倒なことをした」と考えていた。この蓋を開けたとは、ソ連とスターリンの迷信を打破したことであり、各国は自国の実際の状況にもとづいて思考し行動してよいということである。またこの面倒なことをしたというのは、ソ連共産党がスターリンという「重要な世界的な人物」に対し批判を行うにあたり、事前にその他各国の党に諮らず、「突然襲撃」したため、誰も考える準備をしていなかったことを指している。毛沢東は平和的移行の問題についても異なる意見があることに言及したが、それ以上は詳しく言わなかった。三月一九日と二四日の政治局拡大会議で中国共産党指導者が主に議論したのは、スターリンが各時期に犯した誤りであった。毛沢東は、スターリンには三割の問題と七割の功績があると捉えるべきで、七割の功績が主であること、また社会主義の道を歩む先人がいないことから誤りは免れ難かったことを指摘した。会議は、国際的な波風に対し、中国共産党は態度を表明すべきであり、二〇回大会を支持し、スターリンの誤りを分析し、共産主義の将来に対する確信を表明すると決定した[53]。

この態度表明が、中国共産党中央政治局の集団討論と毛沢東自らによる修正を経た、『人民日報』編輯部の文章「プロレタリア独裁の歴史的経験について」である[54]。この文章を発表した目的は、一面では社会主義陣営に現れた思想的混乱の局面に対し、中国共産党の観点と立場を表明し、兄弟党の悲観的、失望的な気分を転換し、また一面では中国共産党中央のスターリン問題に対する「全面的分析」をもって中国の党内外の広範な幹部と群衆を教育指導し、彼らの間の様々な疑問や憶測を取り除くことにあった[55]。文章が解決しようとした問題は、国際共産主義運動の発展のなかで解決が必須の歴史的な問題であって、またこの問題はソ連共産党が提起したものの、自ら解決できないものだった。文章はまずソ連共産党第二〇回大会の歴史的功績、とりわけ個人崇拝問題を暴露した勇気を肯定し、続いてスターリン問題に対し全面的な討論を展開した。政治局と書記処会議での討論をもとに、文章が特に強調したのは以下の点である。第一に、ソ連は「世界で前例のない、はじめてプロレタリア独裁を行った社会主義国家であって、あれこれ錯誤を犯さないよう構想することがどうしてできただろうか」。「プロレタリア独裁は権力の高度の集中を要求」しており、一方的に集中を強調すれば誤りが生じるということは「完全に理解できる」。第二に、スターリンは後年の仕事で「なにがしか厳重な誤りを犯した」が、「スターリンの誤りを個人崇拝にすべて帰結させることはできず、根本的に言って主観と客観は符合しないのであり、現実から離れ、群衆から離れたのは思想の方法的問題である」。「個人崇拝を受け入れ鼓舞し、個人の専断を行った」のは、彼の奢りと遠慮のなさによる。第三に、「個人崇拝は過去人類が長期にわたる歴史のなかで残してきた、腐敗した遺産」であり、「幾千万の人々の一種の慣習の力」であるために、これと長期の闘争を行うことが必須であり、先進的な社会主義社会であっても、この種の矛盾と闘争は様々な形で表出しうるものである。第四に、個人崇拝の教訓を汲み取って教条主義に反対しなければならず、またマルクス・レーニン主義に学び、そこにはスターリンの著作を含むべきであり、中国の具体的な状況と結合させ、「独立した思考能力と創造の精神」を保持しなければならないのであって、これは中国革命の歴史的経験が証明している。以上の中国共産党中央の認識は、フルシチョフの秘密報告に比べ確かに一歩進んでおり、分析もいっそう深い。しかし多くの人が「プロレタリア独裁の歴史的経験について」とソ連共産党の方針との差異を過度に誇張しているのは、明らかに誤解がある。ソ連共産党中央は六月三〇日の決議で特にこの文章を引用して、中国共産党は「我が党の採った個人崇拝およびその結果に反対する措置を擁護、支持している」と説明した。『プラウダ』出版社も全文校正した上で、小冊子を印刷し二〇万冊発行した[56]。

新聞上で中国共産党がソ連共産党より優れている面を顕示したがったとすれば、毛沢東はソ連人との会談では、中ソ両党が一致していた面を強調した。三月三一日に中国駐在ソ連大使のユージン（尤金）と三時間にわたって「頗る機嫌よく」会談した際、毛沢東はスターリンが中国問題で犯した一連の誤りを列挙した。スターリンの中国に対する路線は「基本的に正確」であったと原則的には認めていたが、スターリンのしたことに話がおよびながら、具体的に正確なところはほぼ何も出なかった。毛沢東はまた、スターリンがとりわけ毛が訪ソした時期に中国共産党と毛本人をいかに信用しなかったかも詳しく話した。同様に毛沢東は、ソ連の国内問題では、スターリンが総じて「偉大なマルクス主義者で優秀かつ忠実な革命家」であったと認めたが、フルシチョフが秘密報告で指摘したスターリンの誤りに対しては、何ら否定的な意見はなかったどころか、それらをまとめて七つの問題に帰納した。この会談の記録を見ると、スターリン問題で毛沢東とフルシチョフの話にはさほど大きな違いがないような感覚を受ける。毛沢東は、ソ連共産党二〇回大会が彼に強い印象を残したこと、またまさにソ連共産党がこれらの問題すべてを主体的に提起したことで、中国共産党と毛本人は多くの問題をより自由に考えることができるようになったことを語っている。[57]

四月六日、毛沢東は来訪してきたミコヤンと会見し、スターリン問題を話した。そこで毛は次のように述べた。中ソ間には異なる見方があり、われわれはスターリンの功績は誤りより大きく、彼について具体的に分析し、全面的に評価する必要があると考えている。しかし、われわれが一致している部分は対立している部分を遥かに上回っており、団結して敵に当たる必要があり、またその可能性もある、と。[58]毛沢東は五月二日にユージンと気軽に話をしたときにもまたスターリンの誤りを批判した。毛は「ソ連共産党中央が勇敢かつ先鋭的にスターリンの誤りの問題を提起した」ことを称賛すると同時に、スターリンの役割の評価には弁証法的態度をとるべきで、スターリンの消極的で誤ったところは捨象して、彼の積極的で正確なところを守るべきであると指摘した。またスターリンは偉大なマルクス主義者だが、多くの誤りを犯したともう一度述べ、この誤りについては「一冊の本が書ける」が、「共同事業に不利」なのでその必要はないと言った。最後に毛は、ソ連共産党第二〇回大会の決議の重要性と先鋭的にスターリンを批判した時機の良さを再度強調し、スターリンの個人崇拝を取り除いたことで現在「われわれはあらゆる問題を徹底的に討論できるようになった」と述べた。中ソ両党の見方に話が及ぶと、毛は笑って「われわれの観点は完全に一致している」と言った[59]。

中国共産党はその年の九月に第八回党大会が開かれるまで、ソ連共産党第二〇回大会とスターリン批判に対し総じて高い評価を与えていた。毛沢東は中国共産党第八回大会の開幕の式辞のなかで、ソ連共産党第二〇回大会は「多くの正確な方針を定め、党内に存在している欠点を批判した」と述べ、ソ連共産党の仕事は「極めて偉大に発展するであろう」と断言した。劉少奇が作成し、毛沢東が修正を加えた中国共産党八回大会の政治報告は、ソ連共産党二〇回大会を「世界的意義のある重大な政治事件」であり、「多くの社会主義発展事業の新政策方針を提起」しただけでなく、「世界の緊張緩和、そして世界の平和と人類の進歩を勝ち取る闘争に対しても重大な影響を生じさせた」と評価した[60]。鄧小平も中国共産党第八回大会における党規約改正に関する報告のなかで、ソ連共産党第二〇回大会の「重要な功績」は個人の神格化の甚だ悪い結果を暴露したことであると指摘した[61]。

詰まるところ、ソ連共産党第二〇回大会の路線と中国共産党の主張には根本的な対立がなかったことから、第二〇回大会は中ソ関係に対し、直接には負の影響を生まなかったと断定できよう。その後の状況は、中ソ関係には深刻な分裂が生じなかったばかりか、逆に関係がいっそう緊密化したことを示している。当然ながら中ソ間に意見対立が全くなかったということはなく、それは主に「平和的移行」と「個人崇拝」批判の二つの問題においてのことである。ソ連共産党第二〇回大会の中ソ関係への潜在的影響について言えば、ソ連共産党は同大会で公に「自己批判」を行い、スターリンの誤りを暴露したことで、疑いなくモスクワの威信を大いに低下させ、ソ連の社会主義陣営における指導的地位を動揺させたことを強調しなければならない[62]。これと対照的なのが、まさしく中国共産党の勃興である。中国共産党はもとよりソ連共産党ほど歴史が長くなく、経験も豊富でないが、領袖の魅力から言えば、フルシチョフは完全に毛沢東と比較にならなかった。特にソ連共産党が思想的混乱に陥ると、ソ連共産党員も含む、少なからぬ共産党人は、中国共産党と毛沢東その人にこそ目下の国際共産主義運動を指導する能力と資格があるのではないかと感じはじめた。歴史の過程から見ると、中ソ同盟を最終的に破局に至らせた種はおよそこのあたりに埋まっていた。

第10章　ソ連の経済援助と中国共産党の政治的支持

フルシチョフが政権に就いてから中ソ関係は確実に新たな段階に入った。双方の関係の進展について言えば、ソ連はいっそう主導的な役割を発揮し、中国側もまた非常に積極的に応じた。ソ連からすれば、フルシチョフは経歴が浅く、教養もなく、全体を統括する仕事の経験も欠けていたため、ソ連党内の指導的地位を固めるにしても、ソ連共産党の社会主義陣営への指揮権を保障するにしても、中国共産党の政治的支持は欠かせなかった。中国からすれば、歴史上、帝国主義の抑圧と搾取に遭い、近代化の発展の歩みがとても遅くなり、長期にわたり戦争状態に置かれ、科学技術の導入も停滞し、経済水準は低下したことから、経済を迅速に発展させ、国力を高めたいのであれば、ソ連の援助に頼るしかなかった。一九五〇年代中葉の中ソ同盟関係にはこの種の相補性が際立っていたと見られる。スターリン政権期の中ソの友好関係が主に政治と軍事の協力に現れていたとすれば、フルシチョフ政権期には、中ソ協力はソ連の中国に対する経済援助と中国のソ連に対する政治的支持に現れていた。このこともまた、この時期の両国関係が急速に上向いたことの前提と基礎を成していた。

1　フルシチョフ、対中経済援助を増加させる

朝鮮戦争が毛沢東と中国共産党の社会主義陣営における地位と影響力を大いに高めたことは、モスクワもはっきりと認識していた。それゆえフルシチョフは権力の座にのぼる過程で、対中政策の調整に目を向けはじめ、そのうち最大の貢献が経済面の対中援助であった。

フルシチョフの最初の行動は、ソ連の関係部門に中国の第一次五カ年計画の期間の建設支援プロジェクトをなるべく早く確定し実行に移すよう促したことであった。スターリンは一九五二年八月から九月に周恩来との会談で中国政府の要求を原則的に受け入れ、第一次五カ年計画の期間に中国に経済援助を提供すると応じ、具体的なプロジェクトはソ連側の関係部門が審査し、二カ月後に再度協議するとした。[1]中国側が提出したプロジェクトが膨大かつ煩雑で、また要求した内容の計画と提供の期限が短く、基礎資料とデータも準備が不足し、さらに外交交渉の経験も欠けていたため、李富春率いる中国側代表団とミコヤン率いるソ連側代表団の間の交渉はかなりの困難を伴った。[2]一九五三年五月一五日にようやく双方は「ソ連政府が中国政府による中国国民経済発展を援助する協定」に調印し、一九五三年から五九年の間に中国の九一企業の建設、再建を援助し、同時に一九五三年四月より前のソ連による建設支援の五〇プロジェクト、合わせて一四一プロジェクトを完成させることを決定した。これについて李富春は後に、「我が国の第一次五カ年計画はソ連の上述の援助がなければ、これほどの巨大な規模と速度にはならず、また同時にわれわれは想像もしなかった困難に遭ったことだろう」と述べている。[3]

しかし、協定の調印と援助プロジェクトの実施は同じではなかった。まだ細部の多くは具体化されておらず、ソ連側は建設支援プロジェクトを逐一実地調査する必要もあったためである。[4]とりわけ中国側は協定の調印後に何度も、計画書の内容に重大な補充と修正意見を提起し、各方面で具体的な交渉が必要になった。[5]もとの予定では第一次五カ年計画は一九五三年九月に実施段階に入っていたはずだが、中ソ協定の執行はいつになるかわからなかった。一九五四年初め、毛沢東は陳雲に「軍令書」を書かせ、国家計画委員会に二月二五日から一カ月で第一次五カ年計画の素案を出すよう命じた。国家計画委員会は期限の延長を願い出たが、毛沢東は五日間の猶予しか与えなかった。四月一五日、陳雲の整理を経て計画の初稿が毛沢東に提出された[6]。

中ソ間には当時、未確定の事柄が多々あった。それでも、中国はいわば「上層路線」を行かざるをえなかった。そのためフルシチョフには自らの力を顕示する機会が生じた。一九五四年四月上旬、周恩来はジュネーブ会議に向かう途中、モスクワでフルシチョフと会見し、中国の建設支援プロジェクトの交渉を加速するよう促してほしいとフルシチョフに頼んだ。当時、ソ連共産党中央を担当していたフルシチョフはその翌日、交渉を主管していたミコヤンとコヴァリを引見し、交渉の進捗状況を詳細に質問した。フルシチョフは「どのプロジェクトもほとんど審理し直し」、これらのプロジェクトの完成が困難な理由を全部提出するよう求めた。討論の過程でコヴァリは、このように膨大な建設支援プロジェクトに対しソ連自体の能力には限りがあると再三注意を促したが、フルシチョフは「何ら遠慮せず、また何の根拠もなく、頑として聞き入れなかった」。コヴァリの印象では、この第一書記が見ているのは外交上の意義だけであり、ソ連にとって非常に複雑で、技術的にも解決されていない経済問題を政治的に解決しようと彼は決心しているようであった。最後にフルシチョフは、ソ連共産党中央委員会幹部会とソ連閣僚会議ができるだけ早く中国との各協議の草案を審議できるよう、中国代表団との交渉を加速するよう指示した。その後、交渉の雰囲気とソ連の各省、委員会の交渉に対する態度が大いに変化し、多くの草案が順調に通過し、ミコヤンの提言にもとづき、中国の状況に知悉したフェドレンコも外務省を代表して経済協議の起草に参加した[7]。

中国が出す修正、補充の意見に対し、フルシチョフの反応もかなり積極的であった。一九五四年七月、中国はソ連に以下のように要求した。ソ連が一九五三年五月一五日の協定にもとづき、中国が建設する企業の設計業務と設備供給を援助する範囲と期限について、いくつか修正と補充があり、さらにいくつかの新しい企業の建設を援助するよう求める、と。フルシチョフはすぐに「中国政府の要求を満足させる」と答えた。設計業務と設備供給の合計額を三億五〇〇〇万から四億ルーブルほど増加させたのみならず、中国が目下建設している企業では、ソ連が新たに改良した軍事技術を元の協定が規定していたものに替えることを自ら提案した。[8] そのほかフルシチョフは中国の国慶節に丁重な贈り物をし、新たな援助プロジェクトの実現のために奔走した。そのなかには、元の協定が規定していた一四一企業の設備供給の範囲の拡大、一五の工業企業の新規建設、五億二〇〇〇万ルーブルの対中軍事借款、また中ソ合弁の新疆石油会社および新疆非鉄金属・レアメタル会社、大連汽船会社、民用航空会社におけるソ連の持ち株の中国への譲渡、そして中国が建設する蘭州・ウルムチ・アルマアタ鉄道および中蒙・中ソ鉄道の運輸の援助、さらにはソ連軍の旅順海軍基地からの早期撤退と基地の無償返還の決定等があった。[9] これらは当時、党中央の業務の範囲を超えていたが、一九五五年一月にマレンコフが正式に閣僚会議議長を辞任したことで、フルシチョフが事実上、全面的に業務を主管していた。[10]

中国の経済発展計画の実現を援助するため、ソ連は一九五四年から技術顧問と専門家を大量に中国に派遣しはじめた。対外貿易部副部長の李強の推計では、中国が招聘した技術専門家は、「一九五四年には一九五三年に比べ二倍に増え、一九五五年には一九五四年よりさらに多くなるだろう」と言われた。[11] 訪中したソ連専門家の人数について、筆者が詳細な研究と分析を行ったときの結論は以下のとおりである。一九四九年八月に劉少奇がソ連専門家の第一陣を引き連れて帰国してから一九六〇年八月にソ連が専門家全部を撤収させるまで、一二年間に中国で仕事した各方面の顧問と専門家は合計約一万八〇〇〇人で、一九五四年一〇月のフルシチョフ訪中前の人数は約五〇〇〇人、そのうち軍事面の顧問と専門家の比率が大きかった（約二〇〇〇人）。一九五四年一〇月から五八年末の人数は約一万一〇〇〇人、一九五九年と六〇年は二〇〇〇人に満たなかった。[12] この統計分析は、中国駐在のソ連専門家の人数の変化を中ソ関係のバロメーターと見なせることを示している。いくつかの具体的な数字はいっそう説得力があり、ソ連側の統計によれば、工業プロジェクトのために中国に来たソ連専門家は一九五四年から五七年だけで五〇〇〇人近くに上り、そのうち一九五四年は九八三人、一九五五年は九六三人、一九五六年は一九三六人、一九五七年は九五二人であった。[13]ソ連外務省の報告によれば、規定の期間を満了して帰国した者を除き、一九五六年末に中国に駐在していたソ連顧問と専門家は三一一三人であった。[14]別の統計によれば、一九五五年に中国に来た技術専門家は突如四六％も増加し、その後の二年間はそれぞれ八〇％、六二％増加、一九五七年に人数が最多となり、その後大幅に減少した。[15]明らかに、一九五六年と一九五七年はソ連人専門家の中国駐在者数がピークに達した時期であった。この時期はまさしく、中国が第一次五カ年計画を完成させた最重要な時期にあたっていた。

ソ連が中国に提供した科学技術資料と関係の援助もまた十分に客観的であり、一九五四年一〇月一二日に締結された中ソ科学技術協力協定にもとづき、一九五〇年から五九年にソ連は無償（印刷費のみ徴収）で中国に提供した科学技術の文献は、技術設計の文献が三万一四四〇セット、基本建設構想が三七〇九セット、機械と設備の見取り図が一万二四一〇セット、技術文献が二九七〇セット、部門ごとの技術文献が一万一四〇四セット、そのうち一九五五年から一九五九年にかけて各年二万五八九六セット、三三五九セット、九八三七セット、二六七八セット、一万二二セットで、総数の七〇％から九〇％を占めた。[16]このほかにも一九五四年から一九五七年にソ連は中国に対し、四二六一の教習プログラム、四五八七の工業製品の国家標準、それから輸出価格を優遇した上で中国のために設計・製造した二二一の機器、施設、設備のサンプルを提供した。第一次五カ年計画の期間に、ソ連は社会主義国家の科学技術援助の総数の半分を中国に与えていた。[17]

まさにソ連の援助があったがために、中国は第一次五カ年計画を全面的に完成し得たのである。この期間中、中国の経済建設は社会総生産額が毎年一一・三％ずつ増加する勢いで発展し、ソ連が建設を援助した一五六項目の重点建設プロジェクトを核心とし、限度額を上回る六九四の（一九五七年までに九九二の）建設プロジェクトを骨幹とし、全面的に基本建設を展開した。[18]一九五七年までにソ連と東欧各国が建設を援助したプロジェクトは、全体の操業が六

八、部分的な操業が二七であった。これらのプロジェクトが操業されるに従い、中国初の大型近代企業が形成され、中国の重工業と国防工業の能力を大いに増強し、生産技術の領域の空白を埋め、一応のところ国民経済の工業技術の基礎を打ち立てたのである。第一次五ヵ年計画の期間の各基礎工業部門（石炭と化学工業を除く）と国防工業の生産能力の新規増加分のうち、七〇％から八〇％はソ連の建設支援によるもので、なかには一〇〇％を占めた分野もあった。しかもソ連が援助した新規建設と拡張建設はどれも比較的大きな企業であり、導入したプラントはどれも当時としては先進的なものであり、ソ連で最先端のものさえあった[19]。

これほどの規模の援助は、ソ連の当時の経済力からして相当に重い負担であった。ロシアの学者は以下のような計算をしている。ロシアの文書に記載された数値によれば、ソ連の対中援助の建設プロジェクトの輸出総額は九四億ルーブルで、そのうち設備の輸出額は八四億ルーブル、技術援助の輸出額は一〇億ルーブルであった。これは一九五九年のソ連の国民総収入の七％に相当し、当時二六八万戸のアパートを建設し、長いこと都市民を困らせていた住宅問題をかなりの程度解決させることが可能な額であった[20]。

ソ連の心のこもった援助を、中国の指導者は内心よく承知していた。ソ連共産党第二〇回大会以降、毛沢東は「ソ連を鑑とする」を提起したが、それは経済建設の方式と方法に限ったことであり、中ソ関係には触れなかった。毛沢東が「十大関係を論ず」を発表してから、一部の基層幹部と群衆の間でソ連の理論と経験に対する疑いが起こり、ソ連の専門家を尊重しない態度も見られるようになった。これをソ連側も察知していた[21]。中国共産党中央はすぐにこの種の偏向を糾正した。中央宣伝部は一九五六年六月二〇日に文教部門の責任者会議を開催し、会議の場で同部長の陸定一は、「ソ連に学ぶことは完全に必要で、必ず学ばなければならない」、これは歴史の条件が決定したことであって、もしソ連の経験を学ぶことで問題が生じるのであれば、「われわれ自身の教条主義に帰するべきであって、ソ連の同志に責任を押し付けるべきでない」と強調した。七月一六日、中国共産党中央は陸定一の報告を転送し、ソ連から専門家を招聘しているすべての単位に、「中央宣伝部の報告を参照し研究を行い、問題があれば迅速に解決しなければならない」と要求した。[22] 一九五七年二月二五日、国務院も全国に向けて外国専門家局の報告を転送し、「ソ連に学ぶことは、過去、現在、将来のいつにおいてもわれわれの重要な任務である。われわれが教条主義的な学習方法に反対するとき、ソ連経験を軽視するいかなる錯誤思想も決して生み出してはならない」と強調した。[23] 事実上、ソ連共産党第二〇回大会後、中ソ間の親密な関係は政治と外交の分野における協力の方向にいっそう発展したのである。

2　中国共産党、ソ連のポーランド・ハンガリー事件の処理に協力

スターリンの生前は、中ソ両党の国際共産主義運動における責任には明確な分業があり、ソ連が欧州を担当し、中国がアジアを担当していたが、ソ連共産党第二〇回大会後、中国は徐々に東欧から注目されるようになった。ポーランドの各界がソ連共産党第二〇回大会の提起した諸問題を討論していたとき、少なからぬ人が、今日の世界で最も権威ある共産主義理論家である毛沢東はこれについてまだ意見を発表しておらず、毛沢東のこの問題に対する見解を聞けば信用することもできるとの考えを示した。また論争がやまないとき、毛沢東の見解を聞くのを待とう！　としばしば言われた。[24] 東欧各国だけではなく、モスクワも徐々に中国党の意見を重視するようになった。「プロレタリア独裁の歴史的経験について」は『プラウダ』に転載されてから、ソ連の広範な読者に支持されていたことからソ連共産党中央は全文を翻訳して二〇万冊の単行本を発行し、全党で学習させた。[25] それだけでなく、中国駐在ソ連大使館は、一九五六年の総括報告のなかで、「中国共産党が党の政治建設と群衆工作の経験を豊富に蓄積している」ことから、ソ連共産党中央が党務工作の人員を中国に派遣して、中国の党と国家機関の工作状況を了解するよう提案した。[26] まさにこのような背景の下、フルシチョフはポーランド・ハンガリー事件の危機の瀬戸際でまず考えたのが「兄弟である

中国共産党と協議」することであったと後に回顧している[27]。

一九五六年一〇月に勃発したポーランド・ハンガリー事件は、疑いなく非スターリン化の直接の結果であった。東欧各国の指導者は皆、ソ連に大変忠実であったが、彼らの大多数はスターリンによって育てられたのであって、ソ連共産党のスターリン批判と第二〇回党大会の新方針は理解できなかった。しかし一九四八年から五二年にスターリンによって弾圧された東欧の本土派の指導者は、民族意識は強烈だったが、スターリン批判を完全に支持し、モスクワの新路線に賛同した。これが東欧で動乱が起きた背景であり、ソ連が東欧問題の処理に手を焼いた原因でもあった。事が突然起きたため、当初ポーランド・ハンガリー事件はソ連が自ら処理するはずであったが、それが困難になると中国の意見が主導的役割を果たした。このことは主に、ブダペストからの軍の撤退とハンガリーの再占領、それから事件の善後処置に表れている[28]。

招待された劉少奇一行が一〇月二三日にモスクワに到着したとき、ポーランド危機はすでに危険な状態でなくなっていたが、ポーランド・ソ連間の緊張関係はなおも緩んでいなかった。中国共産党指導者が討論した意見にもとづき、劉少奇の任務は主に、ポーランドとソ連の間に立って仲裁工作を行い、両者が協議して合意を達成するよう説得することであった。その際の方針は、ソ連共産党の大国ショーヴィニズムへの批判に特に力点を置き、同時にポーランド党に大局を見るよう言い聞かせるというもので、またその方法は双方と別々に会談し、三者会談はしないというものであった[29]。北京を離れる前、劉少奇は中国共産党第八回大会に出席したポーランドのマレツ軽工業大臣と飛行場で会見し、ポーランドの改革に対し中国共産党を代表して敬服の意を示すとともに、ポーランドの共産党人が誤りの糾正のため自主的に努力していることを完全に支持することを強調した[30]。フルシチョフが中国共産党代表団に会って最初に出した要求は、ポーランドにソ連との緊張関係を緩和するよう説得する手助けをしてほしいというものであった。それとともに、誤った情報に導かれ、軍を動員しポーランド問題を解決しようとしたことを自己批判した。劉少奇はすぐに同意した。(31) 二四日午前のソ連共産党中央幹部会会議で、劉少奇はソ連共産党中央が最終的にポーランドに対し緊張緩和の方針をとったことにまず同意を示した上で、危機が勃発した原因を示し、ソ連の大国主義と大民族主義の傾向を婉曲に批判した。(32) さらに劉少奇は自らワルシャワに行きソ連のために工作すると答えたが、その後ゴルムカは中国共産党の意図を理解せず、中国の請求を婉曲に断った。(33) そのため毛沢東は急遽二七日にポーランド大使のキルイリュクに接見した。毛沢東はソ連の大ロシア・ショーヴィニズムの残滓を批判し、ポーランド党の綱領と路線に支持を示し、同時に社会主義陣営の団結が必須で、ポーランドも寛容な態度をとるべきだと指摘した。(34) ポーランド党は北京発の情報を得て政治局会議を開催し、中国の同志に感謝を示すとともに、ポーランド・ソ連会談の終了後に中国代表団をポーランドに招くことを決定した。(35)

劉少奇がモスクワに到着した日の夜、ソ連はハンガリーに出兵し、一晩でブダペストの動乱を平定したが、これによりハンガリーとソ連の関係も深刻な対立状態となった。中国は状況がわからなかったため意見を発表しなかった。数日後、ポーランドとハンガリーはソ連軍の撤退を要求したため、フルシチョフはワルシャワ条約機構全体に連鎖反応が起こることを懸念し、頭を抱えた。一〇月二九日毛沢東は電話で劉少奇に指示し、ソ連は他の社会主義国家に対し政治的、経済的に一律平等で、もっと開放的な態度であることを望むとし、駐留軍も撤退させ、国家を独立自主たらしめるべきであると述べた。劉少奇は毛沢東の意見を伝達するとともに、ソ連共産党に対し、宣言を発表し、他国の内政に干渉せず、相互に平等であって、経済、組織等の問題は各国が自ら決めてよいという声明を公表するよう提案した。中国共産党が再三説得したことで、フルシチョフは最終的に提案を受け入れた。かくして中ソは三〇日に共同で「ソ連とその他の社会主義国家の友好と合作の基礎の発展、いっそうの強化について」の宣言を起草した。(36)

しかしこのときブダペストの情勢はますます悪化し、モスクワが受け取った報告には、「党の指導機関は手の打ちようもなく、党組織は解体しつつある。チンピラが暴れ回り、地区の党委員会を占領し、共産党員を殺害した。党の取り締まり部隊を組織する工作は遅々として進まず、工場は休業し、住民は家のなかにいて、鉄道は運行を停止し、ゴロツキ大学生とその他反乱分子は戦略を変え、猖獗を極めている」とあった[37]。ハンガリー閣僚会議幹部会は一党制の終了を宣言し、すでに発足していた地方の民主自治機関を承認した[38]。こうした複雑な局面に直面し、ソ連共産党指導層と中国共産党代表団は進退が窮まった思いであった。三〇日夜、劉少奇は電話で毛沢東に指示を仰いだ。毛沢東は、撤退と鎮圧の二つの方法どちらもソ連に提起し相談してよいと述べたが、本人は鎮圧を行う方に傾いていた。中国共産党代表団はすぐに中ソ指導層の緊急会談の挙行を要請し、毛沢東の意見を伝達した。劉少奇と鄧小平が二人とも発言し、ソ連軍部隊はブダペストに戻り、断固として人民政権を守るべきだと説得した。ソ連は他国の内政に干渉しないという宣言に署名したばかりであったため、今また出兵して鎮圧するとのことで、ソ連指導層は皆完全に困り果てた。フルシチョフは劉少奇にソ連共産党中央幹部会会議に参加し中国共産党の立場を説明するよう要請した。三一日ソ連共産党中央幹部会はまた丸一日討論し、最後に出兵して鎮圧することを決定した。会議後、フルシチョフは飛行場に駆けつけ、帰国の途につこうとしていた劉少奇にソ連共産党の決定を伝えた。劉少奇は賛同を示し、またフルシチョフに対し、出兵の前提条件は第一にハンガリー政府の要請があることで、第二にハンガリーの群衆の支持を得ることであると注意を促した[39]。モスクワ時間一一月四日朝六時、「雷鳴」が下り、ハンガリーを全面占領する「旋風」作戦がはじまった[40]。

ポーランド・ハンガリー事件が平定されてから、ソ連とポーランド、ハンガリーの新指導者の間の矛盾を仲裁し、社会主義陣営の団結と統一を守るため、周恩来はフルシチョフの要請で中国共産党政府代表団を率い、モスクワ、ワルシャワ、ブダペストの間を一カ月近く頻繁に往復する外交活動を行った[41]。周恩来は各地で演説、発言を行い、ソ連を中心とする社会主義陣営の団結の重要性を繰り返し強調した。中ソ、中ポ、中ハ連合声明および中ソ・ハ会談のコミュニケのいずれも、社会主義国家関係の平等原則を堅持し、社会主義国家間の団結を守ることが必須であると指摘した[42]。ポーランド・ハンガリー危機において、中国共産党は終始、以下の二つの原則を堅持していた。一つはスターリン批判の東風を借りて、社会主義国家関係において独立平等の原則を行うことを強調し、東欧国家と連合してソ連の大国主義とその偉そうな態度を排除することであり、特にポーランド危機の処理において目立ったのがこの原則である。もう一つはソ連と東欧の関係を調停し、社会主義陣営の統一、団結、安定を強調し、社会主義の道に違背する可能性のあるすべての施策と傾向を断固として排斥し、打ちのめすことであり、ハンガリー危機の処理において非常に目立ったのがこの原則である。フルシチョフは中国共産党への批判を内心引きずっていたが、それでも中国共産党がポーランド・ハンガリー危機の処理を手助けしたことに「非常に満足」であった[43]。

3　毛沢東のフルシチョフに対する政治的支持

東欧の騒擾のほとぼりも冷めやらぬうちに、ソ連国内でさらに大きな危機が勃発し、毛沢東はまたもフルシチョフに救援の手を差し伸べた。

ソ連共産党第二〇回大会以降、ソ連共産党指導層内部では徐々に二つの派閥が形成された。モロトフ、カガノーヴィチ、ヴォロシーロフ、マレンコフらがフルシチョフへの反対派を構成し、幹部会で多数派を成していた。フルシチョフの周囲には若手の幹部会員候補および中央委員会書記らが集まり、中央委員会の大多数を占めた。一九五七年夏までに双方の矛盾は幹部会の改選の日が近づいたことで激化し、ソ連共産党第二〇回大会の路線を貫徹継続すべきかが争点となった。六月一八日、フルシチョフの思いに反して開かれた幹部会会議において、大多数の委員はブルガーニンが会議を主催すべきとの要求を堅持し、フルシチョフが持つはずの権力を剥奪した。会議はフルシチョフに対し多くの非難を提起し、七対四の票数でフルシチョフを第一書記の職務から罷免する決定を採択した。この予め計画された奇襲を受けて、フルシチョフおよびその支持者のスースロフ、ミコヤンらは引き伸ばし作戦をとった。フルシチョフは、翌日も引き続き開催された幹部会会議で自らを反省する発言をしつつ、国防大臣ジューコフ、KGB議長セーロフに軍用輸送機を緊急に手配させ、中央委員らをモスクワに連れてきた。この特別に選抜された約二〇〇人の中央委員は幹部会会議への参加を要求するとともに、中央委員会を開催して第一書記と書記処の改選問題を討論するよう求めた。ジューコフは武力を用いて幹部会に言うことをきかせることもあり得るとまで言った。突然の形勢の変化を受けて、モロトフらは譲歩を迫られ、中央委員会臨時総会が六月二二日に開幕した。八日間続いた総会で、フルシチョフは完全に主導権を握った。一二一回の全体会議で六〇人が発言し、その他の出席者も均しく書面での発言あるいは声明を出し、一致してモロトフらの「反党行為」を指弾した。会議は「マレンコフ、カガノーヴィチ、モロトフ反党集団についての決議」を採択し、彼らをソ連共産党中央から追放することを決定した[44]。

フルシチョフは勝利したが、党の内外から巨大な圧力を受けることにもなった。ソ連共産党基層で中央委員会総会決議を討論する過程で、相当な数の党員と群衆の会議における発言に驚きや疑いの感情が見られ、彼らには何が発生したのか理解困難であり、多くの党組織はこれを権力闘争の結果と捉えた。多くのところで会議中に激しい言い争いが起こり、ピリピリした雰囲気となった。モロトフ、マレンコフらにラジオか新聞上で自らの観点を公表するよう求める人や、監獄に入れられ党から除名されても中央の決議には同意しないと会議の場で公言する人も現れた。一部の職場での議論は党が規定した範囲を超え、マルクス・レーニン主義の必修課程の試験をなくすことを提起するなど、社会生活の面での諸政策に強烈な不満が現れ、自動車の破壊や飛び降り自殺まで発生した。こうした事態の混乱を受け、一部の州の党委員会は国家安全委員会に出動してもらうことを提案せざるをえなかった[45]。

フルシチョフは、ソ連共産党の新しい指導者集団が国内と社会主義陣営で地位を固めるためには、モスクワの行動が各国党の支持、とりわけ中国党と毛沢東の支持を得る必要があることをはっきり理解していた。中央委員会総会の終了後の七月三日、ソ連はすぐに各共産党国家の使節に総会の状況を紹介し、また中国大使館には専門に個別の報告を行った。[46] 同時に、中国駐在ソ連大使館は中国共産党中央弁公庁に電話し、急ぎ毛沢東との会見の約束を求めた。中南海で臨時代理大使アブラシモフと接見した劉少奇は、毛沢東は北京にいないが、状況は伝えることができるという態度をとった上で、一部の古参の同志が誤りを犯したとして、別の方法で処理できないのかと言った。[47] 七月四日、『プラウダ』は会議の決議とプレスコミュニケを掲載すると同時に、一部の党のソ連共産党中央委員会総会決議を支持する態度表明も載せた。[48] しかし中国共産党を含む大部分の党は自らの立場を示さなかったことがソ連の注意を引いた。その日の宴会で『プラウダ』の総編集長は切羽詰まった様子で中国の記者に対し、中国の新聞は何か発表したかと問いかけた。当時中国の反応には確実に全体に影響を及ぼすだけの重みがあった。モスクワの学生らはソ連共産党中央の決議について、「毛沢東が意見を出さないならわれわれも出さない、今は毛沢東が言うことだけが正しい」と言っていたが、これは当時の状況をうまく言い得ている。[49]

このときモスクワは中国共産党の態度が全くわからず、フルシチョフは非常に焦ったと見られ、ミコヤンをすぐに中国に派遣し、直接毛沢東の意見を聞いた。七月五日夜、毛沢東は杭州でミコヤンと会見し、丸々八時間話した。ミコヤンが子細に状況を紹介した後、毛沢東は以下のいくつかの意見を示した。モロトフの誤りは思想の守旧にあり、党の領導の破壊を企んだことにある。ソ連共産党がこのように問題を解決したのはとてもよく、党の領導を強化した。中国共産党にはもともとモロトフらが中央委員会に留任するのがよいと考えていた人もいるが、今見るとこのように処理するほかなかった。粛清からは主に教訓を汲み取るべきで、個人の責任を追求しすぎないほうがよく、団結に注力すべきである。最後に毛沢東は、この事件は中国共産党にもいくらかの衝撃を与えたが、中国共産党中央政治局はすでに会議を開催し、意見を公表してソ連共産党中央の決議を支持することを決定したと伝えた。[50] ミコヤンは帰国後、当初中国共産党はモロトフらを中央から追放するという厳しい措置に反対だったが、最後には「中国の友人は中央委員会総会の決議に満足し」、「非常によくやったと考えている」と報告した。幹部会会議はこれで一致して、ミコヤンの訪中は「有益かつ必要」であったと考えた[51]。

その後半月も経たずに、ソ連共産党指導層にまたも激震が走り、フルシチョフは再度、毛沢東に支持を求めた。一〇月二八日の『人民日報』は、タス通信モスクワ二六日電、ソ連邦最高会議幹部会がソ連元帥ジューコフを国防大臣から解任したとのごく短いニュースを流した。ジューコフ元帥およびその随行員はアルバニアの招待で同国を訪問した後、二六日にモスクワに戻ったところであった[52]。事情に通じた人であれば、ここに原因があったことは一目瞭然であろう。

すでに公開されたロシアのアルヒーフ資料は、これが確かに、フルシチョフが入念に画策した行動であったことを実証している。六月の「反党集団」事件で、ジューコフは軍における影響力を頼りにフルシチョフを危機から救った。しかし、まさにジューコフの「私の命令がなければ戦車一両も動かせなかった」という一言で、フルシチョフはジューコフが今後脅威になると憂慮するようになった。モロトフらが失脚してからの二カ月間に、フルシチョフは秘密の計画をはじめた。彼はジューコフをユーゴスラビアとアルバニアに長期訪問に行かせ、幹部会、書記局、一部の軍将校らの間で個別につながり、ジューコフを攻撃する材料を準備した。万事整ってから、一〇月一七日から一九日に幹部会会議を開催し、ソ連軍の内部における党の政治工作の改善についての決議を採択した。ジューコフの「罪行」は、軍の政治工作を削減し、軍をもって党に圧力をかけようと企んだこととされた。二二日から二三日には国防省とモスクワ軍区の党員積極分子大会が開催され、幹部会会員全員と軍の最高指揮官および政治工作人員が皆出席した。ジューコフはこれを全く知らず、半月余りの外遊を経て、二六日一四時に飛行機を降り、クレムリンに駆けつけ、ソ連共産党中央幹部会会議に参加した。ジューコフがバルカン出張の報告を終えるや、会議はジューコフの軍内部における政治工作と党の指導を無視した誤りの批判にそのまま転じた。ジューコフが平静を取り戻さないうちに、会議は彼を国防大臣から罷免する決議を討論し、採択し、同大臣はマリノフスキーに替わった[53]。

ジューコフはソ連の著名な将軍で、軍内の輿望も高かった。六月事件でのフルシチョフの「救いの星」として、ソ連共産党中央幹部会員に選出されたばかりで、ソ連邦英雄金星章を四回獲得したことから、ジューコフの失脚は確実に人々の予想外のことであった。多くのソ連人はジューコフが国防大臣を罷免されたと聞いて、閣僚会議議長に就いて、六月事件で名誉が失墜したブルガーニンに取って代わるのだろうと考えた[54]。四カ月前にソ連共産党の指導者集団に激震が走ったばかりで、今また重大な人事変更が起こり、フルシチョフも非常に心細かった。局面を安定させるため、フルシチョフには党内と国内の支持を得るだけでなく、社会主義各国、まずは中国の支持が必要であった。今度はフルシチョフも時を置かず、二六日に幹部会会議が終わってすぐ、中国大使館はミコヤンの状況報告に接した。毛沢東の反応もまた迅速で、一〇月二九日にユージン大使と接見した。毛沢東はユージンに、ソ連共産党中央のジューコフ更迭の決定に十分賛同しており、直截に言えばソ連共産党は重要な決定を出したことで、軍が党中央に服従しない巨大な危険と、重大な問題ごとを引き起こしうる危険を取り除いたと述べた。毛沢東はまた、ソ連共産党中央の党組織の軍内部における役割の強化に関する決定、また軍と地方党機関の連携強化に関する決定、軍の徹底かつ無条件の党と党中央への服従に関する決定、これらの意義は十分に重大と考えると言った[55]。これを聞いて、フルシチョフの胸のつかえが取れたと考えられる。

中国大使劉暁の回顧によれば、ソ連共産党第二〇回大会以降、ソ連共産党内の両派は頻繁に中国大使館と接触し、中国党の理解と支持を求めた[56]。その後の状況から見れば、毛沢東の観点と立場は、モロトフ、カガノーヴィチらソ連党内の保守派により近かったが、それでは毛沢東はなぜフルシチョフを支持したのか。前述の事件に対する毛沢東の態度表明はどれも既成事実を受け入れたものであることは否定できないが、ある側面から言えば、当時の中国共産党とフルシチョフは原則の問題で対立していなかった。毛沢東は雪の降る寒いときに炭を送るようにフルシチョフを助け、フルシチョフも毛沢東に礼をもって親しく接した。中ソ関係は一九五七年の段階では確実に一種の相互支援、団結協力という親密な雰囲気にあった。感情が高ぶったフルシチョフは中国に返礼として核援助を提供するという重大決定を出した。中ソ同盟はまた新たな段階に踏み出したのである。

第11章　ソ連の中国核兵器開発に対する援助と限界

本章では中ソ関係史において比較的特殊で敏感な問題である、一九五〇年代のソ連が中国の核兵器開発[1]に対してとった方針について取り上げる。この問題について既存の研究成果は、ソ連の核兵器政策、中国の核の発展、中ソ関係の三つの角度から考察している。近年の冷戦国際関係史の新研究では、ロシアのアルヒーフが開放されたことで、ソ連の核の歴史についての論考が顕著に増加し、目立っている。しかし、中国の核兵器開発に対するソ連の方針、政策について論じたものは少ない。一九八〇年代末以降、中国の核兵器の発展史に関する論考と回顧録が多数発表されたが、ソ連が信義に違背してから中国がいかに自力で原爆を試作したかを語るものが多く、それ以前にソ連が中国をいかに援助したかを論じたものは比較的少ない。同時に、中ソ関係史の研究で核兵器の問題を専門に論じたものも多く見られない。

1　フルシチョフ、中国の原子力平和利用の窓を開く

スターリンは予期しなかったかもしれないが、ソ連が最初の核実験を行う前に、中国共産党はモスクワが核の技術を手に入れたことを知り、ソ連の核施設の参観まで主張しだした。劉少奇が一九四九年八月に密かに訪ソした際にこ

の要求を出したが、スターリンは拒絶した。しかし埋め合わせに、ソ連は中国共産党代表団に核実験の記録映画を見せた。[2] ソ連初の原爆実験は八月二九日であり、[3] 劉少奇がモスクワを離れた後のことである。それゆえ中国共産党代表団はソ連の核実験の記録映画を見たと思っていたようだが、一部の学者が疑うように、彼らが見たのはソ連のそれではなかったのである。[4]

ソ連が原爆を保持していたことは中国共産党にとって一種の励みであった。一九五〇年初めに毛沢東がモスクワを訪問した際、スターリンは自慢げに毛沢東にソ連が行った原爆実験の記録映画を見るよう薦めた。スターリンがこうしたのは、毛沢東に核兵器の威力を理解させるとともに、中国およびその他の社会主義陣営の国家に核の保護を提供する能力がソ連にあることを見せたかったからにほかならない。ソ連外交部が中ソ同盟条約（第二稿）を起草した際には、締結国の一方が軍事行動をとることを余儀なくされたとき、「もう一方は軍事およびその他の援助を行うよう総力を尽くす」ことが、敢えてほのめかすように提起された。[5] 毛沢東は原爆の威力を確かに感じ取っていたが、毛が思いついたのはソ連の核の保護に依存することではなかった。毛は帰国後、身辺の警護員に「今回ソ連に行き、視野が広がった！　原爆というものは、多くの人をおどかせるようだ。アメリカが持ち、ソ連も持った。われわれもやれないものだろうか」と話している。[6]

しかし、モスクワは社会主義国家に核の保護を提供するとはいえ、核兵器の秘密を教えるつもりはなかった。ましてて中国人に核兵器庫の鍵を渡そうとはしなかった。一九五二年末、銭三強を長とする物理学者らからなる中国科学院代表団の訪ソ前に、ソ連科学アカデミーのニスミヤーノフ総裁がソ連共産党中央委員会政治局に報告を提出した。そのなかでニスミヤーノフは中国の科学者の来訪日程に関し、銭三強には「一般的な科学研究活動」を紹介し、「第一総局管轄の活動については詳細に理解させるべきでない」と提言した。[7] このソ連人民委員会議の下に属する第一総局の任務は、原子力科学研究、ウラン加工、原子動力装置の建造を組織することにあった。[8] この提言は、ソ連が中国に核技術の秘密を漏らす気がなかったことをよく表している。一九五三年三月、周恩来が仲介に出たことで、ソ連は中国科学院代表団の参観先に機密の核科学研究機構と幹部養成の専門機関を加えることに同意したが、実際には、代表団は「核技術を全く分かっていない数名の人員に会えただけであった」。銭三強が核科学の測定器と実験用原子炉を提供できないかと質問すると、ソ連側は曖昧に、外交経路を通じて解決できると回答した。[9] 技術が提供されず、国家財政に限界があり、さらに戦争等も原因となり、中国政府は第一次五カ年計画に核兵器開発の準備措置を入れないことを決定した。[10]

スターリン死後、中国は再度核兵器開発について提起した。周恩来の秘書の回想によれば、周は早くも一九五二年に科学者竺可楨、地質学者李四光とそれぞれ会話するなかで、原子力科学の発展にソ連の援助が必須であると感じていた。[11] 一九五四年四月二二日、国家計画委員会第二機械工業計画局局長の孫泱らが李富春、賈拓夫宛に手紙を送り、銭三強の核兵器の原理、性能、製造条件等に関する報告を同封した。手紙のなかで、科学院物理研究所の政治指導を強め、同時に技術力の準備をはじめ、ウランおよびグラファイトの探鉱を活動日程に入れること、時機を見て国際技術援助の要求を出し、第二次五カ年計画で原子炉の建設に着手できるよう可能な限り努力することが提言された。政務院副総理の鄧小平は、「この問題は第二次五カ年計画のときに考慮に値し、今後数年間の準備工作も必要である」と指示した。[12] かくして一九五四年一〇月、フルシチョフが訪中時に中国側に他に要求があるか尋ねると、毛沢東はすかさず原子力と核兵器に関心があると言い、この面でのソ連の援助を希望した。フルシチョフはこの突如出された問題に準備もなく、少しためらってから、毛に経済建設に集中すべきで、巨額の資金がかかることはすべきでなく、ソ連の核の傘さえあれば十分だと述べた。しかしフルシチョフは最後に、中国が小型の実験用原子炉一つを建設し、原子物理の科学研究を進め技術力を養成するのをソ連が援助することはできると応じたのであった。[13]

フルシチョフのこの反応は、ソ連の規定政策では、中国に核の保護を提供できるが、核の技術提供はできなかったことを物語っている。原子力産業は様々に分かれ密接につながる産業のチェーンであり、膨大かつ複雑な科学技術の束であり、特に核兵器の原料の取り出しは、非常に困難で、費用もかかった。原爆にはウランとプルトニウムの二種類があり、どちらも核兵器の原料とするには、ウラン235は九〇%以上、プルトニウム239は九三%以上の純度が必要であった。天然ウランにはウラン235、ウラン238、ウラン234という三つの同位体があるが、そのうちウラン235はわずか〇・七一一%である。ウランは希少で、一般的にはウランを〇・〇五%以上含む鉱物だけが採掘する価値がある。〇・〇五%のウランを含む鉱石から、原爆の原料として九〇%以上に濃縮されたウラン235にするのは、様々な製造、加工の流れを必要とする複雑な工程であり、まず鉱石の粉砕、研削、化学抽出、浄化、二酸化ウランへの精錬、そのあとで四フッ化ウラン、ついで六フッ化ウランに化合させ、さらにウラン235とウラン238にアイソトープ分離をして、低濃縮ウラン235と高濃縮ウラン235を生産する。軍用の高濃縮ウラン235はさらに金属ウランに還元され、原爆の形状に合わせた精密鋳造、機械加工が必要となる。プルトニウム239も九三%以上という非常に高い純度でなければならず、不純物であるプルトニウム240は七%以下でなければならなかった。[14]

原料の精製の工程は実に様々で、精製されたものが微小な割に工場の設備は高額で、技術難度は高く、どれも巨額の資金がかかる要因であった。ソ連人にはこれが身にしみてわかっていた。[15]したがってフルシチョフの提言には一理あり、彼が言ったことが事実上、唯一の実現可能な方法でもあった。しかしフルシチョフにはもう一つ明言できない理由があった。それは当時米ソが交渉していた核拡散防止問題であった。

実際のところ、ソ連が核実験に成功する前から、アメリカは核実験を禁止することで核兵器を独占しようと企図していた。一九四六年六月一四日、国連原子力委員会のアメリカ代表バルークは、国際組織で核実験を管理する案、通称「バルーク計画」を出し、ソ連の代表グロムイコはすぐに対抗してソ連案を出した。[16]ここから米ソ間で核兵器を制限する交渉と口論がはじまった。ソ連が核兵器を持ち、特にフルシチョフ本人が、核兵器が人類の生存を脅かしていると認識してから、モスクワは核拡散の防止に新たな考えを持つようになった。一九五四年四月一日、ソ連の関係部門はフルシチョフに覚書を提出した。そのなかで、著名な物理学者でソ連の原爆の父であるクルチャトフらが以下のような見方を示していることが報告された。核兵器の出現はすでに人類の生存の脅威となっており、戦後僅か数年で原爆から水爆へ、核分裂から核融合へと、核兵器の殺傷能力と破壊力はすでに驚くべき発展を遂げたことで、核軍備の競争が新たな危険な段階に入った。大規模に核兵器を使用することは交戦国双方を滅ぼすことになる。核爆発の発展の速度がこのように速ければ、数年も経たずに、核爆発の数量は地球上の全生命の生存を不可能にし得るまでになろう[17]。これはフルシチョフにとって疑いなく衝撃であり、その結果、ソ連と西側により軍縮と核兵器の禁止の交渉が推し進められ、九月までにモスクワの態度は大きく変わっていた[18]。その上、当時中国共産党軍は浙江省沿海の島嶼を攻め、第一次台湾海峡危機が起こっていた。こうしたときに中国が自国で原爆を製造したいと言い出し、ソ連に援助を要請しても、モスクワは当然応じられなかった。

しかし、フルシチョフは結局毛沢東に配慮を見せ、スターリンより一歩踏み出し、原子力の平和利用の面で中国を援助すると応じた。そしてこの活動の結果は、疑いなく核兵器の研究開発の技術的基礎を築くこととなった。核兵器と原子炉は科学原理では同じものであり、物理学的には、原爆とは爆発している原子炉で、原子炉とは爆発していない原爆のことである。その違いは、原子炉はエネルギーを制御してゆっくり開放し、動力とするのに対し、原爆は瞬間的に巨大エネルギーを開放することで爆発を起こすことにあるといえる。少なくとも中国側が見る限り、これは核兵器の研究開発の第一歩であった。フルシチョフの帰国から間もない一〇月二三日、毛沢東は訪ねて来たインドのネルー首相に興味津々に原爆の話をし、中国が「まさにその研究を開始したところだ」と故意に漏らした[19]。

モスクワが核の技術援助を提供すると応答したことは、確実に毛沢東を興奮させてやまなかった。一九五五年一月一五日、毛沢東は中国共産党中央書記処拡大会議を開催した。地質部長李四光と副部長劉傑および科学院物理研究所所長銭三強の報告を聴取し、毛沢東は出席者に向かって興奮気味に言った。「過去数年、ほかのことが色々あって、このことに取りかかれなかった。このことはやはり取りかからないといけない。今がそのときだ、取りかかるべきだ」。さらに、「現在ソ連がわれわれに援助しているから、われわれは必ず上手くしなければならない！　われわれが自分でやるのでも、必ず上手くやらなければならない！　われわれには人があって、資源がありさえすれば、どんな奇跡でも起こせる！」。会議は核兵器研究開発計画コード02を採択した[20]。その後早くも二月一八日には、国防部長彭徳懐が毛沢東に宛てた報告のなかで、核兵器の研究と発展の問題を初めて提起した[21]。三月三一日周恩来は国務院第四次全体会議で、「この面でわれわれは立ち遅れているが、ソ連の援助があり、われわれの信念があり、決心があれば、追いつくことができる」と述べた。同日毛沢東は中国共産党全国代表会議で、中国はすでに原子力を研究する新しい時期に入ったと宣言した[22]。毛沢東はついに夢にまで見た核大国に向けた第一歩を踏み出した。

フルシチョフが帰国してから、中ソ両国政府は原子力事業での協力に関して具体的な交渉を開始した。一九五五年一月一七日、ソ連政府は声明を発表し、ソ連は原子力の平和利用を促進する面で、他国に科学技術・工業の援助を行うため、中国と東欧数ヵ国に広範な援助を提供し、そこには実験用原子炉と加速器の設計を含むこととし、関係設備と必要数の核分裂性物質を供給することとした。中国はこれに鼓舞され、一月三一日、中国の原子力平和利用の研究に対するソ連の援助の提言に関する決議を国務院が採択した[23]。一月二〇日には核協力の内容の一つとして、中国で放射性元素の探索、鑑定、地質調査を行うことに関する議定書に中ソ両国が調印した。同協定にもとづき、中ソ両国は中国国内で協力してウランの一斉探鉱を行い、工業価値のあるウラン鉱床では中国が採掘を組織し、ソ連が技術と設備を提供することとなった。また採掘されたウランは、中国自身が必要とする分のほかはソ連が購入するとした。この後、多くのソ連の地質専門家が中国に現れ、ウランの一斉探鉱を支援した[24]。

四月二七日、中国政府代表団がモスクワでソ連政府と「国民経済発展の必要のための原子力利用に関する協定」に調印し、中国の核物理研究および原子力平和利用のための核実験にソ連が援助することが確定した。ソ連は一九五五年と五六年に中国に専門家を派遣し、電力が六五〇〇〜一万キロワットの実験用原子炉一つと一二・五〜二五メガ電子ボルト（一〇〇万電子ボルト）のサイクロトロン一台の建造を援助した。それから科学技術関連の資料を無償で提供し、原子炉の運転を維持するのに十分な量の核燃料と放射性同位体も提供し、中国の核物理専門家と技術員を養成した。[25] 八月二二日、ソ連共産党中央委員会幹部会はソ連高等教育省が出した中国の原子力平和利用の援助に関する提案を批准した。同提案は中国政府の要請を満足させ、北京と蘭州で教習を組織し、原子力専門家を養成するものであった。[26] その年の一〇月、中国は北京西南部に原子力科学研究基地（コード601廠、一九五九年に401所と改称）を建設し、ソ連が建造を支援した原子炉と加速器を同基地に設置した。ソ連専門家らと中国の工事技術者らは一丸となって基地建設のために大きな貢献を果たした。[27] 一二月、モスクワの基礎工学学院院長ノヴィコフを団長とするソ連の原子力科学者の代表団が訪中し、中国に原子力平和利用関連の映画と書籍を贈呈した。ソ連代表団は全国政治協商会議のホールで報告会を挙行し、七人の科学者が原子力平和利用の各問題を講義し、周恩来および党、政府、軍の一四〇〇人以上の高級幹部が出席した。一二月二六日、周恩来とソ連大使館、駐中総顧問およびノヴィコフが会談を行い、「一九五六年から六七年の原子力事業計画大綱」の草案を討論した。[28]

社会主義各国の原子力平和利用のさらなる推進のため、一九五六年三月二〇日、ソ連は人民民主国家の代表を招き、モスクワで東方原子力研究院の設立について話し合いが行われた。中国は劉傑、銭三強らからなる代表団を会議に派遣した。二六日、ソ連を長とする一一の社会主義国家が「合同原子核研究所の設立に関する決定」に調印した。[29] 研究所の発起国として、その建設費と日常の出費の大部分をソ連（五〇％）と中国（二〇％）が負担することとした。この研究所はモスクワ郊外の小さな町ドゥブナにあり、主に核物理基礎科学の研究を行った。建設して僅か半年で、ソ連は五・二億ルーブルを投資したが、そこには世界最大の六八〇メガ電子ボルトのシンクロトロンおよび物理実験室が含まれていた[30]。研究所の規定は、その「研究成果は研究に参加する各会員国にそれぞれ送付する」としていた[31]。このドゥブナ研究所の設立は、ソ連が核の研究で中国を援助する重要な措置であり、またかなりの程度、中国の核兵器の発展の理論的、人材的基礎となった。数年後、ソ連駐在中国大使館の商務参事官オフィスの報告は、以下のように伝えている。ドゥブナ合同研究所はソ連の新しく、レベルの高い科学技術設備を擁し、科学情報（西側各国を含む）を完備し、傑出した科学人材を有し、科学技術条件もソ連のその他の大学、研究機関に比べ全面的である。その主要な研究は、高エネルギー物理実験、核構造、核反応、中性子物理、理論物理等にわたるとともに、多電荷高エネルギー実験と最新の螺旋式の強力なサイクロトロンの研究と設計を行っているところである。そのため国内の関係部門が多くの専門技術者を派遣し、科学研究工作に参加させ、そこから学ぶことを提言している[32]。王淦昌、周光召ら中国の著名な核物理の専門家の多くがここで研究を行い、大きな収穫を得たと感じていた[33]。

一九五六年、ソ連の核の援助はますます拡大した。ノヴィコフ代表団の帰国後、鉄は熱いうちに打てと言わんばかりに中国はソ連に原子力産業援助の要求を出し、すぐにソ連側の支持を得た[34]。八月一七日、中ソ両国政府は中国の原子力工業の建設へのソ連の援助に関する協定に調印した。協定は中国の原子力工業プロジェクトと核化学技術研究用の実験室の建設をソ連が援助することを規定した[35]。一一月、中国の人民代表大会代表団が訪ソし、ソ連の指導者はこれを大歓迎したが、彭真はフルシチョフの破格のもてなしぶりに、その理由の一つは、代表団全員をわざわざクレムリンに招き、ソ連の原爆、水爆、ミサイル実験の「秘密映画」を見せることにあったと考えたほどであった[36]。

中国の核科学研究を援助するため、ソ連はまた適任の専門家を派遣した。一九五七年五月、ヴォロビヨフ率いる十数人の専門家が物理研究所に来た。ヴォロビヨフはクルチャトフの最も親密な助手の一人で、科学について深い知識を有していた。ヴォロビヨフ率いる専門家チームの最初の任務は濃縮ウランとプルトニウム研究の中国人専門家を養成するとともに教育プログラムを作り、その後も原子炉の実験に指導の責任を負った。ヴォロビヨフと銭三強はとても良い協力関係を築き、周恩来とも親しく交流した。ソ連専門家の援助で実験用原子炉とサイクロトロンが相次いで作られるとともに、重水炉から少量のプルトニウムを得た。このほか、教育と実験を通じ、中国の科学技術要員を養成した。ヴォロビヨフが来たばかりの頃は、研究所に核物理分野の中国人専門家が六〇人しかいなかったが、一九五九年一一月に彼がそこを離れたときには総数六〇〇〇人に達していた。[37] 後に孟戈非が回想して、技術面だけでなく、原子炉、核動力の研究体制の建設の面でも、ヴォロビヨフは中国に大いなる援助をもたらした。[38] ソ連がかくも優秀な科学者を派遣したことから、中国を誠心誠意援助しようとしたことがわかる。

ソ連の援助で中国の原子力研究はいっそう進展した。原子力研究の指導を強化し、ソ連が援助した実験用原子炉とサイクロトロンの建設を順調に完成させるため、一九五五年七月一日、国務院は国家建設委員会建築技術局の設置を決定、劉偉を局長とし、核科学研究基地の新規設置を専門に担当させた。七月四日には中国共産党中央は陳雲、聶榮臻、薄一波に原子力事業の指導を担当する小組を組織させた。国務院第三弁公室（主任薄一波、副主任劉傑）が専門の機構を設置し、各方面を直接調整した。[39] 一九五六年四月二三日、中国共産党中央は、「原子力の研究と建設事業に対し最も積極的な方針をとるとともに、ソ連の援助の下、短期間で世界の先進的な水準に接近し追いつくよう努力することを決定した」と通知を出した。そのために中国共産党中央は、一九五六年に必要な二四六二人の高校卒業生と七六〇人の中等技術学校卒業生を国家計画委員会が直接分配すると同時に、その年の五月と七月までに「全国各地と中央の各部門から選んだ幹部一八九五名（うち技術幹部八一九名）、労働者五〇五五名をこの工作に参加させる」ことを決定した。[40] 同年五月、全国科学計画会議が確定した五七の重点学科のうち、原子力研究は最も目立つ地位に置かれた。[41] そしてこれらを踏まえて、一一月一六日、全国人民代表大会常務委員会第五一次会議は、第三機械工業部（一九五八年二月に第二機械工業部と改称）を設置し、中国の原子力産業の建設と発展工作を主管させる決定を採択した。[42]

しかし、ソ連の原子力設備の輸出価格が中国にはいつまでも知らされず、さらに第二次五ヵ年計画が緊縮投資を考慮するようになったため、中国側は原子力産業の建設プロジェクトの減少を考慮せざるをえなくなった。聶榮臻と宋任窮は一九五七年一月九日、モスクワを訪問中の周恩来に連名で電報を打ち、原子力工業の面で第二次五ヵ年計画は科学研究、地質調査、酸化ウランと金属ウランの生産、原子炉一つとプルトニウムを生産する化学工廠一つを建設するだけにして、濃縮ウランの生産は第三次五ヵ年計画で再度考慮すると打ち出した(43)。それにもかかわらず、一九五七年三月、第三機械工業部は第二次五ヵ年計画を策定する際に、一九六二年までに中国で完全でコンパクトな原子力産業体系を作ることを要求した(44)。

つまるところ、一九五五年初めにソ連が中国に対し原子力平和利用の窓を開いたのであり、中国の核兵器研究開発もまさにここに起点があるのである。

2　ソ連の対中国核開発援助方針の突発的な変化

原子力平和利用は原爆の研究開発の技術的基礎となり得るとはいえ、原爆開発の一歩を踏み出すのは全く容易ではない。特殊な施設、設備、機器が必要なだけでなく、ウランの分離、精製から核爆発に至る一連の専門技術を要する。中国の当時の工業基礎と工業技術の水準では、また西側が経済技術封鎖を進める冷戦環境においては、僅か数年で原爆を試作するにはソ連の援助に頼るほかなかった。しかしソ連は原子力平和利用の面で中国を大いに援助したが、中国の核兵器開発の要求には冷淡な反応を示した。同時に、中国のミサイル開発の面での援助の要求に対しても、ソ連は二の足を踏んだ。

原爆がまだ基礎理論研究の段階にあったとき、中国の指導者はすでにそれを搭載するミサイルの研究開発の問題を考慮しはじめていた。一九五五年一一月、副総参謀長兼ハルビン軍事工程学院院長の陳賡が彭徳懐と聶栄臻の委託で、アメリカから帰国したばかりのミサイル専門家銭学森とハルビンで会い、ミサイルの問題に関する意見を聴くとともに、ハルビン軍事工程学院のロケット専門の教授に引き合わせた。その後任新民ら三人の教授が連名で中国のミサイル事業発展の建議を出した。当時療養のために入院していた彭徳懐は報告を受け、すぐに銭学森、陳賡に病院まで面会に来てもらうことにした。一九五六年元日、解放軍訓練総監部代理部長の葉剣英は陳賡、銭学森と再度協議し、周恩来に報告した。一月一二日、彭徳懐はソ連軍事総顧問ペトルシェフスキー（彼得魯舎夫斯基）に面会し、以下のように伝えた。中国共産党中央政治局は会議を行い、中国の工業発展の速度がすでに速くなったことにもとづき、中国軍の近代化建設を加速させることに同意した。またロケット兵器を研究開発する考えであり、ソ連が図面、資料等を提供するよう希望する、と。ペトルシェフスキーは事前にモスクワの指示を得ていなかったため、態度を表明しなかった。一月二〇日彭徳懐は軍事委員会第五七回定例事務会議を開き、ミサイルの研究開発の問題を討論した。会議は党中央に報告を提出することを決定した。彭徳懐は「目下のところソ連が援助しないとしてもわれわれは自国で研究しなければならない。ソ連が援助するなら学習しに行けばよい」と言った。二月二七日、銭学森は国務院に「我が国の国防航空工業を建設する意見」を提出した。三月一四日、周恩来が会議を開き、銭学森から中国におけるミサイル技術発展に関する構想を聞いた。会議はミサイル航空科学研究の面での指導機構として国防部航空工業委員会を設置し、聶栄臻を主任に任じることを決定した。四月一二日、聶栄臻の指示のとおりに、中央軍事委員会弁公庁は中国軍武器装備発展計画に、射程一〇〇キロの地対空ミサイル、射程五〇〇キロから六〇〇キロの地対地ミサイル、射程一五キロの空対空、空対地ミサイルの研究開発、小型核弾頭、原子力潜水艦、軍用動力炉等の総合的研究といった初期の目標を盛り込んだ。五月一〇日、聶栄臻は「中国ミサイル研究工作に関する初期の意見」を提出した。中央軍事委員会は五月二六日に会議を開き、これについて特に検討を行った。周恩来は会議の場で、ミサイル研究はまず一つやってみるのがよく、一切の条件が備わるのを待つわけにはいかないとして、すぐに人選して、組織を作り、人を育てるよう指示した。その年の七月、中央軍事委員会の承認を経て、鍾夫翔を局長とするミサイル管理局（国防部五局）が正式に成立した。一〇月八日、銭学森を院長とするミサイル研究院（五院）が成立、その下に一〇の研究室が設置された。ここから中国のミサイル研究事業が軌道に乗りはじめたのである[45]。

中国はこの壮大なアイデアと目標を実現するには、当時やはりソ連の援助から離れられなかった。しかし原子力エネルギーの基礎研究と異なり、ミサイル研究はいっそう純軍事的色彩を帯び、また原爆の搭載と直接関連しており、ソ連は自ずと慎重になった。その上、当時ソ連は英米と核実験の停止について熱心に話し合っている最中であった。一九五六年七月一六日、シェピーロフ外務大臣がソ連邦最高会議で、原子力兵器の実験的な爆発は遅滞なく停止すべきであると述べた。ソ連は、アメリカとソ連とイギリスの政府が一つの三国間協定を結び、その後他国もこの協定に参加するか、あるいは上述の政府がそれぞれ正式の声明を発表し、自国が原子力兵器と熱核兵器の試験をもう行わないことを保証するかを提案した。シェピーロフはさらに、一切の原子力兵器、熱核兵器の実験と試験的爆発を遅滞なく直ちに停止し、ソ連、アメリカ、イギリスの三国協定を締結する必要があるとソ連政府は考えていると宣言した[46]。

一九五七年一月一四日、ソ連は国連総会で正式に核実験禁止の提案を提出した。三月八日、国連軍縮委員会のグループ会議でゾリン外務次官がソ連の建議に説明を加えた。三月二二日、中国駐在ソ連大使館は中国に提案関連の備忘録を提出した。その内容は、核兵器の制限問題に関し、ソ連の提案は、一九五九年までに搭載ミサイルを含む核兵器の生産を全面的に禁止するとともに、現有の原爆と水爆を廃棄し、この目的のために国際監督機構を置くというものであった。備忘録はさらに、ソ連は「軍縮公約が言及する中国が負う義務に関し、中華人民共和国の参加の下に研究を行うことが必須である」と考えているとした[47]。それにもかかわらず、この建議が真剣なものであるとすれば、ソ連の中国への核援助の方針に必然的に影響を及ぼすものであった。北京にソ連の軍縮の建議を支持させたければ、中国に核援助を与えることが必須であるが、中国の核兵器研究開発がいったん進展すれば、ソ連が主張する核兵器制限交渉の結果に影響することになる。モスクワは確実に一種ジレンマの境地に立たされた。

一九五六年八月一七日、中国の原子力平和利用協定を援助する協定に署名する当日に、国家計画委員会主任李富春は聶栄臻の求めに応じ、ブルガーニンに手紙を書き、ソ連政府がミサイル事業の建設と発展の面で中国に全面的技術援助を提供することを要求するとともに、中国政府代表団をソ連に交渉に赴かせることを提起した[48]。九月一三日、ソ連共産党中央は中国共産党中央に電報を返し、ミサイル技術の複雑性と目下中国で幹部が欠乏していることを考慮し、中国に先に幹部の養成からはじめることを提案した。またソ連は中国のミサイル人材の養成を援助し、専門家を派遣し、中国で仕事と授業を行わせるとともに、五〇人の中国人留学生を受け入れると伝えた[49]。この回答は中国の要求とあまりに違ったため、聶栄臻はこれに「大いに失望」した[50]。

ソ連がこうした態度をとったことを受けて、一九五六年一〇月一二日、聶栄臻は航空委員会の委員とミサイル専門家を集めて会議を開き、ミサイル兵器の発展における困難と解決方法を協議した。聶栄臻は、「われわれのミサイル研究は、ソ連が助けるとも助けなくともやらねばならない。ゆえに交渉を待つべきでない。一方で交渉を準備しつつ、一方でわれわれ自身の建設計画を積極的に進める」と述べた[51]。会議での討論にもとづき、「我が国のミサイル研究開発工作強化の報告」が作成され、一五日に周恩来、彭徳懐に提出された。同報告ではソ連との交渉の継続と同時に、自力開発と積極的な建設計画が進言された[52]。二日後、中国共産党中央は聶栄臻が代理で起草した返電をソ連共産党中央に打った。返電は、ミサイル分野の幹部の早期育成のために、ソ連共産党中央の電報にあったように五〇人の留学生を派遣するほか、現在ソ連の高等学校で学習している中国人留学生をミサイル技術と直接関係のある専門で学ばせる予定であると伝えた。同時に、中国のいくつかの主要な高等学校にミサイル技術に関係ある専門を増設するとして、ソ連政府に教学資料と教具、見本を提供し、専門家を中国に派遣して教学工作を援助するよう希望した。返電はさらに、代表団をモスクワに送り交渉を行うことも要求した[53]。しかしソ連側は遅々としてこれに答えなかった。

第二次五カ年計画の期間にソ連が中国の原爆、ミサイル、飛行機生産にどのような援助を与えるかについて、中国政府はソ連側と何度も交渉を行い、解決しようとしていたが、結果が出るまでに半年もかかった。モスクワの態度がぐらついた原因は、おそらくはポーランド・ハンガリー事件を処理するなかで中国共産党の援助を得たことにあろう[54]。一九五七年三月三〇日、中ソ代表はモスクワで「特殊技術の面での中華人民共和国への援助供与に関する議定書」に調印した。議定書は、ソ連が五人の専門家を中国に派遣し、教学の組織工作を援助し、関係学校で（ミサイル）関連のジェット技術の課程を講義すること、ジェット技術課程に従い、教育計画と大綱を制定し提出すること、ソ連の関係高等学校が一九五七―五八年度に五〇人の中国人大学生を受け入れること、教学用のP-1ミサイル二個の見本および技術説明書を提出することを定めた。中国政府はソ連側に技術援助の関係諸費用を支払うとともに、守秘義務を負うことを保証した[55]。しかしこれも中国の需要を満たすものではなく、またこの協定の執行も順調に進まなかった。

協定を執行する条件として、ソ連側は要求を出した。一九五七年五月一一日、ソ連経済連絡総局駐北京副代表カリーニン少将が聶栄臻と会見した際、ジェット技術の面でソ連が中国を援助するためには、第一に中国のジェット技術面での具体的な方針について、第二に中国がすでにどのくらいの訓練された幹部を有し、今後どのくらいの幹部を訓練できるのか、第三に建設する新研究所の大体の規模、期限、設備、ソ連に求めている援助の性質と範囲について、第四に中国がミサイル生産の技術に用いることができる工業の潜在力、およびミサイル兵器の生産に必須の原料、部品、半製品等の工業の保証について、第五にミサイル兵器の設計、生産、使用時の守秘義務の条件としかるべき制度について、了解しておかなければならないと伝達した。ソ連側も中国側の誰が全権となってモスクワでミサイル技術問題を協議するのか知りたかった。六月一八日、聶栄臻と外貿部副部長李強は再度、中国駐在ソ連総顧問アルヒーポフに正式な請求を出したが、政府に指示を仰いでから回答するとの答えであった。六月二九日、ソ連側はボールを投げ返してきた。ソ連駐在中国大使館の商務参事官オフィスからの来電によれば、ソ連側は以下のように返答した。中国側がアルヒーポフとカリーニンに今年五月に提出したミサイルに関する諸問題について今まで返答しなかったが、ソ連側は彼らが出した問題に中国側が書面でできるだけ早く答えてほしいと考えている。ソ連側が書面で回答を得た後で、中国の専門家の訪ソを招請し具体的な交渉を行うことを再度考えたい、とのことであった[56]。見るからに、米ソが核実験を禁止し、核拡散の制限の交渉が進展するにつれ、ソ連は中国の核兵器研究開発の援助に関して、確実に前に進めなくなっていた。

このとき中国の核兵器研究開発の責任者である聶栄臻はもう我慢できなくなっていた。一九五七年七月一一日、聶は再度周恩来に報告を書き、「中国の原子力工業の発展計画は今なお定まっておらず、特に濃縮ウランの製造後の次のステップに何をするかがはっきりとしない」と指摘した。そのために聶は一九五六年の原子力協定の執行をしばらく見合わせるとともに、政府が表に立ってソ連側と交渉しソ連側に圧力をかけることを希望した。七月一四日、周恩来は、同意する、外交部に戻して行わせる、と指示した[57]。聶が驚いたことに、今度はソ連の反応はかなり迅速で、二〇日にはアルヒーポフが国防新技術の援助について時間を決めて面談したいと言い出した。聶は二二日にアルヒーポフの寓所を訪れた。アルヒーポフは嬉しそうに聶に向かって、聶が出した国防新技術援助の問題にソ連政府が支持を表明したと伝えた。そして「ソ連政府は適当な時期に中国が政府代表団をソ連に交渉に派遣することに同意する」と言い、中国政府が提起するいかなる問題にも満足のいく回答をするつもりだと述べた。聶が報告した後、毛沢東、周恩来は代表団を組織しソ連に交渉に行かせることに同意し、聶に代表団の組織を担当させた[58]。八月六日、周恩来はブルガーニン宛の信書のなかで、「中華人民共和国の国防力を強化し、第二次五カ年計画と未来の計画をよりよく編成するため、われわれは原子力工業の建設後、原子兵器とその発射の道具を生産する必要があると考え、ソ連には大いに援助いただきたく、中華人民共和国政府から代表団をモスクワに派遣し、ソ連政府と交渉を行うことを提言する」

と明確に記している。[59] 八月一四日、ブルガーニンは大使館から提出された周恩来の信書を受け取った際に、「原則的に問題ない」、「近日中に回答できよう」と述べた。[60] 一〇日後、中国駐在ソ連代理大使は、中国が政府代表団をソ連に派遣し、「原子力工業の建設と原子兵器、ミサイル兵器の生産および航空技術等の問題」を交渉することに同意する覚書を中国側に提出した。同時に、中国の党・政府の代表団を十月革命四〇周年の式典に招待する正式の招待状を手渡した。[61]

ソ連の態度の突然の変化は、明らかにソ連共産党六月総会における一大事件後に毛沢東がフルシチョフ支持を表明したことと関係している。ソ連が同意した後、中国は聶栄臻、宋任窮、陳賡を長とする代表団を派遣し、二一人のロケット、原子力、電子等の専門家、教授を顧問として招請し、総勢四十数人が九月七日、モスクワに到着した。交渉は九月九日からはじまり、軍事、原子、ミサイル、飛行機、無線電信の五つのグループで同時に進行した。ソ連は国防省次官、中型機械工業相、国防工業省次官、航空工業省次官、無線電信工業省第一次官を各グループの長とした。交渉中、ソ連側は留保するところがあったが、総じてかなり友好的で熱意もあり、ソ連側代表団の団長で国家対外経済連絡委員会委員長のペルヴーヒンは、中国側が主張した製品の性能はすでに時代遅れであるとして、新しいものを自ら提案するほどであった。九月一四日、ソ連側は協定の草案を提出した。その際ペルヴーヒンは聶栄臻に対し、この種の協定はソ連の外交史上初である、それは中国が最も頼れる、信頼できる友だからである、中国政府が早く最終決定することを望むと伝えた。聶栄臻は代表団全員と顧問を集めて会議を開き、次のように述べた。ソ連政府は今回本当に熱意があり、誠実で、気前がよかった。中国はこの援助を得て、また自ら努力すれば、国防の物質的基礎が第二次五カ年計画の終わりには新たな科学技術のレベルまで躍進するだろう。[62] ニュースは国内に伝わり、九月二九日午前、周恩来は彭徳懐、李富春に国防工業担当者の会議を招集し検討を行うよう委任した。宋任窮の報告を聞いて、会議の参加者一同は、ソ連が出した援助プロジェクトはどれも中国の国防にとって必要であるため、積極的に賛成するとともに、ソ連が出した協定に署名することに同意し、調印後に各方面で具体的な協議を継続することで考えが一致した。[63] 一〇月五日、周恩来は駐ソ大使劉暁に書簡を書くとともに、中央は聶栄臻が政府を代表しソ連側が提案した協定に調印することに同意すると聶に伝えた。[64]

一〇月一五日、中ソは正式に「新式武器と軍事技術装備の生産および中国の総合的原子力工業の建設に関する協定」（略称「国防新技術協定」）に調印した。協定は全部で五章二二条から成り、協定にもとづき、ソ連は中国の総合的原子力工業の建設を援助すること、中国の原爆の研究と生産を援助し、原爆の研究模型と図面資料を提供すること、原爆製造の鍵となるウランの濃縮処理に用いる工業設備を中国に売却し、気体拡散廠が操業をはじめるにあたり必要な六フッ化ウランを提供すること、一九五九年四月より前に中国に二個中隊の対艦ミサイル装備を受け渡し、海軍のミサイル部隊設置を助けること、中国のミサイル研究開発と発射基地の設計を助け、一九六一年の末までにミサイルの見本と関係技術資料を提供し、技術専門家を派遣しミサイルの模造を助けること、中国の原爆実験場の設計と関係する専門家の養成を助けること等々が定められた。[65] 協定中、原子力産業援助プロジェクトの建設規模および中国に受け渡す設計と設備の期限等はまだ具体的に定められていなかったため、一九五八年九月二九日、中ソはまた「ソ連が中国の原子力工業のために提供する技術援助に関する補充協定」に調印した。同協定のなかで、各プロジェクトの規模について明確かつ具体的な規定がなされ、プロジェクトの設計完成の期限と設備供給の期限もおおよそ確認され、多くのプロジェクトの完成期限は一九五九年か一九六〇年とされた。[66]

「国防新技術協定」と「補充協定」は中ソが核兵器研究開発の面で協力した一つの里程標である。ここから中国の原子力工業は「原子力工業建設と核兵器研究開発の新たな段階に入った」のである。[67]

3　ソ連の中国核兵器開発に対する援助とその限界

その後の一年ほど、中国の原爆とミサイルの研究開発におけるソ連の援助は正常かつ順調に進んだ。一九五八年六月、ソ連が援助した実験用重水炉とサイクロトロンの建造に成功したことで、中国の核物理研究の技術的装備と条件は明らかに改善された。同時に、建造過程で養成された人材、使用過程で採取されたデータは、中国の原子力平和利用事業のための前提となったばかりでなく、間接的に中国の核兵器の研究開発と発展のための基礎ともなった。毛沢東はニュースを受け取ってから、六月二一日の中央軍事委員会拡大会議で自信に満ちた様子で、「原爆と水爆、大陸間ミサイルをやろう。私が見るに、一〇年あれば完全に可能だ」と言った。[68] このほか、ソ連は協定にもとづき、数種類のミサイル、飛行機、その他軍事装備の実物の見本を中国に提供し、ミサイル、原子力等の極秘の技術資料を受け渡し、関係の技術専門家を中国に派遣した。これらはみな、中国の関係部門が先端兵器の研究開発状況および技術に知悉し、これを掌握することを大いに助けた。聶栄臻はソ連の援助は中国の核兵器研究開発の初歩においてとても大きな役割を果たし、とりわけミサイル研究開発と実験場の建設において中国の前進を速めたと考えた。この基礎の上に、中国は「資料の消化、研究設計と試作」をはじめた。[69] かくして一九五八年八月、第二機械工業部の党組織が中国共産党中央に提出した「原子力事業の方針と計画に関する意見」において、「軍事利用を主として、平和利用を副とする」方針が明確に打ち出され、周恩来と中国共産党中央の承認を得たのである。[70]

原爆の研究開発において、ソ連は設備、図面、技術資料を提供するだけでなく、多くの専門家を中国に派遣した。工廠の選定、設計から設備の装着、試験に至り、とりわけ中国の技術専門家が文献と資料を理解するのを助け、また中国の技術者が操作技術を習得するのを訓練する点で、ソ連の専門家は重大な役割を果たしていた。元第二機械工業部副部長の袁成隆は、「当時、我が国が原子力工業生産の発展と自国の原爆保有を決心したとき、ソ連はわれわれを支持し、第二機械工業部に派遣されてきたソ連専門家は全部で一〇〇〇人以上に上った」と回顧している[71]。前述のように、核科学技術と原子力工業の建設の面で中ソ両国政府は相次いで六つの協力および援助協定を締結し、そのうちウラン鉱山の一斉探鉱について二つ、(一九五四年、五六年)、核物理科学研究が一つ(一九五五年)、原子力工業建設が二つ(一九五六年、五八年)、核兵器研究開発が一つ(一九五七年)であった。中国側の専門家によれば、この六協定は核科学の基礎研究、ウラン資源の一斉探鉱、ウラン鉱山の採掘と取り出し、ウランの転換、ウランの濃縮、核燃料ユニットと核部品の製造、プルトニウム生産用原子炉とウラン・プルトニウムの分離後の処理、核爆発実験等を包括し、一つの完成された工業体系を形作っていたため、中国の核化学技術工業が当初から同時進行で全面的に展開することが可能になった[72]。

原爆の製造工程から言えば、全部で六種類の工廠(工場)があり、ソ連の専門家の援助の下、これらの企業あるいは基地は一九五七年末以降に陸続と設計(ソ連専門家が初歩と主要部分の設計を担当し、中国側が施工と補助的な設計を担当した)と施工段階に入った。このことは中国の核兵器研究開発が全面的に展開されたことを表していた。鉱石を採掘するウラン鉱山(湖南省郴県、大浦、江西省上饒)、鉱石を粉砕し天然ウランを製錬する粗製錬施設(湖南省衡陽)、酸化ウランを取り出し、燃料棒を製造する核燃料製造工場(包頭核元件廠等)、濃縮ウランを製造する核拡散廠(蘭州ウラン濃縮廠、酒泉原子力聯合企業等)、原爆を製造する核兵器研究開発基地(二〇基地)、核実験場(二一基地)等、これら原子力工業の最初期の主要なプロジェクトの基礎工程と付属工程は一九五八年五月以降、陸続と着工した[73]。同年九月二七日、ソ連が建設支援した七〇〇〇キロワット重水炉と直径一・二メートルのサイクロトロンが中国に受け渡された。このことは中国がまさに「原子力時代に躍進」していることを表していた[74]。その後一年の間、核燃料生産と核爆発研究開発の二つが同時に進行し、中国の核兵器研究開発は大発展期に入った。

ミサイル研究開発の面では、ソ連は技術資料と見本の提供を続けるとともに、中国のミサイル部隊の訓練を援助した。一九五七年一一月二六日、ソ連国防部は、一二月下旬に二列車六〇車両がP-2型地対地ミサイルおよび地上設備を中国の満洲里の国境地点に輸送すること、使用と維持の方法を中国側に教えるため、ソ連側が一〇三人の随行員を派遣し、教習期間を三カ月とすることを通知した[75]。一二月二〇日、P-2型ミサイルおよびその機材を載せた三七七〇番国際列車は、ゆっくりと満洲里駅に入った。列車は十数の車両から成り、先頭と最後尾の車両にはソ連軍の将官と兵士合計一〇二人が乗っていた。車上にはP-2型地対地訓練ミサイルが二つ、一個大隊の主要技術装備があり、そこには地上テスト、発射、修正、運搬、補給等の設備四五個が含まれていた。一二月二四日に列車は砲兵教導大隊駐屯地に順調に到着し、彭徳懐が自らP-2型ミサイル上の赤いリボンを解き、感極まった様子でその場にいた将官と兵士らに、「これは兄貴ソ連がわれわれに養子にするよう送ってきた『息子』だ、祖国は諸君らにこの息子を託した、諸君らはこれを我が子のように扱わないといけない[76]!」と語った。数日後、ソ連の専門家らが北京に到着し、中国がミサイル実験場の調査設計を行うのを助けはじめた[77]。

一九五八年一月一一日、砲兵教導大隊の第一期訓練班がはじまった。P-2型ミサイルはすでにソ連軍の現役でなくなっていたが、中国の軍人から見れば、依然として重要な役割を果たすものであった。銭学森は学員を激励して、次のように言った。P-2型ミサイルはソ連の初代のもので、最先端とは言えないが、われわれにとっては、これがあればついに実物を見て学べる。回り道をしないで進める。私はアメリカでこのような実物を見たことがなかった。しっかりと学べ。

このとき訓練に参加した学員は合計五三三人で、ほかに実習生が一五〇人おり、二三の専門の組に分かれた。職業に応じて訓練を行う方式が採られ、ソ連軍ミサイル大隊の将官と兵士が直接教えた。最初の三カ月間は完全にソ連の将官と兵士が手取り足取り教練を行い、その後は中国側が独自に訓練を行った。一九五九年七月二四日までに訓練が終わり、地対地ミサイルの専門技術の骨幹となる一三五七名が養成され、中国のミサイル部隊の誕生と発展の基礎となると同時に、技術者、教員、管理職幹部が多数育成された[78]。一九五八年九月、空軍の下にミサイル学校が正式に設置され、全軍で必要な地対地、地対空、対艦等のミサイル兵器の工程技術と指揮を行う幹部の育成を担った。学校はソ連専門家の意見にもとづいて編制を行い、一二人のソ連専門家が授業を行った[79]。

ソ連専門家との協議と交渉を経て、一九五八年一〇月六日、中国最初の地対空ミサイル部隊が北京に正式に成立し、五四三部隊とされた。一一月二七日と二九日、ソ連が提供したSA-2地対空ミサイル四組が北京に運ばれ、指導に来たソ連専門家合計九五人も同時に到着した。ミサイル部隊の発足を担当した張伯華は、ソ連専門家が来てからわれわれは一緒に教習プログラム、カリキュラムを検討し、専門に応じて編制を行ったと当時を振り返っている。一二月二一日、装置を取り替える訓練が正式にはじまった。この訓練に参加した幹部は計四六四人であった。理論訓練は一七の専門に分かれて行われ、兵器と操作の訓練は四組に分かれ、そのうち実戦部隊はソ連軍ミサイル大隊が担当した。一九五九年四月実弾射撃試験を経て、射撃場で兵器装備の引き継ぎ式が行われた[80]。一九五九年一〇月七日、ミサイル第二大隊隊長の岳振華率いる部隊が北京上空で国民党空軍RB-57D型高高度偵察機一機を撃墜し、世界の防空戦史上、地対空ミサイルが敵機を撃墜した初の例となった。ソ連顧問はこれを大いに喜んだ。空軍司令劉亜楼は後に、この一戦は完全にソ連専門家に教わった方法どおりに戦ったと述べている[81]。

しかし、ソ連の核援助に全く留保がないわけではなかった。訪中したソ連専門家の回想によれば、彼らが中国人に教えた内容は厳格に規定され、上級の指示に従い、ソ連が一九五一年の実験で成功した原爆の製造過程と技術資料に限られていた。「ソ連指導者は一九五一年の段階より先進的な設計方法を中国人に教えることは許さなかった」。それにもかかわらず、科学者として、訪中したソ連人専門家は職責を尽くした。当初、専門家たちは文献資料を持ってきていなかったため、黒板に構造の見取り図を描くだけであった（中ソ協議にもとづき文献を受け渡したのはその後のことである）。しかし、中国の専門家たちが授業の内容を完全に記録できていなかったり、理解が間違っていたりすると、ソ連人専門家は多くの授業内容を書き写して渡した。ソ連人専門家は後に、モスクワが許す範囲、それから専門家が知る範囲のなかで、中国人は必要なことをすべて獲得したと当時を回顧している[82]。当然、この種の限界を見極めることは難しいことであり、機密部門に派遣されたソ連人専門家は、秘密漏洩を恐れて、苦しみと不安を感じていた。一九五七年に中央委員会に送られた報告によれば、教師あるいは教育者の身分で中国に派遣された顧問数名が、何を伝えてよく、何を漏らしてはいけないかを教えられていないと伝えている。報告はまた、彼らが機密漏洩の責任を負うことを恐れ、「消極的になるか、中国が新聞や甚だしきに至ってはソ連の報道からとうに知っていることだけを話すのがお決まりである」と指摘している[83]。孟戈非は原子力研究所のソ連人専門家のトップであるヴォロビヨフとの会話で、この見識のある誠実な老専門家がソ連の原子力潜水艦の秘密を固く守ろうとする一方、中国の技術専門家の質問に真剣に答えようとして、双方共に智恵を絞ったことを詳細に回顧している[84]。

問題はソ連人専門家にあったのではなく、ソ連の政策の規定にあった。ウランの濃縮技術などは、十分節電できる離心機をソ連はすでに保有していたが、消耗電力が極めて大きい拡散機を中国側に提供していた。また後処理の技術などもソ連が中国側に提供したのはすでに時代遅れの沈殿法で、当時欧米はすでに先進的な抽出法を採用していた。さらに核兵器の技術の伝授などは、ソ連側の制限で専門家はプルトニウムを原料とする原爆のことしか話せず、ウランを原料とする技術については全く触れられなかった[85]。これについて聶栄臻は後年いみじくも次のように論じている。最新兵器の面では、「ソ連側の我が国に対する態度は、協定の調印に際しては留保があり、また限界があり、その基本的な意図は新式兵器と科学研究の上で我が国との間に相当の距離を保とうというものであった。われわれはソ連の第三線、あるいはすでに生産が停止された装備を模倣できても、第一線や第二線の最新装備は与えてもらえなかった[86]」。

ソ連が先端技術の上で中国に対し留保するところがあったことは理解できる。実際に、中国自身にもこの種の「内部と外部を区別する」原則はある。こうした事例を挙げたのは、フルシチョフが後年、ソ連は原子力と核兵器研究開発の面で完全に中国の要求を満たしていたとか、中国に対し秘密はなかったとか述べているのは[87]、やや言い過ぎであったことを説明したいためである。しかしそうであるとしても、中国への核援助はソ連の対中援助のピークであった。同時に、中ソ間の政治協力も最高の水準に達した。それを示しているのが、一九五七年一一月に開催されたモスクワ会議である。

第12章　毛沢東、共産党モスクワ会議の中心的な人物となる

一九五七年一一月、世界各国共産党と労働者党の代表がモスクワに集まり、会議を開催した。一二の社会主義国家の共産党が署名した「モスクワ宣言」と六四の共産党と労働者党が署名した「平和宣言」が発表された。これは国際共産主義運動史上、マルクス主義と共産党の誕生以来、全世界の共産党人が開催した最大の規模の、また最多の人数が参加した、空前絶後と言ってもよいほどの盛大な会であった。多くの人はモスクワ会議の開催はソ連共産党の呼びかけによるもので、中国共産党を含む各国共産党がこれを支持したと考えている。(1) この印象は誤りで、最近明らかになったアルヒーフ資料と回顧録は実際の状況が正反対であったことを示している。各国共産党の会議の開催、それから会議で共同宣言を発表するという考えは、どれも中国共産党が出したものであった。それだけでなく、会議の準備と開催の過程で、毛沢東も極めて重要かつ独特の役割と影響力を発揮した。モスクワでは主人ではないが主人のような役割を演じ、会議の舞台裏の総監督となった。

1　毛沢東、会議を開催して問題を解決することを主張

ソ連共産党第二〇回大会とポーランド・ハンガリー事件の後、いかに情勢を安定させ、社会主義大家庭を組織し直

すか、モスクワと北京は一生懸命考えた。コミンフォルムはスターリン的な色合いが濃かったことから、ソ連共産党中央委員会幹部会は第二〇回大会の期間にこれを解散することを決定し、国際共産主義運動の今後の活動について話し合った。ミコヤンは地域的なコミンフォルム組織を作り、雑誌あるいは新聞を出版し続けることを提案し、多くの人に受け入れられた。フルシチョフはまた、「共産党と労働者党の連絡委員会」を成立することを提起した。会議はフルシチョフらに元コミンフォルム構成国の代表と中国の代表と面会し意見を聞くことを委任した。[2]三月二九日、フルシチョフはユーゴスラビア大使のミチュノヴィチに対し、ソ連共産党中央が四つの地域的な共産党組織を作る構想を紹介した。また社会主義国家は組織化して、連合して行動することが必須だと強調し、ヨーロッパの各党と協議しているところで、ミコヤンがアジア各国と話し合いに行くことになっていると話した。このときフルシチョフは特に中国に行くことに言及した。それは「中国人がどんな構想を考えているかが大変重要」なためであった。[3]

一九五六年三月、ミコヤンがインド、ミャンマーを歴訪後に北京に降り立った。ミコヤンは会談のなかで、ソ連共産党中央は各国が連合して刊行物を出版することを提案していると述べ、さらに連絡局を作ることに言及した。毛沢東は刊行物の出版と機構の設立に明確に反対を表明し、次のように言った。過去にコミンフォルムは刊行物を出したが、結果はよくなく、第三インターナショナルとコミンフォルムの印象はどれも酷いものだ。もし今、連絡局をやるなら、西側が不安がるだけでなく、インドのような国も怖がるだろう。毛の提案は、「何かあれば会議を開いて協議し」、主催者は当然ソ連がよく、「あなたがたが会議を開けばわれわれは行く、何かあれば会議を開く、何もなければ開かない」というものであった。[4]当然ながら、中国共産党の支持がなければ連絡局の設置と刊行物の創刊の構想は実現し得なかった。

活動をいかに続けるかについての打ち合わせはできていなかったが、コミンフォルムを閉じるというのが皆の共通認識であった。四月一三日にソ連共産党は各国共産党にコミンフォルムの活動を停止する通知を発出した。同通知は、社会主義国家の共産党間の接触と連携の仕方に関しては、近く開催される会合で解決すべきであるとした[5]。四月一八日付『プラウダ』に掲載されたコミュニケは次のように発表した。コミンフォルムに参加する各国共産党と労働者党の中央委員会は、一九四七年成立のコミンフォルムがすでに自らの使命を全うしたと考える。このため相互の協議を経て、共産党と労働者党のコミンフォルムの活動を終え、コミンフォルムの機関紙『持続的な平和のために、人民の民主のために』の出版を停止することを決定した。コミュニケはまた、新しい条件の下、各国共産党の間の「連携と接触の新たな効果的方法」を設けることは可能であり、また必要であると指摘した[6]。

この「新たな効果的方法」とは、当然コミンフォルムあるいは連絡局に類する機構を設けるというものではない。これに対し、六月二一日にソ連共産党中央委員会幹部会は決議を出し、次のように指摘した。「ソ連共産党中央は、この種の連携の形式は、社会主義国家の党の代表が定期的に会議を開き、彼らの仕事における共通の問題について意見を交換し、共通の利益のある具体的な党の問題と経済建設の問題について集団で討論することがあり得ると考える。もしある党が意見交換のため、経験の交流のため、関心ある問題について集団討論を希望するなら、またこれらの問題について関係諸国の共産党との協調を希望するなら、社会主義国家の各党代表の会議開催を提案してよい。会議の開催地点は相互の協議を通じて決定してよい。会議は必ずしも決議を採択する必要はないが、参加した全代表の同意を得た提案を出すこともできる」。刊行物の問題に関しては、ソ連共産党中央は、「社会主義建設の理論と実践の問題を解釈し、共産党と社会党の協力の道と経験を解釈し、マルクス・レーニン主義理論を広め、発展させる」ため、刊行物はやはり出すべきだが、「この定期刊行物は社会主義国家の共産党の機構ではなく、彼らの指示を受ける必要はない」と考えた[7]。毛沢東が出した「会議を開いて問題を解決する」という提案が、原則的にソ連共産党中央の認可を得ていたことが明らかである。その後、ワルシャワ条約機構政治諮問委員会が六月二二日から二六日までモスクワで開催され、社会主義国家の共産党と労働者党の間の相互接触の形式について話し合われた[8]。六月三〇日、ソ連共産党中央委員会幹部会が採択した「ソ連共産党中央委員会の個人崇拝およびその結果についての決議草案」も、世界各国共産党の間で連携を打ち立てる必要性をいっそう強調した。同草案は次のように指摘した。「新たな歴史的状況の下、コミンテルンとコミンフォルムのような労働者階級の国際組織はその仕事を停止する。しかし、マルクス・レーニン主義の立場に立つ革命的兄弟政党の国際的団結と接触を行う必要性がなくなったと言うものでは決してない」。それどころか、現在「各国の労働者階級のマルクス主義政党の思想的団結と兄弟のような団結が特に必要である」[9]。しかしソ連共産党中央が盛んに世論を煽って各国共産党と協議していたまさにそのときに、ポーランド・ハンガリー事件が勃発し、この動きはやむなく中断となった。

東欧の暴風が過ぎ去ってから、社会主義陣営の間の団結と統一の強化がますます必要視された。このとき中国共産党は、ポーランド・ハンガリー事件で特別な役割を果たしたことから、世界の共産党の事柄により責任を感じるようになり、積極的に動くようになった。一九五七年一月、周恩来はモスクワでソ連のハンガリー事件の善後処理を助けていたが、この滞在中にソ連共産党とユーゴスラビア共産党とそれぞれ前後して共産党国家の代表会議開催に関して協議した[10]。一月一八日、クレムリンでのレセプションで、周恩来はユーゴスラビアの駐ソ連大使ミチュノヴィチと会って、共産党国家の代表会議に関する中国共産党の構想を紹介した。周はまず、すべての社会主義国家共産党の代表会議を一度組織すべきで、目的は社会主義国家の間の協力と団結を改善させ、協力と団結の妨げとなる要素を取り除くことであり、また会議は二月末か三月はじめに行えると述べた。そのうえで周は、ティトーがこのような会議の開催を有益と思うか、また会議の時期が適当かどうか知りたいとし、もしティトーが開催に同意し、会議に参加するなら、周はユーゴスラビアに正式訪問するつもりだと述べた。大使が質問すると周は、会議開催の提案は中国が出すものので、より正確に言えば、この会議はすべて毛沢東の発案だと答えた。そして会議の目的は共産党人の間の新組織を打ち立てることではなく、参加者に決議を押し付けるつもりもないと説明を加えた。また断固とした態度ではなかったが、周はもしユーゴスラビアが参加しないなら、会議は行わないと明らかにした。ミチュノヴィチは周のこの率直な話を非常に意外に思うとともに、中国共産党がソ連の以前のやり方に批判的な態度を取っていると感じた。[11]

これより前に周恩来はユーゴスラビアを訪問中の彭真に電話をかけ、ティトーを訪問するよう要求し、伍修権大使自ら通訳をするよう指示した。その後一月二九日の単独会談で、彭真はティトーに対し、中国共産党とユーゴスラビア共産党が共同で発起して世界各国共産党の代表会議を開き、各国党の活動について討論し協調するという中国共産党の提案を伝えた。ティトーはこの問題はとても重要で、ユーゴスラビア共産党中央委員会で特別に討論する必要があると述べた。ティトーの個人的な意見は、二国間あるいは多国間の会談を行うのはよいが、全世界の各国党の会議を開くのは不賛成だった。[12] ユーゴスラビアの態度で中国共産党は進退窮まる状況に陥った。事前にソ連共産党と会議の主催者のことを打ち合わせなかったので、彭真は帰国の途中でモスクワに立ち寄った際に、フルシチョフに対しティトーは各国共産党の会議への参加に原則的に同意したと曖昧に報告するほかなかった。[13] 中国共産党はなぜソ連共産党を捨てて、ユーゴスラビアと手を携えて会議を開こうとしたのか。現在明らかになったアルヒーフ資料からは、これについて確定的な解釈を出すことはできない。もっとも、ティトーの態度によって中国共産党は、この会議は目下のところ開催しないほうがよいと感じたであろう。

モスクワから見ると、社会主義大家庭の中の最も重要な構成員は、第一に中国共産党、第二にユーゴスラビア共産党であったが、この二つの党の意見はすでにだいたい一致しており、世界各国共産党会議を開く機は熟した。このため、一九五七年二月二日ソ連共産党委員会幹部会は再度会議を開き協議した。そして会議は、まずユーゴスラビア共産党と中国共産党とそれぞれ会議をいかに開催するか協議することを提起した。二月七日に幹部会が承認したフルシチョフの中国共産党中央宛て書簡は、ソ連共産党は社会主義国家の共産党と労働者党の代表会議に関する中国共産党の提案に同意するとした上で、今度の会議は中国共産党が準備し、また表に立って主催すべきであり、準備状況をソ連共産党中央に直ちに報告してほしいと希望した。書簡には、ソ連共産党指導者からすれば、会議は一九五七年三月末から四月上旬に行うのがよいとも書かれていた[14]。

モスクワからの書簡が中国共産党に表に立って会議を開催するよう提案したことで、中国共産党は本当に驚いた。中国共産党が中国とユーゴスラビアで会議を開催しようと提案していたことは、ソ連共産党は知らないはずだが、書簡には「すでに承知している協議にもとづき」、中国共産党中央が会議開催の準備工作をすべきであると書かれていた。これに対し、中国共産党中央書記処書記の王稼祥は大変いぶかしく思い、そう書かれた訳をさぐった。そして周恩来がモスクワ滞在中に彭真と電話で話した内容が、傍受されていた可能性があるという結論が出された[15]。受け身の状況に置かれた毛沢東は、中国共産党中央は今度の会議の準備、主催をせず、会議はソ連共産党中央が準備し開催すべきであると答えるほかなかった。ただ、中国共産党中央は同時に、会議は機が熟したときに開催すべきで、慌ただしく開かないよう提案した[16]。モスクワはやむなく我慢して待つことになった。

その年の六月、ソ連共産党中央は中国共産党に対し会議の開催に同意するよう再度の催促をし、七月にまず秘密会議を開くことを提案した。同時に会議はユーゴスラビア共産党の意見に従い、日程を指定せず、参加者が自分たちで会議の性質と議事進行を決めてよいとした。今度は、中国共産党中央はこのような会議を開催してよいと明らかにし、会議がうまくいくために、まず協議を経た上で、草稿を作って各兄弟党に配り意見を募ることを提案した。草案は討論と修正を経て意見が一致した後で会議を開くべきである[17]。しかし会議の準備がはじまった矢先に、ソ連共産党内部で六月総会事件が発生した。準備はまたも中断せざるをえなかった。

フルシチョフが事件の処理において毛沢東の支持を得たことで、中国共産党の意見はモスクワでますます存在感を増した。七月九日、ソ連の代理大使アブラシモフは劉少奇と面会し、可能な限り早く社会主義国家共産党の代表会議を開催することに関するソ連共産党中央委員会の提案を伝えた。劉少奇は中国共産党中央を代表して、このような会議を開くなら皆が一致して同意した結果を得るようにすべきで、事前に各兄弟党と協議し、見解が一致した文書を出すべきであると答えた。[18] 中国共産党の回答にフルシチョフは安心し、ソ連共産党は積極的に準備をはじめた。中国共産党の支持さえ得られれば、他党の意見はそれほど重要ではなかった。八月一九日、ソ連共産党中央委員会と閣僚会議が毛沢東に書簡を送り、ソ連十月革命四〇周年記念大会に参加し、同時に社会主義国家の執政党と若干のその他の国家の共産党、労働者党の国際会議に出席するための訪ソに正式に招待した。[19] これを毛沢東は喜んで受けた。中国共産党は九月初旬、各兄弟党に対し毛沢東が自らモスクワに行くという情報を意図的に流した。多くの人はこれにより記念大会の時期に重要会議が開かれると推測し、また各党が「自党の最高指導者をモスクワに送る」ことが期待されていると考えた。[20] 一〇月六日、一〇日、中国共産党中央政治局は拡大会議を開催し、訪ソ代表団について協議した。[21]

一〇月二五日、ソ連大使ユージンがフルシチョフの毛沢東への個人的な招待状とソ連共産党が起草した会議の宣言草案を持ってきた。ユージンはこの宣言草案は事前にユーゴスラビア共産党中央に送り、意見を聞いたが、ユーゴスラビア共産党指導者はこの文書に同意しなかったと伝えた。中国共産党中央弁公庁が草案を翻訳後、毛沢東が胡喬木に修正を命じ、文字の上ではソ連共産党中央の草案の原稿をできるだけ残すが、重要な問題ではやはり我が党の観点を表明するよう指示した。[22] 一〇月二九日夜、毛沢東はユージン大使と会見し、以下のように述べた。中国共産党中央政治局はソ連共産党中央が送付した文書を真剣に討論した。全体的に言って、草案は大幅に削減し、主要でかつ原則的な内容だけを残すべきである。草案は基本的に正確だが、中国共産党には別の意見もある。第一に、資本主義国家が社会主義に移行することに関しては、平和的移行と非平和的移行の両方があると、毛沢東は主張する。第二に、社会民主党の評価に関しては、この問題への言及はもっと一般的なものであるべきで、社会党右派との団結だけを特に提起すべきでないと毛は考える。第三に、モロトフら反党集団の問題に関しては、宣言のなかで名指しないよう毛は希望する。モスクワ会議の文書の作成に関しては、中国共産党は三つの案を提起する。第一は事前に充分に議論した上で、宣言を採択し発表し、仮に一つか二つの代表団が反対しても宣言は採択するというものである。毛はこの案に傾いており、このように「天下が大きく乱れることはなかろう」と述べた。第二は事前に簡単な宣言のコミュニケを討論し、そこで全員が受け入れられることだけを述べるというものである。第三は、中国共産党とソ連共産党だけで声明を発表するというものである[23]。

一一月二日、ソ連共産党中央委員会幹部会はユージンが一〇月三〇日に電報で伝えた毛沢東の談話の内容を討論した。会議は毛沢東の第一案を受け入れ、ユーゴスラビアが署名しなくても共同宣言を発表する決議を出した。同時に中ソ両党の声明を出してもよいとした。最後に、会議はユーゴスラビア等に対し、中国共産党の意見を考慮し、翌日に宣言の修正草案を提出するよう要求した[24]。その日、毛沢東は膨大な代表団を率いてモスクワに到着した。

2　中ソが手を携えて社会主義陣営を領導する

共産党の国際会議を開催して解決しなければならなかったことの一つは、中国共産党とソ連共産党がともに追求している、各国共産党間の団結の強化と社会主義陣営の地位の強化であった。このために中ソ両党はともに努力した。一〇月三〇日、中国共産党中央政治局の会議では皆が一致して、今度のモスクワの会議を団結の大会にしようという毛沢東の意見に賛成した。訪ソ代表団の方針は、ソ連共産党への「擁護が主で、批判は副とする」、「闘争を以て団結を求め、協議して一致し、相違点はそのままにして共通点を模索する」であった[25]。ソ連共産党は今度の会議を非常に重視し、中国共産党をますます尊重するようになり、大会の宣言の起草から、中国共産党代表団（特に毛本人）の活動の調整、毛の生活習慣に至るまで、フルシチョフがすべて自ら口を出して、異例の関心を払い、中国側の要求をできるだけ満足させた[26]。

実際の状況からすれば、モスクワ会議の全日程で一番の主眼は「モスクワ宣言」の起草であった。一一月三日から中ソ両党は意見交換をはじめ、一〇日には基本的に意見が一致、各国党の代表団に送付して討論を行い、起草委員会を設置して修正を行い、会議の最終日（一九日）に最終稿が完成し、報告と署名が行われた。まさに毛沢東の言うように、重要な問題は皆で話し合って文書を作り出したのであって、「会議の開催は実際のところ形式にすぎなかった」[27]。この過程で中ソ両党は確かに繰り返し協議し、統一を目指し、手分けして仕事し、共に領導した。

一一月三日夜、中ソ両党は会談で文書の起草について討論した。フルシチョフは、ソ連側は中国共産党の意見にもとづき宣言の草案を修正しているところだと述べた。毛沢東は中ソが共同で宣言について検討し修正することを提案するとともに、会議開催を遅らせ、宣言の修正に時間の余裕を持たせることを主張した。フルシチョフは同意した。会談でフルシチョフは再度、各国共産党と労働者党を指導する刊行物を出すべきだと言い、また統一の組織を設置することについて言及して毛の考えを探ろうとした。毛はやはり賛成せず、定期的に会議を開くかたちで意見交換し、ソ連共産党が会議の召集をするという考えであった[28]。一一月六日、中ソ両党の代表団はそれぞれ鄧小平とスースロフが中心となって協議をはじめた。検討の結果、中国共産党代表団の草稿を基礎とし、修正、補充をすすめることで一致した[29]。一一月八日正午、中ソ双方の代表は再度協議し、宣言草案について意見を交換した。双方は基本的に意見の一致を見たが、平和的移行に関し依然として意見の隔たりがあったため、それぞれが再考した上で一〇日に会談を続けることに決まった[30]。

ソ連共産党を説得するため、毛沢東は資本主義国家の共産党に働きかけることを決定した。一一月七日から九日、毛沢東はイタリア共産党総書記トリアッティ、フランス共産党総書記トレーズとそれぞれ一回会談を行い、イギリス共産党議長ポリット、同書記長ゴランと二回会談を行った。毛は会談中、次のことを何度も指摘した。革命の道の問題で十月革命の普遍的原則を堅持するのか、平和的移行と革命戦争の両方の可能性を堅持するのか、これは共産党と社会民主党の根本的な違いである。革命は両方の可能性を準備すべきであって、平和的移行を過度に強調するのはよくない。このような毛の見方に西欧の共産党の指導者らは基本的に同意し、宣言では二つの可能性を提起してよいと考えた。実際には西欧各党の立場にも違いがあった。フランス共産党は武装闘争に傾いており、イタリア共産党は議会での闘争を強調していた。このためにトレーズとトリアッティはモスクワに来てまで言い争った。イギリス共産党はイギリスの次期政権に労働党が就く可能性があることから、平和的移行が有利と見ていた。このような背景から、毛沢東は会談で武装闘争を強調せず、中国共産党が提起した二つの可能性という表現は、各党が受け入れられる一つの折衷案となった[31]。

一一月一〇日中ソ両党は再度協議を行った。中国共産党はソ連共産党が自らの立場を堅持すると予想し、団結を守り、原則を貫くため、平和的移行に関する書面での意見概要を提出し、備忘録として残し、宣言の草案ではソ連の観点に配慮することに同意した。双方は折衝を経て、ついに草案全部において意見の一致を見るとともに、ソ連共産党と中国共産党の二つの代表団の名義で草案を各国代表団に送付することを決定した[32]。この間、中ソ両党代表団は資本主義国家の共産党代表団に対し、それぞれの国内工作で困難が増すことを避けるため、一四日に開催される社会主義国家の共産党、労働者党の会議に列席しないよう提案することも取り決めた。各党との意見交換を経て、一二の社会主義国家党の代表会議の後、世界の六四の共産党、労働者党の代表会議を改めて開くことで皆一致した。この会議の文書、すなわち「平和宣言」はソ連とポーランドの党代表に起草を委任した[33]。

ソ連共産党の草案と比較して、会議の最後に採択された宣言は、資本主義から社会主義に移行する問題において中国共産党の意見に照らし、二つの重要な修正が加えられた。第一に、移行に二つの可能性があることを指摘し、どの移行方式に現実的可能性があるかは各国の具体的条件によって定まることを強調した。第二に、議会において安定多数を取ることに言及すると同時に、議会の外で広汎な大衆運動を展開し、社会主義革命実現のための必要条件を備えるべきであると主張した[34]。中国共産党の書面での意見概要は、当時ソ連共産党に提出されただけで、大会で公開されず、その他の党代表団に回付されることもなかった。その後一九六三年に中ソが大論戦を繰り広げたときに、ようやく公開されることになる。実際には、中国共産党の「平和的移行の問題に関する意見概要」は、原則の上では宣言における議論と違いがなく、二つの点を加えただけである。戦略的観点からは、平和的移行の願望を提起することは有益だが、平和的移行の可能性を過度に強調するのはよくない点、そして社会党左派と中間派との統一戦線をつくることは大変重要だが、社会主義革命の問題において社会党に原則的に限界があることを曖昧にすることはできない点であった[35]。中国共産党代表団は宣言におけるソ連共産党の言い方に沿った表現に断固反対であった。それは主に、その表現が社会主義陣営の対外政策の総方針になることを中国が望まず、また中国革命の主要な経験、つまり武力蜂起による政権奪取が無視されていたことによる。後になって、各国党が起草委員会で再三この問題を取り上げたため、毛沢東は妥協せざるをえなかった。それでも起草委員会で中国共産党代表団は、「中国党はこの部分の表現に別の意見があるが、多くの同志が同意している以上、われわれはこれ以上自説にこだわらない」と表明した[36]。宣言では二つの可能性が提起されたが、これは大同を求めたのであり、中ソ両党がそれぞれ別の道を強調したが、これは小異を残したのである。しかしこのやり方が、まさしくその後の中ソ論戦の伏線となった。

モスクワ会議の間、毛沢東が公開の演説や個人的な会談のなかで、最も多く言い、また最も注意を集めたのが、「ソ連を長とする」という点である。ソ連がレーニン主義の故郷であるだけでなく、最も古い社会主義国家にして、長らく国際共産主義運動の首領の地位を担っていたことを中国共産党は意識していた。そのため、社会主義大家庭の団結を強化し、社会主義陣営の陣地を鞏固ならしめるためにまずすべきことは、ソ連の権威を守り、「ソ連を長とする」点を堅持することであった。毛沢東の目には、フルシチョフは政治経験が不足しており、マルクス・レーニン主義も確固としておらず、ソ連共産党の新指導者集団も国際共産主義運動の事柄を処理するにあたり少なからぬ手抜かりがあったと映っていた。しかし少なくとも目下のところ、国家の実力からしても、あるいは国際的影響力からしても、ソ連共産党を指導者の地位に戴く以外に、社会主義陣営の安定と統一を保証する術はなかった。

ポーランド・ハンガリー事件以降、「ソ連を長とする社会主義陣営」という言い方は、多くの社会主義国家ですでに大々的に使われなくなった。ソ連共産党自身でさえ、社会主義国家の間の緊張関係を緩和するため、ソ連の指導的役割に触れるのをできるだけ避け、「ソ連を長とする社会主義陣営」という表現を捨てることまで考えつつあった[37]。そのため、ソ連共産党が最初に起草した宣言では、同党中央委員会幹部会の提案でソ連共産党の社会主義陣営における指導的役割に言及した部分をすべて削除した。中国共産党が起草した宣言のなかに「ソ連を長とする」という表現を見たソ連共産党中央は意外に感じ、よく理解できなかった。フルシチョフは「中ソを長とする」ではないかと言ったが、毛沢東は、兄弟党の関係は平等だが、長に関しては、われわれはこの重責に耐えかねるとした[38]。

「ソ連を長とする社会主義陣営」という言い方に対し、ポーランド、ユーゴスラビア、イタリアの各党は宣言の討論に際し明確に反対を表明し、その他の大多数の党代表は内心賛成せず、ただ沈黙を保っていた[39]。それゆえ、毛沢東はこのスローガンを受け入れるようソ連共産党に忠告するほか、その他の各国共産党を説得しなければならなかった。一一月一四日、社会主義国家共産党代表会議が開幕した当日に毛沢東は発言のなかで「ソ連を長とする」点を特に掘り下げて次のように話した。われわれにはかくも大勢の人がおり、かくも多くの党があり、全体を束ねる長が要る。われわれの眼前には相当強力な帝国主義陣営があり、彼らには長がいる。もしわれわれがバラバラなら、力がないことになる。然るに、「ソ連共産党は四〇年の経験を有する党にしてその経験は最も完全である」。「われわれはソ連だけが完全武装している[40]」。しかし各方の意見は収まらなかった。一一月一一日に宣言草案が各国代表に送付されてから、少なからぬ意見が届くようになり、そのなかで最も主だった意見はポーランド代表団が出してきた[41]。かくして会議は宣言起草委員会の設立を決定し、中ソ両党が提出した宣言草案を討論し修正することとした。一五日、起草委員会は丸一日討論したが、論争はとても激しかった。主だった反対意見はやはりポーランド代表団が出してきたもので、社会主義陣営を「ソ連を長とする」というべきでないというものであった。休会時に鄧小平は毛沢東に状況を報告した。毛沢東はすぐにポーランド代表団の滞在先に行き、ゴムウカと直接会って意見交換することにした[42]。

会談のなかでゴムウカは、強硬な姿勢で次のように言った。共同文書には皆が同意することだけが含められるべきで、目下の文書には一部ポーランドが同意できないところがある。少数派が多数派に服従しなければならないのであればポーランドは会議に参加しない。毛沢東はこれを言葉巧みになだめて、次のように言った。皆が少し譲歩し、今度の会議はこれまでと違うものになった。ソ連共産党はとても大きな進歩をした。ソ連共産党を会議の召集者にしたのは中国共産党の意見であり、召集者にはいかなる問題の決定権もない。しかし毛がどう説得しても、ゴムウカは原則の上でソ連共産党を今後の各国共産党の会議の召集者とすることに反対を貫いた。その後このポーランド人は一歩譲歩し、内部決議を作ってソ連に会議の召集を委任するとしても、宣言にソ連が召集者であると書かないことにするのはどうかと提案した。毛は、それ以上は説得せず、最後に、われわれはフルシチョフら同志を助け、彼らを兄弟とし、彼らを支持すべきだと言った[43]。会談後、毛は夜を徹して、フルシチョフ、スースロフらと会い、ゴムウカの意見を伝え、翌日の会議をどう開くか討論した[44]。

一一月一六日午前、起草委員会が再度開かれ、宣言の起草を完成した。午後全体会議が開かれ、毛沢東が率先して発言し、「われわれの宣言はよいものだと思う。われわれはとてもよい方法で目的を達成した。それは話し合いという方法だ。原則性は堅持しつつ、柔軟性も持つ、これは原則性と柔軟性の統一だ。このように話し合いを行う雰囲気が現在形成されている。スターリンの後期には不可能だった」。そして毛は断言した。「この宣言は正確だ。これには修正主義あるいは機会主義の要素はない[45]」。この影響力ある態度表明の後、各国代表団は均しく宣言を擁護する発言を行い、ゴムウカも発言した。会議は基本的に草案の採択を決定し、起草委員会が最終修正に入った[46]。後に発表された宣言のなかで、「ソ連を長とする社会主義陣営」の言い方は保留され、「会議の召集者」についても言及されなかった。これは明らかに各々が妥協した結果である。

毛沢東がモスクワ会議で「ソ連を長とする」点を繰り返し強調したのは、言うまでもなく社会主義陣営の団結のためであり、この目的は確実に達成された。しかし毛の言い方、とりわけ一一月一八日に毛が即席で行った演説は人々に別の印象を残した。第一に、どの陣営も頭がいることが必須だという点で、毛は「蛇は頭がなければ動けない」という中国の俗語を用いた。第二に、目下社会主義国家のなかで最も力があるのはソ連であり、それゆえ「この頭はソ連である」、しかるに中国は政治大国にではあるが、「経済では今も小国にすぎない」ので、まだその資格がないと述べた。第三に、ソ連がこの頭になるには助けが要ると言い、ここでも中国の故事成語を引いて、ひとりの好漢には三人の助っ人が要り、一つの垣根には三つの杭が要るとした。そして「フルシチョフ同志、この美しい蓮の花にも、緑の葉の支えが必要だ」と言った[47]。この論理によれば、目下「ソ連を長とする」のは彼らだけがこの重責に耐えられるからであって、いったん中国の経済が発展したら、社会主義大家庭の長も代わるべきことになる。当時の社会主義陣営において、実際には政治と思想の上での指導者は中国共産党であって、毛は中国の経済的実力がまだ弱いため、しばらくは表に出て指導者の責任を担うわけにはいかないと考えていたにすぎないのである。毛の見たところ、社会主義大家庭において誰が家長になるかは重要ではなく、誰が家を切り盛りし、誰の言うことを聞くかが重大であった。この点が早くも表に出ていた。

モスクワ会議で現れたその他の意見の相違と矛盾は、宣言のなかで「相違点はそのままにして共通点を模索する」方式で処理された。たとえばイタリア共産党が「目下の条件では、主要な危険は修正主義」という言い方に不満であった点については、「各共産党から見てどの種の危険がある時期に主要な危険であるかは、各々が判断する」という一節を宣言に加えた。それからソ連共産党が共産党の国際刊行物をまた出そうとしていた点については、一部の党が同意せず、最終的に口頭での協議で、将来刊行物を出す際には同じ意見だけを載せ、意見対立は載せず、批判や論争は行わないことを取り決めた(48)。中ソ両党の共同の努力により、皆が同意する共同文書が確かに作り出され、相違点はそのままにして共通点を模索するという目的が達せられた。しかしその効果のほどは疑うに値する。実際上、「モスクワ宣言」は何ら拘束力を持たず、文書には皆が署名したが、曖昧でどうとでもとれる用語が各所に見られ、どうしたいのか、どうできるのか、はっきりしなかった。それゆえ会議後に各党が勝手に動き、後に確執が生じると、中ソとも宣言の観点を援用して相手を非難したのである。

3　毛沢東の即席の発言が一同を驚かす

モスクワ会議において毛沢東は確実に最も注目を集めた人物であった。毛に対するソ連の対応が他と違っていただけでなく、毛が公の場に登場するとたちまち皆の注目の的になった。しかし研究者から見て興味深く、かつ論争的な点は、一一月一八日の大会における長い即席の発言である。毛は発言のなかでしばしば驚くべき話や理解し難い話をし、しきりに聴衆を慌てさせた。

毛がはじめに話題にしたのは、後に人々に愛誦されることになる、かの有名な「東風は西風を圧倒する」論であった。この命題をめぐって毛は、反ファシスト戦争、中国革命、朝鮮戦争、インドシナ戦争、第二次中東戦争、シリア危機、ソ連衛星打ち上げ、イギリスのアジア・アフリカからの撤退、オランダのインドネシアからの撤退、フランスの北アフリカからの撤退という、一〇の大事件について話した。つまるところ、国際情勢はすでに大いに変わった。そして「我らが天には光がある、西側の天には暗雲がある」と言った(49)。一一月八日にイギリス共産党の代表と会談した際も、毛はこの一〇の大事件について話し、結論として「社会主義国家が前に進み、資本主義国家が後れている印象を持っている。思うに、資本主義国家は永遠に後れるだろう」と言った[50]。一一月一七日に中国人留学生らに話をしたとき、毛はいっそう簡明に、次のように言った。「今、ソ連は人工衛星を二つ打ち上げ、六四カ国の共産党が会議に集まった。これは一大転換点であり、世界の二つの陣営の勢力バランスの転換点である。今後は、西風は東風を圧倒し得ない、必ずや東風が西風を圧倒する」[51]。

ソ連の人工衛星の打ち上げは、当時確かに驚天動地の大事件で、ソ連の科学技術、とりわけミサイル発射技術のレベルが、もはやアメリカを抜いていることを物語っていた。世界の共産党と労働者党がモスクワに集まったことは、国際共産主義運動のかつてないほどの高まりを示していた。しかしこれで社会主義陣営と資本主義陣営の勢力バランスに不可逆的変化が生じたと断言するのは、恐らく楽観的すぎた。毛沢東のこの論に対し、フルシチョフは個人的な会話のなかで、異なる見方を何度も示していた。フルシチョフが考えるには、目下のところ、ソ連は軍事とその他一部の科学技術の面でアメリカを抜いたが、アメリカの潜在力はあなどれず、特にその科学技術力は非常に強大であった[52]。ゴムウカも毛沢東との会談のなかで、次のように言った。「ソ連から人工衛星が二つ発射された後、資本主義国家は自分たちが後れていると認めたが、もし資本主義国家が永遠にこのようなことは成し得ないと考え人がいるなら、それは見当違いだ。資本主義国家も早晩こうしたことをやってのけると私は見ている」。またゴムウカは、現状において畢竟どのような政策方針をとるべきかが問題だと言った。彼は「とるべき政策は情勢をさらに緊迫化させるものであってはならない」と考えていた[53]。毛沢東の「東風は西風を圧倒する」論の本意が、社会主義は国際情勢の緊張状態を心配する必要もなければ、反対する必要もないという意味であることを彼は知る由もなかった。

もう一つ人々を驚かせた毛沢東の話が、ソ連の党内闘争についてである。毛は話題が団結の問題に及ぶと突然モロトフ集団の話をしはじめ、次のように言った。「私はソ連中央がモロトフ問題を解決したのに賛成する。これはアンチテーゼの闘争だ。それでは統一できず、一方が一方を排斥することになることを事実は証明している。モロトフ集団は攻勢をかけ、フルシチョフ同志が外国に行って対応できないのに乗じ、不意打ちを仕掛けた。しかし我らがフルシチョフ同志も馬鹿ではない、聡明な人だ。すぐに隊伍を整え、反撃し、勝利を収めた。この闘争は二つの路線の闘争だ。一つは錯誤路線、一つは比較的正確な路線。ソ連共産党内のこの二つの路線の闘争は、相互に相容れず、相互に排斥し、一方が一方を排斥するため、互いに対抗する性質を帯びている。処理が上手ければ騒ぎになるまいが、処理が下手なら騒ぎになる危険性がある」。

毛沢東の本意はソ連共産党中央の六月事件の処理に対する態度表明であって、フルシチョフへの支持であり、また誤りを犯した同志との団結も考えておかなければならないというソ連共産党への勧告でもあった。しかし第一に、毛沢東はそれ以前にソ連中央に対し、モロトフらを「名指し」すべきでないと再三戒めていたのだが、大会では自ら公に批判を行ったことで、人々は毛の動機に疑念を抱いた。第二に、世界各国共産党大会で公にソ連共産党の党内闘争の問題を批判し、なおかつ当時知られていなかった言葉である「二つの路線の闘争」という語彙をソ連共産党指導部内の「二つの異なるグループ」と同じ意味で用いた――少なくとも通訳によって人々はそう理解した――ことで、さらに周囲はおちおち座っていられなくなった。ミチュノヴィチによると、毛沢東がこの話をしたとき、「数百人がいたゲオルギーの間が死んだように静まり返った。ミコヤンが力を誇示するように椅子から立ち上がり、顔には決して友好的とは言えない表情を浮かべた。立ったまま、その目は発言者の毛と、ソ連代表団と向かい合って座っている中国人らを見据えていた。彼にそんなことをすべきでないと言ったり、座るように言ったりする者は、ロシア人のなかで誰もいなかった。ゲオルギーの間の全員がこの場面を見ていた」[54]。これは毛沢東が絶対に思いも寄らなかった結果であろう。「ソ連を長とする」と言いつつ、毛は大ホールの聴衆の前で何らはばかることなくソ連共産党内の対立と矛盾を批判した。これがソ連人を怒らせないだろうか。このときユーゴスラビア代表のカルデリは、自国の代表団員にメモを渡した。なるほどそこには、「ロシア人と中国人が国際労働運動におけるイデオロギー上の首領の座をめぐる闘争をはじめた」と書かれてあった[55]。

毛沢東の一八日の演説のなかで最も議論を呼んだのが、核戦争とその結果についてであった。フルシチョフの回想によれば、毛沢東がこの話をしたとき、「会場全体が重苦しく静まり返っていた」。会議後の多くの代表の反応もかなり激しかった。チェコスロバキア共産党第一書記のノヴォトニーは、次のように言った。中国には六億人の人口があって、三億人失う準備があるというが、われわれはどうする？　我がチェコスロバキアには一二〇〇万人しかいない。ゴムウカも憤慨を隠さなかった[56]。会議に参加したイスラエル共産党総書記のシュムエル・ミクニスは当時の印象を振り返って、次のように言う。毛沢東が夢中に話した話題は第三次世界大戦で、いつもその話ばかりしていた。彼は大戦が不可避であり、これに常に備えることが必須だと考えていた。敢えて大胆に言えば、彼はその大戦を軸に生活を按配し問題を考えていたのであり、あたかも大戦はすでにはじまっていたかのようであった[57]。

毛沢東の演説は当時公表されず、後に中ソ論争でソ連が中国の核政策を攻撃した際に、中国政府が声明のなかでこの話を引用した。その全文は一九九二年に発表された[58]。実際、毛は彼が何度も言ってきた話を繰り返したに過ぎない。それは、原爆は張り子の虎、恐れるべきでないが、真剣に対処すべし、である。核戦争の結果に至っては、最悪の場合を考えて、「極言した」にすぎない。毛の話が東欧の小国の指導者らを驚かせたのは理解できるが、これをもってソ連共産党が論戦のなかで、中国を好戦的で、核戦争の挑発を企んでいると非難したのは、疑いなく故意の歪曲である。この問題に対する当時のソ連共産党の見方は、少なくとも表面的には毛と一致していた。毛の演説の翌日、『プラウダ』はフルシチョフが一一月一四日にアメリカUPI通信社の記者シャピロとの対談の模様を掲載した。そのなかの一節に、次のようなやりとりがある。記者が「もし原爆戦争と水爆戦争が起きれば、世界の一部は生き延びられると考えるか」とフルシチョフに質問したところ、フルシチョフは「自ずと大変大きな損失が出て、人類は大きな災難を被ることになるが、人は地上から消えず、社会は存在し続け、発展し続けるだろう」と答えていたのである[59]。

毛沢東の発言の本意は中国人からすれば理解できるが、問題は即席の演説という思いつきのやり方であった。ヨーロッパ人からすれば厳粛かつ敏感な話題であったことに加え、通訳も急ごしらえで、真意が誤解され、疑われることになった。しかし、毛がこのように過激な言葉で自分の思想を述べたのも、考えがあってのことであった。毛は北京に戻った翌日、政治局常務委員会を召集し、モスクワ会議の状況を紹介した際、次のように言った。総じて今度の会議は成功で、一二の党の宣言は良く、皆が比較的満足した。しかし、平和共存問題と社会党の問題、この二つは論じられなかった。平和共存五原則は当然正しいが、ソ連共産党第二〇回大会が平和共存を外交政策の総路線としたのは誤りだ。国際共産主義運動として、共産党の対外関係の総路線が平和共存だけであるということはあり得ない。ここには世界革命への支持の問題も、プロレタリア国際主義の問題もある[60]。

ここでいう世界革命への支持とは、自ずと戦争を、とりわけ核戦争をいかに見るかという問題を含んでいた。これについて鄧小平が次のように解説している。「ソ連共産党第二〇回大会が「平和だけを論じて戦争を論じなかったのは大変まずかった。戦争は不可避でないと言うばかりで、戦争が起こったらどうするかは言わなかった。モスクワ宣言はこの問題を解決した。毛主席はモスクワでまさにこれを言ったのである」[61]。これこそが問題の核心であり、また毛は言わなかったが、フルシチョフと根本的に食い違っていた部分でもあった。

結果として、中ソ双方ともモスクワ会議は非常に成功したと考えていた。しかしこの成功の背後に一種の危機が潜んでいた。この危機は中ソ間に存在していた対立と矛盾にあったのではない。どの同盟にもある極めて通常のことであった。一般的には、相違点はそのままにして共通点を模索する方式は、確かに問題を解決する合理的なものである。しかし、モスクワ会議が反映していた中ソ両党の対立は、双方の時代に対する見方が完全に異なっていたことに根ざしていた。ソ連共産党の考えは、戦後の世界システムにはすでに根本的変化が起こっており、問題解決の方式も時代の変化に伴って改変すべきで、帝国主義を打ち負かせるかはすでに明らかになりつつある社会主義の制度的優位にかかっているのであって、戦争によるのではなかった。それに対し中国共産党の考えは、目下のところ世界全体はまだ革命と戦争の時代にあり、それゆえ帝国主義を消滅させる最後の手段は必然的に革命と戦争であった。この理念の食い違いと対立は根本的な問題であって、各政策、各方針に関わるものであった。それゆえモスクワ会議の勝利閉幕から半年も経つと、中ソ間の対立と矛盾は一つまた一つとあらわになったのである。

第13章　「大躍進」、人民公社と中ソ国内政策の対立

「大躍進」と人民公社の問題が中ソ関係の変化に果たした役割に関しては、多くの国際関係史の論考が言及し評論してきたが、大部分は詳細でない。中国の研究者は「大躍進」と人民公社の歴史により関心を払い、早くから比較的深く検討を行ってきた。しかし、中ソ関係の観点からこの問題を研究した論考は少なく、あったとしても「大躍進」と人民公社化運動の形成の原因を討論する際に、毛沢東がいかにソ連の経験と教訓を参考に中国独自の発展経路を模索したか、その過程を論述したに留まる。

それでは、「大躍進」と人民公社の問題では、究極のところ中ソ間にどのような対立があったのか。ソ連はこれに反対の態度をとったのか。それはどのような反対だったのか。毛沢東はソ連の態度にいかに反応したのか。この種の反応と中ソが分裂に向かったこととの間には、どのような直接的関係があったのか。こうした問題に対し、現在すでに公開された中露双方のアルヒーフ・檔案資料にもとづけば、おおよその答えを出すことができよう。

1 中国の実際の目標はソ連の超越

毛沢東は一九五六年に「十大関係」を提起した際、「ソ連と中国はどちらも社会主義国家であり、われわれ中国はもっと速く、多くやれないだろうか、もっと多く、速く、上手く、無駄なく社会主義を建設できないだろうか」と述べたことがあった[1]。これを見ると、彼は早くも当時すでに大躍進の考えを持っていたばかりでなく、当初からソ連を競争の相手と考えていたようである。毛はモスクワ会議で「ソ連を長とする」と提唱したとき、中国は経済的には小国で社会主義陣営を指導する資格はないと謙遜して言っていた。フルシチョフが一五年でアメリカを超えるとのスローガンを出すと、毛はもう我慢できず、待ちきれずに中国は一五年かそれより短い時間でイギリスを超えると打ち出した[2]。毛はモスクワから戻ると、大きなプレッシャーを感じ、気持ちも焦り出したと見える。毛は身辺のスタッフに対し、「平時の経済建設がまさか蔣介石の八〇〇万人の軍を打ち破るより難しい？　そんな筈がない！」と言った[3]。かくして、英米を超えると謳いつつ、実際にはソ連を超えようという経済大躍進運動が、毛の肝煎りではじまった。

一九五七年一二月一二日、『人民日報』は毛沢東自ら起草を統括した社論「多く、速く、上手く、無駄なく建設する方針の堅持が必須である」を発表、主題は無闇に突き進むことへの反対に対する批判と右傾保守への批判であった。一九五八年三月、成都で開かれた中央工作会議において、毛はソ連の規定制度を持ち込んだことで酷い目に遭い、スターリンが中国革命に圧力をかけたことについて演説を打ち、未来の中国が進む道に自信を漲らせた。毛は「われわれ中国は人口が多く、政治の条件が違うのだから、われわれが彼らより速く進むことには客観的な条件が備わっている」と考えていた。そして党内の「大躍進」に懐疑的な態度をとる人を、「マルクス主義の主流が東方に来たのに自覚していない」と非難した[4]。真理を摑みとり、群衆の立ち上がらせ方もわかっているのだから、中国が他国を追い越す速度は自ずと不断に速まるはずであった。南寧での会議で工業の発展速度の加速が鼓舞されるなか、冶金部長王鶴寿は三月二〇日、「われわれ自身の教条主義的な学習方法から解放」するだけで、中国の鉄鋼工業は「三年の苦戦で第八回党大会の指標（一〇五〇から一二〇〇万トン）を超え、一〇年でイギリスに追いつき、二〇年かもう少しでアメリカに追いつくことも可能である」と毛に報告した。毛はこれを極めて重視し、成都での会議の演説で三回も王鶴寿の報告を称賛し、五月二九日の政治局拡大会議でこれを「一首の抒情詩」と褒め称えた。かくして毛は四月一五日、「我が国が工業農業生産で資本主義大国に追いつくのに以前考えていたほど長い時間は必要ないかもしれない」と公言した。また、「一〇年でイギリスに追いつき、もう一〇年でアメリカに追いつければ、『二五年かもう少しで英米に追いつく』のに五年から七年の余裕を残すことになる。『一五年でイギリスに追いつく』のスローガンは変えない」と説明した。[5] しかし、このスローガンはすぐに変更された。

五月五日から二三日に開催された第八回党大会第二回会議で、李富春が今度の大会で討論される第二次五カ年計画の指標は、七年でイギリスに追いつき、一五年でアメリカに追いつくことを目標とすると発言した。王鶴寿は鉄鋼生産量の指標の根拠を論証し、一九五九年に一二〇〇万トンに達し、五年でイギリスを超え、一五年でアメリカに追いつけるとの考えを述べた。毛沢東は気分が高まったが、彼の目はモスクワを睨んでいた。毛は五月一七日に演説を行い、以下のように述べた。「幹部が一切を決定する」、「技術が一切を決定する」といったスローガンをわれわれは打ち出さない。これはスターリンが出したものだ。「共産主義はソヴィエトに全国の電化を加えたものだ」というスローガンも打ち出さない。これはレーニンが出したものだ。われわれのスローガンは「多く、速く、上手く、無駄なく」だ。このほうが優れていないか？　われわれのスローガンのほうが私は優れていると思う。なぜなら、先生より学生、つまり後の人のほうが優れているはずだからだ。私はわれわれの共産主義がソ連より早く実現するかもしれないと見ている。五月一八日にも毛は各代表団団長会議で、以下のように述べた。十大関係の基本的観点はソ連と比較するということである。ソ連の方法のほかに別の方法を見つけ、ソ連、東欧各国より速く、上手くやってもよい。同日、毛はある指示のなかで、「七年でイギリスに追いつき、さらに八年か一〇年でアメリカに追いつく」と正式に打ち出した。[6] 一カ月後、その速度はまた上げられた。六月二一日、毛は軍事委員会拡大会議で、次のように言った。「一九六二年には六〇〇〇万トンに達し、ソ連に接近すべきだ。イギリスなら追い抜くのに長くはかかるまい。一五年も要らない。来年でよかろう」。「三年で基本的にイギリスを超え、一〇年でアメリカを超えるのは十分可能だ」。[7]翌日、毛は薄一波が提出した国家経済委員会の報告要旨に、「イギリスを超えるのに一五年も七年も要らない、二年か三年で十分だ、二年もありうる」と指示を書き入れ、報告要旨の表題を「二年でイギリスを超える」とするよう指示した。[8]六月二三日、毛は軍事委員会拡大会議の小組長座談会において、「一九六二年までに七五〇〇万から八〇〇〇万トンに達せる。イギリスに追いつくのに五年も要らない。二、三年でよい。五年でソ連に追いつき、七年から長くて一〇年でアメリカに追いつくことができよう」と述べ、鉄鋼生産量でソ連を超える目標を直接打ち出した。[9]

ソ連を超えるのは当然ながら鉄鋼生産量だけではない。生産関係の改変を加速し、予定を繰り上げて共産主義に移行することがより主要なことであった。一九五八年初め、毛沢東は未来の中国の青写真を描きはじめた。三月から四月にかけて、毛は劉少奇および当時中央政策研究室主任だった陳伯達と、「政社合一」（郷社合一）と人民公社についてそれぞれ話し合い、「小人民公社を大人民公社に変える」意見が中央から発出された。七月一日、陳伯達が北京大学で「毛沢東同志の旗幟の下で」と題する講演を行い、未来の中国社会に対する毛の全体的な考えを初めて公にし、以下のように述べた。「われわれの方向は、『工業、農業、物品の交換、文化教育、民兵すなわち全民武装』の組織を徐々に秩序正しく一つの大人民公社にし、我が国の社会の基本単位とする」。この演説はすぐに雑誌『紅旗』に発表された。八月初め、河南・山東の人民公社を参観した毛が新聞記者に「人民公社はよい」と言ってから、またたく間に全国で人民公社化がはじまった。当時全党で実践から理論に至るまで、不断に生産関係を改変し、公有化の程度を高めさえすれば、不断に速度を加速でき、生産力を大いに高めることができると考えられていた。[10]毛の考えでは、公社とは「大躍進」の産物であると同時に、さらに大きな躍進を推し進め、中国を共産主義に向かわせることができるものであった。

八月の北戴河会議までに、人民公社は共産主義社会に入る問題と結び付けられた。八月二九日に中国共産党中央が採択した「農村に人民公社を打ち立てる決議」は、「見たところ、共産主義の我が国における実現はもはや遥か先の将来のことではない。われわれは人民公社の形式を積極的に運用し、共産主義に移行する具体的な方途を探し出すべきである」と言った[11]。その後、毛沢東は非常に真剣にこの問題を考えた。一一月に鄭州において、毛は中ソの状況を対比して、「何をもって社会主義を作り上げたというか？ 何をもって共産主義へ移行したというか？ 定義しなければならない」と言った。そして中国について、「三年苦戦し、さらに一二年か一五年で共産主義に至る」ときっぱりと言った。毛の考えでは、スターリンは第一の移行、すなわち集団所有制度から全民所有制度への移行しか完成しなかった。そして第二の移行、すなわち労働に応じて報酬を受け取る形式からそれぞれが必要に応じて受け取る方式への移行に関しては、ソ連は言うだけで実際にはやらなかった。然るに、中国は「現在すでに第二の移行をはじめ、飯を食うのに金が要らなくなった[12]」。中国の人民公社は「二つの移行の実現の産物である。目下の社会主義から共産主義への移行は、社会主義集団所有制度から全民所有制度への移行であり、将来の社会主義全民所有制度から共産主義全民所有制度への移行である。これは共産主義社会を構成する最良の基層単位である[13]」。それゆえ毛は、中国が共産主義に向かう新たな道を切り開いたとして、次のように断言した。「いかに集団所有制度から全民所有制度へ移行するか、いかに社会主義から共産主義に移行するか、スターリンは適当な形式を見つけられず、解決方法を見つけられなかった。我らには人民公社があり、我が国の社会主義建設の速度を速め、我が国の農村が集団所有制度から全民所有制度へ移行する最良の形式にして、社会主義から共産主義へ移行する最良の形式となろう[14]」。こうした精神に鼓舞されて、一九五八年九月、徐水県党委員会は社会主義建設の共産主義に向かっての邁進の加速に関する計画草案を発表し、それ以降、国家計画委員会、中央の関係部門、河北省党委員会の具体的な指導の下、深く立ち入った調査、研究、修正、補充がなされた。一一月には計画草案の総論部分が提出され、一九六〇年までに基本的に社会主義を作り上げ、一九六一年から六三年に共産主義への移行をはじめることを具体的に要求した[15]。

一九五八年末までに、毛沢東は共産主義に直接移行する正確な方途を中国共産党がすでに見つけ出したと固く信じるようになっただけでなく、「大躍進」と人民公社化運動を通じて中国はソ連よりさらに早く共産主義者の理想社会に入ることができると感じていた。毛は意気揚揚と、共産主義への移行は、「われわれはもう少し速くやれる。見たところ、我らが大衆路線はよくできている」。「ソ連は四一年もやったのに、あと一二年では移行できない。われわれより後れてしまい、今もう慌てている」[16]。毛の考えでは、中国共産党は社会主義陣営全体のために共産主義に向かう一条の光の道を指し示したのであり、自ずと同盟諸国、とりわけモスクワに認められ、支持されることを望んでいた。これは、社会主義陣営における中国共産党の指導的地位が認められるに等しかった。

2　ソ連の支持と懐疑、反対の態度

一九五八年七月二六日、新華社モスクワ発の記事が、中国の「大躍進」と総路線に対するソ連社会の反応を総合的に報じた。記事中、総路線と工業と農業の同時発展の方針を全力で支持し信じる人、また一九六二年に鉄鋼五〇〇〇万トンを産出し、試験田の小麦一畝（ムー）あたり七〇〇〇斤を生産するなどといった具体的な目標、ノルマに対しては疑念を示す人の様子が紹介された[17]。ソ連の当時の定期刊行物から見ると、ソ連は中国共産党中央政治局八月拡大会議後に「大躍進」の報道を強化した。『プラウダ』は八月一九日から三一日にかけて四本の「大躍進」に関する報道を掲載した。どれも二、三段の標題を第三面か第四面に載せ、標題は「人民の想像精神の源泉」、「人民の創造力は尽きるところがない」といったものであった[18]。九月一日から七日にまた四本の「大躍進」のニュースが載った[19]。軍の新聞『クラスナヤ・ズヴェズダ』は九月四日に掲載された文章で次のように伝えた。「大躍進」という言葉は中国の六億人民の今日の生活の主な状況を表している。これは最短期間で社会主義を作り上げる努力であり、中国を世界の先進工業大国に並ばせるものである。そして文章は特に、次のように指摘した。兄弟である中国人民の労働の成功は、社会主義陣営全体を奮い立たせる源泉である。中国の社会主義建設の大躍進は、社会主義陣営の力をさらに強化する。これこそ中国の経済建設の巨大な国際的意義である。[20] 新華社の統計によれば、一九五八年一〇月だけで、タス通信社は「五〇本の中国工業、農業、文化の大躍進に関するニュースを発出した」[21]。

いくつかの具体的なやり方と指標に対し疑義が呈されたが、総路線と大躍進に対し、ソ連は総じて肯定的態度をとった。[22] 七月二六日、ソ連大使館は長大な報告のなかで、「一九五八年の中華人民共和国経済の劇的成長の最も重要な前提条件は、中国共産党の正確な政策であり、この政策は党が社会主義建設期の総路線の制定と実施を研究した過程で反映された」と述べた。報告者は中国が提出した大量の経済発展指数は「充分な経済的依拠があると見ることはできない」と考えつつも、「これはある種の情熱、すなわち中国共産党の社会主義建設期の総路線の実現のために戦う過程で国家全体に充満している熱情が、反映されたものと見るべきである」[23]と強調した。フルシチョフまでもが称賛して、次のように言った。「中国の同志が提出した計画は、これまで色々な経験をしてきたわれわれロシア人でさえも驚かざるをえない。われわれはあなたがたの漢字を読めないが、もしあなたがたがこの計画を完成したら——あなたがたが計画を完成できることをわれわれは少しも疑わないが——あなたがたアジアの隣国にとってとても大きな出来事になるだろう[24]」。

「大躍進」に対し、ソ連は宣伝報道以外に実際に支持もしていた。当時ほとんどすべてのソ連の経済地域が中国からの注文生産の任務を引き受け、中国の注文を受けた企業は一〇〇〇にも上り、中国の設計を助けた単位は一〇〇に上った。中国のために設備を製造していた工場、作業場では、「人民中国のために前倒しで注文の品を完成させよう」といったスローガンが常に見られた。包頭鋼鉄聯合企業、三門峡水利中枢プロジェクト、豊満水力発電所、北京火力発電所等、重要な建設プロジェクトに対し、ソ連の関係企業は前倒しで注文の品を完成させようとした。[25] 実際に、ソ連が「大躍進」の期間に増加に同意した建設支援プロジェクトは、その前の時期に操業に入ったプロジェクトの数を上回った。国家計画委員会の統計によれば、ソ連の建設支援プロジェクトは一九五九年より前に全部完成したものと一部完成で操業に入ったものが合計一一三あったが、一九五九年以降、すでに協議が締結されたプロジェクトを除いても、一九五八年八月八日と一九五九年二月七日の二つの協議の規定によるだけで、ソ連は中国の一二五の企業の建設を援助しなければならなかった(26)。

しかし、大躍進の波が不断に高まるにつれ、また特に人民公社運動がこの波のなかに入っていくにつれ、ソ連の態度は変わった(27)。

人民公社への態度は、ソ連ははじめとても慎重であったと見られる。最初、ソ連社会はこの新しいものに好奇心を持ち、人民公社の具体的な内容をもっと知りたいと感じた。人民公社について定期刊行物に載るようになってから、ソ連大使館はすぐにソ連国内に向かって、「農村における社会主義制度のいっそうの発展について、報道と見解をソ中双方で交換することを組織」すべきであると提案した(28)。中国を訪問したソ連代表団は人民公社に大変興味を持ち、状況をもっと知りたいと感じた(29)。ソ連国内の幹部と大衆も極めて大きな興味をいだいていた。ソ連科学アカデミー中国研究所はかつて人民公社を専門に取り上げた討論を行い、人民公社の優越性に非常に肯定的であった。人民公社の組織形式は集団農場を超えていると考える人までいた。ソ連の多くの新聞読者が、人民公社の具体的な状況をもっと紹介してほしいと感じていた(30)。九月六日のソ連共産党中央委員会社会主義国共産党・労働者党連絡部の報告は次のように指摘した。「人民公社は、中国が社会主義建設を加速し共産主義に移行する最良の形式と見なされている」。「中国共産党が人民公社を非常に重視していることを考慮すれば、われわれは中ソ友好の精神に則り、中国の各方面の材料と表現を用いて、われわれの新聞上でこれについて紹介すべきである」。同時に、「深く、全面的に中国の人民公社について研究」すべきである(31)。

詳細な研究を経たソ連共産党中央は、中国共産党が人民公社の問題で急進かつ盲目的な錯誤を犯したと考えたが、中ソ間の友好関係に鑑み、ソ連は見解を発表しない方がよいと判断した。政治局の研究グループは次のような二者択一の選択肢を提出した。「ソ中関係正常化のために人民公社に賛成する場合、われわれは国際労働運動を騙していることになる。また真理を守るため、人民公社の評価を一種の『左傾』政策ととらえるなら、われわれはソ中両党が分裂を深める道をたどることになる」。最終的な結論は、「ソ中関係の安定を保持するため、しばらく人民公社問題の注視をやめる、つまり賛成も批判もしない」ということであった。この意見にソ連共産党中央委員会政治局が賛同した[32]。ソ連共産党中央委員会書記コズロフは後日の報告のなかで次のように言った。「中国の社会主義建設における錯誤は今日はじめて目にしたのではない。しかし社会主義建設の方法と形式は中国の内政に属するため、われわれは礼儀をよく守って、この錯誤について新聞上で公に批判することはできないと考える。われわれは過去、現在ともに、この問題は中国共産党内部のことであると考えており、内政に干渉するつもりはない。中国共産党指導者は彼らのまだ検証されていない社会主義建設の方法と形式を他国に押し付けやすくするために、彼らの誤った観点をわれわれに新聞上で宣揚してほしいと考えている。われわれは当然そうしない。なぜなら類似の材料を転載すれば、混乱が生じ、人民もわけがわからないことになるからだ。われわれはこの問題で中国の同志と論戦を展開しなかった[33]」。かくしてソ連の定期刊行物では人民公社についての報道と評論が長いこと発表されなくなった。一九五八年末までソ連指導者は中国の公社について何も話さなかった。モスクワの放送局は中国の建国記念日を記念して二一五本の評論を放送したが、三本しか公社に言及しなかった。北京で挙行されたソ連一〇月革命記念の催しでは、ユージン大使の演説は、まさに当時とどまるところを知らず発展していた人民公社運動に一言も触れなかった[34]。

それにもかかわらず、人民公社運動はソ連を含む社会主義国家に巨大な影響を及ぼした。当時、モスクワで流布した話がある。それは、全世界の国際共産主義運動において唯一の理論家、哲学者は毛沢東であって、フルシチョフは単なる実務家、それもトウモロコシ栽培の実務家にすぎない、というものであった。多くの人の考えでは、中国がやっている人民公社は共産主義に通じる道を本当に探り当てたのであって、ソ連はまだこの道を見つけていなかった[35]。東欧国家のなかには、中国の大躍進の経験を学びはじめる国、人民公社を模倣して本国の集団農場を改造しようという国まで現れた。チェコスロバキア共産党第一書記ノヴォトニーは、「人民公社は未来の社会主義社会の芽生えである」と言った。アルバニア労働党中央委員のボトゥサイは、「人民公社は社会主義から共産主義に移行する最良の形式」であり、中国共産党は「マルクス主義を応用発展させた」と述べた。月刊誌『モンゴルの労働者』に掲載された文章は、人民公社の建設に言及して、「中国人民が堅持すべきであるだけでなく、全社会主義国家の人民は皆このようにすべきである」と書いた。ベトナムの『人民日報』の一本の文章は、ベトナムは今まさに中国を模倣して「小規模の地方工業」を推進し、中国の「試験田」と「密植」の経験を広汎に運用していると表明した。朝鮮は「千里馬」運動で大量に農業合作社を合併し、中国に倣って大衆の公共食堂と託児所を建てた。ブルガリアに至っては、「人民公社の方式」にもとづいて自らの公社を打ち立てるまでした[36]。共産主義の目標に邁進する点からいえば、北京がすでにモスクワの先を行っていることをおよそ社会主義陣営全体が認めていたのである。このことにフルシチョフは慌てずにいられなかった。

当時、ソ連共産党中央にいたジリューシンはかつてを振り返り、フルシチョフを激怒させたものといえば、それはまず中国がソ連より先に共産主義に入ると宣言したことであったと言っている[37]。皆に「予防注射」して、中国を「盲目的に模倣」しないようにするため、フルシチョフはもう黙っていられなくなった[38]。一九五八年一〇月、フルシチョフは来訪中のゴムウカに言った。「歴史の教訓は、あらゆる社会主義国家が共同の事業の下、心を合わせて協力してはじめて社会主義と共産主義の建設が迅速かつ有効に行えることをわれわれに伝えている。どの社会主義国家も、自国だけで社会主義と共産主義を建設するのは困難だ[39]」。この批判は明らかに当てつけである。一九五九年一月に開催されたソ連共産党第二一回大会で、フルシチョフはまた以下のように主張した。「社会は社会主義発展段階を経ずに資本主義から共産主義に飛び越えることはできない」。「共産主義社会が突然出現するという考えは不正確である」。「平等主義は共産主義への移行を意味せず、共産主義の名誉を破壊するものである」。「需要に応じて分配する原則への移行を急ぎすぎると、共産主義建設事業に損害を与える」(40)。これは明らかに中国の人民公社を暗に批判するものであった。ソ連の影響はたしかに作用した。一月一七日にホーチミンは周囲の記者の質問に、目下のところ、われわれは「人民公社」を打ち立てるつもりはないと答えた。ジフコフは一月一九日、経済発展報告概要を解説して、ブルガリアの農業合作社の拡大は「ソ連の例にもとづいて」進めると述べた(41)。

その年の七月一八日、ポーランドを訪れたフルシチョフは、大衆集会において、聴衆に中国の公社をいかに見ているかと問われ、正面から答えずに、かつて二〇年代にソ連で出現した公社について議論をはじめ、次のように言った。『われわれが共産主義のために奮闘するからには、われわれに公社を打ち立てさせよ』と、かつておおよそこのように論断する人がいた」。「見たところ、当時多くの人は、何が共産主義でいかに共産主義を建設するか、よくわかっていなかった」。「当時公社は打ち立てられたが、物質的条件も政治的条件も備わっていなかった」。フルシチョフは最後に、公社の道が行き詰まったから、ソ連は集団農場を建てたのだと総括した(42)。もしそのように言うだけならそれで済んだ。ポーランドの新聞も発表に際し、この公社に関する部分は削除していた。しかし七月二一日の『プラウダ』は、こともあろうに全文を掲載した。見るからにフルシチョフは毛沢東と論戦を構える気があるようであった(43)。まさにこの演説が、ちょうど廬山にいた毛沢東を激怒させた。毛は公開でフルシチョフに反撃することを決意したのである。

3　毛沢東、廬山会議でフルシチョフに宣戦布告す

一九五八年八月初め、毛沢東は次のように言った。一九四九年の中国の解放は嬉しかったが、中国問題はまだ完全に解決していないと思う。その後の商工業の改造、抗米援朝の勝利は愉快でもあり不愉快でもあった。今度の大躍進だけは完全に愉快だ！[44]　人民公社と「大躍進」は、確実に毛沢東の考えでは誇りに思うに値することであった。一二月の武昌会議の期間、毛は自らが興奮してやまないものを目にした。チェコスロバキアの新聞『赤い権利』に掲載された文章である。それによれば、大躍進は中国の歴史上、「真の革命の意義を有」し、「中国の巨大な革命は中国人民だけでなく全人類にとって重大な意義を有している」。中国は人々に共産主義建設の「新たなタイムテーブル」を示したと、スイス労働党書記ヴァンサン・ジューウェンが言ったという。また別の文章は、中国が広汎な大衆を生産建設に参加させたことは「真の発明にして、革命的性質を持つ技術の発見であり、後発国の未来図を完全に変えた」と伝えた。これらの文章について、毛沢東は「印刷して配布せよ。極めて良く書けている。鄧小平に即刻処理を頼む」と指示した。[45]　こうした状況の下、毛はフルシチョフのソ連共産党第二一回大会における遠回しの批判について、「われわれはとりあえず無視し、しばらく様子を見てから考えよう。われわれの間には意見の相違があるが、今は言わなくてよい」と軽く受け流した。[46]　しかし、毛を待っていたのは人々の理解と支持ではなく、一九五九年の経済情勢の悪化と各級幹部の自己批判であった。

一九五八年の情勢に関し、毛沢東は一九五九年四月一五日の最高国務会議において、一部乱れもあったが、成績は偉大だと指摘した。[47]　しかし、周恩来、薄一波、陳毅といった他の指導者らは、「大躍進」と人民公社運動における欠点と誤りを正すことに注意を向けていた。[48]　明らかに、中国共産党内には一九五八年の情勢について二つの異なる評価

があり、廬山会議は実際にそのような背景の下で開催された。このとき彭徳懐の私信で大騒ぎになったのも無理もない。毛沢東は自身の共産主義の試験的傑作をあれこれ批評しようとする、彭のような人物に反撃することを決心した。七月一六日に会議に向けて彭徳懐の意見書が印刷・配布されてから、毛の怒りはやまないでいたところ、基層幹部が「大躍進」と人民公社を批判した二つの資料を立て続けに読んだ。同資料は、全民錬鋼は「損失が収入を上回る赤字」で、「物も人も浪費した」のであり、政治のことだけ考え、経済のことを考えていないとし、「人民公社は優越性を持たず」、「人為的産物」であって、「突然の思いつき」であると述べた。それに続いて外交部の報告は、中国の目下の困難な状況に関し、中国党が錯誤を犯したという言説がソ連の幹部の間で広まっていることを伝えた。毛沢東の怒りの炎は燃え上がり、顔色一つ変えず、会議に向けてそれらの資料を印刷・配布した[49]。そして七月二八日、『プラウダ』が発表したフルシチョフの公社問題に関する演説が廬山に届いた。ソ連指導者がなんとこの論争に加わってきて、しかも党内の右傾分子の側に立ったのである。このときもはや毛沢東はどうしても我慢できなかった。

翌日毛沢東は、関係資料を印刷して会議代表に配布し、「ソ連のかつて瓦解した公社とわれわれの人民公社は同じものなのか、われわれの人民公社も結局は瓦解するのか、同志たちに研究してもらう」と指示を発した。その後、この指示では足りないと考えた毛は、八月一日にまた、次のように指示した。「いくつか文章を書いたが、その主旨はフルシチョフへの反駁だ。私は文章を書き、人民公社の優越性を宣伝するつもりだ。百花斉放、人民公社、大躍進、この三つは、フルシチョフたちが反対か、疑っているものだ」。そして毛は憤りを込めて、そのために「党内の多くの反対派、懐疑派を含め、全世界と戦う」と宣告した。八月一九日、毛はまた部下を人民公社の資料の準備にあたらせて次のように言った。「国内外の敵と党内の右傾機会主義」の人民公社に対する「攻撃、侮蔑、懐疑に反駁するため」、「あらゆる人と戦うことが必須」で、その目的は「ソ連の同志たちのなかにいる多くの反対派と懐疑派を破る」ことである。九月四日、毛は続けざまに文書を出して、フルシチョフの公社に関する演説を『人民日報』に発表し、

「彼をさらに守勢に立たせ、全国人民にフルシチョフが反公社だと知らせる」とした。そしてチェコスロバキアと東ドイツの新聞が廬山会議の決議の状況を「壮士の気を以て、ソ連の某人物の軍を詰ませる」と称賛・宣伝していることを、記事にして発表するよう指示した。[50]これらは皆、毛はこの頃すでにモスクワと反目することを心に決めたことを物語っている。九月一二日、劉少奇が建国一〇周年に向けて雑誌『平和と社会主義の問題』に寄せた文章「マルクス・レーニン主義の中国における勝利」を毛に送ってきた。劉は手紙のなかで、「文章中、暗に風刺したところが多々あり、これは外国の同志に向けた批判・反駁です。適当でしょうか？　審査の上、決定を願います！」と書いた。ここでいう「外国の同志」とは、当然ながら主にソ連共産党指導者を指している。毛は大いに喜び、「読んだ、とてもよい」として、「このように書いてよい、書かないのは却ってよくない」と指示した。一〇月一日、『人民日報』と『紅旗』第一九期がこの文章を転載した。[51]

しかし、毛沢東はフルシチョフに対する宣戦布告の文章を発表しなかった。『人民日報』も公社に関するあのフルシチョフの演説を掲載せず、中ソ間の「大躍進」と人民公社問題に関する論戦はまだはじまらないまま消えていった。なぜ毛は、「大躍進」と人民公社という中国共産党がマルクス・レーニン主義を発展させ、社会主義陣営のために手本を示したと自認する事柄で、モスクワに攻勢を仕掛けなかったのか。そこにはおよそやむをえない原因がある。まず、公に非難されたのではない問題をめぐって中国共産党は論戦を展開するわけにはいかなかった。なぜならソ連共産党は、あれは自己批判であったと完全に弁解できるからである。[52]次に、人民公社であれ「大躍進」であれ、どれもソ連がかつて試した方法であった。[53]この分野で論争を挑んでも、中国は優位に立てない。最後に、しかし最も重要なこととして、「大躍進」と人民公社運動は結局中国の大地において成功せず、さらには社会主義陣営の大多数の同盟国の最終的な承認が得られなかった。それだけでなく、時が経つにつれ、この共産主義ユートピアの弊害が徐々に明らかになった。一九六〇年からはじまった全国規模の大飢饉を目にし、そして一〇〇〇万、一〇〇〇〇万もの農民が飢饉を逃れ、食料を求め、路上で餓死したのを目にして、毛はまだフルシチョフに論陣を張るだけの勇気があろうか。

毛沢東の性格はティトーと同じで、傲慢で扱いにくく、自分の意見に固執していた。その彼がどうやってフルシチョフに頭を下げようか。もし国内政策の対立を言うのであれば、中国共産党は確実に口にしづらい苦渋があり、公開でソ連共産党と是非を争うことなどできなかった。他方、対外政策の対立については、毛は真理を摑んだと感じており、自信も充分にあり、雄弁をふるってモスクワを責め立てることができたのである。

第14章　軍事協力、金門砲撃と中ソの対外政策における対立

中ソ同盟は最初、軍事協力からはじまり、新中国の建国初期と抗米援朝戦争の期間に、ソ連は空軍部隊と飛行機を出動させ、中国共産党軍の迅速な新疆占領を援助し、中国の沿海地区の防空を援助し、朝鮮の戦場での志願軍の補給線を保障した。これらすべてが、新中国の政権を強化する上で、明らかに効果があり、また重大な意義があった。そして中国は非常に困難な朝鮮への派兵をやり遂げ、国際主義精神を体現した。その結果、ソ連と社会主義陣営の東側の守りを保障する上で、中国は重大な役割を果たすようになった。一九五八年に発生した、中ソ関係に変化を引き起こした重大事件として、長距離電波基地、共同艦隊、金門砲撃等があるが、これらも軍事協力の面に影響していた(1)。もっとも、五〇年代初期とは異なり、これらの事件の発生および結果は、中ソ間の協力がもはや継続できないことをまさに表していた。その原因は様々で、双方の軍事戦略と戦術の面での考えの違いもあり、また処理の仕方が適切でなかったことにより引き起こされた感情の衝突と相互不信もあった。しかし最も重要で主要なものは、対外政策の基本方針のうえで中ソの対立が起こったことである。双方ともそれぞれの方針を調整してまで、同盟を維持し、共同の根本利益を保障しようとはしなかったのである。

1　中ソ軍事協力の願望と矛盾

朝鮮戦争が終わってから、ソ連は双方の軍事協力をいっそう強化し、社会主義陣営の東の戦線を固め、戦略上、ソ連の国家の安全を保障することを願うようになった。同様に、中国も全国の力を動員して、経済建設に投入する過程で、ソ連の軍事援助の提供を必要とするとともに、ソ連の軍事力と連合することで、国防を保証し、政権を固めようと考えていた。北大西洋条約機構に対抗する軍事力として、ワルシャワ条約機構の主旨は「ヨーロッパの平和と安全の保障」であったが、モスクワから見れば、中国は社会主義陣営の骨幹であり、その役割は無視できなかった。中国がワルシャワ条約機構への参加を自ら申し出たかどうか、それを知るための史料は未だに見つかっていないが、ソ連がかつて確かに、中国と欧州以外の国家（たとえばキューバ）をこれに加入させようとして、東欧各国の抵抗に遭ったことだけはわかっている。[2] 社会主義国家の集団安全保障と西側の軍事的脅威への対抗の面で、中国の態度は終始積極的であった。一九五五年五月、ワルシャワ条約機構の成立大会において彭徳懐国防部長は、中国はワルシャワ会議の「あらゆる決定を全力で支持し協力する」と表明した。彭はまた中国政府を代表して、「もし欧州の平和が破壊されれば」、中国は「必ずわれわれの兄弟国家の政府と人民と共同で反侵略闘争を、最後の勝利を得るまで行う」と明らかにした。[3] この声明は、中国が中ソ同盟条約のなかで負う軍事的義務を社会主義陣営全体に非公式に広げた。ワルシャワ会議の前後に彭は短期間で東欧各国を訪問し、類似のことを保証した。[4]

彭は帰りにモスクワに立ち寄り、フルシチョフおよび国防大臣ジューコフと会談を行った。双方ともに、一九五〇年の条約にもとづき、中ソ軍事協力を具体化することを希望した。フルシチョフは、ワルシャワ条約は西に向けたものだけでなく、東に向けたものでもあり、中国とワルシャワ条約をどのように結合するか考えたいと二回述べた。中ソ間にはすでに同盟条約があり、この条約とワルシャワ条約を結合する、あるいは中ソ条約を発展させることが考えられた。目下重要だったのは、具体的な協力について考慮することであり、形式上、ワルシャワ条約と完全に一致しているべきだが、極東と中国の状況に適したものであるべきであった。ソ連は極東と太平洋に強大な軍事力、とりわけ海軍力と空軍力を持ち、中国が必要とあらば、いつでも中国軍と協力でき、今後この面での協力を強化する方向で歩みを進める必要があった。問題は協力の形式について研究し、いかに合法的かつ機動的に両国の協力関係を発揮させ、極東の平和と安全を守るかであった。彭は、アジアと中国の安全に対するワルシャワ条約の重大な役割を認め、中ソ同盟条約を発展させ、軍事協力を強化することが必要であると考えていた。協力の具体的方式に関しては、とりわけ海軍と空軍の協力が中国の海岸線の防御態勢の助けとなることから、中国共産党中央に伺いを立てることにした。ワルシャワ条約の防御方針について、中ソは全体的な考えとしては合致していたが、具体的な戦略と戦術の認識は食い違っていた。彭は出発前、未来の反侵略戦争でいかに共同作戦を行うか、ソ連と協議することを提起し、毛はこれに同意し、中国の戦略方針は積極防御で、決して先制攻撃はしないと明らかにしていた。ジューコフは彭との会談で、中国の積極防御戦略はすでに時代遅れで、現在の条件での戦争は核兵器を用いた攻撃の実行が決定的意義を有しており、現在の戦争は往年の通常兵器の戦争とは異なり、相手に先手を打たせてはいけないと指摘した。双方はそれぞれの意見にこだわり、フルシチョフは再度討論しようと述べた。[5] 一九五七年に毛沢東が訪ソすると、中国は再度この問題を提起した。毛はフルシチョフと個人的会話のなかで、もし帝国主義が攻撃してきたら、あなたがたは反撃しなくてよい、ウラルまで撤退したら、中国が助けに行くと述べた。フルシチョフはこの言葉にあっけにとられて、何も言わなかった。[6] もっとも、協力を継続しようという双方の願いに、この一件が影響することはなかった。

中ソ関係と社会主義大家庭の団結はモスクワ会議で頂点に達した。モスクワのソ連高級幹部の間では、中ソ同盟条約とワルシャワ条約が結び付き、中ソ両国の軍が共同区域で共同防衛を行うといった情報が広く噂された。[7] この種の噂は全く根拠がなかったのではなく、モスクワ会議の結果、たしかに社会主義陣営の経済と軍事の一体化が広く推し進められ、深まる趨勢にあった。会議から間もない一二月一四日、中国大使劉暁はソ連外交部に、「国防工業における中ソ両国の緊密な連携協力を強化するため、中国政府は中ソ両国の国防工業合同会議を作り、双方が若干名の代表を派遣し、会議を毎年一、二回開催することを提案する」と通知した。その後提出された備忘録は、合同会議の責任一〇項を以下のように列記している。「1、出版済および未出版の書籍、雑誌、便覧、電話番号表、技術標準およびその他双方が適すると考える資料を交換する。2、標準化、技術条件、規格、国際標準および双方が受け入れられる各種武器生産方式といった諸問題を討論する。3、技術規格の標準化についての討論、並びに標準の産品および測量器具を双方へ提供する。4、技術専門家および援助の段取り、期限、数を含め、その招待、接触等を討論する。5、互恵的な基礎の上に専門家と代表団を招待あるいは派遣し、現場の調査、会議への参加、研究成果の報告、短期実習等を図る。6、双方の国防工業の科学研究と生産の条件の面で常日頃からの連係を確立する。7、教学指南、教科書その他の国防工業の養成に関する資料、国防工業の人員の技術・技能の向上に必要な資料を交流・提供する。8、新たな機器、設備、技術および研究成果を用いた武器生産の面での経験と教訓を交流する。9、武器生産の面で提供される技術資料の保証の問題を研究する。10、その他双方が必要と考える国防工業に関する問題を討論する」[8]。この中国の提案に対しソ連がいかに返答したかを示す史料はないが、その後の数ヵ月間、中ソ双方は密接に接触し、情報交換し、政策を協調し、それぞれの領域において行動の一致を継続して推し進めた。

一九五八年一月二七日、ユージン大使が周恩来に、ソ連政府はアジアに非核区を作ろうと提案しており、中国政府の意見を求めると伝えた。周はすぐさま、それはよい考えで、党中央と政府に報告し検討してから改めて答えると述べた[9]。二月一日、周はソ連参事官と面会し、アジアに非核区を作る提案に完全に賛成であると伝えた。そしてソ連の意見に照らし、まず中国がインドにも働きかけてこの提案を出すと答えた[10]。同日、周はインドのシン臨時代理大使に接見し、上述の立場を表明した[11]。三月三一日、フルシチョフはソ連政府が一方的な核実験の停止を決定したと宣言した[12]。四月四日には、アメリカとイギリス政府首脳に備忘録を提出、ソ連が一方的に核実験を終わらせると宣言したことを強調し、協議を迅速に成立させることを要求した[13]。同日、フルシチョフは周にこの状況を通知し、中国政府にこの提案を支持するよう呼びかけた[14]。四月七日、『人民日報』はソ連の提案を掲載し、社論で支持を表明した[15]。四月九日、周はある外交の場で、ソ連政府の「この人類に福をもたらす偉大な平和の提案はわれわれが歓迎し支持するに値する」と述べた。四月一三日、周は中国政府を代表して正式にフルシチョフの書簡に返答し、ソ連政府が率先して核実験を停止したことを支持した。また米英は逃れられない義務を負っており、ソ連の提案に即座に行動で応じるべきであるとの考えを示した[16]。同時に、中国もソ連に対し、対日政策を調整する考えを通知した。五月九日、外交部第一副部長張聞天はソ連参事官アントノフに、中国は岸信介政権に圧力をかけ、日本の国会選挙における社会党と共産党の力を強化しようとしていると述べた。張はこの状況をソ連政府に伝え、「われわれがどのような措置をとろうとし、またわれわれの目的が何かをモスクワに知らせる」よう要請した[17]。そのほか、二月二八日にユージン大使は、東側・西側諸国家の首脳会議と外相会議の挙行に関するソ連共産党中央の意見を毛沢東に手渡した。毛は、「中国共産党中央はソ連の正確かつ成果ある政策を完全に支持する」とした上で、最近数カ月、「われわれは中国で、ソ連共産党中央とソ連政府の積極的な対外政策の行動を喜んで注視し、またあなたがたのその文書を満足して見ていた」と述べた。さらに「われわれはソ連の最近のあらゆる政策を完全に支持している。政策はとても融通性に富んでおり、深く考えられている」と言った[18]。

中ソの経済面での協力も、双方相互の援助と支持にとどまらず、より大きな範囲で役割を発揮することを考慮していた。一九五八年二月、フルシチョフは中国の中ソ大使劉暁を引見し、社会主義陣営で「ルーブル・ブロック」をつくる考えを提起した。二月二八日、毛沢東はユージンとの会話のなかで、中国共産党中央はフルシチョフと劉暁の会談記録を非常に喜んで読んだと話した。そして「とてもよい会談であった。われわれは会談で提起されたあらゆる問題に同意する。総じて、フルシチョフ同志はとてもよい仕事をしている。われわれは非常に嬉しい」と述べた[19]。三月九日、朱徳はユージンとの会話のなかで、「『ルーブル・ブロック』をつくるというフルシチョフの考えに、われわれは嬉しくまた満足している。これは『米ドル・ブロック』と対抗するかたちだ」と指摘した。また、「モスクワ会議は社会主義国家の力を大いに強化し、社会主義国家の団結をさらに固めた。この後、社会主義陣営の経済の統一を強化する時機が徐々に熟してくる」と述べた。そして「フルシチョフが提起した考えは様々な面でよい」とし、これらすべての重要な問題を解決するのはソ連であるべきだと指摘した。経済協力については、「その他のことと同じく、われわれの首領であるソ連がすべきである」と言った[20]。五月二〇日から二三日にかけてモスクワでコメコン構成国の会議が開かれた。そこでは社会主義的国際分業の貫徹および生産の合理的な割り振りの専門化と協力の基礎のうえに、社会主義各国がいっそう経済協力を発展させることが話し合われ、満場一致で提案を採択した。中国共産党の代表も招待され参加した。会議後、『人民日報』は社論を発表して、今度の会議が得た重大な成果は、疑いなく「社会主義国家の兄弟のような相互協力をいっそう強化する」と称賛するとともに、中国政府は「ソ連を長とする社会主義国家の団結を不断に強化することがわれわれの最高の国際的義務であると常に考える」と表明した[21]。

このような友好的な雰囲気のなか、軍事協力をいっそう強化しようというソ連の要請が、毛沢東の断固とした抵抗と怒りの糾弾に遭うことになるとは、フルシチョフはこのとき夢にも思わなかったのである。

2　長波無線基地と共同艦隊の風波

およそ冷戦史の研究者であれば、一九五八年の「長波無線基地」と「共同艦隊」の事件を知らぬ者はいない[22]。このとき毛沢東が激怒し、はじめてソ連の現職指導者とその政策を強く非難したことで、多くの人はこれが、中ソ関係が破局に向かう導火線となったと考えている。そしてこの衝突の原因は、毛を長とする中国の党・政府・軍の指導者が皆、異口同音に非難しているように、ソ連のやり方が中国の主権を侵害しており、フルシチョフの意図は中国を支配することにあったとされてきた。[23] 長らく、こうした見方が中国の社会と歴史学界で頗る流行し、ほぼ定説となっていた。[24] しかし、史料の不足により、「長波無線基地」と「共同艦隊」の事件の経緯については、学界においてもはっきりと説明されてこなかった。[25] 現在の研究条件は整いつつあり、主な会談の記録（毛・ユージンが二回、毛・フルシチョフが四回）は皆発見され、ソ連共産党中央委員会幹部会の関係会議の議事録も明らかとなり、さらに中ソ双方の多くの当事者の回顧録も世に出た。事件の歴史的過程は、大まかに整理できるようになった。

一九五七年末にかけて中国の国防建設は、海軍が新技術、新装備の面でいかに発展するかという問題に直面していた。対してソ連には、太平洋艦隊の新装備の原子力潜水艦を戦略上いかに活用するかという問題があった。中ソそれぞれの需要が、軍事面での協力をさらに推進する方向に中ソ双方を駆り立てたのである。またその前の数年で中ソ友好協力が発展していたことも基礎となった。こうしてみると、中ソの海軍の協力は時機が熟して自然と成就したものであった。ここで「長波無線基地」と「共同艦隊」の事件が生じたのである。

一九五八年一〇月、ソ連が自ら設計・製造し、大陸間弾道ミサイルР-11ФМを装備したАБ611型潜水艦が航行と戦闘性能の一連の試験を終えた。一二月にはソ連初の原子力潜水艦の試験航行が成功、潜水艦隊が海岸を離れて遠洋で航行するという願いが実現した。[26] 次なる課題は潜水艦と基地との間の通信・連絡の問題で、当時まだ通信衛星はなく、電波基地に頼るほかなかった。それに先立ち、ソ連海軍はすでに長波無線基地を建てることについて研究し、繰り返し討論を経た上で、国防委員会に二つの案を提出した。第一案はソ連本土に長波無線基地を建てるものであったが、巨額の費用がかかる上に、通信の質が安定する保証がなかったため、否決された。第二案は中国の海南島とインドにそれぞれ一つの長波無線基地を建て、それぞれが南太平洋とインド洋を航行する潜水艦隊に連絡する任務を担うものであった。フルシチョフは迷うことなくインドの案を否決した。この件でネルーの反感を買い、樹立したばかりのソ印関係を破壊させたくなかったのである。海南島の案については、フルシチョフは可能であるだけでなく、何ら困難はないと見ていた。なぜなら、中国は社会主義国家の兄弟であって、ソ連と安全保障の利益を同じくしている上、中国海軍はソ連の援助の下で発展したからであった[27]。そしてまさにこのとき、中国側も同様な要求をした。中国は早くも一九五四年に海軍初の潜水艦部隊をつくったとき、長波無線基地の建設に着手していた。一九五七年にはソ連の援助の下、輸入した「突浪型」といわれる長波無線基地の設備三台を、青島、寧波、湛江に設置した。しかしこれらはどれも中小の出力の長距離電波基地であり、潜水艦部隊の発展と遠洋航海の訓練の増加に伴い、大出力の長距離電波基地を建設する必要に迫られていた。この工程を自国で担うのは困難であったため、海軍はソ連の関係機関と連絡・交渉し、ソ連の援助を望んだ[28]。こうして一九五八年一月六日、ソ連は両国海軍が共同で長距離電波基地を建設し使用することを試みに提案したのである[29]。

四月一八日、ソ連の国防大臣マリノフスキーは彭徳懐に宛てた書簡のなかで、一九五八年から一九六二年に中国の華南で、中ソが共同で一〇〇〇キロワットの大出力の長波無線基地と遠距離受信センターをそれぞれ一つ建設し、一・一億ルーブルを投資、うちソ連が七〇〇〇万、中国が四〇〇〇万を出し、建設後、中ソ両国が共同で使用することを提案した。四月二四日、毛沢東は関係部門に対し、中国で当該施設を建設することに同意するが、費用は全部中国が負担し、所有権は中国に属すると返答するよう指示した。毛の意見にもとづき、五月一〇日に開催された第一五二回軍事委員会会議で彭徳懐は、電波基地は合弁ではなく、中国が自国の出資で行うべきであり、平時にはソ連側に情報を提供し、戦時にはソ連側の人が来てもよいが、外国人に中国国内で軍事基地を作らせると悪い影響が出るので、そうすべきでないと主張した。会議はソ連の提案を海軍と総参謀部通信兵部に研究させ、意見を提出させることを決めた。五月二三日、軍事委員会が再度会議を開き、ソ連と合弁で長距離電波基地をつくらないことを確定した。六月四日、彭徳懐はソ連の中国駐在軍事総顧問トゥルファノフに中国側の意見を説明した(30)。

六月五日、彭徳懐はその会談記録を毛沢東に送り、ソ連側が双方の共同出資で長波無線基地をつくる元の案を譲らないでおり、六月上旬に専門家を中国に派遣して、場所の選定、調査設計、協定の策定等を行うことを提案したと報告した。彭は調査設計の進行に影響しないよう、ソ連側の人が来て技術的な仕事に着手することに同意し、投資と使用に関してはひとまず後回しにすることを提案した。六月七日、毛は会談記録に、以下のように指示を書き入れた。「予定どおり進めてよい。資金は必ず中国が出し、ソ連側には出させない。使用は共同とする」。もしソ連側が圧力をかけてきたら、「すぐに回答してはならず、時間を引き延ばしてから答える。あるいは中央で議論してから再度答える。これは両国政府が協定を締結しなければいけないことである」。毛はまた、この会談記録に、「これは中国の意見であり、私個人の意見ではない」という一言を特別に添えた(31)。このとき、毛はソ連の頑なな態度にすでにだいぶ苛立っていた。

六月一二日、彭徳懐は正式にマリノフスキーに返信を送り、中国政府の立場をもう一度説明し、両国政府が協定を締結することを提案した。六月二八日、ソ連海軍通信部の専門家グループが協議の草案を携えて中国に到着した。ソ連側はなおも中ソ両国が共同で長波無線基地を建設し、費用はそれぞれが半分を負担すると主張した。その後、中ソ双方が何度も交渉したが、協議は意見の一致を見なかった。七月二一日、彭徳懐は中央軍事委員会が討論した内容にもとづき、再度マリノフスキーに書簡を送り、中国が自国で建設するという原則を重ねて述べた。そして「ソ連が設計・建築等の技術面で援助と指導を行うことを歓迎する。関係する工程の建築費用、設備費用その他一切の費用は、中国が全部負担する。これは中国が自国で全責任を負い、他国に転嫁しないということである」と指摘した(32)。

「長波無線基地」問題が解決しないうちに、「共同艦隊」の問題も現れた。中ソが一九五七年一〇月一五日に締結した「国防新技術協定」は、中国陸軍と空軍が新式の兵器を発展させる問題を解決した。当然、海軍は後れをとることに甘んじなかった。モスクワ会議の期間に、中国軍事友好代表団のメンバーであった肖勁光は、ソ連海軍の司令官ゴルシュコフとの個人的な会話のなかで、中国の原子力潜水艦とミサイル潜水艦の建造をソ連が援助することを提起した。ソ連側は、中国はその種の潜水艦を建造する必要はなく、またソ連もまだ研究開発に成功しておらず、将来ソ連が持つようになったら中国に提供してもよいと述べた[33]。北京に戻ってから、海軍の指導者らは真剣かつ子細に研究と論証を重ね、一九五八年四月に彭徳懐と軍事委員会に向けた報告を作成した。報告によれば、できるだけ早く新技術を獲得することは海軍建設の観点から極めて重要な問題であり、ソ連はすでに艦艇の動力と構造を進歩させ、潜水艦と魚雷艇に適用した数種類のミサイルの試作に成功した。然るに中国海軍は目下、ソ連が第一次五カ年計画のときに提供した旧艦艇の図面をもとに生産を行っている。それゆえ、海軍は新艦艇の設計図面およびその他資料を早急に獲得する必要があり、政府の名義でソ連に請求を行うことを提案する。報告はこのように指摘し、彭徳懐と軍事委員会のその他の指導者の支持の下、六月二八日、周恩来がフルシチョフに書簡を送った。書簡は、ソ連政府が中国海軍に新技術の援助を与え、可能な条件下で、計画的かつ段階的に新型戦闘艦艇の設計図と資料を提供することを希望するとともに、できれば「一九五八年のうちにロケットとミサイルを搭載できる潜水艦と高速艇の設計資料と計画図を提供しはじめる」ことを要求した[34]。ここでは原子力潜水艦に言及されていなかった。

このとき、中国の原子力潜水艦の研究開発構想はまだ形をなしていなかった。六月二七日、聶栄臻は彭徳懐並びに中国共産党中央に報告を行い、そのなかで以下のように述べた。我が国の原子炉はすでに運転をはじめており、原子力を国防に運用するという課題が浮かび上がってきている。平和利用に関しては、科学技術委員会が何度も会議を開き、検討を行い、割当を決めた。国防利用の面でも、早く段取りを整えるべきであると私は考える。そのために、関係する同志を集め検討を行った。今ある力にもとづいて、国防の要素を考慮すると、自力開発の方針にもとづき、まずミサイルを発射可能な原子力潜水艦を自国で設計・試作し、海軍副司令羅舜初を組長とする領導小組を組織し、計画を担当させる。報告はまた、「原子力潜水艦の設計と試作に関し、第二機械工業部の劉傑同志がかつてソ連の専門家と話した際に、その専門家は、彼個人としては大いに支持したいと言った」と述べた。翌日すなわちフルシチョフに書簡を送り海軍の技術援助を求めたその日、周恩来は聶栄臻の報告に対し、「小平同志が調べた後、中央政治局常務委員の批准を得て、聶に戻す」よう指示した。七月初め、中国共産党中央は正式に聶栄臻の報告を批准した。七月一九日、羅舜初らが具体的な構想と段取りを報告し、研究開発の時間を短縮するため、ソ連に技術援助を求めることを要求した。七月二二日、聶栄臻は同意を指示した(35)。中国の文献資料から見ると、ユージンが北京に戻る前、中国はソ連にミサイル潜水艦の技術援助を求めただけで、原子力潜水艦の研究開発については正式に提起していなかった。しかしこのような考えを中国は持っていたのであり、ソ連もこの状況を非公式のやり取りから知っていた。そうでなければ、毛沢東とユージンの正式な会談で原子力潜水艦の援助について言及されるはずがないのである。

七月一五日、ソ連共産党中央委員会幹部会の会議で「海軍建設の面で中華人民共和国に技術援助を提供する問題」が話し合われた。この会議の記録は非常に簡単で、「これは原則の問題に触れるだろう」、そして「われわれは高レベルの意見交換を希望する」とした。会議はミコヤンに毛沢東への信書を起草させ、「陸軍と海軍の問題で意見交換する」ことを決定した(36)。ここでいう高レベルの会合とは、ソ連大使に幹部会の意見を伝達させるとともに、周恩来と彭徳懐をモスクワに招いて協議するという案であった。アルヒーポフの回想によれば、幹部会会議は「共同艦隊という特殊任務について提起しなかった」という。それより前、ソ連は太平洋艦隊との連携を維持できるようになるという理由で、華南に長波無線基地を建てるという、中国が提起した考えに興味を持っていた。ソ連の考えは、五〇%の費用は喜んで支払うので、無線基地の一〇年分の使用権を取りたいというものであった。幹部会会議の後、フルシチョフはユージンを引見し、毛沢東と周恩来と接触したときに、長波無線基地の共同建設と使用が可能か、またソ連の原子力潜水艦が中国の港に入り停泊してよいか、伺うよう指示した[37]。

北京に戻ったユージンは七月二一日、重要なことを話すため毛沢東と緊急に会見したいと申し出た。その日の夜一〇時、毛は中南海のプールでユージンと会見した。中国側の記録によると、ユージンはまず、ソ連共産党中央委員会幹部会会議に参加した後、北京に戻ったところで、毛に会議の状況を報告するよう委託を受けたと説明した。続いてユージンは中東情勢、ユーゴスラビア、中国の海軍強化と海岸防御の援助、ソ連国内の経済状況について話した。そのうち主要な討論は海軍問題であった。ユージン曰く、フルシチョフは中国の同志が以下のことを了解することを望んでいる。ソ連の自然条件では原子力潜水艦の役割を十分に発揮することは不可能だが、中国の海岸線は長く、条件はとてもよい。そして将来もし戦争になったことを考えるならば、中ソ共同の敵はアメリカである。それゆえフルシチョフは、一つの共同潜水艦隊をつくり、ベトナムも参加することを、中国の同志と一緒に協議したいと望んでおり、中国共産党中央が周恩来、彭徳懐をモスクワに派遣して具体的に協議することを希望する。

毛沢東はすぐに、中国はソ連の援助を求めたまでで、「合作社」については考えたことがないと述べた。ユージンの報告が終わってからも、毛は共同艦隊の問題を引っ張り、合作社をやるというなら、ソ連がやればいい、やらなければ援助は提供しないのか？　と質問した。ユージンは、これは提案にすぎず、中国の同志と一緒に協議することを要請したまでだと再度説明した。しかし毛は、まず中ソ合弁か、中国が行うのをソ連が援助するのか、方針を確定すべきだと強調した。そしてもしソ連が援助したくないなら、中国は原子力潜水艦をつくらなくてもいいと述べた[38]。目下のところ、この会談についてのロシア側の資料は発見されていないが、会談に参加したソ連参次官ヴェレシャーギン（魏列夏金）の回顧録では、ユージンは当時次のように述べたとある。中国政府は近代化された海軍をつくる援助をソ連に求めた。モスクワは検討後、原子力潜水艦はソ連にとっても新しいものであり、まだはじまったばかりで技術も成熟しておらず、原子力潜水艦の建造には大量の資金と人、物を必要とすると考えた。それゆえ目下のところ、ソ中両国が一つの近代化された海軍艦隊を共同でつくることは、ちょうどよいかもしれず、この艦隊が太平洋地域で活動するのに中国の海域はよい条件を成すかもしれない。ヴェレシャーギンの記述で注意すべきことは、ユージンは「共同艦隊」という言葉を使っておらず、「共同で海軍艦隊をつくる」と繰り返し言われていることである[39]。

翌日の午前一一時、毛沢東はユージンらを中南海に招き、会談を行った。会談は五時間半に及んだ。中国側の会談記録によれば、毛は共同艦隊をやらない立場を再度述べ、ソ連の援助を求めたことを撤回すると表明した。毛の言葉遣いは前日より激しくなった。ソ連は中国人を軽く見て、中国が原子力をやるのを少し助けては「支配権だの、租借権だのを求めている」と非難した。このほかに毛が話した内容の大部分は、今回のことにかこつけて、長く溜め込んでいたソ連の指導者、とりわけスターリンに対する不満がほとばしったものであった。ユージンはこの会談中、事の重大さを感じ、彼の希望としては、フルシチョフ本人が中国に来て直接毛と会談するのがよいと自ら述べた[40]。ユージンはまた会談中、ソ連共産党中央委員会幹部会の会議では、所有権、租借権、指揮権について全く議論されず、中国に軍事基地をつくるとも言っておらず、ただこの問題を提起して中国の同志と具体的な措置を検討したいために、周恩来と彭徳懐にモスクワに来てほしいのだと再度説明した[41]。

ヴェレシャーギンの回顧録は、中国が発表した文献で削られた内容を多々補うとともに、毛沢東の話に対するソ連側の解釈もあり、注目に値する。ロシア語の記述によると、この問題に関して、毛は次のように言った。もしソ連の提案が中国で共同艦隊（ここで初めてロシア語の記述に共同艦隊 совместный флот という表現が現れた）をつくることであるなら、それは租借のようなものであるため、われわれは同意できない。われわれが同意できるのは、艦隊があなたがたの援助でつくられ、われわれが指揮する場合のみである。戦争がいったん勃発したら、中国はあらゆる港と飛行場をソ連の使用に供するが、平時に外国の軍事基地が中国の領土につくられることには同意しない。毛はまた、長波無線基地の問題に触れ、中国が自国で建設し、ソ連が援助を提供し、所有権は中国に帰属するが、ソ連に無線基地の観測の結果を提供することはできると提案した。それからソ連人に対する非難に至っては、ロシア語で以下のように記されている。スターリンはずっと毛がマルクス主義者だと信じず、国共内戦時に中国共産党に進攻をさせず、和平交渉で解決させようとした。ミコヤンは西柏坡のときもその後も、教訓を垂れる口調で中国人に話をした。毛の訪ソ中に、ベリヤは中国大使館に盗聴器を設置した。ソ連の前大使ローシンは中国外交部にスパイ網を広げた。ベリヤは高崗と結託し、何度も人を派遣して高崗と連絡した。ソ連の駐新疆領事館は違法なやり方で情報を収集した。ソ連の新聞は「百花斉放、百家争鳴」と人民内部矛盾に関する毛の論述を一切報道しなかった等々。このほかに彭徳懐も口を挟み、ソ連側は中ソ極東防空協定の締結時に、中国側代表がロシア語を理解しなかったのをよいことに署名を騙し取るという誤ったやり方をしたと述べた。毛は再度、こうした現象は全体のごく一部だけのことで、中ソ間はあらゆる最重要な面で完全に一致しており、意見対立は副次的なものだと言ったが、ソ連人の印象について、「毛は丸一日かけて滔々と語り」、「これらの問題すべてが実際には中ソ両国、両党の関係に関わっていた」。ソ連側は「重苦しい気持ち」になり、「中国の政策について完全に理解せず、共同のイデオロギーという要素の重要性を過大評価し、国家利益の差異について見通しが甘かった」ことを認識した。ユージンは会談中、ソ連指導者は毛が言うような関係を中国と打ち立てようとは全く思っていないと繰り返し強調し、アントノフは何かの誤解が生じたに違いないと考えた。会談内容が至極重要な事項であることに鑑み、ユージンは毛とフルシチョフが個人的に会見するのがよいと提案した。問題の深刻さを感じさせるのは、ユージンは会話の内容を一言一句そのままフルシチョフに伝えると強調したが、後にユージンが会談記録を整理したときに、「もし潜水艦問題が正しく解決できないのなら会談を行わない」という毛の発言を意図的に削除したことである。ユージンらは大使館に戻ってから、徹夜で議論し、最終的に毛は中ソ共同艦隊に反対であるとの結論に至った。ユージンはすぐにソ連共産党中央に報告を書き、夜明けとともに発出した。(42)

ユージンはまた、「討論の必要がある極めて重要な問題が発生したため、毛本人としては中国共産党中央政治局委員とともにモスクワに行きたいが、今は健康状態により行けない」という毛の気持ちも伝達した(43)。

ユージンが感じ、そして予期したのと同様に、モスクワは毛沢東の話に確実に驚き、不安を感じた。フルシチョフはユージンと電話で話した際、動揺して大声で「わけが分からない！　毛沢東はどうかしたのか？」と叫んだ。フルシチョフは確実に毛と直接会ってはっきり説明する必要があると考えたが、当時中東の衝突を解決するため、出国の予定がすでに決まっており、すぐに毛と会談できなかった(44)。ソ連共産党中央委員会幹部会は中国駐在ソ連大使館が七月二三日に送った電報を受け取ってすぐ会議を開き、以下のいくつかの点を示した。第1に、ソ連共産党中央はユージンに備忘録を準備したが、ユージンは「会談のときに中国の友人に渡さなかった」。第2に、ミコヤンが意見を出したように、「われわれはスターリンの時代に租借に反対した」が、失敗した。第3に、われわれは会合に賛成だが、状況がそれを許さない。第4に、「あなたがたはどうすれば同意できるだろう？」もしソ連の提案に満足しないなら、中国の意見を聞きたい。第5に、もし実益を追求するなら、それは（ソ連の）海軍の面で出された請求である。第6に、顧問の問題について、われわれは喜んで撤廃するし、すでにあなたがたに書簡を書いたが、数を減らしてもよい(45)。フルシチョフが今このときに中国に行けないことを考慮し、会議はユージンが「中国の友人と会談を行うため」、備忘録を再度準備することを決定した(46)。

ユージンはモスクワの指示を受け取ると、中国の指導者らに再度会見を求めた。七月二四日、劉少奇、周恩来、鄧小平がユージンと会った。ユージンは、ソ連が中国の海軍艦隊を建設することである種の政治的条件を出したと中国の同志が考えていることについて、フルシチョフがそれはおかしいと述べたと伝えた。劉少奇は、ソ連共産党中央は艦隊をソ中両国の共同所有とすることを条件に、中国の艦隊建設を援助しようと言っているのかと尋ねた。ユージンは、ソ連はなんら政治的条件を出していないばかりか、それをほのめかすようなこともしていないと大変きっぱりと答えた。続いて、周恩来が長波無線基地について質問した。ユージンはやはりソ連側はこの面でも政治的条件を出さなかったと答えた。劉少奇は、彼の理解するかぎり、ソ連側は中国の海軍艦隊建設の援助に同意していると述べた。ユージンは、前回の会談で状況を説明したとき、すでにこのことは話したと答えた。かくして劉少奇は参意を示し、中国は海軍艦隊建設の援助を請求するが、毛沢東が言ったように、もしソ連がこの種の援助をできないのなら、中国はこの請求を撤回あるいは延期し得ると再度主張した。最後にユージンは、フルシチョフは近いうちに中国を訪問できないと伝えた。(47) しかしフルシチョフは不安なままであり、中東危機が緩和に向かったことを確信するとすぐにアメリカ行きを取り消し、秘密裏に北京に向かったのである。(48)

七月三一日午後五時から九時、毛沢東とフルシチョフが会談を行った。会談中、フルシチョフはソ連が「共同艦隊」という言い方をしたことをきっぱりと否定した。フルシチョフはユージンの伝達に誤りがあり、今度のこと全体が「誤解」であると考えていた。そして、フルシチョフ本人とソ連共産党中央委員会幹部会がこの問題を討論したとき、「中国の同志が思うような中国の艦隊を共同で指揮したいとか、両国で共有しようとかいった考えはこれまで全くなかった」と断言した。ソ連の要求は、海軍艦隊を中国の海域でアメリカ人の相手をするのに使いたいというだけである。さらにフルシチョフは、「毛沢東同志がこの問題を主権侵害にまで引き上げるとは思わなかった。あなたがたがそのようにわれわれを見ているとは、われわれは悲しくなる」と悔しそうに述べた。毛沢東はフルシチョフの説明を聞き終えて、愚痴をこぼし、この「合作社」問題について話すのを自分からやめた。双方は今後「永遠にこのような問題を提起しない」ことを約束した。長波無線基地については、フルシチョフはこの問題をソ連共産党中央で議論していなかったことをよいことに、これは軍が提起したものだとして、次のように述べた。ソ連の意図は中国の南方に長波無線基地をつくれば、必要なときに太平洋でソ連の艦隊を指揮できることにある。ソ連が借款のかたちで電波基地の建設に参加することに中国が同意するならさらによい。電波基地の所有権は中国に属し、ソ連はこの電波基地の使用が許されるか、協議を通じて求めるだけである。同時にソ連は、ウラジオストク、千島列島、北部の海岸の無線基地を中国に使用させる。しかし中国が同意しないなら、ソ連はこの提案を取り消してもよい。

これに対し、毛沢東はマリノフスキーが、ソ連が資金を出すと言ったが、これは所有権がほしいということだと主張した。そして中国は長波無線基地の建設に同意し、費用は全部中国側が負担し、所有権は中国のものだが、ソ連も使用できるようにすると言った。フルシチョフは再度、所有権は中国のものであるはずだが、ソ連が使用するからには金を出すのは当然で、借款のかたちをとってもよいと言った。毛は、中国は借款を必要としておらず、ソ連が金を出すなら中国はやらないと言い張った。この問題についての会談はここで終わった。それから毛はまたソ連専門家の問題について大いにぶち、ソ連を批判し続けたが、毛が激怒した長波無線基地と共同艦隊の問題はこうして難なく解決したのである(49)。

前述の資料からは、ソ連の最初の提案は共同艦隊をつくろうという意味ではなく、将来、本土から遠く離れた潜水艦隊を中国の港に停泊できればとソ連は希望していたのであり、長波無線基地を共同で建設することもこのことが目的であり、しかもこれが「実益を追求する」方法だと考えていたことがわかる。ユージンがソ連の考えを伝えたとき、それを「海軍艦隊を共同でつくる」と説明し、いわば演繹をした。毛沢東はこの言い方を「共同艦隊」だと帰納したのである。ユージンの話の意味を歪曲したのではなかったが、確実にフルシチョフの本意を誤解した。毛が質問を続けたことでユージンは話せば話すほど混乱し、取り繕うこともできなくなった。かくして毛はフルシチョフが往年のスターリンに倣って、中国で「合作社」をやろうと言ったのだと考えた。中国の主権が脅かされていると感じ、中国人としての感情が傷つけられたのである。

たしかにソ連には中国の海軍基地を利用したい思いが常にあったが、フルシチョフが連合艦隊をつくって中国を支配し、中国の主権を侵犯したかと言えば、言い過ぎであり、事実と合致しない。当時のフルシチョフの発言によれば、「この提案は社会主義陣営の共同の利益に合致し」、中ソは共に社会主義国家であり、同盟条約があり、なおかつ長波無線基地と修理基地は中国海軍にとっても必要で、さらに礼には礼を返す原則から中国の艦隊もソ連の基地を使用できるのであった。そして「われわれの艦隊か中国の艦隊かは問わず、社会主義国家の一切の軍事設備は一つの目的のために奉仕する。帝国主義が戦争を仕掛けてきたとき、反撃できるよう備える」のであった。それゆえこの提案を、「友好的で、社会主義を建設中の中国はきっと喜んで受け入れ」、「何ら困難はないだろう」と考えられたのである。ユージンの電報を受け取ってからも、フルシチョフは「面と向かって話せば、問題は一切解決するはずだ」と考えていた。[50]ソ連の提案が「かつて長きにわたって外国の征服者に統治された国の敏感な問題に触れ」、「中国の主権に触れ」、毛沢東と中国人の国民感情を傷つけたことを、フルシチョフはだいぶ後になってようやく認めることになる。[51]

公平に論じるならば、ソ連の指導者には悪意がなく、中ソ軍事同盟において行動を統一する方法を過度に重視していたと言える。無線基地の合弁での建設と海軍基地の共同使用を主張したことは国家主権に触れるものではなかったが、ソ連の提案の仕方がいくぶん雑で、唐突であり、とりわけ中国人の国民感情を考慮できていなかったのである。そして毛沢東の反応も過度に敏感であったと考えられる。長らく外国の侵略と侮辱に遭った国の国民感情から言えば、ソ連のこのような提案に傷つく感覚も理解できるが、一国の、それもソ連の同盟国の領袖として、こうした提案が出されただけで、かくも激しくいきり立ったことのほうが理解し難い。これはもとより彼の個人的な性格と大きな関係があるが、もっと重要なことは恐らく、中ソ同盟において当時生じていた相互の地位の微妙な変化と、そのなかでの毛沢東本人の心理状態であろう。毛はスターリンの大国主義と権威に満ちた態度に早くから不満であったが、当時の中ソ両国の地位に違いがあったために表に出さなかった。しかし現在、状況は完全に変わり、ソ連党が高みから全体を指揮する時代は終わったのである。このとき毛はどうして他人に指図される地位に甘んじられよう？　どうしてフルシチョフが再びスターリン時代のやり方に戻ることを容認できよう？

実際には仮にソ連側の提案内容が間違っていたとしても、ソ連側は考えを言ったまでで、協議できないということはない。[52] 事実、あらゆる問題は最終的に中国の意見を踏まえて解決されていた。

まず長波無線基地については、八月三日、北京にて、彭徳懐とマリノフスキーがそれぞれ両国政府を代表し、「大出力の長波無線送信基地と専用の遠距離無線受信センターの建設、維持、共同使用に関する協定」、すなわち「八三協定」に調印した。その主要な内容は、以下のとおりである。第一に長波無線基地は中国が自国で建設し、主権は中華人民共和国に属する。第二に、ソ連は設計・建築等、技術面で援助・指導し、装備機材の中国が解決できないものはソ連の援助を受け、発注して解決する。ソ連が協定にもとづき提供する設計資料、装備機材および中国に派遣する専門家その他の費用はすべて、中国が貿易の精算時に支払う。第三に、ソ連が当該電波基地の使用を要するときは双方が別途交渉を行う。同年一一月、双方はまたソ連の設備機材の提供と専門家派遣に関する契約を締結した。一九五九年九月一三日、ソ連の超長波無線基地所長のイリン中佐が八人の専門家グループを連れて中国を訪れ、中国側技術者と工事計画弁公室を組織し、大型超長波無線基地の工事計画をはじめた。一九六〇年二月、中央軍事委員会の設計案批准を経て、施工部隊が現場に入った。[53]

次に海軍の新しい技術援助を中国に提供することについては、フルシチョフが帰国後、九月八日に周恩来に電報を送った。そのなかで、中国海軍に技術援助を提供することに同意するとともに、代表団を派遣して協議を行うことを提案した。両国政府は協議を経て、一九五九年二月四日に「中国海軍の艦艇製造におけるソ連政府の新しい技術援助に関する協定」、すなわち「二四協定」に調印した。まだ成熟していないと考えられた原潜技術を除き、ソ連は中国のあらゆる要求をほぼ満足させたのである。ソ連は中国に629型ミサイル潜水艦、633型魚雷潜水艦、205型ミサイル艇、183型ミサイル艇、184型魚雷艇、P-11ΦM型弾道ミサイル四発、П-15型対艦ミサイル二発、艦艇の動力装置、レーダー、ソナー、無線、航行機材、計五一の設備の設計図面資料を売却した。さらに艦艇製造機材およびミサイルの見本もあり、これらの製造特許権も譲渡した。ソ連の専門家六〇人がすぐさま中国に来て、設計と模造に協力した。大部分の技術資料と一部の設備材料も陸続と到着した[54]。

実際、毛沢東は心の中の鬱憤を晴らした後、だいぶ落ち着き、フルシチョフを褒めそやすようにもなった。フルシチョフも今度の訪問の結果に十分満足し、争いはすべて解決したと考えた[55]。フルシチョフは帰国後、すぐにソ連共産党中央委員会幹部会に状況を報告し、会議は「今度の訪問は有益で、会談は誠実に行われた」と認めた[56]。このように見ると、長波無線基地と共同艦隊に関する中ソの論争、そしてそれが反映している対立の本質とは、後年双方の政治大論戦のなかで誇張され、歪曲されたものであって、それが結果として研究者の判断にも影響を及ぼしていることがわかる。

しかし、フルシチョフが北京を離れてすぐに、世界を揺るがすできごとが起こった。中国人民解放軍が突然、金門島を一斉砲撃したのである。これこそ中ソの対外政策に深刻な対立を生み出した真の原因である。

3 金門砲撃が引き起こした深刻な対立

史料の整理を通じて筆者が考えるには、毛沢東がこの軍事行動を決定した真の、そして唯一の目的は、砲撃を行うだけで金門島を封鎖し、一種の気迫と圧力で蔣介石に金門島の放棄を迫り、沿海島嶼を全部取り返すという既定の軍事戦略と安全戦略を実現したいというものであった[57]。この目的の実現には、二つの前提条件があった。第一に、蔣介石軍に闘志が欠け、島を守る気がないことである。さもないと、戦争が激化すれば、空爆と上陸を強行することになるが、これは毛が望まず、行うつもりもなかった。第二に、アメリカが知らぬふりをして、干渉する気がないことである。さもないと、中国がとった行動は目的を達せないばかりか、引火して我が身を滅ぼす結果を招きかねない。しかし、この二点を毛は本当のところ把握していなかったのである。それゆえ、この戦役の真の目的は、毛が政治局常務委員というごく限られた範囲内で漏らしたのを除けば、明言されようもなかった。その結果、直接指揮をとった軍事指導者さえ毛の意図がはっきりとわからなかったのであり[58]、ソ連人があれこれ邪推したのも無理からぬことであった[59]。

一九五八年一月中旬、福州軍区司令部は空軍が福建に入ることと金門・馬祖への作戦に関して検討した。彼らの考えでは、空軍の福建入りは国防にも、蔣介石軍への打撃にも有利であるが、国際政治の反応を考慮するなら、敵を刺激することは避け、空軍は自分から爆撃せず、海に出て作戦せず、米軍機と接触しないのに越したことはなかった。だが、もし金門・馬祖への作戦を、空軍、海軍を用いて地上砲撃と封鎖の方法によって行えば、陸軍の上陸を要せず、蔣介石軍を撤退させられるかもしれなかった[60]。三月五日、国防部長彭徳懐は検討結果と軍事委員会の意見をまとめた信書を毛沢東に手渡すよう鄧小平に託した。そこには「七、八月に行動を開始する予定」で、「必要時に金門・馬祖を爆撃できるよう準備する」とあった。三月八日、毛は同意したと回答したが、行動を起こす時間は未定であった[61]。七月一五日、中東危機が勃発し、毛はすぐに反応した。七月一七日、軍事委員会拡大会議の総括発言を準備していた彭徳懐は、解放軍の三総部（総参謀部、総政治部、総後勤部）の責任者に対し、中東情勢にもとづき、空軍は急ぎ福建入りし、砲兵は金門およびその海上輸送の封鎖を準備し、総参謀部はすぐに部隊の行動計画を定める[62]という毛の指示を伝えた。七月一八日夜、軍側から具体案が出てこないうちに、毛は軍の各関係部門の責任者を呼び寄せ、金門砲撃について以下の明確な指示を出した。地上砲兵が主要な攻撃を行い、一回目に一〇万から二〇万発、以後毎日一〇〇〇発打ち、二、三カ月打つ予定とする。また空軍の二個師団が同時にあるいは少し後に南下し、汕頭、連城の基地に入る。彭徳懐はその夜、中央軍事委員会会議を開き、分担を指示し、砲兵は二五日に金門の蔣介石軍艦艇を砲撃する予定とし、港を封鎖し、海上交通を絶ち、空軍は二七日に基地を移ることとした。翌七月一九日、総参謀部が会議を開き、具体的な手配を行った[63]。

毛沢東のこの突然の決定について唯一合理的な解釈は、中東危機でアメリカが極東を顧みる暇がないタイミングを利用して、軍事攻撃を仕掛け、蒋介石軍を金門・馬祖から撤退させるというものであった。アメリカがこれに対しいかに振る舞うか、中国はいかに応じるべきか、そして盟友ソ連はいかに反応するか、毛は明らかにきちんと考えていなかった。命令が下に降りてから、毛は何日か冷静に考え、七月二七日、金門砲撃をしばらくやめるよう突然決定した。毛の手紙には「向こうが大義名分なく進攻してくるのを待って、再度反攻する」という言葉が見られ、今度の軍事行動に敵がいかなる反応を示すか、毛は懸念していたようである[64]。その後起こったことから見れば、アメリカの干渉の意図を制約し、こちらの思いどおりに敵に反応させる方法を毛がすでに考えていた可能性もある。

毛沢東が考えていたことの核心は、砲撃に対しアメリカが強烈に反応することをいかに防ぐかにあった。

毛沢東は第一次台湾海峡危機で、大陳島、一江山島の攻撃、それから蒋介石軍を大陳島から安全に撤退させた際に見られるように、米軍との正面衝突を避けることに特に注意を払っていた[65]。一九五八年の金門砲撃が予期した効果を得られるか否かについても、同様にアメリカの反応が重要な要素の一つであった。このとき毛が中ソ同盟の力をアメリカに見せようと思い立ったことは大いにあり得る。ユージン大使が七月二一日に提起した、中ソが共同で海軍艦隊を建設する提案は、ちょうどその機会となった。毛はそのソ連からの提案に癇癪を起こし、乱暴な態度をとり、その結果、ソ連大使館とフルシチョフは五里霧中の状態に陥っただけでなく、後世の研究者も理解に苦しむことになった。国民感情が傷つけられた、あるいは個人の気質といった要因では、明らかに毛の行為を説明するのに不足である。フルシチョフは当時そう推測していたが、少なくともこれらは主因ではない。したがって、毛は別の狙いがあって、この提案にかこつけてこうした振る舞いをしたと考えられる。筆者は七月二一日から八月三日にかけて毛がユージン、フルシチョフそれぞれと行った会談記録をすべて詳細に読み解いた。そこから毛が共同艦隊と長波無線基地の問題でソ連を非難したことの主たる目的は、フルシチョフ本人を北京に呼び出し、フルシチョフと公開の連合声明に署名することにあったと断定できる。

七月二二日のユージンとの二回目の会談は、毛沢東が約束したものであった。毛は何時間もとめどなく話すなかで、ソ連人の中国に対する一連の誤った言行を厳しく非難したため、聞く側は問題の深刻さを痛感した。最後に毛は態度を和らげて、「今回は結論が出なかったから、また話そう」、「モスクワに行ってフルシチョフ同志と話してもよい。あるいはフルシチョフ同志に北京に来てもらって、すべてはっきりと話し合おう」と言った。そして「彼が来れば、われわれは声明を発表して、帝国主義を驚かせてやってもよい」と述べたのである。[66] 明らかに、毛の話には目的があった。七月三一日のフルシチョフとの会談で、毛はそれとなく、「われわれは一つ会談のコミュニケを発表すべきだ。帝国主義者を驚かせてやれるかもしれない」と言った。フルシチョフは「それはよい考えだ。フルシチョフと毛沢東が何を話したのか、彼らを悩ませてみよう」と答えた。毛は続けて、「われわれは帝国主義者を驚かせてやるべきだ。彼らは驚くぞ」と言った。[67] 八月三日の連合コミュニケが強調したのは、「双方は極めて誠実に、心のこもった雰囲気のなか、目下の国際情勢における切迫した重大な問題、また中ソ間の友好、同盟、相互関係をさらに強化すること、そして国際問題の平和解決を勝ち取り、世界平和を維持するために、共同で奮闘することについて、全面的な討論を行い、意見の完全なる一致を見た」点であった。[68] これはまさに会談で討論されなかったことである。

中国との団結を示すために、会談のコミュニケの署名からほどなく、モスクワ時間八月三日午前一〇時にソ連の放送局は予定の番組を中断し、フルシチョフと毛沢東の会談を報じ、その後繰り返し会談のコミュニケを放送した。ソ連駐在中国大使館の報告によれば、連日、ソ連の各大新聞の中ソ会談への反応は熱烈で、大量の字数をこのニュースと社論にあて、各組織が次々に記事を読む会、座談会、大衆大会を組織した。大規模な宣伝のなかで、ソ連の世論は今度の会談に歴史的意義があり、コミュニケは中ソ間の「盤石な」団結を十分に示したと強調した。さらにベトナムの新聞の文言まで引用し、「社会主義陣営は『中ソを長』とし、『中ソを核心』とする」と表現した。同時に報道は、帝国主義に対する批判と戦争を恐れない精神を際立たせた[69]。

ソ連のこの振る舞いは、毛沢東からすれば願ったりかなったりであった[70]。実際、毛のこのようなやり方は、中国が今後とる行動は中ソ双方が協議して決めたことだと外部に思わせたいがためにほかならなかった。果たして予想どおり、コミュニケの発表後、北京の各国大使館はどこも「両国の軍が何らかの行動をとり得る」と疑った[71]。蔣介石はその日の日記に、「この行動は九年来のロシア共産党と毛匪双方の結託のうち最重要」な会議と書き、中国共産党が「台湾に進攻してくる時は近い」と蔣経国に伝えた[72]。ダレスは、会談のコミュニケは、ソ連が弾道ミサイルを保有している状況下で、アメリカがどの地域で弱みを見せるか、中ソが組んで探ったものだと考えた[73]。砲撃開始後、中国共産党の金門に対する軍事行動は「毛沢東とソ連指導者フルシチョフが七月末に北京で会談したときに合意した統一行動であった可能性が高い」と、ダレスはさらに踏み込んで判断した[74]。蔣介石も、今度の行動はフルシチョフと毛沢東が会談時に出した「重大な決定」であったと考えた[75]。中国共産党が軍事行動をとったときに、中ソ同盟の存在と中ソ団結の力を相手に知らしめることこそが、毛が期待したことであった。

コミュニケ署名の前日の午後、毛沢東は周恩来、鄧小平、軍の指導者らを集めて会議を行い、金門砲撃作戦の手はずを整えた[76]。それなのにフルシチョフは、バカ同然に何もわからずにいたのである。実際、フルシチョフの訪問期間中、毛は台湾と金門の問題に全く触れなかった[77]。後に毛は、ある会議の場で得意げに言った。「ある人たちの印象では、金門砲撃はわれわれがソ連とよくよく相談してのことであったかのようだ。ただ実際には、フルシチョフが七月末から八月上旬に中国に来たとき、金門問題は全く話し合っていない。もし一言でも言っていれば話し合ったことになろうが、一言も言っていない[78]」。一年後、来訪してきたフルシチョフに毛は自分の決定を説明して次のように言った。アメリカは「われわれが金門砲撃について協議したと考えているが、実際にはあのとき、われわれ双方ともこのことを話し合っていない。当時あなたがたと話し合わなかったのは、私にはそのような考えがあったが、最終決定ではなかったからだ」[79]。

毛沢東の「突然の襲撃」に対し、モスクワは当然ながら大いに怒った。当時ソ連外務省極東部代理部長で、危機の最中にグロムイコに随行して訪中したカピッツァ（賈丕才）は、こう振り返っている。「あのとき、中国人はわれわれの盟友で、同盟国であれ共産主義の仲間であれ、彼らは自らの意図をわれわれに通知する義務があった。アメリカの太平洋艦隊が台湾海峡を遊弋しているのに、中国人はわれわれと何ら協議せず軽率にも砲撃を発動した」[80]。当時フルシチョフは盟友の間の矛盾を公にしなかったが、彼が内心感じた不満は一年後、中国共産党指導者との会見中に吐露されている。フルシチョフは中国の沿海島嶼問題の処理の仕方に反対を示したばかりでなく、毛が事前に状況を報せなかったことに対し恨み言を言った。毛は弁解をしたが、フルシチョフはなおも腹を立てて言った。「われわれは自分の考えを言った。同意するかしないかは、そちらで決めたらいい」。そして、中国の国際問題における政策を、ソ連はとても理解できないと再度強調した[81]。フルシチョフがこう言ったのは、当時モスクワが社会主義陣営の盟主の責任を負っていたからである。中国が危機に面したとき、国際主義の理念と義務からソ連は社会主義大家庭の安全と利益を守るために出ていかなければならなかったのである。

砲撃開始後、ソ連の反応は至って平静であった。八月二四日、フルシチョフが公開の演説を発表し、国際情勢に話が及んだ際には、中東問題だけを話し、極東で発生したことには一言も言及しなかった[82]。フルシチョフは明らかに、砲撃がどうして発生したのか、どのような結果をもたらすのか、そして自分が何を言うべきか、わかっていなかった。八月二六日、中国外交部が自発的に通知した内容は非常に簡単であった。「これらの島嶼は中華人民共和国の領土であり、われわれは何としてもこれらの領土を解放しなければならない。これはわれわれの内部の事柄である。アメリカがわれわれの砲撃に対しいかなる立場をとるかは目下不明であるが、われわれは必ずしもアメリカがこの地区の衝突に加わるとは限らないと考える」[83]。この淡々とした書きぶりは、当然モスクワをなだめるためのものであった。八月三一日になってようやく『プラウダ』が評論を発表し、アメリカと蔣介石が「極東で軍事挑発行動を実行した」ことを非難し、中国を支持する立場を表明した。そして「台湾およびその他の中国の属する沿海島嶼の解放は中国人民の内部の事柄である」とし、「もし今日、中華人民共和国に侵犯し威嚇を行おうと企む者がいれば、それはソ連への威嚇であることを忘れるべきでない」と述べた[84]。モスクワが政府の名義で反応を示すのが遅くなったのも理解できる。これは中国人の事柄であって、ソ連人はどうすべきかわからなかったのである[85]。それにアメリカも当時、激しく反応しなかった。八月末になって、アメリカは情勢を注視していると述べ、中国の「侵略」行為を譴責し、アメリカの台湾を保護する義務を明らかにしたが、蔣介石軍の金門・馬祖防衛を助けるかは表明しなかったのである[86]。

しかし、その数日後にアメリカが示した態度にソ連は緊張し、中国も不安を感じた。八月二九日、ブルッカー米陸軍長官はソウルで記者に対し、もし中国人が大統領あるいはダレスの声明を「過小評価あるいは誤解しているなら」、「後悔することになる」と述べた。台湾訪問を終えた九月一日にも、「もし共産党が金門、馬祖を攻め、それが限定戦争に留まると見ているなら、彼らは極めて大きな危険を冒している」と談話を発表した[87]。毛沢東はこのときすでに、武力に頼って金門・馬祖をとるのは不可能である、つまり砲撃だけでは蔣介石は逃げ出さず、空軍の爆撃と陸軍の強攻をもってすれば戦争は激化し、アメリカが出て来ると思ったはずである。八月三一日、中国共産党中央は、対外宣伝は金門上陸問題に対し肯定、否定の意思表示を避けるべきであるとの決定を採択した[88]。九月三日、毛沢東の指示で中央軍事委員会が起草した「台湾と沿海の蔣が占領する島嶼に対する軍事闘争の指示」が、金門砲撃は「一種の持久戦である」ことを再度指摘し、目下上陸作戦には適さない、砲撃も規則的に行い、様子を見ながら打つべきである、海軍と空軍は公開で作戦に入るべきでない、自軍から米軍を攻めるべきでないと規定した[89]。同日、毛沢東は三日間の砲撃停止を命じた。九月四日朝、放送局が中国政府の声明を放送、一二海里の領海線を宣言した[90]。当日開かれた政治局常務委員会で、毛は米艦が我が領海に侵入すれば自衛権を有するが、必ずしもすぐに発砲せず、警告をまず発し、臨機応変に対処すると指摘した。同時にアメリカとの交渉再開を準備し、宣伝攻勢を展開すべきだが、言いすぎるべきでないとした[91]。

明らかに毛沢東は慎重になり、すでに退路を準備していた。領海権の拡大を宣言したのは、アメリカが蔣介石軍の護送をしないよう、最後の警告をしたにすぎない。しかしホワイトハウスはすでに決定したことを放棄しなかった[92]。九月四日、ダレスはニューポート声明を発表、アメリカは「金門と馬祖の確保・保護は台湾防衛と日増しに関係してきていると認識し」、大統領が決定したらすぐに「迅速かつ有効な行動をとる」ことができるよう、すでに軍事の配備を行ったと宣言した[93]。台湾の新聞も、アメリカは台湾海峡の軍事衝突に対し、護送から「原爆投下」に至る「五種の行動」を考えていると報道し、騒ぎ立てた[94]。台湾海峡の情勢もたちどころに緊張した。

これにモスクワは慌てた。九月五日フルシチョフは中国駐在ソ連大使館に電話をかけ、グロムイコを秘密裏に北京に派遣し、台湾海峡情勢に対するソ連の見方を通知する準備をしていると言った。ソ連政府はフルシチョフがアイゼンハワーに宛てた、厳しい言葉遣いの書簡を起草していたところで、これについて中国の同志と意見交換を希望していた[95]。九月六日、グロムイコは北京に到着し、周恩来、毛沢東とそれぞれ会見した。中国側は、金門を占領しないし台湾を解放もしない、要するにソ連を引っ張り込みはしないと説明した。ソ連側は中国の立場と戦略に完全に賛同した。双方は周恩来の九月六日の声明とフルシチョフの九月七日の書簡の書面を交換し、お互いのやり方に賛同した[96]。グロムイコは九月七日に帰国し、ソ連共産党中央委員会幹部会はすぐに中国側の意見を討論し、どれも「正確で真剣である」と認めた。修正を経て、フルシチョフの書簡は七日夜にアメリカに渡され、同時に放送された[97]。フルシチョフは書簡のなかで、アメリカに「中国の内政への干渉を即時停止」するよう要求し、中国への侵犯はソ連への侵犯であり、ソ連は中ソ両国の安全を守ることに尽力すると厳粛に声明した[98]。同日、『人民日報』は周恩来の声明を発表し、米中大使級の交渉を再開する用意があることを宣言した[99]。

危機の前後の発展過程から見れば、毛沢東はアメリカとの軍事衝突を確実に想定しておらず、更にそれを極力回避しようとした。いったんアメリカが参戦してきたら、中国も危機を解決する方法を考えようとした。しかし表面上は、中国は絶対に弱みを見せることができなかった。[100] 当然、中ソ同盟の力を示す必要があり、ソ連の援助が必要であった。しかし、毛が必要としていたのは抑止力にすぎなかった。この抑止力があれば、アメリカの参戦を止めることができなくても、事態の拡大を防ぐことはできた。大敵を前にして、一致団結したことで、モスクワはすでに中国が勝手に軍事行動を行ったことに対する不満を忘れかけていた。しかし、危機が続くにつれ、中ソ間の対立が拡大しはじめた。

周恩来の声明とフルシチョフの書簡は危機を収束させせなかった。米艦がもともとの計画どおりに護送を行ったことで、九月八日、国民党・共産党の間で再度大規模な砲撃戦が勃発し、蔣介石軍は撃沈、損傷が各一艦、米艦は戦わずして撤退した。[101] 同日、米台海軍が台湾南部で合同上陸作戦演習を行った。[102] 澄海での空中戦では、蔣介石軍が戦闘機一機を失った一方、MiG戦闘機五機を撃墜、二機を損傷させた。[103] 九月一一日、蔣介石軍が厦門大学を砲撃し、米艦が再度の護送を行ったことで、解放軍は第四次大規模金門砲撃を開始した。[104] 同日、アイゼンハワーがテレビ演説を行い、アメリカは撤退の提案を受け入れられないと宣言し、「軍事侵略」を前にしてアメリカは決して退かないことを表明した。[105] 軍事衝突は激化の趨勢を見せていた。

同じ頃、中国の指導者も他に道を開こうとしていた。九月八日と一〇日、周恩来はシンガポールの『南洋商報』の香港駐在特約記者の曹聚仁に二回接見した。そして、蔣介石軍が金門・馬祖から自ら撤退するに越したことはなく、国民党・共産党の交渉を再度行ってもよいと台湾側に伝えるようお願いした。さらに周は、米軍に護送させないのなら、一定期間内は蔣介石軍の艦が金門に補給を行うことを認めるとも応じた。[106] 九月一〇日、周は中国側が米中大使級会談のために起草した協議声明（草案）を承認した。その重要な内容は、以下のとおりである。中国政府は金門・馬祖等、沿海島嶼を必ず取り戻さなければならず、蔣介石軍が自ら撤退するのであれば、これを追撃しない。今後一定期間は武力を用いて台湾と澎湖諸島の解放を実現することは避ける。[107] 九月一三日、局面の緩和のため、毛沢東は砲撃を「不定時」に変え、「敵を昼夜ともに慌てさせ、安心させない」よう指示した。[108]

九月一五日、米中大使級会談がはじまった。毛沢東は中国側代表の王炳南の出発前に直接会って、会談ではできるだけ説得するようにし、板門店の交渉のときのように過激な言葉を使ってアメリカ国民の感情を傷つけてはならないと指示した。[109] しかし会談がはじまると、たちまち喧嘩になり、王炳南は誠意を示して、休憩後に中国側の協議草案を読み上げた。アメリカ側は受け入れを拒み、一八日、まず停戦し、再度討論するという案を出した。中国側が非難した後、アメリカ側は事実上の停戦さえすればよいとしたが、中国側はそれも受け入れられなかった。[110] こうして交渉は難航した。

アメリカの停戦案に対し、周恩来はアメリカが先に台湾海峡から軍を撤退させるべきであると正式に要求した。九月一八日、周はアントノフと接見し、中国政府の立場と戦略を説明した。周は中国側の対案を説明した後で、以下のように指摘した。中国側が砲撃を停止する前提条件は米軍が台湾から撤退することである。アメリカがこの条件を飲んではじめて、双方は本当の意味で台湾地区の係争中の問題を平和解決する交渉を行うことができよう。多くのアジア・アフリカ国家の立場と中国の間に対立があることを踏まえ、周は蔣介石軍の金門撤退をアメリカが保証するよう中立国が促すことを望み、これをもって中国の停戦案への支持とみなすと述べた。周はまた、以下のようにも述べた。米軍の台湾地区からの撤退要求を強化するため、中国は金門・馬祖に対する砲撃を強めるつもりであり、蔣介石軍が大胆にも中国内地を爆撃してくるなら全力で反撃する。そのときまでに蔣介石は米軍の直接参戦を要求し、アメリカはますます受け身の立場に置かれることが予想できる。つまり、「中国は（アメリカとの）協議の妥結を急いでいるとの印象をわれわれは作りたくない」。[111] 毛沢東は周恩来の案を褒め称え、この新方針、新戦略は「主体的かつ攻めの姿勢であり、理にかなっている」と考えた。[112] しかしモスクワの考えはこれと違ったのである。

九月六日以降、ソ連で台湾海峡情勢に関する報道が明らかに増加し、ソ連およびその他の社会主義国家の大衆が中国を支持する言論が大量に発表された[113]。九月一八日、アントノフは語気がさらに強硬になったフルシチョフのアイゼンハワー宛の書簡を携えてきて、中国共産党中央はこれに十分満足し（言葉を二カ所変えたのみであった）、「非常によい、人心を鼓舞する文書」であるとした。三日後、『人民日報』は書簡の全文を発表した[114]。このソ連のやり方にはアメリカの情報分析人員でさえ、次のように考えた。「この声明のなかに宣伝の要素がどれだけあるにせよ」、「目下の危機によって、ソ連は台湾問題において共産中国を最も強硬に支持する態度をとるようになった」。「北平には台湾問題において真の和解を実現するつもりはほとんどなく、この種の立場は疑問の余地なく以前よりソ連の支持を得ている」[115]。アメリカ人は明らかに表面的な現象に惑わされていた。実際に、中国の強硬な態度は、蔣介石軍を金門から撤退させるための最後の努力にすぎず、ソ連政府には中国を支持すると同時に、もう一つ別の考えがあった。中ソが共通の敵に立ち向かうという装いが、彼らに内在する対立を覆い隠していたのである。

九月一六日、フルシチョフはクリミアで中国大使劉暁と接見し、台湾海峡の緊張した情勢に不安感を示した上で、アメリカと蔣介石軍の太平洋地域の海と空における優勢を打ち破るために、ソ連はこの地域に空軍部隊を派遣し、アメリカと蔣介石軍の侵略の陰謀を中国が防ぐことを援助すると提案した。周恩来は皆を集めて協議した後で、毛沢東に二三日に書簡を送り、ソ連の提案を歓迎する予定だが、Tu-16爆撃機の進駐の時期と指揮権について、双方で別途話し合う必要があるとした。毛は復電のなかで、中ソ協力はいかなるかたちにするか、ソ連空軍は志願軍、傭兵、正規軍、いずれのかたちで参戦するのかと問題を提起した。数日後、毛はフルシチョフへ返書を送り、ソ連の提案を婉曲に断った[116]。一〇月四日、フルシチョフがまた手紙を寄越し、中国にミサイル部隊を提供すると提案した。毛の考えは、「地対空ミサイルをこちらに売るべきで、ミサイルはこちらで使用し、ソ連側は少数の人を派遣し、使い方をこちらに教える」というものであった[117]。フルシチョフの提案は口先だけではなかった。九月二五日にソ連軍の新聞は、

「われわれの戦士はすでに準備ができており、必要とあればいつでも侵略者を消滅させる支援を提供できる」と報じた。[118] しかし中国側には、モスクワには別の魂胆があるように見えた。二カ月後、毛は鄭州での会議の席で、以下のように述べている。ソ連はミサイル部隊と空軍を福建の前線に派遣したがったが、彼らは部隊を自分たちで指揮したいと言うので、われわれは同意しなかった。見たところ、彼らはわれわれの沿海部を支配し、福建を支配したいと思っている。アメリカが台湾に駐留するのと同様、今後われわれは何をするにも彼らにお伺いを立てなければならなくなる。[119] 劉暁は回顧録のなかでいくぶん遠慮した言い方で、ソ連がこうしたのは、台湾問題をソ米覇権争いの世界的戦略のなかに組み入れることで極東地域の軍事バランスを変えようとしたのだと述べている。[120]

いずれにせよ、中国の拒絶にフルシチョフは非常に不満で、後に次のように恨み言を言った。戦争の前は、中国人はわれわれに武器援助と空の援護を求めていたのに、われわれが航空師団を行かせようとすると、彼らは、非常に激しく反応し、われわれの提案に侮辱され、傷つけられたと暗に言って、この援助を必要としなかった。[121] 金門砲撃の一〇日前、周恩来は確かにフルシチョフに書簡を送り、台湾がアメリカにF-100超音速戦闘機の提供を求めたため、ソ連のMiG-19C型戦闘機三〇機、C-5型ミサイル三万二〇〇〇発等の武器装備を、一カ月以内に中国に提供するよう求めていた。[122] ソ連の提案はおよそこの件に対して提起されたのであった。中国がソ連空軍とミサイル部隊の援助を拒絶してから、MiG-19戦闘機とミサイルは一〇月に中国に到着した。[123] 程なくして、ソ連はまた周恩来が以前求めていたTu-16の試作の要求に答え、中国に製作の許可証を出すことに同意した。[124] フルシチョフは最終的に、中国の要求どおりに援助を提供したのである。[125] しかし、ソ連が自らソ連軍部隊の派遣を二回要求した状況から見ると、少なくとも危機をコントロールする主導権をソ連の手で握っておきたいという考えが、モスクワになかったとは必ずしも言えない。

中ソは援助の方式で意見が異なっただけでなく、いかに外交手段を用いて危機を解決するかの面でも大きな対立を見せた。中国は米中および国共の間の直接交渉で問題を解決すると主張したのに対し、ソ連は国連あるいは多国間の国際会議が危機を処理することを繰り返し呼びかけた。フルシチョフは九月七日にアメリカ大統領に宛てた書簡のなかで、その前日に周恩来が提起した米中大使級会談を復活させる提案に対し、直接の態度表明をせず、逆に多国間の会議を開いて、「共同の努力」で極東の危機を解決することをほのめかした。グロムイコの九月一八日の国連総会における発言も、すでにはじまっていた米中会談に全く言及しなかった。フルシチョフの二通目のアイゼンハワー宛書簡で、この会談にようやく言及したが、それも「積極的な成果がなかった」と述べたにすぎない[126]。九月一七日の『人民日報』の「各国の世論が中米会談を注視する」と題した報道は、ワルシャワ、カイロ、ジャカルタ、ヤンゴンに言及した。このなかにモスクワがなかったことが人目を引いた[127]。中国政府は、台湾問題は中国の内政に属すると一貫して考え、国際関係のなかで討論することを望まなかった。九月一八日、外交部は中央対外連絡部の通知を転送し、そのなかで特別に台湾問題について、「国連に呼びかけるのを阻止する。もし提起する人がいれば、中国は絶対に受け入れない。いかなる人であれ中国の内政に干渉することを許さない」と述べた[128]。外交部長陳毅は九月二〇日に発表した声明で、アメリカ批判に借りて次のように表明した。「中国政府は現在行われている米中大使級会談に希望を寄せているのに、ダレスは中米両国間の争いを国連に持っていこうなどと言っている。周知のように、中華人民共和国の国連における合法的地位は無理やり剝奪されており、これではアメリカが中米交渉に結局どの程度誠意を持っているのか、疑わざるを得ない[129]」。この表明にもかかわらず、フルシチョフはソ連が参加するかたちで危機を早期解決するため、台湾問題の国際化を決定したのである。

九月二七日、ソ連共産党中央委員会幹部会は極東の緊張情勢の解消に関するソ連政府の措置を討論した。これは一〇月初めにニューデリーで、中、ソ、米を含む一〇カ国の首脳会談開催を目指し、台湾問題を討論するとともに、各国首脳に宛てた中国、ソ連政府の書簡の通知をソ連大使館に委任し、彼らの支持を得ようというものであった。ソ連政府はさらにこの件に国連総会議長を関係させ、国連の全加盟国の理解と支持を得ようとした。[130]アントノフはその日のうちに周恩来にソ連政府の新提案を手渡した。周は中国の立場を詳しく述べたが、その主な意味は、中国は台湾海峡問題の解決を急いでおらず、この問題を国連で裁決することに一貫して反対するということであった。[131]九月二八日、外交部副部長の張聞天はソ連への回答書を作成した。同回答書は、中国は状況の先延ばしを懸念していないことを説明した上で、「ソ連は我が国への支持を公開に行う以外に、あれこれ具体的な提案をする必要はないと思われ、ソ連に斡旋してほしいという各方面の要求に対しても、急がないとの考えを示すべきである」と述べた。一〇ヵ国首脳会議の提案については、今は時期尚早で、その内容もまだ検討する必要があるとした。[132]中国政府がこの回答を発出するのを待たずに、アントノフが九月三〇日にフルシチョフのアメリカ大統領に宛てた第三の書簡を携えて来た。その主な内容は一〇ヵ国首脳会議の開催の提案であった。このとき周恩来は中国側のひとまずの考えを再度アントノフに伝え、フルシチョフにも伝えるよう要請した。[133]一〇月五日、周は正式にアントノフに中国政府の立場と態度を次のように詳しく述べた。金門を暫時回収しないことを決定し、台湾同胞に告げる書の発表を準備し、一〇月六日から七日間砲撃を停止し、それ以外に蔣介石と直接交渉を行い、相互間の問題を平和解決することを提案した。モスクワの提案について周は、ソ連政府は第三の書簡を発出し一〇ヵ国会議の開催を提言すべきでなく、やはり米軍の撤退を要求し続けるのがよいとはっきりと述べた。アントノフは、フルシチョフの書簡の基本的な考えは、大戦、特に原爆戦争の勃発を回避することだと注意を促した。そこで周は、戦争の危険性はもう少なくなったと指摘した。[134]ソ連側は提案を引っ込めざるをえなくなった。

周恩来の見通しには根拠があった。毛沢東はこのときすでに、金門・馬祖を取り返す初心を棄てることを決めていたからである。[135]一〇月六日、彭徳懐が台湾同胞に告げる書を発表してから、台湾海峡情勢は徐々に緩和に向かった。しかしこのとき、中ソ間にはまた新たな矛盾が生じたのである。それがすなわち、周知のサイドワインダーミサイル事件である。九月二四日、温州地区での空中戦で、国民党空軍はアメリカが研究開発した最新のサイドワインダーミサイル五本を発射し、そのうち地上に落ちた一発が不発弾であった。中国政府は大規模な抗議行動を発動し、ミサイルの残骸はアメリカの罪証として北京で展示された[136]。この知らせは、当時空対空ミサイルを研究開発していたソ連軍側の極めて大きな興味をそそるものであり、ミサイルの残骸をソ連に送って研究に使いたいと申し出た。しかしソ連側の数度の求めに中国側は取り合わず、その後も一度ならず引き延ばしたのである。フルシチョフはこれに憤慨し、ついに中国に本来提供するはずのP-12型中距離弾道ミサイルの資料の提供を拒絶し、ソ連顧問を通じて中国側のやり方に不満を表明した。数カ月後、もう何度も解体され元どおりにはなりようがないサイドワインダーミサイルを中国が引き渡さざるをえなくなると、それを引き取ったソ連側の研究員は、自動誘導の赤外線センサーという非常に重要な部品が欠けていることに気づいた。フルシチョフは後に、この事件はわれわれの感情を傷つけたと当時を振り返っている[137]。

台湾海峡危機の勃発からその解消に至る全過程を通して見ると、中ソ間の対外政策面ですでに対立が生じていたこと、そしてそれは以下の二点に主に現れていたことがわかる。第一に、基本方針の確定に際し、ソ連は緩和を主張したのに対し、中国は緊張を強調した。第二に、双方の具体的措置の協調に際し、ソ連は一致して行動することを主張したのに対し、中国は「自分が正しいと思うことをする」ことを強調した。ソ連は社会主義陣営の長として、各国の安全を守る責任を担っており、しかも中ソ同盟条約が法律的根拠となっていた。それゆえ毛沢東のやり方に不満でも、アメリカの核の恫喝を前にして、ソ連は反撃に出なければならなかった。中国が援助を必要とするときは、ソ連は中国の言うとおりに提供せざるをえなかったのである。この点から言えば、フルシチョフの危機解決に参加する意図は、中国をコントロールしたいというより、情勢をコントロールしたいということであり、事態を自分の思うとおりに進め、ソ連の対外政策の総方針のなかに入れたいということであった。毛は当然、中ソ軍事同盟の存在を忘れてはいなかった。危機のなかで社会主義陣営の力を利用してアメリカに対抗し、情勢を安定化させることも忘れていなかった。しかし、この危機はまさしくこの種の機能のはたらきを損なうとともに、中ソ同盟関係にも影を落とすことになったのである。

一九五八年台湾海峡危機がフルシチョフに残した最も印象深いことは、毛沢東は何を考えているのか、また何をするか、わからないということであった。この点は、危機の間に出現した核の脅威と核の保護の問題によって先鋭化したと考えられる。数カ月後、フルシチョフはついに中国への核技術援助を停止する決定を下したのである。

4　フルシチョフ、ついに中国への核援助を停止する

中国の核兵器研究開発が全面的に発展しようとしたとき、中ソ指導者間の政治的対立により、モスクワは中国の核兵器研究開発への援助を延期し、最終的に停止した。

台湾海峡危機における中国の色々なやり方に対し、性格が衝動的なフルシチョフは我慢ならなかった。ソ連は二度の声明で中国に核の傘を提供すると表明していたが、これは社会主義陣営の盟主の責任を果たすことの他に、その論理的帰結はソ連が核の傘を対中核援助に取って替えることになることを予め示していた。そのほか、アルヒーポフの回想によれば、ソ連の核実験を禁止し核拡散を防止する方針に中国が不満であったことも、重要な要素であった。一九五八年、ソ連は中国に対し、核兵器の生産と実験を禁止するというソ連の提案を支持するよう要求したが、中国はいっこうに回答しなかった。一九五九年にもソ連は中国に核兵器不拡散への態度を聞いたが、中国側の回答は、原子力工業および「完成品」の生産のための関連設備供給の協議をソ連が履行することを期待しているというものであった。(138)

原爆の見本と技術資料を中国に当面提供しないというソ連の決定には、中国への核兵器技術援助を決定したときと同じく、フルシチョフ個人が重要な役割を果たしていたと言うべきである[139]。一九五八年四月二四日、フルシチョフは周恩来に直筆の書簡を送り、国防新協定にもとづき中国側に原爆技術資料と見本を提供する件について、ソ連政府はすでに対外経済連絡委員会に具体的な処理を委任し、近いうちに提供できると述べていた[140]。しかし台湾海峡危機後、フルシチョフは中国と核援助の協定を締結したことを後悔し、中ソ関係にひびが入ったと感じた。フルシチョフは中型機械工業大臣スラフスキーと協議してから、P-12ミサイル等の資料は中国に提供してよいと決定したが、「原爆はもう一度よく考えるべきだ」と思うに至った。ソ連が援助を提供し続けるか否かは、中ソ関係の変化を見て決めなければならず、状況が好転しないなら、「彼らが原爆技術を掌握するのは遅いほうがよい」と考えたのである[141]。

ソ連側は、協定で中国に提供しなければならないことになっている原爆の教学用模型（見本）と図面資料の提供を、フルシチョフの意図にもとづき、様々な口実を作って遅らせた。ソ連はまず専門の貯蔵庫が必要であると主張し、中国が倉庫を作るのを待ってから、今度は秘密保持の条件が足りないと言い出した。中国で相応の秘密保全措置がとられ、ソ連の秘密保持の専門家が満足してから、ソ連側は一九五八年一〇月に「模型と技術資料は一一月に発送する」と返答した。しかし期限になっても、モスクワは運送の命令を出さなかった[142]。ロシアの新聞に載った口述史料は、以下のように言う。中国に提供される予定の原爆の見本および技術資料は半年も前に、密閉された二、三両の車両に積み込まれ、警備員が日夜守衛の任に当たった。しかし一向に命令がなく、誰もどう処理すべきかわからなかった。それが一九五九年中ずっと続き、中国側および中国駐在のソ連人専門家から何度も問い合わせがあり、中型機械工業省第一次官チュリンが直接ソ連共産党中央委員会に電話をかけた[143]。最終的にフルシチョフがわざわざ会議を開き、中国に対する原爆の見本の提供を当面見合わせることを決定した[144]。

一九五九年六月二〇日、ソ連共産党中央は中国共産党中央に宛てた一通の書簡の発出を採択し、六月二六日に周恩来に渡された。書簡ではまずソ連と西側が核実験を禁止したジュネーブ会談の状況が紹介された上で、以下のように指摘した。「われわれは核実験禁止の努力が成功するよう、できる限り努力しているところであり、なおかつ状況も核実験を普遍的かつ永久に禁止する協定を締結できる方向に進んでいる」。そういったときに、中国側が主張している「原爆の見本と設計の技術資料を中国側に手渡してほしい」という要求については、「もしソ連が核兵器の見本と設計の技術資料を中国に渡そうとしていることを西側諸国が知れば、彼らは平和と国際情勢の緊張緩和のために行ってきた社会主義国家の努力を破壊してしまうかもしれない」。それゆえ、ソ連共産党の考えでは、目下中国は「ソ連専門家の力を中国の原子力工業（核分裂性物質の生産を含む）に集中させなければならず、これは核兵器を生産する基礎となる」が、「中国が核分裂性物質を生産するにはまだ二年必要であり」、そのときに「なってようやく核兵器を大量生産する技術資料が必要になる」。書簡は最後に、「もしわれわれが核弾頭実験を普遍的かつ永久に禁止する協定の締結を果たすことができれば、そうした状況下で中華人民共和国あるいはその他の社会主義国家が核兵器の実験を行うことは、西側諸国に対し、ソ連がこの協定を破ったとして実験禁止協定を破棄する理由を与えることになる」と指摘した。他方で、「一旦戦争になれば、ソ連が持つ核兵器はあらゆる侵略者の侵犯への反撃に用い、社会主義陣営のすべての国を保護するものである」とも書かれていた[145]。

もっともらしい理由を並べ立て、持って回った言い方をしているが、ソ連共産党中央の意図は十分に明らかであった。当面は中国に原爆の見本と技術資料は提供できず、二年後に再検討するが、そのときに普遍的かつ永久に核実験を禁止する協定が締結されていれば、中国は原爆を製造してはならず、その代わりにソ連は中国に保護の傘を提供するということであった。つまり、すべて一九五四年の出発点に戻ったのである。

フルシチョフの協定違反に中国の指導者は大いに憤ったと同時に、中国人の手で独自に核兵器を研究開発しようという決意が強まった。その後、中国初の原爆研究開発プロジェクトは五九六工程と名付けられ、これは国家指導者と科学技術者のソ連に対する「義憤の念」を十分反映していた[146]。一九五九年七月の盧山会議で周恩来は宋任窮、劉傑に対し、中国共産党中央の政策は「自分たちで一から手探りで模索し、八年で原爆を作り出す」ことであると伝えた[147]。周はまた「独立自主、自力開発、国内に立脚」の方針を出し、第二機械工業部に戦線を縮小し、最も差し迫った問題の解決に力を注ぐことを求めるとともに、各地区、各部門を動員し原子力事業を支えることを決定した。そのため第二機械工業部は、「三年で突破し、五年で掌握し、八年で適切な備蓄をする」との奮闘目標を打ち出した[148]。

ソ連の国防技術援助の面における態度の変化を見て、中国の関係機関はソ連側にすでに締結されたその他の契約を執行するよう、今のうちに頑張って求めなければならなくなった。一九五九年九月二三日、周恩来はフルシチョフに書簡を送り、ソ連政府は協定に則って、総額一億六五〇〇万ルーブルの国防新技術装備物資と装備の試作に必要な原材料、見本および関係技術資料を一九六〇年中に中国に提供するよう求めた[149]。一二月二九日、聶栄臻と陳毅は連名で劉暁大使に電報を送った。一九六〇年の間は下記の技術援助を中国に提供し続けることをソ連政府に考えてもらうよう、中国政府の名義でソ連政府に提起させたのである。第一に、一九五七年一〇月一五日の協定に則って、二種類の新型ミサイルおよび技術資料一式を提供すること。第二に、必要な数のソ連の専門家を中国に派遣し、この二種類の新型ミサイルの試作において技術援助を提供すること。第三に、材料のリストにもとづいて、この二種類の新型ミサイルの試作に用いるすべての部品、原材料、および試作に必要な専用の設備をセットで提供すること。一九六〇年一月四日、中国はソ連に規定にもとづき、「航空およびミサイル科学研究員」の建設支援の交換公文の草案をできるだけ早く提出するとともに、立地を選ぶ専門家グループを中国に派遣するよう求めた。一月二〇日、聶栄臻は二五人のミサイル実験場の専門家らの仕事の期限を延長し、ソ連の軍事専門家を新たに八人招聘することを求めた。三月二八日にもまた、二発の8Ж38ロケットと点火に必要な液体酸素等の燃料を提供し、さらに九人の専門家を派遣し、操作員の訓練と実弾射撃の技術指導工作を援助することを求めた[150]。

しかし、中ソ関係が日増しに緊張するにつれ、ソ連の態度はますます冷淡になった。とりわけ一九五九年一〇月、フルシチョフが訪中して中ソ指導者同士が激しい言い争いをしてから、ソ連の方針は徐々に定まった。一九六〇年二月の中国大使館の報告によれば、核兵器に関する中国の要求すべてに対し、ソ連は明らかに引き延ばしか拒絶の姿勢を見せていた[151]。

最も顕著な変化は、専門家、とりわけ先端技術の専門家の派遣が減ったことである。一九五九年一一月と一九六〇年一月に二度にわたって中国は三八名の軍事専門家の増派を求めたが、ソ連は二六名の派遣にだけ同意した。その他の派遣しない一二名は皆、先端技術の専門家で、内訳は核兵器の専門家三名、ミサイルコントロールシステムの設計専門家五名、ミサイルコントロールの計算機と設計の専門家二名、テレメータリングの設計専門家二名であった。派遣すると回答があった二六名の専門家も引き延ばしが続き、最終的に派遣されなかった。三月二日、ソ連国防省は中国に通知し、ミサイル実験場の専門家の招聘に関し、招聘の延長期間を短縮し、増派する人数を減らすことを提案した。四月、ソ連は前年八月に結んだ協議に反し、「専門家の人数がソ連軍内で極めて少ない」ことを理由に、特殊技術を担当する科学技術委員会の専門家グループの長、ロケット兵器システムの弾道空気力学と堅牢度の計算の専門家、ハルビン軍事工程学院原子炉の物理熱工学専門家、国防部第五研究院のミサイルコントロールシステムのシミュレーション技術専門家、同院のマイクロ波パラメータ増幅器と分子増幅器の専門家の派遣を断った。六月、ソ連側はハルビン軍事工程学院の専門家の招聘延長と地上ランチャーの設置・設計の専門家の派遣を拒絶し、「操縦、構造の専門家なら派遣できるが、設計の専門家はいない」と述べた[152]。

その次に、すでに中国で仕事をしている専門家への統制が強化され、比較的新しく重要な資料の提供や提案が禁止された。一九五九年一二月二一日、ソ連国家保安委員会に提出された報告は、中ソ科学技術交流に関係する秘密研究の領域について、「秘密工作に参与する重要な科学者とスタッフが国外での仕事に派遣されて」から、ソ連の秘密保持制度にしょっちゅう違反したと指摘した。フルシチョフの指示により、一九六〇年一月八日にソ連共産党中央委員会書記局でこの問題を討論した。当時、ソ連共産党中央委員会社会主義国共産党・労働者党連絡部部長であったアンドロポフは、「ソ連の科学者と高等教育機関のスタッフの国際学術交流活動における国家機密の保守を確保するため」、決議を出すべきだと提案した。こうして二月二五日、アンドロポフとソ連共産党科学・教育機関部部長のキリーリン、国防工業部部長セルビンが、「ソ連の科学者の国際学術交流活動において国家機密の保守の確保」に関するソ連共産党中央委員会決議の文面を起草し、三月一六日に書記局会議で採択された。決議は、「秘密資料および極秘資料を調べる手続きを厳格に遵守しなければならず、事前の協議で決められた範囲を超える秘密資料並びに秘密工作にふれる許可に関する現行の保障措置を、外国の専門家に知られないようにしなければならない」と規定した(153)。

聶栄臻はかつて報告のなかで、ソ連の対中核援助の態度の変化を総括して次のように述べている、「ソ連側の協定を執行する態度は、一九五八年前半までは比較的よく、一般に協定の条文どおりに進み、具体的な工作部門とスタッフは熱心な姿勢で、われわれの問題解決を助けようとしてくれたが、上層部の管理は厳格で、一歩どころか半歩も譲らなかった。一九五八年後半以降、管理はさらに厳しくなり、締め付けが強まった。協定ですでに決まったことが、往々にして複雑な問題になり、口実を見つけては、相手のせいにし引き延ばした。比較的重要なことは、両国政府が再度協議すると言い逃れるが、我が国政府が正式に提起すると、またうんともすんとも言わなくなって、取り合わない。私が何度も建設の進度を速めるよう求めたプロジェクト、そして前倒しで渡すよう求めた設備も支持されず、拒まれてしまった。協定のなかに具体的な規定がないものに関しては、条文の文言を強調して、全く考慮してくれなかった。総じてソ連側の態度たるや、一般的な生産技術資料は提供するが、重要な生産技術資料、設計研究と計算理論の資料、原材料の生産技術資料は拒絶し、通用の設備は提供するが、専用の設備、非標準的な設備、精密測定機器は引き延ばし、そして拒絶し、一般の原材料は少しくれてやってもよいが、特殊なものほど出し渋り、模造の専門家の招聘は容易だが、基本建設設計の専門家となると困難になり、科学研究の専門家となるときっぱり拒絶する、という有様だった」[154]。一九六〇年六月、中国の原子力科学院のソ連専門家は突然全員帰国し、その後研究設備と六フッ化ウランの提供が止められた[155]。七月六日、北京の核工程設計院で働いていた八人の専門家（そのうち六人は主任技師）は命令を受けて前倒しで帰国した。七月八日、蘭州のウラン濃縮工場で組立工事の現場責任者をしていた五人の専門家が、突然去った。フルシチョフが専門家の全面撤退を宣言してから、八月二三日までに、中国の原子力工業で働いていた二三三人のソ連人専門家全員が帰国し、重要な図面資料を全部持ち去ったのである[156]。

フルシチョフの契約破棄、専門家の撤収は、中国の原子力工業の発展と先端兵器の研究開発に、確実に巨大な困難と全体でいくらかわからないほどの深刻な損失をもたらした。中ソの協定によれば、ソ連側は中国側が建設する合計三〇の原子力工業プロジェクトを援助しなければならなかったが、一九六〇年九月までの統計で、全部完成したプロジェクトは七個のみであった。技術設計の面では、完成あるいは基本的に完成したプロジェクトが一六あったが、そのなかの一部の文書資料は不完全で、技術面にも疑問があり、図面の間違いも少なくなかった。その他技術設計が未完成の一四のプロジェクトは、中国側設計スタッフはその核心となる技術を把握しておらず、大多数は最初から設計をやり直さなければならなかった。設備供給の面では、一三のプロジェクトではすでに完成あるいは基本的に完成していたが、一六のプロジェクトでは一部しか供給されておらず（そのうち一般設備が多く、重要な設備は少なく、まだセットになっていないものもあった）、一個のプロジェクトでは全く供給されていなかった。重要設備と新技術の材料がまだ届いていなかったため、一部の技術は生産能力を持っておらず、中国側ははじめから研究開発と生産を行わざるをえなかった。総じて言えば、ソ連側が専門家を撤収させ、技術設計を中断させ、設備材料の供給を停止したことで、建設中の九個のプロジェクトは停止に追い込まれ、中途半端な「半人前」になってしまった。もうすぐ完成するはずだったプロジェクトも、ソ連側の違約、引き延ばしで、セットとなる設備器具あるいは図面資料が欠けたため、操業開始の時期がずれ込んだ[157]。

それにもかかわらず、客観的に言えば、ソ連の援助は中国の原子力工業の基礎ないし基本構造の形成、それから原爆とミサイルの研究開発において、無視できない役割を果たした。ソ連は一九六〇年に技術、設備の提供を停止し、専門家を撤収させたが、これは中国の核兵器研究開発の歩みを遅らせることはできても、もはや止めることはできなかった。もちろん、その後の中国の核兵器の発展が重大な突破と迅速な発展をなしとげたのは、中国人自身の努力、特に中国の指導者の強い決心、中国の経済体制の資源を集中的に使用できるという強み、それから中国の科学者と技術者の自力開発の精神によるところが大きい。この点をよく表したのが、ソ連が専門家を全面的に撤退させることを聞いた毛沢東の次の言葉である。自力開発の道を行かなければならない、「先端技術に取り組む決心をしなければならない。フルシチョフがわれわれに先端技術をくれないなら、大いに結構！　もしくれたら、この借りを返すのは大変だ[158]」。

第15章　中ソ両党の理念および政策上の修復困難な決裂

一九五九年の夏から秋に、中国とインドの国境で武力衝突が発生した。この事件はその後長らく、世界の学界の関心を集めた。近年、資料の公開と出版が進むにつれ、中印衝突およびその中ソ関係への影響が、冷戦史研究において流行の話題となった。研究者は均しく、この事件は中印関係の転換点となっただけでなく、中ソ関係があからさまに悪化した起点となったと考えている。[1] 中ソ関係悪化の過程を分析する際、人々が注目するのは、一九五八年に発生した金門砲戦が中ソの国際情勢に対する認識とそこでとられた政策の相違を示しているのに対し、中国の「大躍進」と人民公社運動およびソ連の消極的反応は、社会主義国家の発展経路に対する中ソの理解と選択が異なっていたことを表しているという点である。その結果、中国共産党が唱導する共産主義の実験にモスクワが冷淡かつ否定的態度をとったことに毛沢東は激怒し、フルシチョフに宣戦布告すると言い出し、フルシチョフも毛の台湾海峡危機中の所作に腹を立て、対中核援助を当面見合わせることを決定した。しかし、この二つの事件は結局、中ソ対立が公になるところまでは至らなかった。意外なことに、この一カ月後に発生した中印衝突は、表面的には中ソ関係と関係せず、少なくとも双方の根本的利益を害さなかったものの、毛もフルシチョフも怒りを抑えきれなくなり、最後には中ソ指導者が面と向かって激しく言い争う事態になった。今度の言い争いは、中ソ両党の理念と政策における全面的な対立を十分に表すもので、中ソ関係はこれにより悪化しはじめた。

1　中印衝突とソ連の中立声明

朝鮮戦争停戦後、中印関係は迅速に発展しはじめた。一九五四年の周恩来のインド訪問を通じ、双方が一連の協定と交換文書に調印し、「平和共存五原則」を共同で発表した。一九五五年以降、ソ連とインドは友好関係を樹立しはじめた。両陣営が対峙する冷戦構造において、インドはほぼすでに社会主義の側に向かおうとしていた。

しかし、一九五九年に発生したチベットでの揉めごとにより、中印関係はにわかに緊張した。一九五八年春、四川省カム（康巴）地方の一部のチベット族が改革に反対し、反乱を起こした。反乱分子と難民はチベットに向かい、さらに大きな反乱を引き起こした。一九五九年初頭、チベット地方は混乱状態となり、反乱分子は道路を寸断し、積極的に国外と連絡をとり、ミャンマーの蔣介石の部隊とも連絡し、独立国チベットの成立を称した。チベット地方の政府と支配者層は危機に積極的に対処しないばかりか、反乱者とひそかに通じた。一九五九年三月一〇日、ラサで暴動が発生、反乱者はチベット軍区司令部と駐ラサ中央政府機関を包囲した。一七日、ダライ・ラマが脱出した。一九日夜、反乱者は解放軍駐ラサ部隊に向かって全面攻撃をしかけた。二〇日午前一〇時、解放軍チベット自治区部隊は討伐の命を受け、二日余りの戦闘で、ラサ市の反乱を徹底的に粉砕した。二三日、ラサ市軍事管制委員会が成立した。二八日に周恩来が国務院の命令を発し、チベット軍区に反乱を徹底的に平定させるとともに、その日をもってチベット地方の政府を解散し、チベット自治区準備委員会が職権を行使することを決定した。人民解放軍部隊は四月八日ラサから南下し、二一日未明までに山南一帯の叛徒を一挙平定し、山南とヒマラヤ山脈北部のすべての要衝を完全に支配下に置いた。一一月までに、反乱軍の主要な兵力は殲滅され、チベット全域が基本的に沈静化した(2)。

中国国務院の命令が出され、ダライ・ラマがインドに入ってから、インド政府の動きが中国の反感を買った。三月三〇日、ネルーが演説で「チベット人民への同情」を示し、カリンポンに反乱を指揮する中心があることを否定した。三一日、ネルーはチベット反乱分子の代表団と接見した。(3)四月三日、インドはダライ・ラマが三月三一日にすでに中印国境に到着し、政治亡命を許すよう事前にインドに求めたことを中国大使館に通知した。インドはこれに同意し、さらにネルーはローク・サバー（下院）で、ダライ・ラマはインドにいる間、尊敬の対象として遇されると宣言した。(4)四月五日、ネルーは記者会見で、ダライ・ラマは自らインドに来たのであって、インドは政治活動を行うつもりはないと述べた。またインドは「チベットの自治に深い関心を持っており、チベットが自らのやり方で自治を実現することを承認する」と言った。九日、ネルーはチベット問題の三原則として、インドの国境と安全の保護、中国との友好関係の保持、チベットの自治の保持を発表した。ネルーはまた一三日のある集会における講演で、中国はチベットに自治を与える協議とインドに対する保証を遵守せず、武力干渉を起こしたと非難した。一八日、ダライ・ラマ一行はインド政府が提供した住まいに到着し、インド外務省は英語で書かれた「ダライ・ラマの声明」を記者に配布した。声明は「チベット人は一貫して独立の強い願いを求めてきた」が、「中国政府は宗主権をチベットに押し付け」、一九五一年の「一七条の協議」も「中国政府の圧力の下で」締結されたと述べた。さらに声明は、「ダライ・ラマがラサとチベットを離れ、インドに来たのは、自らの自由意志であって、無理に連れてこられたのではないことを、ダライ・ラマ自ら断固表明したい」と訴えた。二四日、ネルーがマスーリーに現れ、一人でダライ・ラマと会見した。会談は長時間に及んだ。(5)

このとき毛沢東は反撃をはじめることを決めた。四月八日、毛沢東は杭州で政治局常務委員会議を開き、チベット反乱事件およびインド当局の態度に対する評論の発表をすぐに準備するよう強調し、『人民日報』に十分な分量の、問題を広く論じた社論を書くよう求めた。毛は、次のように言った。今、イギリス、アメリカ、インドが反中の大合唱をし、チベット上層反乱集団を支持している。われわれは冷静に応戦し、宣伝で反撃する準備をしなければならない。(6) 四月一八日、インド政府職員がダライ・ラマの声明を配布すると、翌日、毛はこの機に反撃を開始すると指示した。二二日に毛は次のように言った。ネルーは三月一七日以来、議会のなかだけで、五、六回演説したが、われわれはずっと黙っていた。ネルーがどのくらい遠くまで行くのかを見定めてから制するのだ。今こそ彼に答えてやるべく、『人民日報』はネルー演説を評論する文章を出さなくてはならない。(7) 四月二五日、毛沢東は『人民日報』の社説を起草した胡喬木と呉冷西に、次のように語った。われわれはインドの反中的動きに反撃するのに、ネルーとの大論争に重きを置いている。今、われわれはネルーに対し、鋭く批判すべきだ。彼を刺激することを恐れず、彼と仲違いすることを恐れず、徹底的に闘争すべきだ。しかしわれわれもかたくなにインドと仲違いしようというのではない。仲違いを恐れないのと仲違いが目的というのは違う。われわれは闘争を通じて団結を求めるのだ。ネルーのことをよく分析し、良いところは肯定し、悪いところだけ批判し、全面否定せず、必要な礼儀は重んじ、鋭くも丁寧に接し、やたらと罵ってはならず、ネルーに逃げ道を与える。ダライ・ラマに対しても祖国の裏切り者とするのではなく、彼が戻ってくるようにする方針をとり、人民代表大会は彼を副委員長に選ばなければならない。(8)

中国政府が強硬な態度をとったことで、インドが慌てふためいただけでなく、ソ連も突然のことに驚いた。一九五八年末までソ連外務省南アジア局は、「インドの対中政策はインドの外交政策の核心的問題の一つで」、「インドと中国には、一連の国際問題を解決する方法と態度に対立が存在するが、それは両国の協力に深刻な障害となるものではない」と考えていた。(9) チベット問題が起こると、ソ連は一面ではチベット反乱の平定を公に支持し、一面では非常に関心を示し、中国側の態度を知りたがった。ダライ・ラマを逃して後の憂いとすることがないよう、中国側に忠告さえした。(10)「中国の友人たちは彼らが掌握したインドがチベットの事件に干渉した事実を当面公表しないつもり」で、目下の主要任務は中立とインドを味方に引き込むことだと知って、モスクワは少し安心した。三月三一日のアンドロポフの報告は、事実の描写と結論において、中国の説明と基本的に一致していた。(11) しかし中国がインドに対し宣伝攻勢を展開させると、ソ連の態度は変化した。チベット問題で中国を支持し、中国と歩調を合わせるが、インドに関わることに関しては、一切沈黙した。反乱の原因に話が及ぶと、「外国反対派」に関わる文言は引用されず、ダライ・ラマの消息も報道が少なかった。これについてソ連外務省は、反乱が鎮圧されればそれでよいので、大々的に宣伝して中印関係に影響を及ぼす必要はないと説明した。(12) ソ連共産党中央委員会が確定した原則は、「中国の正義の事業を支持するが、ネルーとの関係を悪化させてはならない」であった。(13)

ソ連はインドとの関係を維持し、ネルーが帝国主義側に向かうのを阻止するため、この間、インドに対し極力好意を示した。一五億ルーブルの借款を提供し、重要企業の建設を援助し、外交、経済、文化の交流も頻繁になった。ソ連のこうした振る舞いは中国のインドに対する歩調と「甚だ不調和」であると、ソ連駐在中国大使館が思ったほどである。(14) 他面で、ソ連は中国に忠告をしはじめた。五月四日、グロムイコ外相は訪れてきた張聞天に対し、最近ネルーのチベット問題への認識はもうだいぶ冷静になってきたと言い、中国政府のとる政策は理由なく中印関係を先鋭化させるものであってはならないと示唆した。この言葉には、中印関係の緊張が中国と社会主義陣営全体に不利にはたらくことへのモスクワの懸念が表れている。(15) 五月六日、ソ連駐印参次官が中国側に、インド政府が非公式に示した立場として、チベットが自治を失うとチベットは中印間の緩衝地帯となり得なくなること、インドは国境問題について中国に意見を述べるよう再三求めてきたが、中国は今に至るまではっきり説明していないこと、インドとチベットの貿易が断たれ、インド経済に直接の影響が及んでいること、ネルーはチベットを訪問したいと求めたが、中国は応答しなかった上に拒絶したことを、インド側が懸念していると伝えた。インド側は、ソ連が中印間の誤解を解消し中印関係を改善するために動いてくれることを期待していた。(16) 五月八日、ユージンが陳毅外交部長にインドが衝突の鎮静化を望んでいるとの情報を手渡し、次のように言った。ネルーの置かれた状況は厳しく、国内外の圧力を受けて動揺しているが、何とかして活路を見出そうともしている。中印関係のさらなる悪化と対立の深刻化は帝国主義を利する上、さしあたってはアメリカ帝国主義に利用されよう。陳毅はお礼を言い、中国の立場を以下のように述べた。重要なのは、ダライ・ラマとネルーを味方につけ、祖国を裏切った集団とインドの拡張主義分子と帝国主義を孤立させることだ。しかし批判しないのはダメだ。反中の運動は、盛り上がるほど凶暴になる[17]。

七月下旬になって、ソ連駐印大使は中国側に、インド政府は激しい衝突の発生を避けるため、中国との関係改善を望んでいると伝えた[18]。しかし、衝突は過ぎようとしているとモスクワが感じたまさにその時、新たな危機が迫りつつあった。ソ連大使館はさらに、ネルーに近い議員の話として、「チベット問題全体が消えつつある」ことを伝達した。

インド政府にとって、チベット問題は面倒なことにすぎなかったが、中印国境問題は本当の不安と恐怖を感じさせるものであった。中印間には一七〇〇キロ余りの未確定の国境線がある。インドは独立後、一八一四年にイギリスの植民者が一方的に出したマクマホン・ラインが中印間の東部の国境線であると考えていた。新中国の政府は成立後、清朝も北洋政府も国民政府も、マクマホン・ラインを承認したことはないが、中国はこのラインを越えようとは思わず、これにもとづいて中印東部の国境線を協議し確定したいと表明していた。この地区は人口が少なく、交通も不便であったため、双方の主張は合わなかったが、実際の争いは起こったことがなかった。中国側から見ると、少数の地域（例えば山南）にチベット軍が駐屯している以外、国境地帯は実際には無防備の状態に置かれていた。一九五九年四月、叛徒・匪賊を追撃した中国軍が山南の国境防衛の要地に進駐し、匪賊討伐の任務を完成すると同時に、国境を封鎖し、マクマホン・ライン以北の境界地域を支配下に置いたが、このラインを越えて南下することはなかった[19]。

チベット情勢の激変にインドは懸念を強めた。一九五八年一二月一四日、ネルーは周恩来に書簡を送り、中印間に国境線をめぐる争いは存在しないと主張していた。一九五九年一月二三日、周恩来は返信のなかで、中印国境はまだ正式に画定しておらず、友好的協議を通じて解決し、目下のところは現状を維持すべきであると提案した。三月二三日ネルーは再度書簡を送り、マクマホン・ラインは一九一四年にシムラ会議で中国政府、チベット、インドの三者が画定したものであるから、中国政府に正式にこのラインを承認するよう求めた[20]。中国側の内部での討論では、次のような見解が出された。中印国境は近年争いが多く、目下のところ割と目立つ問題である。一九五九年の国境工作任務は、合理的に国境問題を解決するため、よく準備をすることだ。争いのある地区で必要な交渉を行い、国境防衛を強化し、新たに占領されることを防ぐ以外に、現在の仕事にもとづき、国境の調査・踏査を全面的に手配し、大いに強化し、それぞれ解決案を出す。中印国境は重要な点であり、当面は調査を終えることが難しく、詳細な解決案を素早く出すことはできないことから、目下のところいくつかの係争地点から調査をはじめ、交渉の案を出し、需要に応えるべきである[21]。しかし、中国側の回答を待たずに、インドは一方的な行動を開始した。四月インド軍は東部の国境を北に向かって進み、マクマホン・ラインを越えて検問所を建てた。五月五日、周恩来は昆明で中国共産党中央と毛沢東に電報を送り、チベットと南疆軍区に以下のように命じることを提案した。「目下の機会と気候条件をとらえ、我が国の国境線上、たとえば数キロ以内の有利な地形に、哨所を増設するが、増設後も部隊は引き続き警邏を行わない。インド軍が侵入してきたら、インド側に撤退を勧告し、武力衝突を回避する」。翌日、毛沢東は「そのとおりにせよ」と指示した。八月九日、インド軍はまたもラインを越えて検問所を建て、朗久地区のマジドゥンという村を占拠した。八月二五日、中国軍はマジドゥンに進み、インド軍と遭遇し、銃撃戦が発生した。双方は約一時間戦い、インド軍は二名の死者を出して後退し、八月二七日に朗久から撤収、マクマホン・ライン以南に撤退した[22]。

この朗久事件が起こってから、インドは再度、反中の動きを高揚させ、政治、外交、世論等、多方面で中国に圧力をかけ、中国側に国境問題で譲歩を迫ろうとした。ネルーは過去の温和な態度を改め、ローク・サバー（下院）とラージヤ・サバー（上院）で何度も、中国がインド東北の国境地域に「侵入」したことは「明らかな侵略事件」であり、中国はミャンマーとインドに対し、マクマホン・ラインの保障を果たさなかったと非難し、マクマホン・ラインを受け入れないなら国境の交渉は行わないと強調した。八月三一日、インド大衆同盟のシン議員が、インド政府は中国が建設しているラダック東部を貫通する道路を飛行機で爆撃すべきだと呼びかけた。九月四日、ラダックの高僧バクラ・リンポチェ一九世が、すぐに「侵略への対抗措置をとるよう」政府に要求した。インドの各大新聞はさらに波乱を巻き起こし、中国のインドへの「侵略」を糾弾したばかりでなく、中国とブータン、シッキムとの関係を挑発し、インドには自らの保護国の安全を保障する責任があると主張した。多くの新聞は中国が「冷戦」を発動し、「国際的な緊張情勢を激化させた」と攻撃した。[23]西側の新聞も、中国軍がインドの領土を侵犯し、ネパール、ブータン、シッキムの安全を脅かしていることを続々と非難し、西側の一部の国はチベット問題を国連総会で議題にのぼらせようと積極的に画策さえした。[24]

国際的に反中の声が高まるのを受けて、九月八日、中国共産党中央政治局は中印関係を討論する会議を開いた。会議の結論は、以下のようになった。第一に、中印国境はこれまで画定されておらず、マクマホン・ラインは違法で、中国政府は承認できない。第二に、今度の中印国境での衝突事件はインド軍がマクマホン・ラインを越え、中国の領土に侵入して引き起こしたものであり、中国がインドの領土に侵入したのではない。第三に、中国は現状を維持し、双方は兵を動かさず、交渉を通じて中印国境問題を解決するように準備する。[25]翌日、章漢夫外交部副部長が、各社会主義国の中国駐在大使らに中印国境の状況と中国の立場を説明した。[26]一一日、周恩来は全人代常務委員会拡大会議で報告を行い、中国政府の中印国境問題における立場、態度、方針について重点的に説明し、以下のように言った。下心のあるインドの一部の人たちが、国境紛争を利用して、新たな反中運動を引き起こし、インド政府もこの機会に中国に圧力をかけ、国境問題におけるインドの一方的主張を中国に受け入れさせようと企んでいる。このように人に押し付ける企みは永遠に実現しないものだが、中国政府は友好的な交渉で公平かつ合理的に問題を解決したいと考えている。[27]インドと西側が反中をわめきたてることについて、毛沢東は早くから準備し、何とも感じていなかったが、中国共産党にとって意外で、そして非常に不満だったことは、モスクワがなんと中立を宣言し、さらには中国を非難したことであった。

八月二九日、中国の駐インド臨時代理大使がソ連大使館に国境衝突の状況および中国側の見方を通知した[28]。九月六日、外交部は正式にソ連大使館に状況を通知し、中国政府は文書と資料を配布し、今度の衝突の真相と中印国境の状況を説明するつもりであると伝えた[29]。九月八日、ソ連共産党中央は中国共産党中央に書簡を送り、中国のやり方に異議を出した。そして中印国境衝突事件がインドと社会主義国家の関係を悪化させ、インドの対外政策の変更をもたらすとともに、ある人たちに利用され、ソ米首脳相互訪問前夜の国際情勢を複雑にするとの考えを伝えた[30]。九月九日午前、アントノフが陳毅にタス通信の声明の原稿を手渡し、声明は九月一〇日に発表されると述べた。声明の矛先は「西側国家のある政治集団と新聞」で、最近、中印国境衝突の騒ぎは中印を離間させ、平和共存の思想を破壊し、とりわけ国際情勢の緊張緩和の妨害を企み、フルシチョフとアイゼンハワーの相互訪問を妨げるものだと非難した。そしてソ連と中国の「兄弟的友好」およびインドとの「友好協力」を強調した後、声明は中印国境で発生した事件に「遺憾」の意を表明し、中印両国政府が双方の利益を考え、「生じた誤解を解決する」ことを希望するとした。陳毅はすぐに、中印国境問題に対する中国政府の意見はすでに数日前にソ連側に伝えたとし、この声明の発表をしばらく猶予してほしいと述べた。それとともに中印国境での衝突はフルシチョフの訪米に負の影響をもたらすとは限らないと指摘した。その日の午後六時二〇分（モスクワ時間午後一時二〇分）、中国の放送局は周恩来のフルシチョフに宛てた書簡の内容を報じた。その後、章漢夫がソ連大使館に周の書簡のコピーを手渡すとともに、中印国境事件に対する中国政府の立場、観点、政策によく注意し、タス通信の声明発表を停止してほしいとの陳毅の意見を伝えた。しかしモスクワ時間のその日の夜七時、ソ連はもともとの原稿のとおりにタス通信の声明を配信したのである[31]。

タス通信の声明が一〇日に発表されると同時に、中国は予め定めていたとおり、一〇日から一二日にかけて中印国境衝突関連のニュース、インドおよび西側が発動した反中の動きの状況、中印両国政府の文書を公表し、一一日の

『人民日報』第二面にタス通信の声明を全文掲載した。[32] ソ連はバランス政策をとり続け、一二日と一三日に各大新聞が同時に中印双方の国境問題に関する重要文書の概要を掲載した。中国の文書が前で、字数はやや多く、大体はタイトルをつけないか、「緊張を解く」「友好的な方法で誤解を解く」といった言葉がつけられた。同時に、フルシチョフは一二日にソ連駐在インド大使と面会し、一三日には、ソ連がインドに一五億ルーブルの借款を提供する協定のコミュニケが発表された。ソ連駐在中国大使館の見方は、次のとおりであった。国境事件発生後、ソ連の態度はますます「はっきりしない」ものになった。声明は「兄弟」と「友人」の呼び方で、ソ連の対中、対インド関係の違いを表していたが、中国とインドの間の是非については態度を表明せず、「はっきりしない立場」であった。ソ連は中国を支持しつつも、「インドを怒らせることも非常に恐れ」、「調和主義の態度をとった」。[33] ソ米首脳会談を間近に控え、ソ連は温かい雰囲気を作り出すため、大事にならないよう望み、揉め事を避けていた。中国共産党中央はモスクワの態度に極めて不満で、九月一三日にソ連共産党中央に宛てた返信のなかで、ソ連政府が「重要な原則問題で妥協的な立場をとっている」ことを批判し、タス通信の声明が「中印国境衝突問題における中ソ両国の対立を世界に向けて暴露した」と非難した。陳毅はこの書簡を手渡す際に、「この声明は中国に非常に不利」であるのに対し、インド、アメリカ、イギリスでは多くの人が非常に喜び、歓迎したと述べた。[34]

ソ連の懸念にも理由がないわけではなく、中立の態度をとったことも主として戦略的な考えにもとづく。伝わっているところでは、アメリカ政府は積極的にインドの側に立つつもりで、アイゼンハワーはネルーに「しっかりする」よう言い、またどのくらい援助が必要かと問うたという。[35] インド国内の情勢はたしかに安定しておらず、ネルーは四方から攻撃され、「すでに耐えきれずに譲歩していた」。[36] このほか、インド共産党総書記のゴーシュによれば、「印中関係の悪化はインド共産党の仕事に巨大な障害となり」、敵は共産党員を「第五列」だと言い、もはや人々は選挙でインド共産党に票を投じないという。[37] それゆえソ連側は、仮にネルー政権が打ち倒されたとしても、次の政権に就くのは、インド共産党指導者では絶対にあり得ず、さらに反動的な資産階級右派であり、これは社会主義陣営にとって不利だと考えたのである。[38] モスクワが中立の態度をとったのは、少なくともこのときはまだ戦略的な考えにもとづいていただけであり、本質上はまさにフルシチョフ自ら言うように、中国は社会主義国家であり、ソ連はあくまで中国寄りであった。当時、ソ連駐在中国大使館もタス通信の声明を見て、似たような感覚を持った。[39] さらには前述のとおり、中印衝突の間、ソ連はずっと中国側に情報を提供し続けていたのである。中国共産党中央から非難の書簡を受け取った後も、しばらくはこの種のやり方を続けていた。[40] 外務省東南アジア局長が後に書いた備忘録は、「国境衝突はインド人が引き起こしたが、中国の友人は問題の処理において柔軟さを欠いていた」と述べており、モスクワの本当の見方を表している。[41] 客観的に言って、国家間の衝突事件が勃発したときに、停戦を呼びかけ、平和を求めるのは、ごく普通のやり方である。一種の戦略として、同盟国の一方が表面上、中立の立場をとることも大いにあり得る。朝鮮戦争のときも、開戦であれ、停戦であれ、それから和平交渉の過程であれ、ソ連政府は、国際的な舞台では終始、中立者と調停者の役割を演じていた。当時、中ソ両国は外交上、うまい具合に協力し、毛沢東もスターリンを非難して双方の対立を暴露することはなかった。それゆえ、問題はソ連が「中立」声明を発表したやり方ではなく、中ソ間に確実に存在していた対立にあり、とりわけこの対立は中印衝突問題にのみ存在したのではなかった。

表面的な対立はネルーとの関係を処理する上での方針であった。ネルーとインド政府に対する見方では、中ソの指導者間で原則的な違いはなかった。毛沢東もかつて、ネルーは「インドの資産階級の中間派であり、右派とは異なる」、また「インドはわれわれの敵対者ではなく、われわれの友人だ」と何度も述べていた。[42] 中ソの違いは「中間派」をどう見るかにあった。中国の指導者は、「原則的立場と是非の線引きは必ず説明すべきだ」と考えており、ネルーに対する政策は「味方に引き入れもし、批判もし、団結もし、闘争もする」であった。[43] そして中国人の目には、モスクワは国際的闘争におけるインドの役割を過度に重視し、ネルーを怒らせることを非常に恐れ、「インドを『傷つける』ことばかり恐れている」ように映った[44]。中国の指導者は、チベット問題が本質上、中国大陸で最後の激烈かつ深刻な階級闘争であるとも考えていた[45]。それゆえ、この問題でネルーの誤った立場を批判しなければならなかった。ソ連がこれを容認する態度をとったのは原則を失ったに等しい。中印衝突のさなか、ソ連は社会主義の中国を支持する側に立たず、明らかに資本主義のインドの肩を持ったが、これは立場を失ったに等しい。中国大使館と外交部の分析から見ると、中国人はモスクワの苦しい立場を理解していないわけではなかったが、この問題でソ連の弱みを握ったのであり、ソ連批判を公にしてよいと考えていたのである。

その背後には米ソ首脳会談に対する態度をめぐる対立が隠れていた。ソ連の一貫した見方によれば、社会主義勢力の強化に伴い、西側の支配集団のある階層は、国際的な対立に現実的な態度をとるようになっており、これは一種新たな趨勢であった。米ソ首脳相互訪問は「目下最重要な国際的事件」であった。「ソ米関係がもし安定的に平和共存の軌道に入れば、国際情勢全体に巨大な積極的影響が生じ、世界平和もいっそう強固となるだろう」[46]。モスクワはフルシチョフの訪米に関する状況をその都度北京に報告し、フルシチョフは自ら毛沢東に手紙を書き、米ソ首脳が交わした書簡を送付していた。中国もこれに対し、公に賛同の意を示していた[47]。実際、中国の態度が表面的なものであることは、ソ連人ははっきりわかっていた。たとえば、八月五日の『人民日報』は、米ソ指導者が間もなく相互訪問するニュースについて社論を発表し、歓迎しつつも、「アメリカ政府はいったいどの程度の誠意を持っているか、今後の実際の行動が待たれる」と論じた[48]。モスクワもこれに気づかないはずがなく、九月一七日の『人民日報』第五面は前日にフルシチョフがワシントンに到着したニュースとこれを祝う文章『ソ連平和外交の新勝利』を発表した一方、第六面はこの雰囲気に極めて合わない二つの報道「第一四回国連総会開幕、米は総会の場で『冷戦』を行う模様」「米、ソ連の提案を躊躇なく拒絶、ジュネーヴ会議参加国の会議開催は不要と強調」を掲載した[49]。これは米ソ首脳会談の意義を貶めるだけではなかった。中国共産党中央は内部での討論の際、フルシチョフが訪米前に対中核援助を停止し（六月二〇日）、中印衝突で中立の声明を発表したことは、どれも「アメリカ当局の需要に適う」ためであり、このことは「彼の今度の訪米が中国に対し悪意を抱くものであることを表している」と確かに考えていたのである。[50] ただし、こうした考えと判断はモスクワに向かって明言することは難しく、国際情勢の緊張緩和のやり方に対し、公開の場では支持を表明するほかなかった。毛沢東が本当のところ容認できないと感じていたのはフルシチョフの訪米であったが、口にしにくいものでもあり、ソ連の中立声明を標的にするほかなかったのである。

フルシチョフは訪米後、急いで北京に駆けつけ、中国の建国一〇周年の大式典に参加した。意気揚々と飛行機から降りたとき、中国の指導者による「大批判」が彼を待ち受けているとは、まさか思いもよらなかったであろう。

2　中ソ指導者間の激烈な罵り合い

毛沢東は早くからフルシチョフに不満であったが、ずっと不満を爆発させずにいた。フルシチョフの訪米前、ソ連は中印衝突の調整役を演じていたが、毛はそのことで怒ることはなかった。九月一一日に開催された軍事委員会拡大会議においても、毛は現在ソ連と団結を語るべきで、大局を重んじ、団結し、帝国主義に反対することを強調していた。[51] しかしフルシチョフのワシントンでの行動があった後、状況は一変した。毛沢東が最も気に食わなかったのはフルシチョフがアメリカにへつらう態度であった。フルシチョフが得意げに演じれば演じるほど、毛は怒った。毛が思うに、フルシチョフの振る舞いは全世界の人々の前で共産党人のメンツを失うものであるだけでなく、中国を国際関係のかやの外に置く行為であった。

フルシチョフはアメリカ各地で演説した。今度の訪問の効果について、自信に満ちていた。九月一八日の国連総会での演説では、国際関係において良い方向への重大な変化を起こし、全人類の利益のために冷戦を完全に消滅させる必要条件がすでに整っていると指摘した。『プラウダ』も、フルシチョフ訪米の意義は重大で、ソ米関係の天候は晴れであると述べた[52]。外交部長を務めたことがあるシェピーロフは、当時フルシチョフは、ソ米関係の問題はすでに解決し、一度アメリカに行くだけで「すべて収まる」と心から信じていたと振り返っている[53]。フルシチョフは勝者の面持ちでモスクワに戻り、勝者の気分を漂わせて北京に来た。しかし、彼を迎えた毛沢東はこれでよいと全く思っていなかったのである。

九月三〇日にフルシチョフは北京に到着した。飛行場にはソ連人がこれまで何度も見てきた熱烈歓迎の群衆の影もなく、聞き慣れた歌曲「モスクワ―北京」の歌声も聞かれなかった。ソ連人たちが感じたのは、毛沢東、劉少奇、政府高官らの礼儀正しくも心のこもっていない出迎えが、数日前にフルシチョフがアメリカで受けた厚遇ぶりと天地の差があるということであった[54]。もともと中国側は飛行場で歓迎式を予定しておらず、中国の指導者も歓迎の式辞を準備していなかった。しかしフルシチョフがそのときになって、飛行場で演説したいと中国側に通知した。急なことで準備ができなかったため、フルシチョフが演説をはじめてすぐに、マイクの設備が故障した。フルシチョフは大声を張り上げて一五分もの演説をせざるをえなくなった。毛沢東は無表情で傍らに立ち、遠くを見ていた。フルシチョフの秘書はその場で、これは故意にソ連指導者を粗雑に扱うものだと言った[55]。中国側が故意だったかどうかはともかく、客人の演説内容は「アメリカ行きとそこでの会談は有益で、疑いなくソ米両国関係の改善と国際情勢の緊張緩和に導くものだ[56]」という、主人が聞きたくもないものであった。

その夜、フルシチョフは毛沢東の付添いで盛大な国慶節の宴会に出席した。中国側は事前にフルシチョフの演説原稿を見て、そのなかに中国の指導者を暗に指した内容があることに気づいた。周恩来はすぐに毛沢東に報告し、毛はもともと自分で行う予定であった式辞を周恩来に代読させることに決めた[57]。フルシチョフの一時間以上に及んだ演説には、やはり毛にとって聞きたくもない内容が多くあった。「平和の維持には一本の道しかない、それは異なる社会制度の国家の平和共存だ。今の問題はこうだ。平和共存か、さもなくば戦争して壊滅的な結果になるか」。極めつけは次である。「われわれは現在の情勢に対し現実的な見方と正確な理解を持たなければならない。それはもちろん、われわれはこんなに強大なのだから、資本主義制度がどれほど堅固か、武力を使って試してみるべきだということでは絶対にない。そのような考えは不正確だ。なぜなら人民は理解しないだろうし、そのようなことをする人を絶対に支持しないだろうから」(58)。毛がこれを聞いたら、怒らないでいられようか!?

翌日の会見は毛をさらに不快にさせた。一〇月一日朝、フルシチョフは中南海に行き、毛と会った。会談中、フルシチョフは、ソ連はすでに核兵器があり、中ソ同盟条約にもとづき、自国同様に中国を防衛するつもりであると言った。毛は、中国は主権を持つ大国で、自国の核兵器を持ち、いったん戦争が起きたら自衛する必要があると述べた。フルシチョフがこの話題を出したのは、明らかに六月二〇日の書簡にあったソ連の決定を説明するためであった。これに対し、毛は怒るわけにもいかず、助けるも助けないもあなたがたが決めることで、技術の上でわれわれを助けてくれればよいが、助けなくても構わないと言うほかなかった。その上で毛は、別の面からフルシチョフを責めた。毛は、ソ連共産党二〇回大会が出したスターリンの個人崇拝への反対は合理的でなく、「あなたがたは自分たちの内部問題を決定する権利はあるだろうが、スターリンは世界革命運動の領袖であって、中国革命運動はそのなかの一部であり、このような問題は一方的に決定すべきでなく、共同で決定すべきだ」と言った。フルシチョフはすぐにカッとなって反論し、「スターリン個人崇拝は民族の現象で、我が国が形成したものであり、われわれが評価すべきことだ」と言った。毛は、「スターリン批判の決定は軽率で主観的だった」と自説を曲げなかった。会見は気まずいまま終わった(59)。

この怪しげな雲行きは、三日目には暴風雨へと変わった。一〇月二日、フルシチョフはスースロフとグロムイコを従えて中南海に赴き、毛沢東と正式な会談を行った(60)。会談ははじめから緊張に包まれ、フルシチョフは毛が最も聞きたくない話題を口にした。フルシチョフはアイゼンハワーとの会談抄録を通訳させ、次のように言った。「私が強調したいのは、アイゼンハワーの伝言にある一つの考えは、台湾問題は永遠になくならないが、解決を遅らせることはできるということだ。アイゼンハワーの伝言の中心的な考えは、戦争すべきでないということだ。われわれは台湾問題のために戦争が勃発することを望まない」。毛はすぐに次のように応じた。「台湾問題は中国の内政である。われわれは絶対に台湾を解放すると言っている。解放の方法は平和的な方法と戦争の方法と、複数あり得る」。毛は台湾海峡危機の責任をアメリカ人に押し付けた。それはアメリカが「交渉中断を試みた」からであった。それに対しフルシチョフは次のように説明した。アメリカ人は、交渉はずっと結果が出ず、「中国人は中国で勾留されている五人のアメリカ人を釈放さえしないと言っている。これはただ情勢を複雑化させ、しかもアメリカ人民を深く激怒させた」。フルシチョフは、国外追放か、交換するかして、ともかく「あなたがたが監獄に閉じ込めたアメリカ人を釈放するに越したことはない」と提案した。毛は怒気で顔を赤らめ、「もちろん、釈放してもいいが、今は釈放しない、適当な時が来たら釈放する」と答えた。フルシチョフは不機嫌そうに、「これはあなたがた内部のことで、われわれは干渉しない」が、「この問題は国際情勢に悪影響を及ぼしている」と述べた。これに対し毛は、「それはつまり、アメリカ人の生活をかき乱してやったということだ」と言い返した。フルシチョフも負けずに、次のように言った。「台湾問題はアメリカ人に面倒をもたらしただけではなく、われわれも困ったことになった」。内部では、「われわれは台湾問題のために戦争に参入するつもりはない」と言っているが、対外的には「中国を支持する」としか言えない。結果、アメリカは台湾防衛を宣言し、こうして戦争の雰囲気が形成された。毛は怒鳴って詰問した。「それでは、われわれはどうすべきだったのだ？　アメリカが言うように、台湾地区では武力を使用しないと宣言し、問題を国際問題に変えればよかったと言うのか？」フルシチョフは一歩も引かずに、「われわれは台湾問題に対し、何ら提案はないが、情勢を緩和する道を模索すべきだったと考えている」と言った。そして中国が金門砲撃前にソ連に連絡しなかったことを非難し、「同盟国の間ではあらゆる問題で意見交換するのが正常だ」として、中国の台湾政策を全く理解できないと文句を言った。その後、毛とフルシチョフはこのことで長時間言い争い、結論が出ないまま、休息を宣言するほかなくなった。

会談の再開後、フルシチョフはすぐ話題を中印衝突に変え、中国のやり方がネルーを「非常に困難な立場に追い込んだ」と非難し、「チベット事件はあなたがたの誤りだった」と断言した。毛は即座に、「ネルーもチベット事件の発生はわれわれの誤りだと言っている」と口を挟み、続いて矛先をタス通信の声明に転じた。フルシチョフはいささか腹を立てて言った。「あなたがたは本当に中国とインドの衝突をわれわれに支持してほしいのか？　われわれからしてみれば、馬鹿げている。タス通信の声明は必要だった」。フルシチョフは中国を批判し続け、ダライ・ラマを逃したのは間違いであり、インドに面倒をもたらしたと述べた。毛は説明したが、フルシチョフは相変わらずはっきりと、「チベット事件は中国共産党の間違いであって、ネルーの間違いではない」と言った。毛は反論して、「そうではない、ネルーの間違いだ」と言った。フルシチョフは中国が中印国境衝突の際に発砲し死者を出したことを非難した。毛は即座に、インド人が国境を越え、しかも先に発砲したのだと反論した。周恩来は「あなたがたはわれわれとインド人のどちらの資料をより信じているのか」と質問した。フルシチョフは矛先を陳毅に向け、外交部長として「口からでまかせを言うべきでない」と述べ、さらに「われわれが貫徹するのは共産党の基本政策である」と言った。陳毅は非常に憤って、「あなたがたはわれわれの政策を正確に理解すべきであり、われわれの路線はもっとしっかりしており、もっと正確だ」と言った。それに続いて周恩来、林彪、彭真が相次いで発言し、フルシチョフと言い争った。フルシチョフは怒気を荒げて、次のように言った。「われわれはここに三人だけだが、あなたがたは九人いて、ひっきりなしに同じようなことを言っている。こんなことをして意味はないと思う。私はわれわれの立場を述べたいだけだ。受け入れるか受け入れないかは、あなたがたが決めることだ」。このとき毛は取りなそうと乗り出したが、フルシチョフは折れようとせず、またも中国が状況を報告しなかったことをとがめた。周恩来はソ連が先にタス通信の声明を発表したのだと言った。スースロフは雰囲気を和やかにしようとして、「さあ、熱気が冷めてきた、もうこの問題はよしとしていい」と言った。これに毛は怒気を含んだ声で、「熱気が冷めてきたのは、よもやあなたがたの声明によってか？」と問い詰めた。スースロフは中国政府の決定も役割を果たしたことを認めた。フルシチョフはまたインドの国境防衛軍に死者が出たことを取り上げ、会談の空気がまた緊張した。周恩来、陳毅、朱徳、彭真、王稼祥、林彪が次々に発言し、ソ連の声明を非難した。フルシチョフとスースロフは様々な言い訳をし、毛とフルシチョフはまた中国のチベット政策のことで言い争った。会談の場は、舌戦が繰り広げられ乱戦模様となった。

混乱のなか、毛は問題を中ソ関係に引き寄せ、次のように言った。「あなたがたはわれわれに二つのレッテルを張った。中印国境衝突の誤りとダライ・ラマ逃亡の誤りである。われわれはあなたがたに一つのレッテルを張ろう、その名も機会主義だ。受け取ってくれ」。フルシチョフは答えた。「われわれは受け取らない。われわれがとっているのは原則ある共産党路線だ」。周恩来と林彪が再度発言した後、フルシチョフはついに堪忍袋の緒が切れ、心に長く押し留めていたことを口にした。「なんだってあなたがたはわれわれを批判できて、兄貴のほうがあなたがたを批判できないのだ」。フルシチョフは例を挙げて、次のように言った。毛が一九五八年七月にユージンと話したとき、ソ連共産党中央を非常に厳しく批判し、われわれはその批判を受け入れた。ハンガリー事件が勃発したとき、周恩来がモスクワに来て、われわれに講義を垂れ、われわれもそれを聞いた。あなたがたはわれわれを非難してよいが、われわれはあなたがたを批判できない。「社会主義陣営はソ連を長とする」などと言っているが、実際にはソ連共産党中央の観点に対して最低限度の尊重すらしない。

その後、またも激しい言い争いとなった。毛はそろそろ討論を終えたいと思い、落ち着いた様子で言った。チベット事件と国境衝突、どれも一時的なものだ。われわれはこの問題の討論をやめるに越したことはない。われわれの問の関係は、総じて言えば団結していて、一部の違いはわれわれの友誼の障害とならないと評価してよいのではないだろうか。これに対し、フルシチョフは、われわれは過去も現在もその観点に立っていると言った。雰囲気が和らいですぐ、フルシチョフと陳毅がまた言い争いをし、しかも言葉は相当激しかった。フルシチョフは、次のように言った。陳毅同志、もしあなたがわれわれを機会主義と思うなら、手を私のほうに伸ばしてはならない。握手するつもりはない。陳毅も次のように応じた。私もするつもりはない。言っておくが、あなたが怒ろうが私は気にしない。フルシチョフも言った。元帥だからといって人を軽視してよいと思わないでほしい。あなたはそれほどの人ではない。われわれも軽視されてよい人ではない。このとき、毛沢東、王稼祥、スースロフが次々になだめる発言をした。周恩来はまた、中国がインドと紛争解決の交渉を準備している状況を報告し、会場の熱も冷めた。最後に毛はラオス問題を話し、双方はついに意見の一致を見た。会談はこれにて終わった。

滞在先に戻ったフルシチョフは癇癪を起こし、代表団全員を建物に集めて、最も冷たい言葉で中国の指導者の立場を風刺しはじめた。そして「私はアメリカで多大な労力を払って彼らの利益を守ったが、少しもいい話をしてこないとは思いもよらなかった」と言った。翌日、フルシチョフの怒りは消えず、国内で急なことが起きたため、中国各地を訪問する計画を取り消さなければならないと中国側に通知し、予定を繰り上げて帰国した[61]。一〇月四日、フルシチョフが到着したときと同様、毛は黙ってソ連代表団を見送った[62]。しかしフルシチョフは直接モスクワに戻らず、ウラジオストクに回り道し、その後ノヴォシビルスクに行き、公に演説を行い、中国を「雄鶏が喧嘩したがるように戦争に熱中している」と当てこすった[63]。

中ソの指導者のこの数時間の会談は、相互に攻撃し合った以外に、何ら問題解決にはならず、最低限理解し合うこともできなかった。面と向かっての言い争い、言葉遣いの激しさ、情緒の激昂、空気の緊張は、これまでの社会主義兄弟国家の交流の歴史で前代未聞であり、二大陣営の敵対国家の首脳会談でさえ見られなかった。こうした場面が出現し得たことは、中ソ関係がこのときすでに以下の状況に発展していたことを物語っている。第一に、中ソ両党は社会主義陣営のなかで対等になり、天空に二つの太陽が出現したのである。中国共産党の台頭については、早くも一九五七年一一月のモスクワ会議ですでに見られるようになり、ソ連共産党を上回る勢いさえあった。このときフルシチョフは、この現実を受け入れざるをえなかった。しかしその後の二年でフルシチョフは自信をつけ、ソ連共産党第二一回大会は彼に対する個人崇拝をすでにはじめた。アメリカでは熱烈歓迎を受け、一時的な成功に彼は狂ったように喜び、感動してやまず、彼の大海のかなたへの旅が米ソ関係史における新紀元を切り開いたと自負した。そのためフルシチョフは、中国共産党の批判と説教をますます受け入れにくく感じた。ましてや彼が北京に来た目的は、中国人を説得するためであったのである。第二に、中ソ両党の間に重大な対立が生じたが、双方とも自分の意見を堅持し、譲ろうとしなかった。一九五八年以来、モスクワと北京の間で数多くの対立が生じたが、この対立のなかで争いが最も激烈だったのが、双方とも自分こそが理にかなっていると思っている問題、たとえば台湾海峡危機、中印衝突であった。その他の問題に関しては、対中核援助停止と米ソ首脳会談のように少し触れる程度か、「大躍進」と人民公社のように完全に避けるかであった。実のところ、これらの対立はいずれも、中ソ両党が主要な対外、対内政策において完全に異なる立場に立っていたことを反映していたが、いくつかの問題はそれぞれの内部でしか討論できず、公開論争には適していなかった。問題の深刻さは、論争の内容、つまり双方とも真理は自分たちが握っていると考えていたことにあっただけでなく、論争の形式、つまり双方とも落ち着いて道理を話さなかったことにもあった。鋭い言葉と激しい感情は、双方がメンツを潰し、感情を傷つけたことを物語っていた。

3　国際戦略における中ソの鋭い対立

このときの会見は気まずいまま終わったとはいえ、大局を考えれば、双方とも中ソ関係は決裂できるものではなく、一時的に論争をやめ、相違点はそのままにして共通点を模索するべきだとわかっていた。一〇月四日にフルシチョフを見送ってから、毛沢東は即座に政治局会議を開催した。周恩来は討論のなかで以下のように言った。中ソ両党は対アメリカと対インドの問題のどちらにおいても対立があり、この問題における中ソ間の対立について、われわれはひとまず彼らと論争しないことにする。われわれには忍耐が必要であり、客観的事実と歴史の進行が彼らを教育するまで待つべきである。会議の結論は、目下とるべき方針は、団結を重んじ、論争せず、冷静に観察する方針であるが、国際的に修正主義の思潮が現れていることを見るべきであるとした[64]。一〇月一四日、毛沢東はソ連の臨時代理大使アントノフを接見した際、フルシチョフの訪米という外交的やり方と全面的軍縮の提言に賛同を示し、仮に中ソ間に対立があったとしても、「永久のものではなく、局部的、一時的なものである」と述べた。中印衝突に関して毛は、あれは意義のない領土であって、「いかなる状況下でも、われわれはヒマラヤ山脈を越えることはしない」と述べた。台湾問題に関しては、次のように言った。金門砲撃とソ連がベルリンでとった強硬な立場は同じで、アメリカに面倒をもたらした。しかし今、「この措置を行い続ける必要はなくなった」として、「われわれはすでにこの件で妥協するつもりである」と述べた[65]。

中ソ指導者が言い争ったニュースがモスクワに届いて以降、ソ連共産党上層部には緊張が走り、多くの人は中国との関係をこじらせるべきでないと考えた[66]。一〇月一五日ソ連共産党中央は幹部会会議を開催し、中国共産党と瓜二つの決議を出した。会議は、中国との関係の「緊張状態」を取り除き、「弁論活動を行わず」、「新聞上に社会主義と共産主義の建設に関する文章を発表し」、「問題を先鋭化させる理由を与えない」とした。会議はさらに中ソの指導者の会談記録を廃棄することも提起した。しかし会議は、「（ソ連を）長とするというスローガンには欠陥があった」ことも提起し、スターリンの路線が異なる意見の存在を許さなかったことから、目下の条件で「われわれは民主化を進め続けるべきである」とした[67]。一〇月三〇日、フルシチョフは「国際情勢とソ連の対外政策」という報告を行った。そのなかでソ連共産党と中国共産党の対立については言及されなかった[68]。

内部の討論状況から見るに、中ソ双方とも和解したいという願望があったが、ともに自分の主張を捨てたくもなく、ひとまず言い争わないことにしただけであった。こうした心情に、すでに受けた心の傷があいまって、一旦変化の風がそよぎだせば、また暴風雨となることは避け難かった。不幸なことに、傷が癒えないうちに、早くも傷口が裂けたのである。

問題はやはり中印国境衝突が引き起こした。一〇月二〇日から二一日に、中印双方の警備隊が西部国境のコンカ峠で再度遭遇し武装衝突が発生し、双方に死傷者が出た[69]。周恩来は今度の事件は「不幸」で「意外」だと言い、ネルーも背後に何らかの「重大な企図」があったとは考えられず、「故意に」行われたとは言えない、と再度表明した[70]。一一月三日毛沢東は杭州で会議を開き、中印国境問題について討論した。毛は、中印国境は現状を維持し、双方は国境線から二〇キロずつ後退し、一つの非武装地帯をつくり、然る後に両国の首相が会談で問題を解決することを提案した。毛が見たところ、「中印関係の問題はわれわれが生死を争う場所ではないので簡単に解決できる」のであった。中国にとっての脅威は「東方から来る」のであって、インドではなかったのである[71]。しかし、毛は問題をあまりに簡単に考えていた。コンカ峠事件はインドで強烈な反応を引き起こしていた。インドの右派の新聞と党派は反中的な言論を発表し、各地の中国大使館前では集会とデモが組織され、中国との断交、チベットの独立が要求され、さらにはインド国境防衛軍の「自由行動」が提議された[72]。ネルーは極めて大きな圧力を受け、双方の軍隊がそれぞれ二〇キロ撤退し接触を回避するという中国の提案を拒絶した[73]。そのため中印関係は急激に悪化した。

事件発生後、モスクワはいっそうあからさまにインドに肩入れするようになり、ネルーもソ連がとった立場を高く評価した[74]。一〇月二四日、中国の新聞はコンカ事件の報道とインドに対する抗議を掲載してからも、ソ連の各新聞は沈黙を保った。二九日に『プラウダ』等の大新聞が「中印国境衝突」を見出しに中印両国の関係声明の概略を発表した。注目に値するのは、インドの声明を詳しく報道したのに対し、中国の声明については簡単な引用だけであったことである[75]。『ノーヴォエ・ヴレーミャ』第四七期（一一月）は中印国境問題についての評論を掲載し、非同盟政策を諦めないというネルーの演説を支持し、中印紛争の平和解決を呼びかけたのに対し、中国の衝突解消の提案には言及しなかった[76]。一一月一六日のネルーの周恩来に宛てた返信をインドが発表してから、ソ連は中国側の文書を公表すると同時にインド側の文書を掲載するというやり方を改め、二一日にラジオ局がネルーの書簡を放送し、二二日にも『イズベスチヤ』が概要を掲載し、中国側がこの書簡に応答するのを待たなかった。同時に、この数日間に中国の新聞が大量に掲載した各国の周恩来の提案への支持とインドの右派新聞の反応について、ソ連の新聞はほぼ無反応であった。中国の駐ソ大使館は、ソ連のこのやり方にはインドの逆提案に対するソ連の関心が表れている可能性があると考えていた。しかしソ連は、周恩来の一二月一七日付のネルー宛て書簡を掲載したとき、またもやインド側の国境問題に関する理不尽な主張に対する周恩来の反駁を報道しなかったのである[77]。

ソ連の指導者および外交官の話は、間接的に中国に対する不満と批判を表していた。一〇月二七日に新任の中国駐在大使チェルヴォネンコはモスクワで中国大使に向かって、われわれは新しい時代に入った、そこでとても重要なのは平和共存だと、意味深長に言った[78]。一一月七日、フルシチョフはインドの『ニュー・エイジ・ウィークリー』の記者に対し、中印の国境衝突の発生は悲しく、愚かで、かつ無意味なことである、なぜなら誰も国境がどこか知らないのだから、と語った。フルシチョフはまた、中印国境紛争の解決方法を探ることに協力したいと表明した[79]。さらにひどかったのは、インド駐在ソ連大使館のスタッフが中国側と話していた時に、インドへの同情と中国への愚痴をはっきり口にしたことである。彼らは、国境問題でどちらが正しいかについては触れずに、もし中国側が措置をとらなければ、「数カ月でネルー政権は右派に潰されてしまう」と強調した。彼らとの会話では、ネルーはインド国民会議の進歩分子であるとされ、中国はマクマホン・ラインを承認すべきであると言う人までいた[80]。そのため、ソ連駐在中国大使館が出した結論は以下のようなものであった。インドが中国の新提案を拒絶してから、ソ連は中立の立場をとり続け、双方を譲歩させ、平和的に解決しようと急いでいる。中国側の提案には態度を表さず、関係の資料を新聞等に載せない。インドには頻繁に配慮し、ネルーの演説はすぐに掲載し、インドへの経済援助を積極的に準備している。その結果、インド右派の勢いを助長し、中ソ関係を挑発する口実を与えた[81]。

しかし、このとき中国の指導者にとって重要な焦点は、すでに中印衝突とそれに対するソ連の態度ではなくなっていた。周恩来が中印国境問題の処理でずっと忙しかったとしたら、毛沢東は米ソの緊張緩和と首脳会談を注視していた。一一月初め、毛沢東は杭州で小さな会議を開き、アメリカの緊張緩和とその戦略およびソ連の立場を討論した。会議の前に、毛沢東は秘書林克にダレス国務長官の緊張緩和に関する演説を整理させた。林克が選んだ三つの演説原稿を読んだ毛は、林克に自らの見方を話すとともに、ダレスの各演説のはじめに注釈を書かせた。その上でこの注釈と三つの演説全文を印刷し、会議出席者に配布するよう指示した。毛は会議で問題の深刻性を指摘して次のように言った。「今から見ると、平和の波だと言われてきたものは、西側の資産階級とラテン・アメリカ、アジアの反動的民族主義者、そしてソ連が一緒になったもので、攻撃の対象は共産党で、労働者の運動で、中国である」。毛はまた、アメリカには平和だけでなく戦争を言う一面もあり、その目的は中ソの間を引き裂くことにあるとも言った[82]。一二日、毛は再び会議で、ダレスの演説に分析と説明を付け加え、次のように言った。この三つの資料は、すべてダレスが話した、社会主義国家に対する和平演変の実行に関するものである。アメリカの目的は「平和的な体制転換によってわれわれを堕落させる」ことである。毛は、フルシチョフの言論にはダレスの和平演変の性質があると考えていた。毛は続けて次のように言った。われわれが複雑な国際環境のなかでとる方針は、一つはフルシチョフ、一つはアイゼンハワー、この二つの方向に向かって、思い切って突っ張ることだ。アメリカに対しては、やはり事実を用いて、説得力を持って、全面的に暴露していく。フルシチョフについては言わず、当てこすりもしない[83]。毛の見るところ、フルシチョフは米ソ接近を提唱し、緊張緩和を表明したことで、すでにアメリカの陥穽に落ちたのであり、しかもアメリカおよび反動派と一緒になって中国を攻撃しているのであった。しかし、このとき毛が主張した闘争の矛先は主にアメリカに向けられていたのであり、ソ連に対してはさらに観察を要するとしていた。

かくして、国際問題の処理に際し、中国の指導者はソ連と団結する態度をとっていた。一一月六日、チェルヴォネンコ（契爾沃年科）との会談のなかで、鄧小平総書記は以下のように強調した。統一と団結は極めて重要な問題であり、「われわれが団結しさえすれば、いかなる帝国主義も怖くない」。「帝国主義はわれわれ両国の団結を破壊したがっているが、これは徒労に終わる」。双方の会談の雰囲気は大変友好的であった[84]。一一月一九日、周恩来は国務院の会議で国際情勢について話した際、次のように述べた。マルクス・レーニン主義の原則を守るため、必要な闘争を行わないわけにはいかない。しかし社会主義国家の間で、特に中ソ両国、中ソ両党の間で、意見の対立は一〇本の指のうちの一本にすぎない。われわれは大局を忘れてはいけない。九本の指が一致していることを忘れてはいけない。団結を重視することを忘れてはいけない[85]。

一一月三〇日から一二月四日にかけて、毛は杭州で中国共産党中央政治局常務委員会拡大会議を開催し、続けて二日間の常務委員会会議を開いた。会議において、毛はフルシチョフの見方を全面的に分析し、中国共産党の対ソ方針を説明した。毛が会議の前に書いた演説の要点および当事者の会議の記録によれば、毛の演説の主な内容は以下の諸点である。（1）帝国主義は社会主義に対し二つの策略――武力による威嚇と和平演変を用いて、機会主義を味方にして、マルクス・レーニン主義を孤立させようとしている。（2）フルシチョフは機会主義で、彼の宇宙観は実用主義で、考え方は形而上学的で、資産階級自由主義である。とても幼稚で、マルクス・レーニン主義を理解せず、容易に騙される。（3）一九五九年三月以来、ソ連と帝国主義、反動民族主義、ティトー修正主義は反中の大合唱を組織した。中国は長期間孤立させられたが、雲が厚ければ光は多くなる。マルクス主義、レーニン主義は中国で大発展を遂げたことは疑いない。（4）フルシチョフは中国について極めて無知で、研究しようともせず、不正確な情報を信じ、口からでまかせを言う。もしこれを改めないなら、数年後、彼は完全に破産する（八年後とされた）。（5）フルシチョフは第一に帝国主義、第二に中国の共産主義、この二つを恐れている。彼は東欧および世界各国の共産党が彼らを信じず、われわれを信じることを恐れている。学生が先生を超えるのが怖いのだ。（6）フルシチョフも全部間違っているのではない。彼は国際関係において社会主義陣営をやはり必要とし、現在に至るまで中国の建設を支援し、国内でも社会主義をやろうとしている。（7）中ソの根本的利益はこの二つの大国は団結すべきことを定めており、いくらかの意見の対立は一時的な現象にすぎない。この二つの社会主義国家が分裂することは想像し難く、そうなることはあり得ず、またそうすべきでない。（8）フルシチョフは時折、気分でうっかり話すことがある。われわれは真面目に聞かないわけにはいかないが、大真面目に聞くべきでない。修正主義がすでに系統だっているかは、まだ様子を見る必要があり、フルシチョフの錯誤はやがて正され、また彼自身によって正されるのが最も良いと考えるべきである。[86]

しかし、それからすぐに毛沢東はモスクワの態度に失望させられた。フルシチョフは毛の望みとは裏腹に誤りを認めず、改めようとせず、逆にソ連共産党の既定方針を続行したのである。ソ連の指導者から見れば、誤りを認め、改めるべきなのは中国であったからである。

一九五九年一二月一八日、ソ連共産党中央委員会書記スースロフは中央委員会総会に「ソ連党・国家代表団の中国訪問に関する報告」を提出し、中国共産党の国内外政策に対し、鋭く、そして全面的な批判を行った。報告はまず中国の「大躍進」のなかで生じた問題と誤った浪費に向けられた。そしてその根本的原因は、中国の指導者がここ数年の成績に「頭がのぼせて」、「思い上がる気持ち」が生まれたことによって、「計画的に比率を考えて発展する規律に違反した」ことにあるとされた。その上で、人民公社運動を、「一種斬新な農村組織形式を打ち立てようと試み、社会主義の長い発展段階を飛び越えようとし、行政命令の方法で、遅れた中国の農村の極めて粗末な基礎の上に共産主義を打ち立てようとした」と批判した。一九五九年初旬に現れた深刻な経済困難は、中国の経済政策が誤りであり失敗であったことを物語っているとした。報告はまた、毛沢東肝煎りの「百花斉放、百家争鳴」を批判し、その方針が「文化面での反社会主義的傾向の高まり」と右派の反革命の攻勢を招いたとみなした。報告はまた以下のように指摘した。一九五八年から中国の対外政策は傲慢でせっかちな気持ちに染まりはじめた。「帝国主義は張子の虎だ」という命題や好戦的な気分はこの点をよく表している。金門砲撃、日本との貿易、文化往来の中断などは、どれも中国の対外政策が成熟していないことを説明するものである。この面で最も典型的なのが中印衝突である。ここで報告は、ネルーを「十分に先を見据え、中国、ソ連、社会主義陣営全体との友好がインドにとって重要な意義を持つことをはっきりとわかっている」と持ち上げた一方、中国はチベット問題のために「インドとネルー個人を集中砲火の攻撃目標にする」とともに、こうすることでのみ「インドの革命を早める」ことができると考えていると論じた。その上で報告は次のように述べた。その結果、中印関係はいっそう緊張することになった。中印国境衝突発生後、ソ連共産党中央は衝突の平和的調停を促すことに全力を注いだが、「中国の指導者のしかるべき理解を得られなかった」。「中国の同志たちは彼らがインドとの関係で犯した錯誤を正確に認識できないばかりか、ソ連共産党中央が印中衝突の調停においてとった施策を正確に認識できなかった」。対外政策の協調のために、フルシチョフと中国の指導者は会談を行い、「反動派によって世界が再び『冷戦』の流れに引き戻される一切の可能性を社会主義陣営は防ぐべきであることについて、中国の友人たちの注意を促した」。しかし中国の指導者の「反応は人を悲しませるものであり」、彼らは自らの政策は完全に正確であると言って譲らなかった。問題の本質は、中国が平和共存を一種の「臨時的な戦略的手段」と見なし、「社会主義陣営の対外政策の総路線」と見なしていないことにある。ソ連共産党の見方と異なり、中国共産党は「国際情勢の緊張緩和と普遍的平和の保障のために闘争する必要」を否定し、社会主義が資本主義に対し経済的政治的に優位に立つことで勝利できることを否定している。報告はさらに次のようにも言った。「上述の中国共産党の内外政策における誤りと欠点は、毛沢東同志の個人崇拝の状況によって作り出されたものである」。報告は最後に、中国党と友誼を保つようできるだけ努力すべきだが、その方法は「われわれの経験で中国共産党人を助けることであって、「われわれの共同利益に関わり、意見が分かれる最も重要な問題については、われわれの意見を率直に言い、原則上、我が党の考えが正確であるという立場を守るべきである」と言った。そして具体的なやり方は、「レーニン主義的対外政策の方針、ソ連共産党の対外政策の施策を大いに宣伝し、われわれの国際活動と社会主義建設における根本問題の観点を断固として守る」ことであるとした[87]。スースロフ報告は、ソ連共産党指導者が北京での会談後、特に中印国境衝突の再度発生後における立場と観点を表している。そこに見られる態度は中国共産党と真っ向から対立するものであり、分析の筋道は毛沢東の内部での話と一致する。中国共産党指導者は当時スースロフ報告の内容を知らなかったが、この時期におけるソ連の一連の行動は十分にこの種の態度を表明していた。

一九五九年一二月八日、フルシチョフは緊張緩和をいっそう推し進めるため、ソ連共産党中央委員会幹部会に軍縮の覚書を提出、ソ連が無条件かつ一方的に一〇〇万人から一五〇万人の軍縮を行うことを提案した[88]。一四日に幹部会が決議を行い、フルシチョフの提案を受け入れ、「国際情勢のさらなる緊張緩和のために奮闘する」ことを決心し、具体的な割り振りを行った[89]。西側も努力をしたようである。二一日、米英仏独四ヵ国の政府首脳がパリにおいて三日間の会議を終え、会議のコミュニケは四ヵ国の首脳が会議のなかで「共同の関心事項について意見を交換し」、フルシチョフと米ソ英仏四ヵ国の政府首脳会談を行うことで一致した。同日、東西一〇ヵ国の軍縮委員会における西側五ヵ国の外相がパリで会談を行い、同委員会の社会主義側五ヵ国に対し、翌年三月一五日前後にジュネーブでの会議開催を提案することを決定したと発表した。[90] 二五日、フルシチョフはアイゼンハワーに返書を送り、パリで首脳会談を行うことに前向きな考えを示した。返書には、「まさしく国家の最高指導者が自ら会談することで、最も有効に国際問題を解決できるとわれわれは常に考えている」と記されていた。[91]

ソ連駐在中国大使館の観察によれば、フルシチョフの訪米以降、ソ連指導者の演説と刊行物の宣伝において、目下の国際情勢とソ連の外交政策について、数多くの具体的論述、新たな展開が見られるようになった。そのうち主だったものは以下のとおりである。現在の国際的パワーバランスの下では、第三次世界大戦を防ぐことができるという点。帝国主義国家の統治集団において、比較的現実的で賢明な政策の実行を主張する向きが優位に立っているという点。アイゼンハワーの平和への誠意を常に強調し、目下の国際情勢に対する彼の評価には国家指導者としての英明さ、勇気そして力強さが現れていると考える点。国際関係は新たな全面緩和の発展期にすでに入り、今や国際関係の発展に根本的転換を生み出し、冷戦を終結させ、平和共存を可能性から現実性に変えることが可能になったと考える点。ソ連の平和共存政策における柔軟さを強調し、一定の合理的譲歩と妥協は可能であり、また必要であると考える点。世界平和の利益全体のために、合理的で賢明な基礎の上に共存し、互いに許容し合い、気遣い合い、そして一切の可能性を、それがどれだけ小さな可能性であっても、緊張と戦争の発生を避けるために利用する、これらのことをすべきであり、またすることができると考える点。[92] これらの諸点は毛沢東の期待からますます遠ざかるものであり、毛の見るところ、モスクワが誤った道を進み続けることを制止するためには、中国共産党は新たな措置をとることを考えなければならなくなった。

一九六〇年一月四日から一七日まで、毛沢東は上海において政治局拡大会議を召集し、その後半で国際問題を集中的に討議した。会議期間中、ソ連駐在中国大使館はソ連共産党中央が一月九日、「目下の党の宣伝工作の任務に関する決議」を行い、また発表したことを報告した。同決議によれば、ソ連共産党は「新たな思想が豊かに加わったマルクス主義の学説」をもって、共産主義への移行、社会主義民主の発展、平和共存等の問題を全面的に深く検討し、「現代の条件における平和と戦争の問題に対し新たな提起を行った」[93]。外交部ソ連欧州司も資料を整理し、上申した。資料は、ソ連は中印衝突において中立と調停の立場をとり続けるだけでなく、新聞紙面上でも平和共存を全面的に鼓吹し、戦争のない、武器のない世界を広く宣伝し、目下「存在している現実の可能性」をもって、「戦争のない世界」を実現する理想を考えているとした[94]。一月一四日、フルシチョフはソ連邦最高会議において軍縮問題に関する長編の報告を行い、ソ連駐在中国大使館はその日のうちに特に注意を引く点を概要以下のとおり報告した。国際情勢全体の趨勢は緩和に向かっており、戦争の危険性はすでに減少した点。東西双方が高級会合を開き協議を達成したことに満足を示した点。アイゼンハワーの訪ソを歓迎し、キャンプ・デービッド会談の友好的雰囲気が今後も続くと考えている点。ソ仏の伝統的友誼を強調し、ド・ゴールの第二次世界大戦における功績を称揚した点。インド訪問の招待を受け入れることを宣言し、ネルーのソ印関係強化に対する貢献を称賛した点。核実験の全面停止を主張するソ連の立場を重ねて表明した点。ソ連が再度一方的に一二〇万人の軍縮を行う提案をするとともに、この措置の巨大な平和的意義を強調した点[95]。こうした状況は毛沢東をいっそう刺激し、会議最終日（一月一七日）に彼が行った中ソ関係についての長大な報告につながった。

毛沢東はまず、フルシチョフの訪米、東西首脳会談の挙行には良い一面があるが、帝国主義の「醜悪なところを化粧で隠した」のはよくないと指摘し、フルシチョフは有利な国際情勢を利用して革命工作を行うことが不得手で、彼の話には節度がないと述べた。中ソ関係に話が及ぶと、毛は次のように言った。ソ連は何度もわれわれに煮え湯を飲ませた。王明路線で二度、高崗饒漱石との連合、チベット反乱、そして廬山会議で起こったことも偶然ではない。しかし今度の一手は無駄だ。影響は相互に受けるものだ。過去に一〇月革命がわれわれに影響を与えたが、現在はわれわれが向こうに影響を与えうる。時間はわれわれのほうが正しいことを証明するだろう。一〇年後には、向こうが影響を受けたくなくても受けなければならなくなる。フルシチョフがインドとインドネシアに手を差し伸べるのは、中ソ双方にとって不利だ。平和的移行の観点は機会主義的で、系統だっているかについては、われわれはまだ結論を出していない。しかし、文章を書いて批判しなければならない。今年はモスクワ宣言発表三周年で、全国的運動を行う。ここで鄧小平が、レーニン生誕九〇周年が間もなくあり、平和的移行、平和主義、戦争と平和の問題、どれについても論述できようと言った。毛もこれにうなずいて、次のように言った。これら原則の問題について、われわれは公開で意見を表明すべきだ。フルシチョフには欠点があるが、われわれは彼を助けるべきだ。中ソは団結できると見ている。[96] その二日後、中国共産党中央はレーニン生誕九〇周年の記念行事を行い、北京で報告会を開くことを決定したとの通知を発出した。『人民日報』と雑誌『紅旗』は社論を発表すると同時に、各地で報告会を開き、文章を発表し、レーニンの革命、戦争、プロレタリア独裁の思想を大いに宣伝するよう求めた。通知ではソ連と兄弟党を批判しないよう強調されていたが、この矛先が指しているものは一目瞭然であった。[97]

ここに至って、中ソ両党はほぼ同時に完全に同じ関係処理の方針、すなわち中ソの友誼と団結の保持に努めるが、自らの主張と立場を公開で表明する方式で相手に影響を与え、相手に忠告すべきであり、相手が誤りを改め正確な路線に立てるよう望む、という方針を確定したのである。かくして、中ソは基本的な理論において自らが意見表明する局面が自然に生まれた。続いて、双方は各種公開の場を利用して自分の意見を発表するようになり、激烈な論争が展開されるまでになり、ついには中ソの対立の全面公開化に至った。これは中ソ両党が社会主義陣営の主導権を奪い合う闘争のはじまりであった。ここから中ソ間のいわゆる主導権争いは主として、あるいは初期においては領袖の地位を奪い合ったのではなく、イデオロギーの発言権を奪い合い、またマルクス・レーニン主義の解釈権を奪い合ったことがわかる。なぜなら自らの路線、綱領、方針がマルクス・レーニン主義の基本原理に完全に符合し、相手はまさしくそれと反対であることを証明することではじめて、国際共産主義運動において正統的地位と実際の主導権を獲得できるからであった。

ここまでの歴史過程を通して見ると、一九五九年の中ソ指導者の口論および一九六〇年の中ソの対立の公開化は、毛沢東とフルシチョフが一時的に感情的になって生じたのではなく、中ソ両党の矛盾が長期にわたって累積した結果であることがわかる。この矛盾は実質的には、彼らの時代の特徴に対する認識、それから彼らの戦争、平和、革命等の基本理論に対する観点における重大な差にあった。こうした認識の差の上に、中ソはアメリカ（帝国主義国家）、インド（資産階級民族国家）、台湾（反動派）に対し異なる政策をとったのであった。矛盾の爆発の前提は、中ソ両党が社会主義陣営においてすでに対等な地位にあったことにあった。以前、双方はともに相手の支持と援助を必要とし、それゆえに相違点はそのままにして共通点を模索することができたが、国際共産主義運動を指導する能力が自分にはあると双方が感じるようになると、各共産党国家の路線、方針、政策を自らが正確と考える方向に統一させるよう、必然的に求めるようになったのである。かくして、対立は露呈するようになり、論争は避けがたくなった。

この対立と論争は一九五九年から六〇年に生じたが、これはまず中国がこのときすでに大いに発展し、ソ連も困難な時期を乗り切り、毛沢東とフルシチョフも自己評価が大変よくなり、双方とも相手が「誤った政策」を続けることに我慢ならなくなっていたことによる。論争と対立の焦点は、表面上は中印衝突によって生じたように見えるが、実際の根源はソ米の緊張緩和にあった。フルシチョフは中国がインドに対してとった軽率で過激な政策の目的と結果はソ米首脳階段をぶち壊し、緊張緩和の進展を妨害することだと断定した。他方、毛沢東が見るに、中印衝突はとるに足らない小さなことにすぎず、問題の要点はソ連の対米緊張緩和政策にあり、中印衝突でモスクワがとった中立的、妥協的立場も、米ソ首脳会談を順調に行うことを保証するためのものであった。敵に対しては一致すべきであるという共同の考えだけから、中ソはともに直接相手の対米政策を非難することは避けたが、対インド政策においては大いに論じた。まさにそれゆえに、双方はお互いに相手を説得することはできないと感じるや、公開の場でレーニン主義の同じ旗のもと、戦争、平和、革命といった基本理論に対するそれぞれの見方を表明し、自分の路線、政策の正確性と正統性を証明することで、社会主義大家庭の構成員から自らの主導権に対する了解を勝ち得ようとしたのである。

中ソの対立の公開化はここに端を発し、その後の大論戦の試演となったのである。

第I部　註

(1)《毛沢東選集》(合訂本)、北京、人民出版社、一九六四年、第一四七六頁。

第1章

(2)《晨鐘報》一九一七年四月四日;《民国日報》一九一七年四月一四日、五月六日、五月一九日、六月二九日、九月一四日等を参照。

(3)周春岳:《調和之革命》、《太平洋》第一巻第四号、一九一七年六月一五日;記者:《廿世紀世界之大変化》、《太平洋》第一巻第三号、一九一七年五月一五日;孫洪伊:《吾人対于預民国七年之希望》(社論)、《民国日報》一九一八年一月一日;東蓀:《過激主義之預防策》、《国民公報》一九一九年一月二九日等を参照。

(4)持平:《俄羅斯社会革命之先鋒李寧事略》、《労動》第一巻第二号、一九一八年四月。

(5)《致列寧和蘇維埃政府電》、一九一八年夏、《孫中山全集》第四巻、北京:中華書局一九八六年版、第五〇〇頁。

(6)皓白:《波斯之新局面》、《太平洋》第一巻第一〇号、一九一八年七月一五日;彭蠡:《民主主義与社会主義之趨勢》、同前。

(7)羅家倫:《今日世界新潮》、《新潮》第一巻、第一期、一九一九年一月一日;孟真:《社会革命——俄国式的革命》、《新潮》第一巻第一期。

(8)李大釗:《Bolshevism 的勝利》、《新青年》第五巻第五号、一九一八年一一月一五日;李大釗:《法俄革命之比較観》、《言治》季刊第三冊、一九一八年七月一日。

(9)瞿秋白:《餓郷紀程》、一九二一年一〇月、《瞿秋白文集》第一巻、北京:人民文学出版社一九五三年版、第二三—二五頁。

(10)一湖:《二十世紀之大問題》、《晨鐘》一九一九年五月一日。

(11)李嘉谷:《中蘇関係》、北京:社会科学出版社一九九六年版、第四三—四七頁を参照。宣言は七月二五日に起草され、もともとの内容には中東鉄道およびその付属の産業の無償返還などがあったが、新聞掲載時に削除された。

(12)(上海)《民国日報》一九二〇年四月一四日。

(13)《維連斯基・西比里亞科夫就国外東亞人亞民工作給共産国際執委会的報告》、一九二〇年九月一日、《聯共(布)、共産国際与中国国民革命運動(一九二〇—一九二五)》、北京、北京図書館出版社、一九九七年、第三八—三九頁。

(14)《中国共産党宣言》、一九二一年一一月、《中共中央文件選集》第一巻、北京：中共中央党校出版社一九八九年版、第五四七―五五一頁。

(15) 列寧：《民族和殖民地問題提綱初稿》、一九二〇年六月五日、《国際共産主義運動史文献》編集委員会編訳：《共産国際第二次代表大会文件（一九二〇年七―八月）》、北京：中国人民大学出版社一九八八年版、第三四―三五頁。

(16) （北京）《晨鐘》一九二〇年七月二日、三版。

(17) 石源華：《中華民国外交史》、上海：上海人民出版社一九九四年版、第二一三―二一五頁を見よ。

(18) 《中俄関係史料――一般交渉（民国九年）》、台北：中央研究院近代史研究所編印、一九七三年、第五二、八九頁。

(19) 石源華前掲書、第二一六―二一七頁。

(20) 《中俄関係史料――一般交渉（民国十年）》、第五四九―五五一頁。

(21) 原文には「露中両国政府はソヴィエト・ロシア政府のために中東鉄道の使用方法の専門条約を別個に締結する必要があること、条約締結時に中露のほかに極東共和国も参加することに同意する」とある。李嘉谷前掲書、第九二―九三頁参照。

(22) 俄共（布）中央政治局会議第二四号記録（摘録）》、一九二二年八月三一日、《聯共（布）、共産国際与中国国民革命運動（一九二〇―一九二五）》、北京：北京図書館出版社一九九七年版、第一一五頁。

(23) 中国第二歴史檔案館編：《中華民国史檔案資料匯編》第三集（外交）、南京：江蘇古籍出版社一九九一年版、第八〇一―八〇四頁を見よ。

(24) 李嘉谷前掲書、第二一五―二一八頁参照。

(25) 顧維鈞著、中国社会科学院近代史研究所訳：《顧維鈞回憶録》、第一巻、北京：中華書局一九八三年版、第三三四―三三八頁。李嘉谷前掲書、第二一五―二一八頁参照。

(26) 王鉄崖編：《中外旧約章匯編》第三冊、北京：三聯書店一九六二年版、第四二三―四三四頁を見よ。

(27) 中国共産党組織局は一九二〇年七月に設立されたロシア共産党（ボ）直属の局で、そのロシア語名称は Центральное Организационное Бюро китайских коммунистов при РКП (б)、中国語では俄国共産華員局と翻訳された。

(28) 《劉江給俄共（布）阿穆爾州委的報告》、一九二〇年一〇月五日、俄羅斯科学院遠東研究所、俄羅斯現代歴史文献保管与研究中心、徳国柏林自由大学東亜研究所合編、中共中央党史研究部第一研究部訳：《聯共（布）、共産国際与中国国民革命運動（一九二〇―一九二五）》、第四四―四五頁。

(29) 李章達のソ連行に関しては、周谷氏が次のように書いている。「ロシア革命がはじまると、（中略）孫文はロシアに留学生を送ろうと考え、廖仲凱、朱執信、李章達、李朗の四人にロシア語を学習するよう委嘱し、廖仲凱の家に毎日ロシア人教師を呼んでロシア語を教えさせた。李章達だけが後にロシアに留学した。」周谷：《孫中山早期与俄国革命党人的来往》、《伝記文学》第五八巻、第三期を参考。

(30) 《孫文越飛聯合宣言》、一九二三年一月二六日、《孫中山全集》、第七巻、第五二頁。

(31) 《俄共（布）中央政治局会議第五三号記録》、一九二三年三月八日、《聯共（布）、共産国際与中国国民革命運動（一九二〇―一九二五）》、第二二六頁。

(32) 《越飛給馬林轉孫中山電》、一九二三年五月一日、《馬林与第一次国共合作》、第一七〇―一七一頁。

(33) 卡図諾娃前掲書、第二三―二六頁：《巴拉諾夫斯基関于国民党代表団拜会斯克良斯基和加米涅夫情况的書面報告》、一九二三年一一月一三日、《聯共（布）、共産国際与中国国民革命運動（一九二〇―一九二五）》、第三一〇―三一二頁を参照。

(34) 同上。

(35) 蔣介石：《与廖仲愷書》、一九二四年三月一四日、《蔣介石年譜初稿》、第一六七頁。

第2章

(1) 《中国共産党宣言》、一九二〇年一一月、中国社会科学院現代史研究室等選編：《〝一大〟前後――中国共産党第一次代表大会前後資料選編》、北京、人民出版社、一九八五年、第四―五頁。

(2) 《中国共産党第一個綱領》、一九二一年七月：《中国共産党的第一次代表大会》、一九二一年下半年、《中共中央文件選集》第一冊、第三―五、五五七頁。

(3) 中国社会科学院馬列所、近代史所編訳：《馬林与第一次国共合作》、北京、光明日報出版社、一九九一年、第一〇〇―一〇一、六二、七五頁。

(4) 李大釗の国民党加入時期に関しては、国民党公務部交際日記をもとに李雲漢が一九二二年二月上旬だと結論付けている。しかし李大釗の自述によると、それは一九二二年に孫文が廬山に滞在していた時期であった。マーリンの記録によれば、李大釗は八月から九月の間に上海に行き、国民党との協力について議論し、決定した杭州西湖会議に出席し、会議後すぐに陳独秀などの入党があったため、李大釗の入党も概ね同時期であったと考えられる。李雲漢：《従容共到清党》、及人書局、一九八七年、第一五七頁：李大釗：《獄中自述》、《李大釗文集》（下）、人民出版社一九八四年版、第八九〇頁を参照。

(5) マーリンによれば「国民党改組委員会」とされる。馬林：《関于杭州会議後活動的報告》、一九二二年一〇月一四日：馬林：《関于国共合作的筆記》、前掲《馬林与第一次国共合作》、第八四、九二頁。

(6) 李雲漢：《従容共到清党》、第一三五―一三六、一三八頁。

(7) 二五名の中央執行委員中、譚平山、李大釗、于樹徳が中国共産党員。一七名候補委員中、沈定一、林祖涵、毛沢東、于方舟、瞿秋白、韓麟符、張国燾が中国共産党員。

(8) 国民党第一期中央委員会第一回全体会議では、一処八部の設立が決定されたが、調査部と軍事部の設立は暫く見合わせとなった。秘書処および組織部部長の譚平山、秘書の楊匏安、農民部部長の林祖涵、秘書の彭湃、工人部秘書の馮菊坡などは中国共産党員。

(9) 中央執行委員会常務委員は三人で、廖仲愷、戴季陶は国民党員、譚平山は中国共産党員であった。

(10) 王健英編：《中国共産党組織史資料匯編》、北京、紅旗出版社、一九八三年版、第二、八、一七頁。一九二四年五月の拡大執行委員会のときの数字については、《中共中央文件選集》、第一冊、第二五六、二六二、二六六、二七五、二七七頁参照。

(11) 《中国共産党簡明歴史》、京師警察庁編訳会編：《蘇聯陰謀文証匯編》（民国二十七年）、沈雲龍主編：近代中国史料叢刊三編、台北、文海出版社出版、一九八九年、第七七九、七八五頁参照。

(12) 《維経斯基関于共産国際執行委員会遠東局的工作報告》、一九二四年四月二二日、Tony Saich, *The Origns of the First United Front in China*: The Role of Sneevliet (Alias Maring), Netherlands, 1991, Vol. 2, pp. 864–866.

(13) この会議で採択された『党内組織及宣伝教育問題議決案』は、国民党を「資産階級的な民族主義と民主主義の政党」であるとするが、蔡和森は『中国共産党史的発展（提綱）』でこの会議を紹介した際に、同会議は「国民党を小資産階級の党であると言った」としている。《中共中央文件選集》、第一冊、第二三〇―二三三、二三七、二四三―二四四、二五三頁。

(14) 《中国共産党第二次全国大会宣言》、一九二二年七月、

《中共中央文件選集》第一巻、第一一一、一一五—一一六頁。

(15) この論争に関しては、以下参照。一九二四年三—四月上海《民国日報》副刊施存統、李春蕃、沈玄廬らの文章。併せて李雲漢：《従容共到清党》、台北、中国学術著作奨助委員会、一九七三年、第三〇〇—三〇一頁参照。

(16) 《瞿秋白致鮑羅廷信》、一九二四年四月五日、《瞿秋白文集》、第二巻、北京、人民出版社、一九八八年、第五二一—五二二頁参照。

(17) 《謝張両監察委員与鮑羅廷問答紀要》、一九二四年六月二五日、孫武霞等編：《共産国際与中国革命資料選輯》（一九一九—一九二四）、北京、人民出版社、一九八五年、第三一〇—三一二頁。

(18) 王柏齢：《黄埔軍校之回憶》、《黄埔季刊》第一巻第三期、一九三九年。

(19) 《俄共（布）中央政治局中国委員会的建議》、一九二五年六月一一日；《斯莫連采夫対人民軍和広州提供物質支援計劃的説明》、一九二五年一〇月七日；《俄共（布）中央政治局中国委員会会議第一三号記録》（并附録）、一九二五年一〇月一九日、《聯共（布）、共産国際与中国国民革命運動（一九二〇—一九二五）》、第六三三—六三四、七〇九、七一六—七一七、七二一頁、等。併せて劉志青：《恩怨歴尽後的反思——中蘇関係七十年》、済南、黄河出版社、一九九八年、第一五三—一五四頁を見よ。

(20) 一九二三年五月にモスクワが正式に承認した二〇〇万ルーブルの援助のほかに、モスクワは黄埔軍校の開校のため二七〇万中国元を出資し、広州の財政安定化と中央銀行の設立に一〇〇〇万中国元を融資したことが知られている。韋慕庭：《孫逸仙》、哥倫比亞大学出版社、一九七六年、第一四八—二〇九頁；《孫中山全集》第一〇巻、第五三九頁参照。

(21) 陳錫祺主編：《孫中山年譜長編》、下冊、北京、中華書局、一九九一年、第二一三〇—二一三三頁。

(22) 維什尼亞科娃—阿基莫娃著、王馳訳：《中国大革命見聞（一九二五—一九二七）》、北京、中国社会科学出版社、一九八五年、第五六—五七頁を見よ。

(23) ソ連共産党中央委員会政治局は一九二五年一〇月、馮玉祥に供与する武器の価格を、一回目は当初の提案の四分の一にすることを正式に承認した。格里高里也夫等編、馬貴凡訳：《関于俄共（布）中央政治局中国委員会的新材料》、《党史研究資料》、一九九五年第三期を見よ。

(24)《任徳江為対于馮玉祥聯絡情形及种种之観察致蘇聯革命軍事会議会長福倫資函并抄送沃羅寧》、一九二五年五月二二日、前掲《蘇聯陰謀文証匯編》、沈雲龍前掲書、第四三輯、第五三七―五三九頁。

(25)《中国共産党中国共産主義青年団告全国民衆》、一九二五年一二月一日；《中央通告第六十六号》、一九二五年一二月二日、《中共中央文件選集》、第一冊、第五二八―五三一頁。

(26)C. Martin Wilbur, et al., Missionaries of Revolution: Soviet Advisers and Nationalist China, 1920–1927, Harvard University Press 1989, pp. 608–609；切列潘諾夫著、中国社会科学院近代史研究所翻訳室訳：《中国国民革命軍的北伐――一個駐華軍事顧問的札記》、中国社会科学出版社一九八一年版、第三六七―三七二頁。

(27)《古比雪夫和拉兹貢給中共中央執行委員会的信》、一九二六年一月一三日、《聯共（布）、共産国際与中国国民革命運動（一九二六―一九二七）》（上）、第一七頁。

(28)加倫：《今後南方工作展望或曰一九二六年国民党軍事規劃》、卡爾図諸瓦：《加倫在中国》、北京、中国社会出版社、一九八三年、第二二一―二二四頁参照。

(29)《聯共（布）中央政治局会議第九号記録》、一九二六年二月四日：《加拉罕在聯共（布）中央政治局使団会議上的報告》、一九二六年二月一一日；《維経斯対斯大林提出的問題的答覆》、一九二六年二月一六日、《聯共（布）、共産国際与中国国民革命運動（一九二六―一九二七）》（上）、第三六―三七、八五―八六、九四―九六頁参照。

(30)《拉斯科尼科夫給維経斯基的信（章録）》、一九二五年一二月四日、前掲《党史研究資料》、一九九五年第九期。

(31)《張万和関于広州政変真実情況的報告》、一九二六年三月二九日。

(32)前掲《中国国民党歴次代表大会及中央全会資料》（上）、第二三三―二三四頁。

(33)加倫：《今後南方工作展望或曰一九二六年国民党軍事規劃》、卡爾図諸瓦：《加倫在中国》、北京、中国社会出版社、一九八三年、第二二一―二二四頁参照。

(34)A・B・勃拉戈達托夫著、李輝訳：《中国革命紀事（一九二五―一九二七）》、北京、三聯書店、一九八二年、第二一九―二二七頁。

(35)共産党と分裂した後も、蒋介石はガーリンを引き留めるか、あるいは礼を尽くして帰国させたいとずっと望んでいた。抗日戦争勃発の前後には、蒋介石はガーリンを軍事総顧問として迎え入れたいと何度もソ連側に要請した。

(36) 維・馬・普里馬科夫：《馮玉祥与国民軍——一個志愿兵的札記》、北京、中国社会科学出版社、一九八二年、第一〇頁。

(37) 《中国的革命和反革命》（社論）、《プラウダ》、一九二六年一二月五日；蓋利奥：《中国交戦双方的兵力対比》、《プラウダ》、一九二七年一月一六日、安徽大学蘇聯問題研究所等編：《一九一九―一九二七蘇聯真理報有関中国革命的文献資料選編》、第一輯、第二四九、二五六頁参照。

(38) 中国社会科学院近代史研究所編：《共産国際有関中国革命的文献資料（一九一九―一九二七）》、第一輯、北京：中国社会科学出版社一九八一年版、第二六六―二六七頁参照。

(39) 《共産国際有関中国革命的文献資料》、第一輯、第二七八―二八四頁参照。

(40) 劉少奇：《関于大革命歴史教訓中的一個問題》、《党史研究資料》一九八〇年第五期。

(41) 《中共中央文件選集》、第二冊、第三八四―三九一、四〇二、四〇四頁を見よ。

(42) 《中共中央政治局対于共産国際執行委員会第七次拡大全体会議関于中国問題決議案的解釈》、一九二七年初、《中共中央文件選集》、第三冊、第一九―二三頁。

(43) 《中共上海区委召開活動分子大会記録》、一九二七年三月一九、二五日、上海檔案館編：《上海工人三次武装起義》、上海：上海人民出版社一九八三年版、第三三七―三四四、三九五―三九八頁。

(44) 《特委会議記録》、一九二七年三月三〇日、《上海工人三次武装起義》、第四三八頁；T．曼達梁：《中共領導為何失敗？》、《プラウダ》、一九二七年七月一六日、《蘇聯真理報有関中国革命的文献資料選編》、第一輯、第五一六―五一八頁。

(45) 《斯大林在莫斯科党的積極分子大会上的講演》、一九二七年四月六日、《共産国際第八次全会上的中国問題》、中国人民大学党史系印、一九八二年、第一二三―一二四頁。

(46) 《聯共（布）中央政治局会議第一〇七号（特字第八五号）記録》、一九二七年六月二日、《聯共（布）、共産国際与中国国民革命運動（一九二六―一九二七）》（下）、第二九八―二九九頁参照。

(47) 《斯大林給莫洛托夫的信》、一九二七年六月二四日；《聯共（布）中央政治局会議第一一三号（特字第九一号）記録》、一九二七年六月二七日、《聯共（布）、共産国際与中国国民革命運動》(下)、第三五二、三六四頁。

第3章

(1) このほか、一九二六年以降、農民インターナショナル、国際赤色救援会による財政支援も増加した。

(2) 楊奎松：《共産国際為中共提供財政援助情況之考察》、《党史研究資料》二〇〇四年一—二期。

(3) 《列寧斯大林論中国》、北京：人民出版社一九五〇年版、第二八一頁参照。

(4) 《晨報》、一九二七年一二月一三日；《聶栄臻回憶録》、北京：解放軍出版社版、一九八七年、第八二頁；黄平：《往事回憶》、北京：人民出版社一九八一年版、第四八頁参照。

(5) 《国際代表在中国共産党第六次全国代表大会上関于政治報告的結論》、一九二八年六月二九日。

(6) 楊奎松：《中間地帯的革命——国際大背景下看中共成功之道》、太原：山西人民出版社二〇一〇年版、第二一四—二一六頁。

(7) 《沈陽張学良電行政院譚院長外交部王部長電》、一九二九年五月二九日、台北〝国史館〟国民政府外交部檔、0624.20/5050.01-01' 1063-1066。

(8) 程道徳等編：《中華民国外交史資料選編（一九一九—一九三一）》、北京：北京大学出版社一九八五年版、第五三六頁。

(9) 張友坤、銭進等主編：《張学良年譜》(上)、北京：社会科学文献出版社一九九六年版、第三七六—三七七頁参照。

(10) 《華盛頓伍朝枢致南京外交部電》(一九二九年七月二一日)、国民政府外交部檔、0624.20/5050.02-03' 1842。

(11) 《蔣為俄事再発宣言》、《大公報》一九二九年八月一八日三版。

(12) この日、東北海軍の三隻が沈没し、その後また二隻を失ったと言われる。当時、東北辺防軍海軍司令であった沈鴻烈は、この戦いでの「我が陸軍の死傷者は五〇〇人余り、海軍もまた同じ」と話したと報じられた。《沈鴻烈等奮戦克同江》、《大公報》一九二九年一〇月一七日三版。

(13) 北寧路局局長高紀毅が記者に話した内容によれば、中東鉄道事件勃発からこの戦争までに、東北の官民の損失は五千万元を超えていたという。数年前のソ連側の開示によると、一〇月から一一月だけで、ソ連軍は中国の上級、中級将校一三三四人、下級将校三〇九七人、兵士一万四〇九〇人を捕虜にしたという。科里沃舎耶

夫主編：《蘇聯武装力量在歴次戦争、軍事衝突中損失揭密》、莫斯科：軍事出版社一九九三年版、第六六五―六六六頁、劉志青前掲書、第一九〇頁参照。

(14)《陳独秀給中共中央的信》、一九二九年七月二八日、八月一一日。

(15)《江蘇省委為開除彭述之汪沢凱馬玉夫蔡振徳及反対党内机会主義与托洛斯基反対派的決議》、一九二九年一〇月二〇日；《中共中央政治局関于開除陳独秀学籍并批准江蘇省委開除彭述之汪沢凱馬玉夫蔡振徳四人決議案》、一九二九年一一月一五日、《中共中央文件選集》、第五冊、第五四九―五五五頁。

(16)《評陳独秀的信件》、一九二九年一一月一八日。

(17)《中国共産党接受共産国際第十次全体会議決議的決議》、一九二九年一二月二〇日、《中共中央文件選集》、第五冊、第五九四―五九九頁。

(18)《関于〝左派国民党〟及蘇維埃口号問題決議案》、一九二七年九月一九日、《中共中央文件選集》、第三冊、第三六九―三七〇頁。

(19)同上、《中共中央文件選集》、第三冊、第三七一頁。

(20)《広州蘇維埃職員名単》、一九二七年一二月一一日、広東革命歴史博物館編：《広州起義資料》(上)、北京：人民出版社一九八五年版、第一一六頁。

(21)《共産国際執行委員会給中共中央的電報》、一九三〇年七月一〇日、《聯共(布)、共産国際与中国蘇維埃運動(一九二七―一九三一)》、第二一六頁。

(22)《関于中国問題的決議》、一九三〇年六月、《共産国際有関中国革命的文献資料》第二輯、第九三―九四頁；《中共中央致共産国際主席団信》、一九三〇年六月一二日；《共産国際執行委員会遠東局給中国共産党中央委員会和中国共産党中央委員会政治局委員的信》、一九三〇年八月五日、《共産国際、聯共(布)与中国革命文献資料選輯(一九二七―一九三一)》(下)、第二〇二、二二四頁、等。

(23)《共産国際執委会給中共中央関于立三路線的信》、一九三〇年一〇月、また《中共中央文件選集》、第六冊、第六五二頁を見よ。

(24)《共産国際執委会就軍事問題給中共中央的電報》、一九三三年三月二八日；《蘇区中央局轉中央対軍事計劃与任務的指示》、一九三三年四月一四日。

第4章

(1)《中国共産党為日本帝国主義強暴占領東三省事件宣言》、一九三一年九月二〇日、《中共中央文件選集》、第七冊、第三九六―三九八頁。

（2）《中国共産党中央為上海事変第二次宣言》、一九三二年一月三一日；《中華蘇維埃臨時政府為上海事変宣言》、一九三二年一月三一日；《中央関于上海事件的闘争綱領》、一九三二年二月二日。
（3）《中華蘇維埃共和国臨時政府告上海民衆書》、一九三二年三月五日。
（4）《共産国際執委会政治秘書処致中共中央電》、一九三二年二月。
（5）《中華蘇維埃共和国臨時中央政府宣布対日戦争宣言》、一九三二年四月一五日、《中共中央文件選集》、第八冊、第六三九—六四〇頁。
（6）《中央給満洲各級党部及全体党員的信》、一九三三年一月二六日、《中共中央文件選集》、第九冊、第二一一—四五頁。
（7）《プラウダ》、一九三一年一一月六日；一九三二年五月一日参照。
（8）《季米特洛夫就代表大会第二項日程給委員会的信》、一九三四年七月一日；《季米特洛夫在委員会関于代表大会第二項日程的会議上的講話》、一九三四年七月二日参照。
（9）王明：《為共産国際第七次代表大会準備的報告提綱》、一九三四年七月一九日。
（10）《康生、王明二同志給中央政治局的信》、一九三四年九月一六日。
（11）《中共代表団致中央政治局的信》、一九三四年一一月一四日。
（12）《王明一九三五年八月七日在共産国際第七次代表大会上的発言》、《国際新聞通訊》、第一五巻、第六〇期、第一四八八—一四九一頁。
（13）《救国報》、一九三五年一〇月一日。
（14）蔣廷黻口述、謝鐘璉訳：《赴俄考察与欧洲之旅》、（台北）《伝記文学》、第三一巻、第五期；《斯托尼亞科夫与蔣廷黻的談話記録》、一九三四年一〇月一六日、中国社会科学院馬列所、近代史所訳：《蘇聯外交文件》（選訳）、《近代史資料》第七九号、第二一〇—二一四頁。
（15）《鮑格莫洛夫致蘇聯外交人民委員部的電報》、一九三五年七月四日、《近代史資料》第七九輯、第二一八—二一九頁。
（16）《鮑格莫洛夫致蘇聯外交人民委員部的電報》、一九三五年一〇月一九日、《近代史資料》第七九輯、第二一九—二二二頁。
（17）《蘇聯副外交人民委員致鮑格莫洛夫的電報》、一九三五年一二月一四日；《斯托莫尼科夫致鮑格莫洛夫的信》、一九三五年一二月二八日、《近代史資料》第七九輯、第二二九頁。

(18)《鮑格莫洛夫給蘇聯外交人民委員部的電報》、一九三五年一二月一九日、《近代史資料》第七九輯、第二二四―二二五頁。

(19)《鮑格莫洛夫給蘇聯外交人民委員部的電報》、一九三六年一二月二二日、《近代史資料》第七九輯、第二二七頁。

(20)鹿錫俊：《日本対中国的観察与陳立夫訪蘇計劃的泄密》、第二届近代中国与世界国際学術討論会、二〇〇〇年九月：陳立夫：《成敗之鑑――陳立夫回憶録》、台北、正中書局、一九九四年、第一九八頁参照。

(21)《中共中央書記処致共産国際執委会書記処電》、一九三六年六月一六日、七月二日。

(22)《季米特洛夫在共産国際執委会書記処討論中国問題会議上的発言》、一九三六年七月二三日。

(23)《共産国際執委会書記処致中共中央書記処電》、一九三六年八月一五日、《中共党史研究》、一九八八年第二期。

(24)《中央関于逼蔣抗日的指示》、一九三六年九月一日、《中共中央文件選集》、第一一冊、第八九―九〇頁。

(25)《関于国共両党抗日救国協定草案》、一九三六年九月二二日。

(26)《洛、毛関于應迅速争取開始国共主要代表談判問題致朱、張等電》、一九三六年一一月八日。

(27)一九二七年四月初め、張作霖はソ連大使館を捜索し、ソ連の機密文書を公開し、一九二九年に張学良がハルビンのソ連領事館を捜索し、中東鉄道を武力で奪取した、二つのことを指す。

(28)楊奎松《西安事変新探――張学良与中共之謎》、南京、江蘇人民出版社、二〇〇六年、第二八四―二九五、三一一―三一二頁。

(29)《中共中央書記処致共産国際執委会書記処電》、一九三六年一二月一二、一四日。

(30)《中共中央関于西安事変致国民党中央通電》、一九三六年一二月一八日。

(31)張培森：《張聞天在西安事変中的歴史作用》、一九八八年八月一五日《人民日報》第二版を見よ。

(32)《中共中央関于西安事交及我們任務的指示》、一九三六年一二月一九日（この指示は、実際には電報が届いてからできたものである）、《中共中央文件選集》、第一一冊、第一二六―一二八頁。

第5章

(1)《蘇聯外交人民委員与中国駐蘇大使蔣廷黻的談話記録》、

一九三七年三月一一日、《近代史資料》、第八〇号、第一八六―一八七頁。

（2）《蘇聯駐華全権代表致蘇聯外交人民委員部的電報》、一九三七年四月三日、《近代史資料》、第八〇号、第一八八―一九〇頁。

（3）《蘇聯駐華全権代表鮑格莫洛夫与中国外交部長王寵恵談話記録》、一九三七年四月一二日、《近代史資料》、第八〇号、第一九〇―一九一頁。

（4）《中蘇互不侵犯条約》、北京大学法律系国際法教研室編：《中外旧約章匯編》第三冊、北京、三聯書店、一九六二年、第一一〇五―一一〇六頁参照。

（5）天津《大公報》、一九三七年一一月二〇日、二版参照。

（6）A．M．杜賓斯基：《一九三七―一九四五年的蘇中関係》、莫斯科、思想出版社、一九八〇年、第八五頁。

（7）杜賓斯基前掲書、第一〇〇―一〇二頁。

（8）日本防衛庁戦史室編、天津市政協編訳委員会訳：《大本営陸軍部摘訳――日本軍国主義侵華資料長編》、成都、四川人民出版社、一九八七年、第四七五―四九四頁参照。

（9）すでに知られているように、七月一九日に陳立夫が、七月二三日に王寵恵が、ボゴモロフ大使に、相互援助条約の交渉を直ちに開始したいと相次いで申し出たが、ソ連外務人民委員部は七月三一日、相互援助条約の交渉を行うことは適切でないと、ボゴモロフに明確に指示した。八月二日、ボゴモロフはモスクワのこのような態度を蒋介石に伝えた。《近代史資料》、第八〇号、第一九八、二〇〇、二〇四、二〇六頁参照。

（10）一九三八年八月末、蒋介石と孫科は、ソ連大使との二回の会談で、いずれもソ連との軍事同盟条約の締結を繰り返し主張した。九月八日、ソ連は再度電報を出し、以下のように回答した。英米が参戦するか、国際連盟が太平洋諸国に参戦を義務づけるかしない限り、ソ連が単独で参戦することはできない。ソ連の単独参戦は、日本の侵略を正当化し、ソ連が中国赤化の野心を持っていると列強に疑念を持たれることになるだけだからである。《近代史資料》、第八四号、第一二一―一二七頁参照。

（11）奥托・布労恩：《中国紀事（一九三二―一九三九）》、北京、中国現代史料編刊社、一九八一年、第二八六頁参照。

（12）季米特洛夫著、馬細譜等訳：《季米特洛夫日記》、桂林、広西師範大学出版社、二〇〇二年、第一〇七頁。

（13）徐則浩：《王稼祥年譜（一九〇六―一九七四）》、北京、中央文献出版社、二〇〇一年、第一九〇、二九六―二九七頁。

(14) Russian Center for the Preservation and Study of Documents on Modern History (RPSDMH), 495/74/291.

(15) 《季米特洛夫日記》、第一〇七頁。

(16) 《共産国際執委会書処記関于中国問題的決議》、一九三七年一〇月一〇日、《共産国際有関中国革命的文献資料》、第三輯、北京、中国社会科学出版社、一九九〇年、第二六－二七頁。

(17) 周文琪等編：《特殊而複雑的課題――共産国際、蘇聯和中国共産党関係編年史》、武漢、湖北人民出版社、一九九三年、第三三三頁参照。

(18) 《王稼祥選集》、北京、人民出版社、一九八九年、第一三八－一四二頁参照。

(19) 《文献和研究》、一九八六年第四期参照。

(20) 《中央提示案》、一九四〇年七月一六日、《中華民国重要史料初編》、第五編（四）、第二二七－二三〇頁。

(21) 《毛、朱、王関于撃破蔣介石反共降日的戦略部署致胡服電》、一九四〇年一一月三日。

(22) 《毛沢東関于準備対付黒暗局面是全党的中心任務致周恩来電》、一九四〇年一一月二日。

(23) 《国際条約集（一九三四－一九四四）》、北京、世界知識出版社、一九六一年、第三〇四頁。

(24) 《困勉記》巻六十五、一九四一年四月一三日、台北国史館藏蔣中正檔案。

(25) 《宋子文致蔣委員長電》、一九四一年四月二一日、台北国史館藏蔣中正檔案、特交檔案外交〇二三巻四八六五〇。

(26) 曹国芳：《蘇聯与三区革命前夕新疆辺境地区的社会政治局勢》、《北京科技大学学報》、二〇〇五年第四期；沈志華：《中蘇結盟与蘇聯新疆政策的変化》、《近代史研究》一九九九年第三期；王欣登：《蘇新関係与〃三区革命〃新論》、《伊犁教育学院学報》、第一六巻第一、二期、二〇〇三年三、六月。

(27) 楊奎松：《〃中間地帯〃的革命――国際大背景下看中共成功之道》、太原、山西人民出版社、二〇一〇年、第四二〇頁参照。

(28) United States Department, Foreign Relations of the United States: Diplomatic papers (FRUS), 1944, Vol. 6, Washington, D.C.: U.S. Government Printing Office, 1965, pp. 504-505.

(29) 《中国共産党関于共産国際執委会主席団提議解散共産国際的決定》、一九四三年五月二六日；毛沢東：《在延安幹部大会上関于共産国際解散的報告》、《解放日報》、一九四三年五月二八日。

（30）《中共党史研究》、一九八八年第三期。この分野については以下が参考になる。陳永発：《延安的陰影》、台北中研院近代史研究所、一九九〇年；高華：《紅太陽是怎様升起的？》、香港中文大学出版社、二〇〇〇年。

（31）《戦後世界歴史長編》、第一編第一分冊、第三五三―三五四頁参照。

（32）《美国総統羅斯福、英国首相丘吉爾、蘇聯全国人民委員長史達林于雅爾達簽訂秘密協定全文》、一九四五年二月一一日、轉見《中華民国重要史料初編》第三編（二）、第五四一頁。

（33）蔣介石日記手稿、一九四五年三月一八日、四月三、五日、原資料はアメリカ、スタンフォード大学フーヴァー研究所に所蔵。

（34）蔣介石日記手稿、一九四五年四月二九、三〇日、五月一日条；《軍事委員会弁公庁主任王世傑致代理行政院長宋子文告知赫爾利大使所談関于蘇聯対東北及外蒙等問題之態度電》、一九四五年五月二二日、《中華民国重要史料初編、第三編（二）、第五四六―五四七頁。

（35）《蔣主席致代理行政院長宋子文囑面陳杜魯門総統請其堅持一貫政策使中国之領土、主権与行政完整不受損害電》、一九四五年五月二三日；《蔣主席接見蘇聯駐華大使彼得洛夫商談関于請蘇助我恢複東三省領土、主権完整与行政独立等問題談話紀録》、一九四五年六月三日；《蔣主席致行政院長宋子文囑対美表示中国今後決不能再有租借地名義出現電》、一九四五年六月一一日；《蔣主席接見蘇聯駐華大使彼得洛夫討論有関締結中蘇友誼互助条約之問題談話紀録》、一九四五年六月一二日、《中華民国重要史料初編》第三編（二）、第五四七、五五〇―五五一、五五七、五五九―五六一頁。

（36）《蔣主席在重慶接見蘇聯駐華大使彼得洛夫討論有関締結中蘇友誼互助条約之問題談話紀録》、一九四五年六月一二日、《中華民国重要史料補編》第三編（二）、第五五九、五六二頁。

（37）《斯大林与宋子文関于中蘇条約的会談紀録》、一九四五年七月二日、《中蘇関係：俄国檔案原文複印件匯編》第三巻、第五八〇―五九一頁、SD12021参照。

（38）《行政院長宋子文呈蔣主席擬具打開外蒙問題僵局三項弁法請核示電》、一九四五年七月三日；《行政院長宋子文呈蔣主席如史達林堅持外蒙必須独立是否即中止交渉電》、一九四五年七月四日；《行政院長宋子文呈蔣主席報告対東北問題之意見請示可否電》、一九四五年七月六日、《中華民国重要史料初編》第三編（二）、第五九一―五九三、五九四頁。

（39）蔣介石日記手稿、一九四五年七月五、六日条；《蔣主席致行政院長宋子文指示必須以東北、新疆領土、主権与行政之完整及蘇聯不再支持中共与新疆匪乱為我国允許外蒙戦後独立之交換条件電》、一九四五年七月七日、《中華民国重要史料補編》第三編（二）、第五九六頁。

(40)《斯大林与宋子文関于中蘇条約的会談紀録》、一九四五年七月七日、《中蘇関係：俄国檔案原文複印件匯編》第三巻、第六〇〇—六〇三頁、SD12024 参照。

(41)《蔣介石致宋子文轉斯大林電》、一九四五年七月九日、Русско-китайские отношения в XX веке, Т. IV, К. 2, с. 100–101, SD12032 参照。

(42)《斯大林与宋子文関于中蘇条約的会談紀録》、一九四五年七月九日、《中蘇関係：俄国檔案原文複印件匯編》第三巻、第六二三—六三〇頁、SD12033；《史太林統帥与宋子文院長第四次談話紀録》、一九四五年七月九日、《中華民国重要史料初編》第三編（二）、第六一〇—六一五頁参考。

(43)《蔣主席致行政院長宋子文指示解決外蒙、旅順、大連及中共等問題之意見電》、一九四五年七月一一日、《中華民国重要史料初編》第三編（二）、第六二一頁。

(44)《斯大林与宋子文関于中蘇条約的会談紀録》、一九四五年七月一一日、Русско-китайские отношения в XX веке, Т. IV, К. 2, с. 124–131, SD12038；《史太林統帥与宋子文院長第五次談話紀録》、一九四五年七月一一日、《中華民国重要史料初編》第三編（二）、第六三〇—六三一頁参照。

(45)《蔣主席致行政院長宋子文告以大連自由港問題准予権宜決定電》、一九四五年八月一一日；《蔣主席致行政院長宋子文、外交部長王世傑告以対外蒙古及其他未決事項准授権宜処置之権電》、一九四五年八月一三日、《中華民国重要史料初編》第三編（二）、第六四六、六四九頁。

(46)《蔣主席電宋子文院長外蒙独立問題之意見》、一九四五年八月一二日、（台）外交部編：《外交部檔案叢書・界務類（中蘇関係巻）》、台北、二〇〇一年、第四七頁。

(47)《外交部長王世傑呈蔣主席報告蘇方決不同意外蒙先定界而後承認独立電》、一九四五年八月一三日；《外交部長王世傑呈蔣主席報告外蒙疆界路局局長人選及旅順置軍事委員会等問題均已解決電》、一九四五年八月一四日、《中華民国重要史料初編》第三編（二）、第六五〇—六五一頁。

(48)《中華民国重要史料初編》第三編（二）、第六五二—六六八頁。

(49)《毛沢東在党的第七次代表大会上的結論》、一九四五年五月三一日。

(50) 劉志青前掲書、第三〇二―三〇六頁参照。

第6章

(1) 《蔣主席邀毛沢東来渝共商国事電》、一九四五年八月一四日、《中華民国重要史料初編》、第七編（二）、第二三頁。

(2) FRUS, 1945, Vol. 7, 501.

(3) 《中央関于積極進行反内戦反独裁宣伝給徐冰等同志的指示》、一九四五年八月一六日。

(4) 《毛沢東復蔣主席電文》、一九四五年八月一六日；《朱徳電蔣委員長提出六項要求》、一九四五年八月一七日、《中華民国重要史料初編》、第七編（二）、第二三―二七頁。

(5) 《蔣主席再電毛沢東昭示大戦方告終結内争不容再有并促速来渝文》、一九四五年八月二〇日、《中華民国重要史料初編》、第七編（二）、第二七―二八頁。

(6) 《中共党史大事年表》、北京、人民出版社、一九八一年、第七八頁参考。

(7) 《蔣主席三電毛沢東盼与周恩来同来渝商談文》、一九四五年八月二三日、《中華民国重要史料初編》、第七編（二）、第二八―二九頁。

(8) 師哲口述、李海文整理：《在歴史巨人身辺――師哲回憶録》、北京、中央文献出版社、一九九一年、第三〇八頁を見よ。

(9) 《毛沢東復蔣主席告即日赴渝電》、一九四五年八月二四日、《中華民国重要史料初編》、第七編（二）、第三〇頁。

(10) 《中央、軍委関于改変戦略方針奪取小城市及広大郷村的指示》、一九四五年八月二二日。

(11) 楊奎松前掲書、第三九九―四〇〇頁参考。

(12) 張月明、姜琦：《国際共産主義運動歴史長編》、第四巻、長春、吉林人民出版社、一九八七年、第三〇―三七頁参考。

(13) 張治中：《張治中回憶録》、北京、中国文史出版社、一九八五年、第四四六―四五三頁参照。

(14) 《蔣主席致杜魯門総統告蘇聯違反条約東北行営移至山海関已危及中国主権完整電》、一九四五年一一月一七日、《中華民国重要史料初編》、第七編（一）、第一四八―一四九頁。

(15) 薛銜天前掲書（訳者註：原文ママ）、第八七―九一頁。

(16) 《毛沢東批轉周恩来関于与張治中商談東北問題的報告》、一九四六年三月一七日。

(17) 《彭関于蘇軍撤退日期致李黄并告中央電》、一九四六年四月三日。

(18) 安徽大学蘇聯問題研究所、四川省中共党史研究会編訳：《蘇聯〈真理報〉有関中国革命的文献資料選編》、第三輯、成都、四川省社会科学出版社、一九八八年、第五六七―五六八頁参考。

(19) 王鉄崖前掲書、第三冊、第一四二九―一四五一頁。

(20) 沈志華：《共産党情報局的建立及其目標》、《中国社会科学》、二〇〇二年第一期参考。

(21) 尼・特・費徳林、伊・弗・科瓦廖夫、安・梅・列多夫斯基等著、彭卓吾訳：《毛沢東与斯大林、赫魯暁夫交往録》、北京、東方出版社、二〇〇四年、第七―八頁。

(22) 沈志華：《対中蘇同盟経済背景的歴史考察（一九四八―一九四九）》、《党的文献》二〇〇一年第二期参考。

(23) 張盛発：《斯大林与冷戦》、北京、中国社会科学出版社、二〇〇〇年、第三一三頁参考。

(24) Brian Murray, "Stalin, the Cold War, and the Division of China: A Multi-Archival Mystery," *Cold War International History Project Working Paper*, 1995, No. 12.

(25) 張盛発前掲書、第三一三頁。

(26) Brian Murray 前掲論文；張盛発前掲書、第三一四―三一五頁参考。

(27) 《毛沢東与斯大林、赫魯暁夫交往録》、第一六七―一六九、一八七―一八八頁。

(28) 同上、第一二頁。

(29) 《毛沢東選集》、第一三八二―一三八四頁；《毛沢東文集》、第五巻、第二三四頁。

(30) 《毛沢東与斯大林、赫魯暁夫交往録》、第一七―一八頁。

(31) 同上、第一九頁。

(32) 同上、第四二―五二頁。

(33) 毛沢東：《論人民民主専政》、一九四九年六月三〇日、《毛沢東選集》（合訂本）、北京、人民出版社、一九六四年、第一四七六―一四七八頁。

(34) 《代表中共中央給聯共（布）中央斯大林的報告》、一九四九年七月四日、《建国以来劉少奇文稿》、第一冊、中央文献研究出版社、二〇〇五年、第一―一七頁。

(35) 劉少奇のソ連訪問の詳細とその結果については、迪特・海茵茨希著、張文武等訳：《中蘇走向聯盟的経験歴程》、北京、新華出版社、二〇〇一年、第三〇二―四〇二頁参照。

(36) 《斯大林与中共代表団的談話紀要》、一九四九年六月二七日、A.M.列多夫斯基著、陳春華訳：《斯大林与中国》、北京、新華出版社、二〇〇一年、第一〇〇頁。

(37) 師哲口述、李海文整理：《在歴史巨人的身辺――師哲回憶録》、北京、中央文献出版社、一九九一年、第四一二頁。

第II部　註

第7章

（1）中ソ同盟の起源およびその政治的基礎に関する筆者の議論は、以下参照。「斯大林与中国内戦的起源（一九四五－一九四六）」『社会科学戦線』二〇〇八年第一〇期、「求之不易的会面：中蘇両党領導人之間的試探与溝通」『華東師範大学学報』二〇〇九年第一期、「従西柏坡到莫斯科：毛沢東宣布向蘇聯〝一辺倒〟」『中共党史研究』二〇〇九年第五期。

（2）中ソ条約交渉に研究として、以下が参考になる。迪特・海因茨希（Dieter Heinzig）『中蘇走向同盟的艱難歴程』張文武等訳、北京：新華出版社、二〇〇一年、楊奎松「中蘇国家利益与民族感情的最初碰撞」『歴史研究』二〇〇一年第六期。

（3）以下参照。沈志華：《毛沢東、斯大林与朝鮮戦争》（修訂版）第二章、広州：広東人民出版社二〇〇七年；*Ледовский* А.М. Секретная мисся А.И. Микояна в Китай (январь-февраль 1949г.)//Проблемы дальнего востока, 1995, №2, 3; Визит в Москву делегации Коммунистической Партии Китая в июне-августе 1949г.//Проблемы дальнего востока, 1996, №4。

（4）АПРФ, ф. 45, оп.1, д. 329, л. 9-17。

（5）裴堅章主編：《中華人民共和国外交史（一九四九－一九五六）》、北京：世界知識出版社一九九四年、第一八頁。

（6）中共中央文献研究室編：《劉少奇年譜（一八九八－一九六九）》下巻、北京：中央文献出版社一九九六年、第二三五頁。

（7）*Ковалев И.В.* Диалог Сталина с Мао Цзэдуном//Проблемы дальнего востока, 1991, №6, с. 89.

（8）《中華人民共和国外交史（一九四九－一九五六）》、第一八頁を見よ。

（9）*Юдин П.* Мао Цзэдун о китайской политике Коминтерена и Сталина//Проблемы дальнего востока, 1994, №5, с. 105-106.

（10）АВПРФ, ф.0100, оп.43,п.10, д.302, л.1-4；中共中央文献研究室編：《建国以来毛沢東文稿》（以下、《毛文稿》）第一冊、北京：中央文献出版社一九八七年、第二〇六、二一二頁。沈志華：《関于中蘇条約談判研究中的幾個争議問題》《史学月刊》二〇〇四年第八期参照。

（11）汪東興：《汪東興日記》、北京：中国社会科学出版社一九九三年、第一七三頁。

（12）АВПРФ, ф.07, оп.23а, п.18, д.235, л.12-15.

（13）АВПРФ, ф.07, оп.23а, п.18, д.235, л.18-19.

（14）ABПРФ, ф.07, оп.23а, п.18, д.235, л.20–25.

（15）ABПРФ, ф.07, оп.23а, п.18, д.235, л.26–29, 30–34.

（16）ABПРФ, ф.07, оп.23а, п.18, д.235, л.1–4.

（17）ABПРФ, ф.07, оп.23а, п.18, д.235, л.5–7.

（18）ABПРФ, ф.07, оп.23а, п.20, д.248, л.4–13.

（19）ABПРФ, ф.07, оп.23а, п.20, д.248, л.20–28.

（20）ABПРФ, ф.07, оп.23а, п.18, д.235, л.41–50.

（21）AПРФ, ф.45, оп.1, д.329, л.29–38.

（22）《汪東興日記》、第一九四頁。

（23）ABПРФ, ф.07, оп.23а, п.18, д.235, л.38–40。この結論はこれまでの中国の歴史書とは異なる。沈志華：《関于中蘇条約談判研究中的幾個争議問題》、《史学月刊》二〇〇四年第八期参照。

（24）ABПРФ, ф.07, оп.23а, п.20, д.248, л.38–55.

（25）ABПРФ, ф.07, оп.23а, п.20, д.248, л.74–79.

（26）ABПРФ, ф.07, оп.23а, п.18, д.234, л.17–22.

（27）ABПРФ, ф.07, оп.23а, п.18, д.234, л.8–13, 29–34, 50–55.

（28）《補充協定》原文および中国語の修正意見については、ABПРФ, ф.07, оп.23а, п.18, д.234, л.64–69 参照。

（29）ABПРФ, ф.07, оп.23а, п.18, д.234, л.64–69, 70–74, 75–76.

（30）《劉少奇年譜》下巻、第二四三頁。

（31）《毛文稿》第一冊、第二六二—二六三頁。中国がこの協定を正式に公表したのは最近のことである。《中国与蘇聯関係文献匯編（一九四九年一〇月—一九五一年一二月）》、北京：世界知識出版社二〇〇九年、第一三九—一四〇頁参照。

（32）師哲口述、李海文整理：《在歴史巨人身辺——師哲回憶録》、北京：中央文献出版社一九九一年、第四五〇頁。

（33）ABПРФ, ф.07, оп.23а, п.18, д.234, л.16.

（34）ABПРФ, ф.0100, оп.42, п.288, д.19, л.99–102; оп.43, п.315, д.142, л.53–54, 59.

（35）詳しくは沈志華：《中共進攻台湾戦役的決策変化及其制約因素（一九四九—一九五〇）》、《社会科学研究》、二〇〇九年第三期を見よ。

（36）*Foreign Relations of the United States* (*FRUS*), *1950, Vol. 6, Far East and Pacific*, Washington D.C.: GPO, 1976, pp. 294–296.

（37）ABПРФ, ф.07, оп.23а, п.18, д.239, л.1–7.

（38）《在歴史巨人身辺》、第四五四—四五六頁。

（39）世界知識出版社編：《中美関係資料匯編》第二輯、北京：世界知識出版社一九六〇年、第一九—三四頁；

АВПРФ, ф.059а, оп.5а, п.3, д.11, л.87–91.

（40）АПРФ, ф.3, оп.65, д.776, л.33–38.

（41）АВПРФ, ф.059а, оп.5а, п.3, д.11, л.92.

（42）АВПРФ, ф.07, оп.23а, п.20, д.248, л.38–55.

（43）АВПРФ, ф.07, оп.23а, п.20, д.248, л.74–79.

（44）フルシチョフは後に回想のなかで以下のように語った。毛沢東のソ連訪問中、スターリンは表向き心を込めて歓迎したが、毛沢東について好意的な感想を言うことはなかった。*Хрущев Н.С.* Воспоминания: Из бранные фрагменты, Москва: Вагриус, 1997, с.343。

（45）АПРФ, ф.45, оп.1, д.332, л.47–48；沈志華、李丹慧収集・整理：《俄国檔案原文複印件匯編：中蘇関係》（以下、《中蘇関係文件》）第一九巻、華東師範大学国際冷戦史研究中心蔵、第一一三頁。

（46）詳しくは沈志華：《従西柏坡到莫斯科：毛沢東宣布向蘇聯〝一辺倒〟》；АПРФ, ф.45, оп.1, д.329, л.9–17を見よ。

（47）АПРФ, ф.45, оп.1, д.329, л.9–17.

（48）もちろんスターリンの動機については、金日成が望む統一のための革命的行動を何度も止めることで、中国革命の正念場で犯した過ちを繰り返し、社会主義陣営に汚名を残す事態は避けたいという思惑があった可能性もある。史実から見ても、以上の推測は論理的に成立しうる。

第8章

（1）この分野での重要な研究成果として、以下のものがある：Sergei N. Goncharov, John W. Lewis, and Xue Litai, *Uncertain Partner: Stalin, Mao, and the Korean War*, Stanford: Stanford University Press, 1993; Chen Jian, *China's Road to the Korean War: The Making of the Sino-American Confrontation*, New York, Columbia University Press, 1994；逄先知、李捷：《毛沢東与抗美援朝》、北京：中央文献出版社二〇〇〇年；*Торкунов А.В.* Загадочная война: корейский конфликт 1950–1953 годов, Москва: Российская политическая энциклопедия, 2000; Andrei Lankov, *From Stalin to Kim Il Sung: The Formation of North Korea 1945–1960*, London: Hurst & Company, 2002；徐焔：《毛沢東与抗美援朝戦争》、北京：解放軍出版社二〇〇三年。

（2）Хронология основных событий кануна и начального периода корейской войны（январь 1949–октябрь 1950 гг.）, с. 35-37。これはロシア連邦外務省が外交政策アルヒーフの資料から整理したものであり、筆者はコピ

ーを所有している。

（3）中国人民解放軍軍事科学院軍事歴史研究部：《抗美援朝戦争史》第一巻、北京：軍事科学出版社二〇〇〇年、第九一―九二頁。

（4）沈志華編：《朝鮮戦争：俄国檔案館的解密文件》（以下、《朝鮮戦争文件》）、台北：中央研究院近代史研究所史料叢刊（四八）、二〇〇三年、第五六一―五六七、五七一頁；筆者二〇〇〇年九月一二日采訪柴成文（中国駐朝鮮武官）記録。中国の軍隊配備問題についての著者の新しい研究は以下を見よ。《斯大林、毛沢東与朝鮮戦争再議》、《史学集刊》二〇〇七年第一期；《朝鮮戦争初期蘇中朝三角同盟的形成》、《国立政治大学歴史学報》第三一期、二〇〇九年五月。

（5）《毛文稿》第一冊、第五三八、五三九―五四〇頁。

（6）王焰等編：《彭徳懐伝》、北京：当代中国出版社一九九三年、第四〇〇頁；《朝鮮戦争文件》、第五七六―五七七頁。

（7）《彭徳懐伝》、第四〇一―四〇三頁；聶栄臻：《聶栄臻回憶録》、北京：解放軍出版社一九八二年、第七三五頁。

（8）《在歴史巨人身辺》、第四九五―四九八頁；《彭徳懐伝》、第四〇五―四〇六頁；《毛文稿》第一冊、第五五六、五五八―五六〇頁；《朝鮮戦争文件》、第五八一―五八四、五八八―五九三、五九七―五九八頁；*Ледовский А.М.* Сталин, Мао Цзэдун и корейская война, 1950–1953 годов//Новая и новейшая история, 2005, №5, с. 108–110。

（9）《毛文稿》第一冊、第五五九―五六〇、五六四、五六七―五六八頁；《彭徳懐伝》、第四〇六―四〇七頁；中共中央文献研究室編：《周恩来年譜一九四九―一九七六》上巻、北京：中央文献出版社一九九七年、第八七頁。

（10）《朝鮮戦争文件》、第六〇〇―六〇一頁。

（11）杜平：《在志愿軍総部》、北京：解放軍出版社一九八九年、第一四一頁；《聶栄臻回憶録》、第七四〇頁。

（12）《毛文稿》第一冊、第七二二頁。

（13）《朝鮮戦争文件》、第六三五―六三六頁。

（14）《朝鮮戦争文件》、第六三九―六四六頁。

（15）《毛文稿》第一冊、第七四一―七四二頁。

（16）彭徳懐伝記編写組編：《彭徳懐軍事文選》、北京：中央文献出版社一九八八年、第三八三頁参考。

（17）彭徳懐：《彭徳懐自述》、北京：人民出版社一九八一年、第三四九―三五〇頁；王亞志：《聶栄臻将軍在抗美援朝戦争中的両次談話》、《党史研究資料》一九九二年第一一期；王亞志：《抗美援朝戦争中的彭徳懐、聶栄臻》、《軍事史林》一九九四年第一期；采訪柴成文記録：一九五一年一月一〇―一一日彭徳懐与金日成会談記録。

(18) 詳しくは沈志華：《試論一九五一年初中国拒絶聯合国停火議案的決策》、《外交評論》二〇一〇年第四期を見よ。

(19) 《聶栄臻回憶録》、第七四一―七四二頁。

(20) 《朝鮮戦争文件》、第七八六、八〇四―八〇五、八〇八―八〇九、八二八―八三一、八三八―八三九頁；柴成文、趙勇田：《板門店談判》、北京：解放軍出版社一九九二年、第一二二―一二八頁。

(21) *Волохова А.* Переговоры о перемирии в Корее (1951-1953гг.)//Проблемы дальнего востока, 2000, №2, с. 104.

(22) 中共中央文献研究室、中国人民解放軍軍事科学院編：《周恩来軍事文選》第四巻、北京：人民出版社一九九七年、第二八九―二九〇頁；編写組：《周恩来軍事活動紀事（一九一八―一九七五）》下巻、北京：中央文献出版社、二〇〇〇年、第二八〇頁；《朝鮮戦争文件》、第一一八六、一二一四―一二二一頁。

(23) 中共中央文献研究室、中央檔案館編：《建国以来周恩来文稿》第三冊、北京：中央文献出版社二〇〇八年、第四二七頁。

(24) 《朝鮮戦争文件》、第六一三―六一四頁。

(25) *Орлов А.С.* Советская авиация в корейской войне//Новая и новейшая история, 1998, №4, с. 135。

(26) 《朝鮮戦争文件》、第六二二、七〇六―七〇九、七二一頁。

(27) ЦАМОРФ（俄羅斯国防部中央檔案館）、ф.16иак, оп.178612, д.88, л.21; ф.35, оп.173543, д.73, л.52；王定烈主編：《当代中国空軍》、北京：中国社会科学出版社一九八九年、第一四一、二〇五頁。

(28) *Орлов А.С.* Советская авиация в корейской войне, с. 131.

(29) *Орлов А.С.* Советская авиация в корейской войне, с. 142-143.

(30) 中共中央文献研究室、中国人民解放軍軍事科学院編：《建国以来毛沢東軍事文稿》中巻、北京：中央文献出版社二〇一〇年、第一七頁。

(31) *Орлов А.С.* Советская авиация в корейской войне, с. 145; Jon Halliday, "Air Operation in Korea: The Soviet Side of the Story," William J. Williams ed., *A Revolutionary War: Korea and the Transformation of the Postwar World*, Chicago, 1993, pp. 149-150.

(32)《聶栄臻回憶録》、第七五七—七五八頁。

(33)《朝鮮戦争文件》、第六〇七—六〇八、六二五—六二六、六九四—六九五、七六九—七七一頁。

(34) 以上の資料は、筆者が二〇〇一年六月から九月に繰り返し王亞志にインタビューした際の記録を整理したものである。王亞志は、一九五〇年代に周恩来の軍事秘書、彭徳懐の参謀を務め、後に国防科学委員会に異動した。

(35) 彭敏主編：《当代中国的基本建設》上、北京、当代中国出版社一九八九年、第一四—一五頁。

(36) 中国社会科学院、中央檔案館編：《一九五三—一九五七年中華人民共和国経済檔案資料選編》固定資産投資和建築業巻、北京：中国物資出版社一九九八年、第三八六—三八七頁。

(37) 中国社会科学院、中央檔案館編：《一九四九—一九五二年中華人民共和国経済檔案資料選編》基本建設投資和建築業巻、北京：中国城市経済社会出版社一九八九年、第二六六、二六八、二七〇頁。

(38) 袁宝華：《赴蘇聯談判的日日夜夜》、《当代中国史研究》一九九六年第一期、第二五頁。

(39)《一九五三—一九五七年中華人民共和国経済檔案資料選編》固定資産投資和建築業巻、第三五九—三六四頁。

(40) *Филатов Л.В.* Научно-техническое сотрудничество между СССР и КНР (1949—1966)//Информационный бюллетень советско-китайские отношения, 1995, №65, с. 7-8, 102.

(41)《一九五三—一九五七年中華人民共和国経済檔案資料選編》固定資産投資和建築業巻、第三八六—三八八頁。

(42) *Филатов Л.В.* Научно-техническое сотрудничество, с. 11.

(43) 詳しくは沈志華：《蘇聯専家在中国（一九四八—一九六〇）》、北京：中国国際広播出版社二〇〇三年、第一一六—一四〇頁を見よ。

(44) *Филатов Л.В.* Научно-техническое сотрудничество, с. 9.

(45) 以下参照。中国社会科学院、中央檔案館編：《一九四九—一九五二年中華人民共和国経済檔案資料選編》工業巻、北京：中国物資出版社一九九六年、第七八七—七九一頁；*Филатов Л.В.* Научно-техническое сотрудничество, с. 11.

(46) 中ソの停戦問題における政治的対立に関する筆者の議論は、《一九五三年朝鮮停戦——中蘇領導人的政治考慮》、《世界史》二〇〇一年第三期を見よ。

第9章

(1) 人民出版社編：《関于国際共産主義運動総路線的論戦》、北京：人民出版社一九六五年、第五五―六三頁。

(2) たとえば、孫其明：《中蘇関係始末》、上海：上海人民出版社二〇〇二年、第二三九―二四〇頁。特に、「全否定」という言い方が今でも公式に使われている。中共中央文献研究室編：《毛沢東文集》第八巻、北京：人民出版社一九九九年、第三五九―三六〇頁注釈を見よ。

(3) 一九五六年二月一八、二二、二三、二六日《人民日報》。

(4) 一九五六年二月一八、二二、二三、二五日《人民日報》。

(5) 麦徳維傑夫：《赫魯暁夫的政治生涯》附録、述弢訳、北京：社会科学文献出版社一九九一年。中国語訳は、一九八九年にソ連が初めて公開したロシア語のものにもとづく。

(6) 沈志華編：《関于朝鮮停戦的俄国檔案選編》、《中共党史資料》二〇〇三年第四期、第一五〇―一七五頁参考。

(7) Правда, 13 Марта 1954г..

(8) Рейман М. Решение январского（1955г.）пленума ЦК КПСС о Г.М. Маленкове//Проблемы дальнего востока, 1999, №1, с. 31.

(9) *Фурсенко А.А.*（*главный редактор*）Президиум ЦК КПСС 1954–1964, Том 1, Черновые протокольные записи заседаний, Стенограммы, Москва: РОССПЭН, 2004, с. 88-95. ソ連共産党一九回大会で政治局が廃止され、幹部会が設立された。

(10) 戦後ソ連社会の状況に関する詳細な史料は、以下に見ることができる。沈志華執行総主編：《蘇聯歴史檔案選編》第二二、二三、二五、二六、二八、三〇巻、北京：社会科学文献出版社二〇〇二年。

(11) 《蘇聯歴史檔案選編》第二三巻、第六九四頁。

(12) 一九五三年にフルシチョフとマレンコフが経済改革を打ち出した際の状況について詳しくは、*Зубкова Е.Ю.* Маленков и Хрущев: личный фактор в политике послесталинского руководства//Отечественная история, 1995, №4, с. 109–111; *Пихоя Р.Г.* О внутриполитической борьбе в советском руководстве 1945–1958гг//Новая и новейшая история, 1995, №6, с. 8-11 参照。

(13) フルシチョフの秘密報告と以下参照。*Медведев Ж.А.* Загадка смерти Сталина//Вопросы истории, 2000, №1; *Пихоя* О внутриполитической борьбе;《蘇聯歴史檔案

選編》第二六巻、第三七〇—三七七頁。

（14）*Наумов В.П.* Был ли заговор Берии? Новые документы о событиях 1953г.//Новая и новейшая история, 1998, №5, с. 19.

（15）《蘇聯歷史檔案選編》第二六巻、第三八〇—四〇九頁；*Наумов* Был ли заговор Берии, с. 20-22, 27-28。

（16）《蘇聯歷史檔案選編》第二八巻、第四七—七二頁。

（17）*Аймермахер К.* Доклад Н.С.Хрущева о культе личности Сталина на XX съезде КПСС документы, Москва : РОССПЭН, 2002, с. 167-168.

（18）*Артизов А.и т.д. составители* Реабилитация : как это было, Документы президиума ЦК КПСС и другие материалы.В 3-х томах, Том 1, Март 1953 -февраль 1956, Москва : МФД, 2000. с. 196, 201.

（19）*Наумов В.П.* Хрущев и реабилитация жертв массовых политических репрессий//Вопросы истории, 1997, №4, с. 27 ;《赫魯暁夫的政治生涯》第六二—六三頁。

（20）*Аймермахер* Доклад Н.С.Хрущева, с. 169—172。

（21）*Фурсенко*, Президиум ЦК КПСС, с. 79, 171-172, 912 ; *Соколов А.К.* Курс советской истории 1941-1991г., Москва :《Высшаяшкола》, 1999, с. 200.

（22）*Аймермахер* Доклад Н.С.Хрущева, с. 175-177.

（23）Правда, 4 февраля 1956г.

（24）*Аймермахер* Доклад Н.С.Хрущева, с. 185-230。ソ連で政治的抑圧を受けた人の正確な数については今なお論争があり、これについては以下参照。鄭異凡：《論斯大林鎮圧問題研究的某些概念和方法》、《歴史研究》二〇〇五年第五期；馬龍閃：《蘇聯〝大清洗〟受迫害人数再考察》、《歴史研究》二〇〇五年第五期；呉恩遠：《蘇聯〝大清洗〟問題争弁的症結及意義》、《歴史研究》二〇〇六年第六期。この数は、中国で「右派」とされた人の数と同じく、正確に示すことは難しい。しかし筆者が見るに、被害者の数が多少少なかったとしても、「大粛清」とスターリンの罪の本質は変わらないと考えられる。

（25）*Аймермахер* Доклад Н.С.Хрущева, с. 234-237.

（26）*Аймермахер* Доклад Н.С.Хрущева, с. 238.

（27）*Аймермахер* Доклад Н.С.Хрущева, с. 239-240.

（28）*Аймермахер* Доклад Н.С.Хрущева, с. 241-243.

（29）*Аймермахер* Доклад Н.С.Хрущева, с. 120-133, 134-150。

（30）参見 *Аксютин Ю.В., ПыжиковА.В.* О подготовке закрытого доклада Н.С. Хрущева XX съезду КПСС в свете новых документов//Новая и новейшая истории,

2002, №2, с. 114; *Наумов В.П.* Борьба Н.С. Хрущёва за единоличную власть//Новая и новейшая история, 1996, №2, с. 15。

(31) もし違いがあるとすれば、ソ連は全面的な緊張緩和を強調したのに対し、中国、特に毛沢東は周辺諸国との平和的な共存を重視したことに留意する必要がある。

(32) この分野に関する研究は、以下参照。李海文：《周恩来在日内瓦会議期間為恢複印度支那和平進行的努力》、《党的文献》一九九七年第一期；万家安：《〈蘇中与中共聯合書面意見〉与馬共路線》、《東方文荟》、二〇〇六年八月六日、《華玲会談前的〈蘇中共聯合書面意見〉》、《東方日報》、二〇〇五年一〇月二三日；任東来：《従〝両大陣営〞理論到〝和平共処五項原則〞：中国対民族主義国家看法和政策的演変》、《太平洋学報》二〇〇〇年第四期；熊華源：《従万隆会議看周恩来和平外交思想的伝播与影響》、《当代中国史研究》二〇〇五年第六期。

(33) 張培森主編：《張聞天年譜》下巻、北京：中共党史出版社二〇〇〇年、第一〇一三頁；程中原：《張聞天伝》、北京：当代中国出版社一九九三年、第六三一頁。

(34) 《周恩来年譜》上巻、第五五四、五七九、六四八頁；《周恩来年譜》中巻、第八四―八五頁；《党的文献》一九九三年第一期、第一二頁。

(35) 一九五六年七月二日、七日《人民日報》。

(36) 《中蘇関係文件》第一一巻、第二六九〇―二七〇八頁。

(37) この問題に対する著者の詳細な研究については、《思考与選択――従知識分子会議到反右派運動》、香港：香港中文大学出版社二〇〇八年、第二章第三節および第五章を見よ。

(38) 謝・赫魯暁夫：《導弾与危機――児子眼中的赫魯暁夫》、郭家申等訳、北京：中央編訳出版社二〇〇〇年、第九七―九九頁；費奥多爾・布爾拉茨基：《赫魯暁夫和他的時代》、趙敏善等訳、北京：中共中央党校出版社一九九三年、第四四―四五頁。

(39) *Аксютин Ю.* Новоео ХХ съезде//Отечественная история, 1998, №2, с. 114-118; *Пыжиков А.* ХХ Съезд и общественное мнение//Свободная мысль, 2000, №8, с. 78-81。第四インターナショナル執行委員会とトロツキーの親族はソ連共産党第二〇回大会幹部会に書簡を送り、トロツキーおよび一九二〇年代に弾圧されたその他の反対派の名誉回復を求めた。

(40) *Аймермахер* Доклад Н.С.Хрущева, с. 609, 610 を見よ。*Аймермахер* Доклад Н.С.Хрущева, с. 559-573; *Аксютин* Новое о ХХ съезде, с. 119.

(41) 詳しい資料は以下を見よ。*Аймермахер* Доклад Н.С. Хрущева, с. 22, 28-29, 31-32, 611-612, 613-621, 625, 704-705；新華社編：《内部参考》一九五六年三月一六日第五四期、第二三三頁；三月二〇日第五八期、第三四〇—三四一頁；三月二一日第五九期、第四二六—四二七頁；五月八日第一一七期、第四九四—四九七頁。

(42)《中蘇関係文件》第一一巻、第二六二六—二六三七頁。

(43) *Аксютин* Новое о XX съезде, с. 114.

(44)《内部参考》一九五六年四月八日第一八六一期、第三八五—三九〇頁。

(45) 一九五六年七月六日《人民日報》。

(46) 詳しくは *Пыжиков* XX Съезд и общественное мнение, с. 82 を見よ。

(47) *Козлова В.А., МироненкоС.В., ЭдельманО.В.* Россия XX Век документы: Надзорные производства прокуратуры СССР по делам об антисоветской агитаций и пропаганде, аннотированный каталог, март 1953-1991., Москва, 1999 参考。

(48) 格・阿・阿爾巴托夫：《蘇聯政治内幕：知情者的見証》、徐葵等訳、新華出版社一九九八年、第五四—六二頁。

(49)《内部参考》一九五六年二月二〇日第二九期、第一七七—一七九、一八四—一八八、一九〇—一九五、一九五—一九七、二〇〇—二〇二頁。

(50)《内部参考》一九五六年二月二五日至四月四日各期。

(51) 李慎之：《毛主席是什麼時候決定引蛇出洞的》、牛漢、鄧九平主編：《六月雪・記憶中的反右派運動》、北京：経済日報出版社一九九八年、第一一七頁；戴煌：《九死一生：我的右派歴程》、北京：中央編訳局出版社一九九八年、第四—五頁；黎之：《文壇風雲録》、鄭州：河南人民出版社一九九八年、第五二頁。韋君宜の回想によると、彼女自身もフルシチョフの秘密報告について二回聞いたことがあったという。韋君宜：《我所目睹的反右風濤》、《百年潮》一九九八年第二期、第二五—二六頁。

(52)《周恩来年譜》上巻、第五五一頁。

(53) 呉冷西：《十年論戦：中蘇関係回憶録（一九五六—一九六六)》、北京：中央文献出版社一九九九年、第三—二四頁。

(54) 一九五六年四月五日《人民日報》を見よ。毛沢東が修正した箇所は以下を見よ。《毛文稿》第六冊、北京：中央文献出版社一九九二年、第五九—六七頁。

(55) 文章が発表される前日、中国共産党中央は、「各地の党委員会は、直ちに党員と非党員の間で、実践的な学習と討論を行い、学習状況と討論した際の問題を中央宣伝部に随時報告する」より指示する通知を出した。吉林省檔案館、一―一二／一―一九五六・一〇〇、第四三―四六頁。

(56) 一九五六年七月六日《人民日報》。

(57) РГАНИ（俄羅斯当代史国家檔案館）、ф.5, оп.30, д.163, л.88-99、《中蘇関係文件》第一一巻、第二五八七―二五九四頁。

(58) 《十年論戦》第三一頁；《周恩来年譜》上巻、第五六三頁。

(59) 《中蘇関係文件》第一一巻、第二六四一―二六四七頁。

(60) 《毛文稿》第六冊、第二〇四、一三八頁。

(61) 中共中央弁公庁編：《中国共産党第八次全国代表大会文献》、北京：人民出版社一九五七年、第九二頁。

(62) カナダの学者呂徳良は、「フルシチョフの秘密報告は、ソ連が社会主義陣営を主導する上で根拠としていたイデオロギー的基盤を破壊した」とうまく表現した。Lorenz M. Lüthi, *The Sino-Soviet Split: Cold War in the Communist World*, Princeton and Oxford: Princeton University Press, 2008, p. 46.

第10章

(1) 詳しくは《中蘇関係文件》第九巻、第二一五二―二一八三頁を見よ。

(2) *Коваль К.И.* Переговоры И.В. Сталина с Чжоу Эньлаем в 1953г. в Москве и Н.С. Хрущева с Мао Цзэдуном в 1954г. в Пекине//Новая и новейшая история, 1989, №5, с. 107-108. コヴァリはソ連対外貿易省の対外経済連絡を主管する次官であった。彼の記憶には誤りがあり、周恩来とスターリンのこの会談は、一九五三年初めではなく一九五二年九月に行われた。

(3) 《党的文献》一九九九年第五期、第九―一八頁；《中華人民共和国経済檔案資料選編（一九五三―一九五七）》固定資産投資和建築業巻、第三五九―三六四頁。

(4) *Коваль* Переговоры И.В. Сталина с Чжоу Эньлаем, с. 108；《党的文献》一九九九年第五期、第二一―二二頁。

(5) 《党的文献》、一九九九年第五期、第一八―二〇頁。

(6) 房維中、金沖及主編：《李富春伝》、北京：中央文献出版社二〇〇一年、第四五一頁。

(7) *Коваль* Переговоры И.В. Сталина с Чжоу Эньлаем, с. 108-111.

(8) 《党的文献》一九九九年第五期、第二四―二五頁。この後のソ連からの五億二〇〇〇万ルーブルの追加軍事借款も、これと関係があった可能性が高い。一九五〇年代のソ連による対中借款の詳細は、沈志華：《対五〇年代蘇聯援華貸款的考察》、《中国経済史研究》二〇〇二年第三期を見よ。

（9） フルシチョフの努力の過程について詳しくは《蘇聯専家在中国（一九四八―一九六〇）》、第一八二―一九二頁。

（10） 一九五八年、フルシチョフはブルガーニンの後を継いで閣僚会議議長に就任した。

（11） 《一九五三―一九五七年中華人民共和国経済檔案資料選編》固定資産投資和建築業巻、第三九〇、三九六、四三七頁。

（12） 詳しい計算は《蘇聯専家在中国（一九四八―一九六〇）》、第四〇六―四〇八頁を見よ。

（13） *Филатов Л.В.* Научно-техническое сотрудничество, c. 24.

（14） 《中蘇関係文件》第一一巻、第二八一〇―二八一三頁。中国側の推計によれば、この時期の中国におけるソ連人専門家の数はさらに多かったであろう。一九五六年六月二八日に終了した全国外国専門家招待工作会議報告は、年末までにソ連人専門家が三五〇〇人、その他の国の専門家が二〇〇人余りになると見込んでいた。遼寧省檔案館、ZE1/2/138、第七―一四頁。

（15） *Зазерская Т.Г.* Советские специалисты и формирование военно-промышленного комплекса Китая（1949-1960годы）, Санкт-Петербург, 2000, c. 60.

（16） *Филатов* Научно-техническое сотрудничество, c. 101-102. 以上の数は、統計表にもとづき筆者が算出した。一九五九年の数値は一九五八年一月の協定にもとづいて算出した。

（17） *Филатов* Научно-техническое сотрудничество, c. 16, 24.

（18） 董志凱：《中共八大対〝一五〟経済工作的分析》、《中共党史資料》総第六〇輯、第一六〇頁。

（19） 《当代中国的基本建設》上、第五五―五六、五四頁。

（20） Sergei Goncharenko, "Sino-Soviet Military Cooperation", O. A. Westad, *Brothers in Arms: The Rise and Fall of the Sino-Soviet Alliance（1945-1963）*, Stanford: Stanford University Press, 1998, p. 160.

（21） 詳しくは《蘇聯専家在中国》、第二五八―二六二頁を見よ。

（22） 中共中央宣伝部弁公庁、中央檔案館編研部編：《中国共産党宣伝工作文献匯編（一九五七―一九九二）》、北京：学習出版社、一九九三年、第一一六四頁。

（23） 福建省檔案館、一三六／九／二九四、第四―五頁。

(24)《内部参考》一九五六年三月五日第一八一七期、第一七―一九頁。

(25)吉林省檔案館、一―一二／一―一九五六、第一〇一頁；一九五六年七月六日《人民日報》。

(26)《中蘇関係文件》第一一巻、第二八三八―二八三九頁。

(27)赫魯暁夫：《赫魯暁夫回憶録》、張岱雲等訳、北京：東方出版社一九八八年、第五九九―六〇〇頁。

(28)ポーランド・ハンガリー事件の過程に関する筆者の詳細な考察は、《一九五六年十月危機：中国的角色和影響》、《歴史研究》二〇〇五年第二期を見よ。

(29)《十年論戦》、第四四―四五頁。

(30)Andrzej Werblan, Chiny a Polski Pazdziernik 1956, "Dzis", 1996r., nr10., c. 128-130.

(31)師哲、李海文整理：《波匈事件与劉少奇訪蘇》、《百年潮》一九九七年第二期、第一三頁；金冲及主編：《劉少奇伝》、北京：中央文献出版社一九九八年、第八〇四頁；逄先知、金冲及主編：《毛沢東伝（一九四九―一九七六）》、北京：中央文献出版社二〇〇三年、第六〇三頁。

(32)《蘇聯歴史檔案選編》第二七巻、第五二―五三頁；師哲：《波匈事件与劉少奇訪蘇》、第一三―一四頁。

(33)筆者は二〇〇四年四月一七日に駱亦粟にインタビューし、この情報は後に劉少奇本人が話したものであることを知った。駱亦粟は当時、ポーランド駐在中国大使館に勤務していた。なお、フルシチョフは一一月二日にティトーと会談した際、劉少奇にワルシャワに行くよう促したが、中国人はビザを取得できず、そのことで毛沢東が非常に怒ったと話している。韋利科・米丘諾維奇：《莫斯科的歳月（一九五六―一九五八）》、達洲等訳、北京：三聯書店一九八〇年、第一七九頁を見よ。

(34)Werblan, Chiny a Polski Pazdziernik 1956, c. 124-126.

(35)Leszek Gluchowski, The Soviet-Polish Confrontation of October 1956: The Situation in the Polish Internal Security Corps, Cold War International History Project Working Paper, №17, 1997, pp. 81-82.

(36)師哲：《波匈事件与劉少奇訪蘇》、第一五―一六頁；駱亦粟：《一九五六年"波蘭事件"和中国的政策》、《外交学院学報》一九九七年第三期、第四三頁；*Волков В.К. и т.д.* Советский Союз и венгерский кризис 1956года, Документы, Москва, 1998, c. 457-463。公開された宣言文は一九五六年一〇月三一日の《プラウダ》《イズベスチヤ》、一九五六年一一月一日《人民日報》を見よ。

(37) 《蘇聯歴史檔案選編》第二七巻、第三一二—三一四頁。

(38) *Волков и т.д.* Советский Союз, с. 470-471.

(39) 師哲：《波匈事件与劉少奇訪蘇》、第一六—一七頁；《毛沢東伝（一九四九—一九七六）》、第六〇四—六〇五頁；《劉少奇伝》、第八〇五—八〇六頁；*Волков и т.д.* Советский Союз, с. 457-463, 479-484。

(40) ソ連の二回目の出兵の過程に関する詳細な記述は、Y. I. Malashenko, The Special Corps under Fire in Budapest: Memoirs of an Eyewitness, Jenő Györkei and Miklós Horváth eds., *Soviet Military Intervention in Hungary 1956*, Budapest: Central European University Press, 1999, pp. 244-266 を見よ。

(41) 詳しくは沈志華《中国〝旋風〟——周恩来一九五七年一月的穿梭外交及其影響》、《冷戦国際史研究》第六輯（二〇〇八年夏季号）を見よ。

(42) 《周恩来年譜》中巻、第四—一五頁。

(43) *Хрущев Н.С.* Воспоминания: Из бранные фрагменты, Москва: Вагриус, 1997, с. 361-363.

(44) *Наумов В.П.* Борьба Н.С. Хрущёва, с. 10-31; *Пихоя Р.Г.* О внутриполитической борьбе, с. 3-14.　関連するアルヒーフ資料は *Ковалева Н. и т.д. сост.* Молотов, Маленков, Каганович. 1957, Стенограмма июньского пленума ЦК КПСС и другие документы, Москва: МФД, 1998 を見よ。

(45) *Пыжиков А.* Хрущевская “оттепель”, Москва: ОЛМА-ПРЕСС, 2002, с. 66-67; Отклики трудящихся на решения июньского (1957.) пленума ЦК КПСС//Архив исторический, 2000, №1, с. 10-20；《内部参考》一九五七年七月一二日第二二五五期、第三二—三三頁。

(46) 劉暁：《出使蘇聯八年》、北京：中共党史資料出版社一九八六年、第四九頁。

(47) 閻明復：《代序》、趙永穆等訳：《蘇聯共産党最後一個〝反党〟集団》、北京：中国社会出版社一九九七年、第一—二頁。

(48) 一九五七年七月七日《人民日報》。

(49) 《内部参考》一九五七年七月一二日第二二五五期、第三二頁。

(50) 毛沢東とミコヤンの会談記録、一九五七年七月五日。

(51) *Фурсенко* Президиум ЦК КПСС 1954-1964, Том 1, с. 259.

(52) 一九五七年一〇月二八日《人民日報》。

(53) *Фурсенко* Президиум ЦК КПСС 1954-1964, Том 1, с. 269-279.　ジューコフ事件の詳細については、*Наумов В.П.* “Дело” маршала Г.К.Жукова, 1957г.//Новая и

новейшая история, 2000, No.5, с. 87–108; No.6, с. 71–91; 2001, No.1, с. 79–99を見よ。一〇月二八、二九日に開かれた中央委員会総会で、ジューコフはソ連共産党幹部会員の職務から外された。

(54)《莫斯科的歳月》、第四三五頁。

(55)《中蘇関係文件》第一二巻、第二八六三―二八六八頁。

(56)《出使蘇聯八年》、第五〇―五一頁。

第11章

(1) 厳密には、核兵器は核弾頭のみを指すが、広義には原爆、水爆とその運搬手段のミサイル（中国語では導弾、火箭、飛弾ともいう）を含む概念であり、当時中国では先端兵器、国防新技術とも呼ばれていた。

(2) Goncharov, Lewis and Xue Litai, *Uncertain Partner*, p. 71;《在歴史巨人身辺》、第四一〇頁。

(3) ソ連初の核実験について、*Симонов Н.С.* Военно-промышленный комплекс СССР в 1920–1950-е годы: темпы экономического роста, структура, организация производства и управление, Москва: РОССПЭН, 1996, с. 224–225; Holloway, *Stalin and the Bomb*, pp. 213–219参照。

(4) Goncharov, Lewis and Xue Litai, *Uncertain Partner*, p. 71. この問題は、後にロシアの核兵器専門家からも指摘された。Gobarev, "Soviet Policy toward China", p. 3を見よ。

(5) АВПРФ, ф.07, оп.23а, п.18, д.235, л.16–19. 双方が最終的に署名したものも同じ表現を使っている（《人民日報》、一九五〇年二月一五日第二版）。この保証条項の「総力を尽くす」という表現は、周恩来が提案し、激しい議論の末にソ連がしぶしぶ同意したと考える学者もいる（Gobarev, "Soviet Policy toward China," p. 5）。しかし、この説は正しくない。先に引用した内容は、一月九日にソ連外務省が作成した条約第二稿に書かれており、このときまだ周恩来はモスクワに向かう前であったからである。沈志華：《関于中蘇条約談判研究中的幾個争議問題》、《史学月刊》二〇〇四年第八期参考。

(6) 葉子龍口述、温衛東整理：《葉子龍回憶録》、北京：中央文献出版社二〇〇〇年、第一八五―一八六頁。

(7) ЦХСД, ф.5, оп.30, д.7, л.18–20.（以下より引用。*Зазерская Т.Г.* Советские специалисты и формирование военно-промышленного комплекса Китая, с. 110.）

(8) *Симонов Н.С.* Военно-промышленный комплекс СССР, с. 215–216参照。

（9）《周恩来年譜》上巻、第一九〇頁：維克托・烏索夫（*В. Усов*）：《原子能問題是如何破壊蘇中友誼的?·》、（ロシア語）《新聞時報》二〇〇三年八月六日。筆者はこの文章をインターネットの中国語サイト（http://www.scol.com.cn）で知ったが、ロシア語サイト（www.news2.ru/）ではすでに二〇〇三年の文章を検索できなくなっている。また以下を見よ。楊明偉：《創建、発展中国原子能事業的決策》、《党的文献》一九九四年第三期、第二九頁：李琦主編：《在周恩来身辺的日子――西花庁工作人員的回憶》、北京：中央文献出版社一九九八年、第六五八頁。

（10）二〇〇一年六月、八月に筆者が王亞志にインタビューした際の記録。

（11）李琦主編：《在周恩来身辺的日子》、第六五七―六五八頁。

（12）中共中央文献研究室、中央檔案館編：《建国以来劉少奇文稿》第六冊、北京：中央文献出版社、二〇〇八年、第二一八―二一九頁。

（13）《在歴史巨人身辺》、第五七二―五七三頁：《彭徳懐年譜》、第五七八頁。原子炉を作るという提案について、この二冊の本には記述に違いがみられる。前者は当時フルシチョフが自ら提案し、毛沢東が検討すると応じたとしているが、後者は毛沢東が提案し、フルシチョフが同意したとしている。詳細は関係資料が公開されなければわからないだろう。

（14）李鷹翔が二〇一〇年三月一二日に筆者にあてた手紙による。李鷹翔は元第二機械工業部弁公庁主任で『当代中国的核工業』の主な編者の一人である。

（15）すでに公開されたロシアのアルヒーフ資料によると、当時の価格で、一九四七年から一九四九年にかけて、ソ連は核兵器の開発に一四五億ルーブルを費やし、さらに一九五一年から一九五五年にかけて、原子工業とロケット技術の研究と試験装置の計画への支出だけでも六四八億ルーブルにのぼった（*Симонов Н.С.* Военно-промышленный комплекс СССР, с. 242–244）。一方、中国の三年間の復興期における中央政府の総投資額は六二億九九〇〇万元にすぎず（《一九四九―一九五二年中華人民共和国経済檔案資料選編》基本建設投資和建築業巻、第一〇七頁）、第一次五カ年計画期間中の工業投資全体のうち実現した額は、わずか二五〇億二六〇〇万元であった（《一九五三―一九五七年中華人民共和国経済檔案資料選編》固定資産投資和建築業巻、第二頁）。一九六一年の為替レートで換算すると、それぞれ約二二億五〇〇〇万ルーブル、約五六億四〇〇〇万ルーブルに相当し、ソ連の核兵器の研究開発費用をはるかに下回る。

（16）Larry Gerber, "The Baruch Plan and the Origins of the Cold War", *Diplomatic History*, 1982, Vol. 6, No. 1, pp. 69-95 ; *Батюк В.* План Баруха и СССР// Институт Всеобщей Истории РАН, Холодная война: новые подходы, новые документы, Москва: ИВИ РАН, с. 85-98 参考。

（17）TsKhSD, f.5, op.3, d.126, ll.39-41。（以下より引用。Smirnov, Zubok, "Nuclear Weapon after Stalin's Death", pp. 14-15）。この問題について、ソ連の著名な核物理学者のカピッツァの文章と彼がフルシチョフへ宛てた手紙を参照（《蘇聯歴史檔案選編》第二六巻、第四六五―四八八頁）。

（18）詳しくは、科拉爾・貝爾：《国際事務概覧（一九五四年）》、雲汀等訳、上海：上海訳文出版社一九八四年、第一六五―一七〇頁を見よ。

（19）中共中央文献研究室編：《毛沢東文集》第六巻、北京：人民出版社一九九九年、第三六七頁。

（20）《当代中国的核工業》、第一三―一四頁；Lewis and Xue Litai, *China Builds the Bomb*, pp. 38-39。

（21）《彭徳懐伝》、第五六二頁参照。

（22）《党的文献》一九九四年第三期、第一六―一九、一三―一四頁。

（23）一九五五年二月二八日《新華月報》；一九五五年一月二八日、二月一日《人民日報》。

（24）《周恩来年譜》上巻、第四四一頁；《当代中国的核工業》、第二〇―二三頁；Lewis and Xue Litai, *China Builds the Bomb*, pp. 73-87。

（25）一九五六年一一月五日《人民日報》；《当代中国的核工業》、第二〇頁。

（26）ЦХСД, ф.4, оп.9, д.1347, p. 571, л.121-123 ；《中蘇関係文件》第一〇巻、第二五五二―二五五三頁。

（27）呉玉崑、馮百川編：《中国原子能科学研究院簡史（一九五〇―一九八五）》、一九八七年、未刊、第一五―一七頁。

（28）《周恩来年譜》上巻、第五二九―五三〇頁。

（29）《周恩来年譜》上巻、第五五九頁。

（30）Sergei Goncharenko, "Sino-Soviet Military Cooperation", p. 157 ；一九五六年九月二二日《人民日報》；《当代中国的核工業》、第二〇頁。

（31）合同原子核研究所の規定は、中華人民共和国外交部檔案館（以下、外檔とする）、一〇九―〇〇七五二―〇一、第四―三一頁を見よ。

（32）《陳賡伝》編写組：《陳賡伝》、北京：当代中国出版社二〇〇七年、第五一〇—五一一頁。

（33）一九五七年四月一八日《人民日報》。

（34）李鷹翔が二〇一〇年三月一二日、筆者に宛てた手紙。

（35）《当代中国的核工業》、第二一頁。

（36）外檔、一〇九—〇一一〇一—〇一、第二二八—二三〇、四六—四九頁。

（37）沈志華が二〇〇二年九月に孟戈非にインタビューした際の記録。孟戈非は一九五〇年代に科学院物理研究所の責任者であった。*Негин Е., Смирнов Ю.* Немного света в тяжелой воде: как СССР делился с Китаем своими атомными секретами//Итоги, октября 1996, с. 43-44。中国の資料によると、一九六〇年前半までには、原子力研究所の規模は、一九五四年末の物理研究所の一七〇人（科学技術職員は一〇〇人未満）から四三四五人に増え、そのうち一八八四人が大学・専門学校卒以上の科学技術職員であった。《中国原子能科学研究院簡史》、第二八頁を見よ。

（38）孟戈非：《未被掲開的謎底——中国核反應堆事業的曲折道路》北京：社会科学文献出版社二〇〇二年、第二四—三〇頁。

（39）《当代中国的核工業》、第一四—一六頁。

（40）《党的文献》一九九四年第三期、第二〇—二一頁。

（41）楊明偉：《創建、発展中国原子能事業的決策》、第三〇—三一頁。

（42）《周恩来年譜》上巻、第六〇五頁。

（43）《聶栄臻年譜》上巻、第六〇二頁。

（44）《中国原子能科学研究院簡史》、第二九頁。

（45）謝光主編：《当代中国的国防科技事業》上巻、北京：当代中国出版社一九九二年、第二八—二九頁；張愈：《在彭総身辺保健的日子里》、一九八四年一二月三〇日《人民日報》；《聶栄臻伝》、第五四四—五四六、五四八頁；《聶栄臻年譜》上巻、第五七五、五七七頁；《彭徳懐年譜》、第六一二頁；王亞志へのインタビュー記録。後に、組織階層の複雑さを解消し、指導機関の作業効率を高めるため、聶栄臻の提案で、一九五七年三月に中央軍事委員会は国防部五局を廃止し、所属機構とその人員を五院に統合することを命じた。

（46）一九五六年七月一八日《人民日報》。

（47）外檔、一〇九—〇〇七八六—〇九、第五九—六三頁。Morton Halperin, "Sino-Soviet Nuclear Relations, 1957-1960", Morton Halperin (ed.), *Sino-Soviet Relations and Arms Control*, Cambridge: The Massachusetts Institute of Technology Press, 1967, p. 118 参考。

(48)《聶栄臻伝》、第五六九頁。
(49)《聶栄臻年譜》上巻、第五八八頁。
(50)《聶栄臻伝》、第五六九頁；《聶栄臻回憶録》、第八〇〇―八〇一頁。
(51)聶栄臻：《聶栄臻軍事文選》、北京：解放軍出版社一九九二年、第三九五頁；《聶栄臻伝》第五七〇―五七一頁。
(52)《聶栄臻年譜》上巻、第五九一―五九二頁；《聶栄臻伝》第五七一―五七二頁。
(53)《聶栄臻年譜》上巻、第五九二―五九三頁。早くも六月の時点で、聶栄振は国務院に、ソ連に留学している学生の一部をミサイルと電子科学の専攻に回し、さらに四〇〇人の学生をソ連に追加で派遣して上述の専攻を学ばせるよう要請した。《聶栄臻伝》第五六九頁を見よ。
(54)当事者として、聶栄臻はそう感じていた。《聶栄臻回憶録》、第八〇三頁を見よ。
(55)《聶栄臻年譜》上巻、第六〇五頁。
(56)《聶栄臻年譜》上巻、第六〇八、六一二―六一三頁。
(57)外檔、一〇九―〇〇七九二―〇二、第一五―一六頁。これまでの研究者は、《聶栄臻年譜》上巻（第六一四頁）を引用し、聶栄臻の報告が七月一八日に書かれたと結論づけてきた。筆者の見解では、やはり外交部の檔案のほうが信頼できると考えられる。
(58)《聶栄臻年譜》上巻、第六一五頁；《聶栄臻伝》、第五七五頁。
(59)《周恩来年譜》中巻、第六七頁。その数日後、中国は一九五六年の原子力協定を改定するため、以前に取り決めた設備の支払いを猶予してほしいと正式に提起した。外檔、一〇九―〇〇七九二―〇二、第一七頁。
(60)外檔、一〇九―〇一七二六―〇二、第五八―五九頁。
(61)外檔、一〇九―〇〇七八七―〇四、第八一―一〇頁。
(62)《聶栄臻伝》、第五七五―五七九頁；《聶栄臻年譜》上巻、第六一九―六二〇頁。
(63)《聶栄臻年譜》上巻、第六二二頁。
(64)《周恩来年譜》中巻、第八〇頁。
(65)《聶栄臻年譜》上巻、第六二三頁；《当代中国的核工業》、第四三頁；東方鶴：《張愛萍伝》、北京：人民出版社二〇〇〇年、第七二八頁；肖勁光：《肖勁光回憶録続集》、北京：解放軍出版社一九八八年、第一七二―一七四頁；Lewis and Xue Litai, *China Builds the Bomb*, p. 62。このときの交渉で、中国側の主要な要求のうち、原子力潜水艦に関する技術資料の提供だけ受け入れられなかった。《当代中国的核工業》、第三二頁。

(66)《当代中国的核工業》、第二一—二二頁。
(67)《中国原子能科学研究院簡史》、第二九頁。
(68) 吉林省檔案館、全宗一、目録一—一四、巻号一二六、第一—一二頁。
(69)《聶栄臻回憶録》、第八〇三—八〇四頁；《聶栄臻伝》、第五七九頁；《聶栄臻年譜》下巻、第六七一頁。
(70) 楊連堂：《周恩来与中国核工業》、《中共党史研究》一九九八年第一期、第六頁。
(71) 袁成隆：《憶中国原子弾的初製》、《炎黄春秋》二〇〇二年第一期、第二五頁。ロシアの学者によると、中国の核兵器研究開発に協力したソ連人科学者の総数は六四〇人であった。烏索夫：《原子能問題是如何破壊蘇中友誼的?》を見よ。
(72) 李鷹翔が二〇一〇年三月一二日に筆者に宛てた手紙。
(73) 二〇〇一年八月一〇日に沈志華が安純祥にインタビューした際の記録。安純祥はかつて包頭核燃料ユニット工場の統括エンジニアであった。《聶栄臻伝》、第五五四頁；《聶栄臻年譜》下巻、第六五九頁；《当代中国的核工業》、第二二—二七頁。
(74)《中国原子能科学研究院簡史》、第二一頁；一九五八年九月二八日《人民日報》。受け渡しの式典の後、新しい国策映画「原子力時代に向けた躍進（原文：向原子能時代躍進）」が上映された。
(75)《聶栄臻年譜》上巻、第六二七—六二八頁。
(76) 李伶、周飛：《横空出世的中国導弾部隊》、《党史博覧》二〇〇二年第九期、第一一—一二頁。
(77)《聶栄臻年譜》上巻、第六三二頁。
(78)《横空出世的中国導弾部隊》、第一一、一四頁。
(79) 王定烈：《我軍第一所導弾学校的建立》、中国人民解放軍歴史資料叢書編審委員会編：《空軍回憶史料》、北京：解放軍出版社一九九二年、第四八一—四八五頁。
(80) 張伯華：《組建第一支地空導弾部隊的回憶》、《空軍回憶史料》、第四八九—四九三頁。
(81) 岳振華：《撃落美製U-2飛機作戦追記》、《百年潮》二〇〇二年第六期、第一七—二二頁。二〇〇二年三月二日に筆者が惲前程にインタビューした際の記録。惲前程は中国人民解放軍空軍作戦部副部長であった。
(82) *Негин Е., Смирнов Ю.* Немного света в тяжелой воде, с. 44-45.
(83) TsKhSD, f.5, op.49, roll.8862, no.41（April-December 1957）, p. 146。（以下より引用。D. Kaple, "Soviet Advisors in China in the 1950s," Westad（ed.）, *Brothers in Arms*, p. 123）
(84) 孟戈非：《未被掲開的謎底》、第二四—二九頁。

(85)　李鷹翔が二〇一〇年三月一二日に筆者に宛てた手紙。

(86)　《聶栄臻年譜》下巻、第七四二頁。

(87)　赫魯暁夫：《最後的遺言——赫魯暁夫回憶録続集》、章嘉琳等訳校、北京：東方出版社、一九八八年、第四一二—四一四頁。

第12章

(1)　《十年論戦》、第九五頁；《毛沢東伝（一九四九—一九七六）》、第七二四頁。

(2)　Президиум ЦК КПСС 1954-1964, Том 1, с. 106-107, 927.

(3)　《莫斯科的歳月》、第三四—三七頁。

(4)　毛沢東とゴムウカの会談記録、一九五七年一一月六日、一一月一五日。

(5)　Президиум ЦК КПСС 1954-1964, Том 1, с. 933.

(6)　一九五六年四月一九日《人民日報》。コミンフォルムの解散過程の研究は、詳しくは、*Гибианский Л.Я.* Как возник Коминформ. По новейшим архивным материалам//Новая и новейшая история, 1993, No. 4, с. 131-152 を見よ。

(7)　РГАНИ, ф.3, оп.12, д.68, л.52-53, *Фурсенко А.А. (гла. ред.)* Президиум ЦК КПСС. 1954-1964, Том 2, Постановления 1954-1958, Москва: РОССПЭН, 2006, с. 346-347.

(8)　Президиум ЦК КПСС 1954-1964, Том 1, с. 143, 947.

(9)　*Аймермахер К.* Доклад Н.С.Хрущева, с. 352-368. 一九五六年七月二日《プラウダ》、七月六日《人民日報》がこの決議を掲載した。

(10)　閻明復：《回憶両次莫斯科会議和胡喬木》、《当代中国史研究》一九九七年第三期、第七頁。

(11)　《莫斯科的歳月》、第二六七—二七〇頁；《周恩来年譜》中巻、第一三一—一四頁。

(12)　伍修権：《回憶与懐念》、北京：中共中央党校出版社一九九一年、第三一〇頁；《周恩来年譜》中巻、第一三頁；閻明復：《回憶両次莫斯科会議》、第七頁。

(13)　彭真の報告について、当事者の記憶は様々である。彭真の通訳であった李越然の回顧録によれば、彭真は東欧情勢がすでに安定化したと述べただけであったが、フルシチョフが共産党の国際機構の再編成について言い、彭真は中国共産党中央に報告すると述べたという。（李越然：《外交舞台上的新中国領袖》、北京：外語教学与研究出版社一九九四年、第一〇九頁。）周恩来の通訳、閻明復の回顧録によれば、彭真の報告の内容は以下のようであった。「ティトーは当時、このような会議の開催に同意したが、日程を決めるべきでないと言い、拘束力のある決定をしないよう要求した」。（《回憶両次莫斯科会議和胡喬木》、第七頁。）ソ連共産党中央委員会幹部会の会議議事録によると、モスクワが当時彭真から受け取った情報は、「ティトーは、開催が決められている社会主義国家の共産党と労働者党の代表会議に参加することに原則的に同意した」というものであった。（РГАНИ, ф.3, оп.14, д.99, л.26, Президиум ЦК КПСС, Том 1, с.991.）以上から判断するに、彭真は当時、フルシチョフに実際の状況をすべて話したのではなかった。

（14）Президиум ЦК КПСС 1954–1964, Том 1, с. 224, 990–991.

（15）閻明復、朱瑞真：《毛沢東第二次訪蘇和一九五七年莫斯科会議》（一）、《中共党史資料》二〇〇五年第四期、第一〇頁。公開された中国外交部の檔案資料のなかには、管見の限り彭真とティトーの会談に関する文書はなかったことからも、この件が極めて秘密裏に行われたことがわかる。

（16）閻明復：《回憶両次莫斯科会議》、第七頁。

（17）閻明復：《回憶両次莫斯科会議》、第七頁。

（18）《劉少奇年譜》下巻、第四〇五頁。

（19）《中華人民共和国外交史（一九五七―一九六九）》第二巻、第二〇九頁。

（20）《莫斯科的歳月》、第四一六頁。

（21）《周恩来年譜》中巻、第八四頁。

（22）楊尚昆：《我所知道的胡喬木》、《当代中国史研究》一九九七年第三期、第三頁；閻明復：《回憶両次莫斯科会議》、第七―八頁。ソ連共産党の草案は一〇月二八日に中国共産党に渡されたとする資料もある（《十年論戦》、第一二七―一二八頁；《毛沢東伝（一九四九―一九七六）》、第七二四頁）。しかし筆者がこの件について閻明復に尋ねたところ、彼は中央檔案館の記録を閲覧したとの回答であった。また、楊尚昆は中央弁公室主任であったため、この件を自ら処理している。したがって筆者はこの二人の認識のほうがより正確であると考えている。

（23）《中蘇関係文件》第一二巻、第二八六三―二八六八頁。また《毛沢東伝（一九四九―一九七六）》、第七二四―七二七頁；閻明復：《回憶両次莫斯科会議》、第九頁参照。

（24）Президиум ЦК КПСС 1954–1964, Том 1, с. 279–280, 1021–1022.

（25）呉冷西：《十年論戦》、第九六―九七頁。

(26) 詳しくは沈志華：《思考与選択》第一〇章第三節を見よ。
(27) 毛沢東とゴムウカの会談記録、一九五七年一一月六日。
(28) 《毛沢東伝（一九四九—一九七六）》、第七二八、七三三頁。
(29) 閻明復：《回憶両次莫斯科会議》、第一〇—一一頁；《十年論戦》、第九七—九九頁。
(30) 楊尚昆：《楊尚昆日記》、北京：中央文献出版社二〇〇一年、第二八九頁；閻明復：《回憶両次莫斯科会議》、第一〇—一一頁。
(31) 《毛沢東伝（一九四九—一九七六）》、第七三三—七三四頁；毛沢東とトレーズの会談記録、一九五七年一一月八日；毛沢東、ポリット、ゴランの会談記録、一九五七年一一月八日；《十年論戦》、第一〇六—一〇七、一三三—一三四頁。
(32) 閻明復：《回憶両次莫斯科会議》、第一〇—一一頁；《楊尚昆日記》、第二九〇頁。
(33) 閻明復：《回憶両次莫斯科会議》、第一一頁；Президиум ЦК КПСС 1954-1964, Том 1, с. 281, 1022.
(34) 一九五七年一一月二二日《人民日報》。
(35) 《関于国際共産主義運動総路線的論戦》、第九六—九九頁。
(36) 《十年論戦》、第一三九—一四〇頁。
(37) *Кулик Б.Т.* Советско-китайский раскол: причины и последствия, Москва, 2000, с. 42.
(38) 《十年論戦》、第一三一—一三二頁。
(39) 《十年論戦》、第一三一—一三二頁。
(40) 《毛文稿》第六冊、第六二五—六二八頁。
(41) 《楊尚昆日記》、第二九二頁；《十年論戦》、第九八—九九頁。
(42) 閻明復：《回憶両次莫斯科会議》、第一一—一二頁；《楊尚昆日記》、第二九三頁。
(43) 毛沢東とゴムウカの会談記録、一九五七年一一月一五日。
(44) 《楊尚昆日記》、第二九三頁。
(45) 《毛文稿》第六冊、第六二八—六三〇頁。
(46) 《楊尚昆日記》、第二九三頁。ゴムウカは一七日の大会で、ソ連を長とするという認識は、人為的なものではなく、歴史のなかで自然に形成された真理であると述べた。《毛文稿》第六冊、第六三九頁。
(47) 《毛文稿》第六冊、第六三九—六四〇頁。
(48) 《十年論戦》、第一三五、一四九—一五〇頁。一九五八年一月三一日、ソ連共産党中央は中国共産党中央に書簡を送り、国際的性格を持つ理論関連雑誌の出版について意見を求めた。ソ連共産党中央は、この雑誌は各国党の連合の刊行物とし、マルクス・レーニン主義の宣伝と研究、各党の経験の交流を行うだけであると提案した。二月二七日、中国共産党中央は賛同の意を示す返書を出した（《毛文稿》第七冊、第九七―九八頁）。こうして雑誌『平和と社会主義問題』が、一九五八年から一九九一年までの間、プラハで三四の言語で出版され、一四五カ国で刊行された。

(49) 《毛文稿》第六冊、第六三〇―六三八頁。

(50) 毛沢東、ポリット、ゴランの会談記録、一九五七年一一月八日。

(51) 《毛沢東伝（一九四九―一九七六）》、第七五七頁。

(52) 閻明復：《回憶両次莫斯科会議》、第九―一〇頁。

(53) 毛沢東とゴムウカの会談記録、一九五七年一一月六日。

(54) 《莫斯科的歳月》、第四五三―四五四頁。

(55) 卡徳爾：《卡徳爾回憶録（一九四四―一九五七）》、李代軍等訳、北京：新華出版社一九八一年、第一七五頁。

(56) 赫魯暁夫：《最後的遺言》、第三九四―三九五頁。

(57) 麦徳維傑夫：《赫魯暁夫伝》、肖慶平等訳、北京：中国文聯出版公司一九八八年、第一五七―一五九頁。

(58) 一九六三年九月一日《人民日報》：《毛文稿》第六冊、第六三五―六三六頁。

(59) 一九五七年一一月二〇日《人民日報》。

(60) 《十年論戦》、第一五〇―一五三頁。

(61) 吉林省檔案館、一／一―一四／一二六、第一六―三五頁。

第13章

(1) 鄧力群整理・編輯：《毛沢東読社会主義政治経済学批注和談話》、中華人民共和国国史学会一九九八年印制（未刊）、第四四、七一五頁。

(2) 詳しくは沈志華：《思考与選択》第一〇章第三節を見よ。

(3) 《葉子龍回憶録》、第一八七、二一三頁。

(4) 《毛沢東文集》第七巻、第三六五―三七六頁：吉林省檔案館、一／一―一四／六八、第一七―二三頁：《毛文稿》第七冊、第一一七頁。

(5) 薄一波：《若干重大決策与事件的回顧》、北京：中共中央党校出版社一九九三年、第六九三―六九五頁。

(6) 吉林省檔案館、一／一―一四／五九、第六―九頁：《若干重大決策与事件的回顧》、第四七一、六九五―六九六頁：李鋭：《"大躍進" 親歴記》、上海：遠東出版社一九九六年、第二九三、三一一―三一二頁。

(7) 吉林省檔案館、一／一―一四／一二六、第一―一二頁。

(8)《毛文稿》、第七冊、第二七八、二七九頁；《若干重大決策与事件的回顧》、第六九九—七〇〇頁。

(9) 福建省檔案館、一〇一／一二／二二三、第一五—一七頁。

(10) 李鋭：《廬山会議実録》、鄭州：河南人民出版社二〇〇〇年、第三—四頁。

(11) 中共中央文献研究室編：《建国以来重要文献選編》第十一冊、北京：中央文献出版社一九九五年、第四五〇頁。

(12) 吉林省檔案館、一／一—一四／七一、第六—一一頁。

(13) 吉林省檔案館、一／一—一四／七一、第二五—二八頁。

(14)《毛沢東読社会主義政治経済学批注和談話》、第六六頁。

(15)《内部参考》一九五八年一一月二〇日第二六三八期、第一一頁。

(16) 吉林省檔案館、一／一—一四／七二、第一—六頁。

(17)《内部参考》一九五八年七月二六日第二五四〇期、第一一—一四頁。

(18)《内部参考》一九五八年九月五日第二五七五期、第八—九頁。

(19)《内部参考》一九五八年九月一二日第二五八一期、第三—四頁。

(20) 一九五八年九月六日《人民日報》。

(21)《内部参考》一九五八年一一月五日第二六二五期、第二三—二四頁。

(22)《内部参考》一九五九年五月一七日第二七七四期、第一五頁；六月二〇日第二八〇三期、第一二—一四頁。

(23)《中蘇関係文件》第一二巻、第三〇〇四—三〇七九頁。

(24) 毛沢東とフルシチョフの会談記録、一九五八年八月二日。

(25) 一九五八年六月二〇日《人民日報》。

(26) 一九五九年四月二三日《人民日報》；金冲及主編：《周恩来伝》、北京：中央文献出版社一九九八年、第一四四九頁。

(27) この点については、CIAが一年後に以下のような正確な分析をしている。「中国における人民公社制度の出現は、中ソ関係を悪化させた根本的な要素であり」、「中国が進む社会主義、共産主義への道とソ連の今の姿および過去の経験との間の深刻な乖離を象徴するものであった」。Office of Current Intelligence CIA, "The Commune, The "Great Leap Forward", and Sino-Soviet Relations (August – December 1958)", 15 June 1960, Esau VIII-60, www.foia.cia.gov/cpe.asp.

(28)《中蘇関係文件》第一二巻、第三一二四—三一二七頁。

（29）北京市檔案館、一〇〇／一／四六五、第六九―七〇頁；上海市檔案館、C38/2/157、第九、一一―一二頁。

（30）《内部参考》一九五八年九月二〇日第二五八八期、第一七頁。

（31）《中蘇関係文件》第一二巻、第三一二四―三一二七頁。

（32）*Сидихменов В*. Сталин и Мао слушали нас//Новое время, №2-3, 1993, с. 40.

（33）《中蘇関係文件》第一三巻、第三三四六―三四一七頁。

（34）《内部参考》一九五八年一二月九日第二六五四期、第二四―二六頁；一九五八年一一月八日《人民日報》。

（35）丁明整理：《回顧和思考――与中蘇関係親歴者的対話》、《当代中国史研究》一九九八年第二期、第三一頁。

（36）Office of Current Intelligence CIA, "The Commune, The "Great Leap Forward," and Sino-Soviet Relations (August ― December 1958)," 15 June 1960, Esau VIII-60, www.foia.cia.gov/cpe.asp；一九五八年一一月八日、二七日《人民日報》。

（37）ジリューシンの「中蘇関係与冷戦国際学術研討会（一九九七年一〇月北京）」における発言録音（丁明整理）。

（38）《赫魯暁夫回憶録》選訳、《中共党史資料》総第七一輯、第二〇〇―二〇五頁。

（39）Office of Current Intelligence CIA, "The Commune, The "Great Leap Forward," and Sino-Soviet Relations (August ― December 1958)," 15 June 1960, Esau VIII-60, www.foia.cia.gov/cpe.asp.

（40）一九五九年二月一日《人民日報》。

（41）一九五九年一月二九日、二一日《人民日報》。

（42）《内部参考》一九五九年七月二六日第二八三一期、第一九頁。

（43）李鋭：《廬山会議実録》、第二三一―二三二頁。注目すべきは、その二カ月後、フルシチョフの訪中のためにソ連外務省が準備した背景説明的な報告のなかに、特別に次のように書かれていたことである。「中国の友人は、ソ連の社会主義建設の成果を総論としては肯定的に評価しているが、同時に、同志フルシチョフの報告の理論部分についてはほとんど触れず、しかも理論部分は、ソ連の社会主義、共産主義建設の実践にもとづくものにすぎないと考えている」。ソ連側はまた、中国の「大躍進」と人民公社は「頭がのぼせて冷静な判断ができなくなっている」のであり、マルクス・レーニン主義の社会主義、共産主義社会建設の規範に違背していると認識していた。《中蘇関係文件》第一三巻、第三〇二三―三〇二六頁を見よ。

（44）《葉子龍回憶録》、第二一五頁。

(45) 長春市檔案館、一／一一二／六〇、第一七五—一八一頁。

(46) 《十年論戦》、第一九一—一九二頁。

(47) 福建省檔案館、一〇一／一二／一一六、第五二—六四頁。

(48) 胡長水：《対〝大躍進〞的深刻批評与総結——記薄一波廬山会議前関于〝大躍進〞問題的数次講話》、《党的文献》二〇〇一年一期、第七〇—七四頁；《中蘇関係文件》第一三巻、第三一七二—三一八〇頁；《周恩来年譜》中巻、第二三八—二三九頁；*Кулик Б.Т.* Советско-китайский раскол, с. 262, 272 参照。

(49) 《毛文稿》第八冊、第三六六、三六七、三八七—三八八頁。

(50) 《毛文稿》第八冊、第三九〇—三九一頁；第四六二—四六三頁；第五〇四、五〇六—五〇七頁。

(51) 《毛文稿》第八冊、第五二七—五二八頁。

(52) 実際、フルシチョフは、共産主義の建設においてソ連共産党と中国共産党の間に違いはないと繰り返し発言している。一九五九年二月一日、二月七日《人民日報》。

(53) 公社については言うまでもないが、「大躍進」という言葉も中国人がつくったものではない。ソ連が大いに工業化を行った一九三〇年代によく使われたスローガンがまさに「大躍進」（большой скачок）であった。一九五〇年代にレニングラード大学に留学したソ連史研究者の鄭異凡は、工業化の時期に最も人口に膾炙したスローガンの一つが「大躍進」だったと、筆者に話している。

第14章

(1) これらの出来事、特に台湾海峡危機は、国内外の学術界から大きな注目を集め、研究成果も次々に出てきている。比較的重要な専門的研究には以下がある。徐焰：《金門之戦（一九四九—一九五九年）》、北京：中国広播電視出版社、一九九二年；廖心文：《一九五八年毛沢東決策炮撃金門的歴史考察》、《党的文献》一九九四年第一期；蘇格：《炮撃金門的決策及其影響》、《中共党史資料》総第六六輯（一九九八年六月）；沈衛平：《〝八・二三〞炮撃金門》、北京：華芸出版社、一九九八年；宮力：《両次台海危機的成因与中美之間的較量》、姜長斌、羅伯特・羅斯主編：《従対峙走向緩和——冷戦時期中美関係再探討》、北京：世界知識出版社、二〇〇〇年、第三六—七五頁；趙学功：《第二次台海危機与中美関係》、《当代中国史研究》二〇〇三年

第三期；楊奎松：《毛沢東与両次台海危機——二〇世紀五〇年代後期中国対美政策変動原因及趨向》、《史学月刊》二〇〇三年第一一、一二期；牛軍：《一九五八年炮撃金門決策的再探討》、《国際政治研究》二〇〇九年第三期。しかし、これらの論文は、いずれも中国の対外政策と米中関係を論じたものである。中ソ関係から見た場合、重要な研究成果は少なく、筆者は、精神分析法を用いてこの問題を研究したアメリカの学者Michael M. Sheng（盛慕真）の論文を読んだことがあるだけである。Michael M. Sheng, Mao and China's Relations with the Superpowers in the 1950s: A New Look at the Taiwan Strait Crises and the Sino-Soviet Split, *Modern China*, Vol. 34, No.4, October 2008.

（2）アメリカの学者Mark Kramer（克雷默）はチェコスロバキアのアーカイブ資料を引用して、この点を説明している。Mark Kramer, "The Warsaw Pact and the Sino-Soviet Split, 1955-1964", The Paper for An International Conference: The Cold War in Asia, Hong Kong, 1996.

（3）一九五五年五月一四日《人民日報》。

（4）Mark Kramer, The Warsaw Pact and the Sino-Soviet Split.

（5）《出使蘇聯八年》、第九一一三頁；《彭徳懐年譜》、第五九五頁。

（6）*Хрущев Н.С.* Воспоминания: Из бранные фрагменты, с. 332-333；赫魯暁夫：《最後的遺言》、第三九五—三九七頁。《阿爾希波夫的回憶》（アルヒーポフの回顧録）にも詳しく書かれているが、会談の時期はアルヒーポフの記憶違いにより一九五八年夏とされている。フルシチョフ訪中時の毛沢東とのすべての会談を見ても、この内容は見られない。

（7）これについて彭徳懐は、ソ連駐在中国大使劉暁に、いくつかの問題は議論されており、そのなかにはソ連側の考えもあれば、憶測もあると伝えた。《出使蘇聯八年》、第六〇—六一頁。

（8）外檔、一〇九—〇一〇九七—一〇、第一五〇—一五五頁；《中蘇関係文件》第一二巻、第二八七七頁。

（9）《周恩来年譜》中巻、第一二一—一二二頁。ソ連外務省はすでに一月一六日に、中国大使館にこの提案を明らかにしていた。外檔、一〇九—〇一八一三—〇一、第一—二頁。

（10）外檔、一〇九—〇一八一三—〇一、第三頁；《中蘇関係文件》第一二巻、第二九二五—二九二八頁。

（11）《周恩来年譜》中巻、第一二四—一二五頁。

(12) Yuri Smirnov and Vladislav Zubok, Nuclear Weapon after Stalin's Death: Moscow Enters the H-Bomb Age, *CWIHP Bulletin*, Issues 4, 1994, p. 16.

(13) Morton Halperin, Sino-Soviet Nuclear Relations, 1957-1960, Morton Halperin ed., *Sino-Soviet Relations and Arms Control*, Cambridge : The Massachusetts Institute of Technology Press, 1967, p. 136.

(14) 《赫魯暁夫言論（一九五八年一－四月）》第八集、北京：世界知識出版社一九六五年、第五二二頁。

(15) 一九五八年四月七日《人民日報》。

(16) 《周恩来年譜》中巻、第一三六－一三七頁。

(17) 《中蘇関係文件》第一二巻、第二九八九－二九九四頁。

(18) 外檔、一〇九－〇〇八二八－一二、第八三－八五頁；《中蘇関係文件》第一二巻、第二九三〇－二九四〇頁。

(19) 《中蘇関係文件》第一二巻、第二九三〇－二九四〇頁。フルシチョフと劉暁の会談の詳細な内容は、目下、中露双方の史料いずれにも反映されていない。

(20) 《中蘇関係文件》第一二巻、第二九四一－二九四七頁。また第三〇八〇－三〇九八頁参照。

(21) 一九五八年五月二六日《人民日報》。

(22) 「共同艦隊」は、ロシア語原文では совместный флот で、「聯合艦隊」という訳もある。

(23) 毛沢東は、一九六六年三月二八日に日本共産党代表団と会見した際、「中国とソ連が仲違いしたのは実は一九五八年のことで、ソ連は中国を軍事的に支配しようとしたが、われわれはそうしなかった」と語った。章百家：《従〝一辺倒〟到〝全方位〟——対五十年来中国外交格局演進的思考》《中共党史研究》二〇〇〇年第一期、第二四頁。

(24) 韓念龍主編：《当代中国外交》、北京：中国社会科学出版社一九八八年、第一一二頁；胡喬木：《胡喬木回憶毛沢東》（増訂本）、北京：人民出版社、二〇〇三年、第一六頁；唐家璇主編：《中国外交辞典》、北京：世界知識出版社、二〇〇〇年、第七二七、七二八頁。

(25) 一九九七年、北京で「冷戦と中ソ関係」をテーマにした国際学術会議が開かれた時点でも、七カ国二〇人以上の冷戦史研究者がこの二つの事件をめぐって熱い議論を交わしており、問題はまだ解明されていなかった。

(26) РГАЭ, ф.9452, оп.1, д.44, л.124, *Симонов Н.С.* Военно-промышленный комплекс СССР, с. 247-248, 245.

(27) 謝・赫魯暁夫：《導弾与危機》、第二六四－一六五頁；Мемуары Никиты Сергеевича Хрущева/Вопросы истории, 1993, №2, с. 88-89。

（28）《肖勁光回憶録》続集、第二〇〇—二〇一頁。
（29）徐明徳：《第一座大型超長波電台的建設》、《海軍・回憶史料》、第五〇九頁。
（30）《彭徳懐年譜》、第六八〇—六八一頁；中国軍事博物館編：《毛沢東軍事活動紀事（一八九三—一九七六）》、北京：解放軍出版社一九九四年、第九〇七頁。
（31）《毛文稿》第七冊、第二六五—二六六頁。
（32）韓念龍主編：《当代中国外交》、第一一二—一一三頁；徐明徳：《第一座大型超長波電台的建設》、第五〇八—五〇九頁；《十年論戦》、第一五七—一六〇頁。
（33）《肖勁光回憶録》続集、第一七五—一八二頁。
（34）《肖勁光回憶録》続集、第一八三—一八四頁；《周恩来年譜》中巻、第一四九頁；外檔、一〇九—〇〇八三八—〇三。
（35）《聶栄臻伝》、第五五三頁；《聶栄臻年譜》下巻、第六四三—六四四頁；羅小明：《中共中央何時批准発展核潜艇》、《党史博覧》二〇一〇年第五期、第四〇—四一頁。筆者は羅小明と話した際、羅が依拠した資料は父親の羅舜初が個人的に保管していたメモと文書であることを知った。
（36）РГАНИ, ф.3, оп.12, д.1009, л.38-39, Президиум ЦК КПСС 1954-1964, Том 1, с. 316, 1038.
（37）《阿爾希波夫的回憶》を見よ。
（38）毛沢東とユージンの会談記録、一九五八年七月二一日、以下参照。《十年論戦》、第一五七—一六〇頁；中共中央文献研究室編：《鄧小平年譜（一九〇四—一九七四）》、北京：中央文献出版社二〇〇九年、第一四四五頁。
（39）*Верещагин Б.Н.* В старом и новом Китае, Из воспоминаний дипломата, Москва: Институт Дальнего Востока, 1999, с. 119-120.
（40）毛沢東とユージンの会談記録、一九五八年七月二二日。これらの内容の抜粋は、以下に公開された。中国外交部、中共中央文献研究室編：《毛沢東外交文選》、北京：中央文献出版社、世界知識出版社一九九四年、第三二二—三三三頁。
（41）《十年論戦》、第一六〇—一六二頁。この内容は中国が発表した文献では削除されている。
（42）*Верещагин Б.Н.* В старом и новом Китае, с. 121-128. ヴェレシャーギンの回顧録は中国語の会議記録とほぼ一致しているが、やや簡略化されている。
（43）《阿爾希波夫的回憶》を見よ。
（44）*Хрущев Н.С.* Воспоминания: Из бранные фрагменты, с. 334; *Зубок В.М.* Переговоры Н.С.Хрущева с Мао

Цзэдуном//Новая и новейшая история, 2001, №1, с. 101-102; *Верещагин Б.Н.* В старом и новом Китае, с. 127.

（45）РГАНИ, ф.3, оп.12, д.1009, л.43-43об, Президиум ЦК КПСС 1954-1964, Том 1, с. 326, 1041-1042.

（46）РГАНИ, ф.3, оп.14, д.228, л.1, Президиум ЦК КПСС 1954-1964, Том 2, с. 889.

（47）*Верещагин Б.Н.* В старом и новом Китае, с. 127-129, 《周恩来年譜》中巻、第一五四頁；《劉少奇年譜》下巻、第四三五頁。

（48）*Зубок В.М.* Переговоры Н.С. Хрущева с Мао Цзэдуном//Новая и новейшая история, 2001, №1, с. 102; *Верещагин Б.Н.* В старом и новом Китае, с. 129.

（49）*Зубок В.М.* ПереговорыН. С. Хрущева с МаоЦзэдуном//Новаяиновейшаяистория, 2001, №1, с. 111-128; *Верещагин Б.Н.* В старом и новом Китае, с. 129.

（50）謝・赫魯暁夫：《導弾与危機》、第二六四―二六五頁；Мемуары Никиты Сергеевича Хрущева//Вопросы истории, 1993, №2, с. 87-88。

（51）Мемуары Никиты Сергеевича Хрущева//Вопросы истории, 1993, №2, с. 88-90; *Зубок*, Переговоры Н.С. Хрущева с Мао Цзэдуном//Новая и новейшая история, 2001, №1, с. 110.

（52）ここからさらに大きな問題が浮かび上がる。毛沢東は、なぜソ連の提案にあれほど怒ったのか。彼はただ感情的に苛立っていただけなのだろうか。この点に関する筆者の解釈は後述する。

（53）徐明徳：《第一座大型超長波電台的建設》、第五〇九―五一二頁；《肖勁光回憶録》続集、第二〇一―二〇二頁。

（54）侯向之：《憶〈二・四協定〉的簽定》、《海軍・回憶史料》、第四一三―四一五頁；《肖勁光回憶録》続集、第一八一―一八二頁；《聶栄臻年譜》下巻、第六六五頁。

（55）奥・特羅揚諾夫斯基：《跨越時空――蘇聯駐華大使回憶録》、徐葵等訳、北京：世界知識出版社一九九九年、第三一四―三一五頁。著者は、フルシチョフ訪中時の随行員であった。

（56）РГАНИ, ф.3, оп.12, д.1009, л.44-45, Президиум ЦК КПСС 1954-1964, Том 1, с. 326-327.

（57）詳しくは以下を見よ。《毛沢東伝（一九四九―一九七六）》、第一九四―一九五頁；牛軍：《三次台湾海峡軍事闘争決策研究》、第四七―四八頁；沈志華：《炮撃金門：蘇聯的應対与中蘇分岐》、《歴史教学問題》二〇一〇年第一期、第四―二一頁。筆者の観点は前者と同じだが、根拠や考え方が少し異なる。

(58) 葉飛：《毛主席指揮炮撃金門》、一九九三年一二月二四日《人民日報》参照。

(59) この点は蔣介石だけが当時最も明確に見抜いていたようだ。砲撃開始から三日目、蔣は日記に、中国共産党は嫌がらせの方法をとっており、「金門・馬祖を正式に攻撃するつもりがないことは明らかである」と書いている。一九五八年八月二五日、Hoover Institution Archives, University of Stanford。

(60) 沈衛平：《〝八・二三〟炮撃金門》、第九三一一〇〇頁。

(61) 《彭徳懐年譜》、第六七四一六七五頁。

(62) 《彭徳懐年譜》、第六九一頁。

(63) 《毛沢東伝（一九四九―一九七六）》、第八五三頁；《彭徳懐年譜》、第六九二頁。

(64) 《毛文稿》第七冊、第三二六―三二七頁。

(65) 《毛文稿》第四冊、第五三三、六二七頁。

(66) 毛沢東とユージンの会談記録、一九五八年七月二二日；《毛沢東外交文選》、第三二九―三三二頁；*Верещагин Б.Н.* В старом и новом Китае, с. 126-127. 中国が公開した文書のなかには「発表声明」についての記載はない。

(67) *Зубок В.М.* Переговоры Н.С. Хрущева с Мао Цзэдуном //Новая и новейшая история, 2001, №1, с. 111-126. 中国側の会議録には上述の内容は記載されていないが、中国側の当事者の回想は、ロシアのアルヒーフ資料の記録内容を完全に裏付けている。（閻明復、朱瑞真：《憶一九五八年毛沢東与赫魯暁夫的四次談話》、《中共党史資料》二〇〇六年第二期、第三八―五五頁。）

(68) 一九五八年八月四日《人民日報》。

(69) ソ連駐在中国大使館から外交部への電報、一九五八年八月四日、五日、六日、外檔、一〇九―〇一八一二―〇五。

(70) ソ連の新聞報道の傾向は、当時の中国の対外宣伝と完全に一致するものであった。中国外交部はコミュニケの宣伝にあたり、「中ソ両国の団結、全面協力の意義と重要性を強調しなければならない」と在外大使館に通達した。外檔、一〇七―〇〇一五二―〇三、第二七―二九頁。

(71) РГАНИ, ф.5, оп.49, д.131, л.199-202.

(72) 蔣介石日記、一九五八年八月三日、Hoover Institution Archives, University of Stanford。

(73) Memorandum of Conference with President Eisenhower, August 12, 1958, *FRUS*, 1958-1960, Vol. 19, China, Washington D.C.: GPO, 1996, pp. 50-51.

（74）Memorandum of Conversation, September 3, 1958, *FRUS*, 1958–1960, Vol. 19, China, pp. 125–126.

（75）蔣介石日記、一九五八年九月六日、Hoover Institution Archives, University of Stanford。

（76）《鄧小平年譜》、第一四四八頁。

（77）この点に関する筆者の考証は、《一九五八年炮擊金門前中国是否告知蘇聯？》、《中共党史研究》二〇〇四年第三期を見よ。

（78）《十年論戦》、第一八六頁。

（79）毛沢東とフルシチョフの談話紀要、一九五九年九月三〇日。（以下より引用。《毛沢東伝（一九四九－一九七六）》、第八五五頁。）

（80）アメリカ国立公文書館に保存されている一九七四年七月六日付の北京からワシントンへの電報。（以下より引用。Michael Share, "From Ideological Foe to Uncertain Friend", *Cold War History*, Vol. 3, No. 2, January 2003, p. 9）

（81）Переговоры Н.С. Хрущёва с Мао Цзэдуном//Новая и новейшая история, 2001, №2, с. 97–98 参照。中ソ決裂後、ソ連では、毛沢東のやり方は「公然たる二枚舌のやり方」であると称する本が書かれた。（*Агеенко К.П.* Военная помощь СССР в освободительной борьбе китайского народа, Москва：Вопниздат, 1975, с. 145.）

（82）一九五八年八月二五日《人民日報》。

（83）ЦХСД, ф.5, оп.49, д.131, р.8892, л.196–198.

（84）一九五八年八月三一日《人民日報》。

（85）八月二九日から九月三日まで『プラウダ』は台湾海峡の情勢について一一本のニュースを掲載したが、その多くは外国の新聞の評論であった。《内部参考》一九五八年九月六日第二五七六期、第一六頁を見よ。

（86）一九五八年八月三一日《人民日報》を見よ。

（87）一九五八年八月三一日、九月三日《人民日報》；瞿韶華主編：《中華民国史事紀要（一九五八年）》、台北：国史館一九九三年、第六一八－六一九頁。

（88）外檔、一一〇－〇〇四二一－〇一、第一－二頁。

（89）《毛文稿》第七冊、第三七七頁；《毛沢東伝（一九四九－一九七六）》、第八五九－八六〇頁。

（90）《周恩来年譜》中巻、第一六五－一六六頁。

（91）呉冷西：《憶毛主席──我親自経歴的若干重大歴史事件片段》、北京：新華出版社一九九五年、第七八－七九頁。

（92）アメリカ国内での検討状況について、詳細は以下参照。張曙光：《美国対華戦略：考慮与決策（一九四九－一九七二）》、上海：上海外国語大学出版社、二〇〇三年、

第二〇七―二一三頁：羅伯特・阿奇奈利：《"和平的困擾"：艾森豪威爾政府与一九五八年中国近海島嶼危機》、第一二五―一二八頁。

(93) 一九五八年九月七日《人民日報》。

(94) 一九五八年九月四日《中央日報》。

(95) 外檔、一〇九―〇〇八三三―〇四、第九四―一〇三頁。また Zubok and Pleshakov, *Inside the Kremlin's Cold War*, pp. 224-225 参照。

(96) 安・葛羅米柯：《永志不忘——葛羅米柯回憶録》、伊吾訳、北京：世界知識出版社、一九八九年、第一六八―一七〇頁；*Капица М.С.* На разных параллелях, записки дипломата, Москва: Книга и бизнес, 1996, с. 61-63；閻明復：《一九五八年炮撃金門与葛羅米柯秘密訪華》、《百年潮》二〇〇六年第五期、第一六―一八頁。また《十年論戦》、第一七八―一八一頁参照。

(97) 《周恩来年譜》中巻、第一六七頁：外檔、一〇九―〇一二一一―〇四、第三〇―三一頁。

(98) 一九五八年九月一〇日《人民日報》。

(99) 一九五八年九月七日《人民日報》。

(100) 内部では金門占領の目標を断念することが決まっていたが、九月六日に中国共産党中央が発表した宣伝綱領では、「金門・馬祖を必ず解放せよ」「台湾を必ず解放せよ」というスローガンが残された。福建省檔案館、一〇一／五／一〇七九。

(101) 《周恩来年譜》中巻、第一六九頁：叶飛：《毛主席指揮炮撃金門》：唐淑芬主編：《八二三戦役文献専輯》、台北：台湾省文献委員会、国防部史政編訳局出版一九九四年、第二七―二八頁。

(102) 《中華民国史事紀要（一九五八年）》、第七二二―七二三頁。一九五八年九月七日《人民日報》。

(103) Telegram from the Embassy in the Republic of China to the Department of State, September 8, 1958, *FRUS, 1958-1960*, Vol. 19, pp. 154-155 参照。台湾側は七機を追撃したと戦果を誇張していた。以下を見よ。秦孝儀総編纂：《総統蔣公大事長編初稿》巻八、台北：中正文教基金会出版一九七八年、第六七頁：張力：《〈王叔銘将軍日記〉中的八二三戦役》、「戦後中華民国軍事史学術研討会」提出論文、二〇〇八年八月。

(104) 《彭徳懐年譜》、第七〇一頁。

(105) 一九五八年九月一五日《人民日報》。

(106) 《周恩来年譜》中巻、第一六八頁。九月末、台湾側は国共和平交渉を求める曹聚仁の書簡を受け取り、西側のラジオ局も台湾と中国共産党が和平交渉を開始すると報じた。蔣介石は「共匪が米中を離間すべく使った技が姑息なことに嘆息した」。蔣介石日記、一九五八年九月三〇日、Hoover Institution Archives, University of Stanford。

(107) 外檔、一一一―〇〇一四六―〇一、第一三―一八頁。同日、中国側はソ連大使館に草案を手渡した。ЦХСД, ф.5, оп.49, д.131, л.244。

(108) 《毛文稿》第七冊、第四一六頁。

(109) 王炳南：《中美会談九年回顧》、北京：世界知識出版社一九八五年、第七二―七三頁。

(110) 外檔、一一一―〇〇一四六―〇二、第二二―二五頁；一一一―〇〇一四六―〇三、第三六―四一頁。

(111) РГАНИ, ф.5, оп.49, д.131, л.236-241；外檔、一〇九―〇〇八三三―〇一、第四―二〇頁。

(112) 《毛沢東外交文選》、第三五三頁。

(113) 《内部参考》一九五八年九月一二日第二五八一期、第四―六頁；一九五八年九月一六日第二五八四期、第二八頁。

(114) 外檔、一〇九―〇〇八三三―〇一、第四―二〇頁；ЦХСД, ф.5, оп.49, д.131, л.242-243。書簡の全文は、一九五八年九月二一日《人民日報》を見よ。

(115) Intelligence Report, No. 7799, Peiping's Present Outlook on the Taiwan Strait Situation, September 18, 1958, MF2510409-0135, Main Library of the University of Hong Kong.

(116) 《出使蘇聯八年》、第六二―六五頁；《周恩来軍事活動紀事》下巻、第四六七―四六八頁。

(117) 《毛文稿》第七冊、第四四九頁。

(118) 《紅星報》、一九五八年九月二五日。（以下より引用。*Агеенко К.П.* Военная помощь СССР, с. 145。）

(119) 《十年論戦》、第一八六―一八七頁。

(120) 《出使蘇聯八年》、第七一頁。

(121) Мемуары Никиты Сергеевича Хрущева//Вопросы истории, 1993, №2, с. 80-81.

(122) 外檔、一〇九―〇〇八三八―〇三、第六―七頁。

(123) 外檔、一〇九―〇〇八二九―一六、第八九―九六頁。

(124) 《周恩来年譜》中巻、第一八六頁；Президиум ЦК КПСС 1954-1964, Том 1, с. 337, 1046。

(125) 中ソ決裂後も、中国は台湾海峡危機の際にソ連が支持をしていたと認めていた。一九六三年九月一日《人民日報》を見よ。

(126) 一九五八年九月一〇、二〇、二一日《人民日報》。

(127) 一九五八年九月一七日《人民日報》。

(128) 外檔、一一〇―〇〇四二一―〇一、第三―四頁。

(129) 一九五八年九月二一日《人民日報》。

(130) Президиум ЦК КПСС 1954-1964, Том 1, с. 334, 1044-1045; Том 2, с. 891-893.

(131) РГАНИ, ф.5, оп.49, д.131, л.255-263.

(132) 外檔、一〇九—〇〇八三三—〇二、第五六—五七頁。

(133) 外檔、一〇九—〇〇八三三—〇二、第五八—七一頁。

(134) 外檔、一〇九—〇〇八三三—〇二、第七二—八一頁。*Верещагин Б.Н.* В старом и новом Китае, с. 143；《毛沢東伝（一九四九—一九七六）》、第八七七—八七八頁参照。

(135) 中共中央文献研究室、中国人民解放軍軍事科学院編：《建国以来毛沢東軍事文稿》中巻、北京：中央文献出版社二〇一〇年、第四三六—四三七頁。

(136) 一九五八年九月三〇日、一〇月三日、一〇月一五日《人民日報》参照。

(137) Мемуары Никиты Сергеевича Хрущева//Вопросы истории, 1993, №2, с. 81-83; *Хрущев Н.С.* Воспоминания: избранные фрагменты, Москва: Вагриус, 1997, с. 334-335；謝・赫魯暁夫：《導弾与危機》、第二六六—二六八頁；赫魯暁夫：《最後的遺言》、第四一三—四一五頁。

(138) 阿爾希波夫：《蘇中衝突大事記》と《阿爾希波夫的回憶》を見よ。

(139) 一九六〇年春、対外貿易部部長の李強がモスクワで貿易交渉を行った際、ソ連代表団のメンバーが、協議によると中国に原爆の見本を提供するはずであったが、誰か（フルシチョフを指す）が同意せず、仕方がなかったとの見解を示したという。筆者が宿世芳にインタビューした際の記録、二〇〇一年一〇月二九日。宿世芳は当時、ソ連駐在中国大使館商務参事官処で働いていた。

(140) 外檔、一〇九—〇〇八三八—〇三、第九頁。

(141) 謝・赫魯暁夫：《導弾与危機》、第二六八頁。

(142) 《当代中国的核工業》、第三二頁。

(143) *Негин Е., Смирнов Ю.* Немного света в тяжелой воде, с. 44-45.

(144) 赫魯暁夫：《最後的遺言》、第四一二—四一三頁。

(145) 外檔、一〇九—〇二五六三—〇一、第一—三頁。

(146) 劉柏羅：《従手榴弾到原子弾——我的軍工生涯》、北京：国防工業出版社一九九九年、第一一頁；林中斌：《龍威：中国的核力量与核戦略》、劉戟鋒等訳、長沙：湖南出版社、一九九二年、第一六七頁。

(147) 宋任窮：《春蚕到死絲方尽》、《我們的周総理》、北京：中央文献出版社一九九〇年、第六九頁。

(148) 金冲及主編：《周恩来伝》、第一七四三—一七四四頁：

李琦主編：《在周恩来身辺的日子》、第六六三頁。

(149)《周恩来年譜》中巻、第二五六頁。

(150)《聶栄臻年譜》下巻、第七〇二―七〇三、七〇五、七〇八、七一五頁。

(151)《聶栄臻年譜》下巻、第七一二頁。

(152) ソ連の軍事専門家については、一九六三年五月；《聶栄臻年譜》下巻、第七一五頁。

(153) ЦХСД, ф.4, оп.16, д.767, л.18。（以下より引用。*Зазерская Т.Г.* Советские специалисты, с. 106–107, 122–123）

(154)《聶栄臻年譜》下巻、第七四二頁。

(155)《中国原子能科学研究院簡史》、第一〇九頁。

(156)《当代中国的核工業》、第三三頁。それでもソ連人専門家の多くが、個人的に、中国の同僚のもとに多くの重要な資料を残していったことは、指摘しておかなければならない。詳しくは、《蘇聯専家在中国（一九四八―一九六〇）》、第三七一―四〇三頁を見よ。

(157) 李鷹翔が二〇一〇年三月一二日に筆者に宛てた手紙。《当代中国的核工業》、第三三―三四頁。

(158)《建国以来毛沢東軍事文稿》下巻、第一〇〇頁。

第15章

(1) 中印衝突が中ソ関係に与える影響について論じた論文として、注目されるものには以下がある。M.Y. Prozumenschikov, "The Sino-Indian Conflict, the Cuban Missile Crisis, and the Sino-Soviet Split, October 1962: New Evidence from the Russian Archives," *Cold War International History Project Bulletin*, Issues 8-9, Winter 1996/1997, pp. 251-257；戴超武：《中印辺界衝突与蘇聯的反應和政策》、《歴史研究》二〇〇三年第三期、第五八―七九頁；Chen Jian, "The Tibetan Rebellion of 1959 and China's Changing Relations with India and the Soviet Union," *Journal of Cold War Studies*, Volume 8, Issue 3 (Summer 2006), pp. 54-101。

(2) 国務院弁公庁大事記編写組：《中華人民共和国中央人民政府大事記（送審稿）》第五巻、一九九一年、未刊、第二〇〇―二〇二頁；外檔、一〇五―〇〇六五〇―〇一、第一八―二五頁；新華社：《関于西藏叛乱事件的資料》、一九五九年三月二九日、未刊；卡・古普塔：《中印辺界秘史》、王宏緯等訳、北京：中国藏学出版社、一九九〇年、第七一―七三頁；Chen Jian, "The Tibetan Rebellion of 1959," pp. 55-99；ЦХСД, ф.5, оп.49, д.238, р.8929, л.42-48。

（3）外檔、一〇五—〇〇六五〇—〇一、第一二—一七頁。

（4）中華人民共和国外交部編印：《中国和印度関于両国在中国西藏地方的関係問題、中印辺界問題和其他問題来往文件匯編（一九五〇年八月至一九六〇年四月）》（以下、《中印往来文件匯編》）、未刊、第五五頁。

（5）外檔、一〇五—〇〇六五〇—〇一、第一二—一七頁；外檔、一〇五—〇〇六五八—〇二、第四一—七五、七四—一八一頁。

（6）呉冷西：《憶毛主席》、第一二二頁。

（7）呉冷西：《憶毛主席》、第一一七—一一九頁；《周恩来年譜》中巻、第二一九頁。

（8）呉冷西：《憶毛主席》、第一二六頁。

（9）РГАНИ, ф.5, оп.30, д.302, л.40-49.

（10）外檔、一〇九—〇一三五四—〇四、第五四頁；一九五九年四月一日《人民日報》。

（11）ЦХСД, ф.5, оп.49, д.238, p.8929, л.42-48.

（12）外檔、一〇九—〇一三五四—〇二、第七—一二頁；《内部参考》一九五九年五月一日第二七六三期、第二二—二三頁。

（13）TsKhSD, f.5, op.30, d.302, l.75.（以下より引用。Prozumenschikov, "The Sino-Indian Conflict", *CWIHP Bulletin*, Issues 8-9, Winter 1996/1997, p. 251。）

（14）外檔、一〇九—〇一三五四—〇四、第六二—六三頁；《内部参考》一九五九年一二月九日第二九三〇期、第一四—一五頁；外檔、一〇五—〇〇九四六—〇四、第三八—四〇頁。

（15）外檔、一〇九—〇一三五四—〇四、第五五—五六頁。

（16）外檔、一〇九—〇一三五四—〇四、第六〇—六一頁。

（17）外檔、一〇五—〇〇六五七—〇三、第九—一一頁。

（18）外檔、一〇五—〇〇六五九—〇三、第一六四頁。

（19）古普塔：《中印辺界秘史》、第六二—六九頁；編写組：《中印辺境自衛反撃作戦史》、北京：軍事科学出版社一九九四年、第八六—八八頁。

（20）《中印往来文件匯編》、第一七二—一八三頁。三月二三日のネルーの書簡に対する周恩来の返信、すなわち九月二六日の書簡については、第一八四—一九〇頁を見よ。シムラ会議の中国側の檔案資料は、現在台湾中央研究院近代史研究所檔案館に所蔵されている。中国の檔案資料の記載によると、中国側からは陳貽範（Ivan Chen）が一九一四年のシムラ会議に参加し、この会議でたしかに中印国境に関する条約が締結された。しかし四月二八日、中国外交部は陳貽範にこの条約は無効であることを英国に伝えるよう指示した。七月三日の会議終了まで、中国側は条約に署名することに同意せず、この問題に関する今後の会議への参加も拒否した。詳しくは唐屹等編：《外交部檔案叢書・界務類第五冊・西藏巻（一）》、台北：中華民国外交部編印、二〇〇五年、第一－五五頁を見よ。

(21) 広西檔案館、X五〇－三－六、第九九－一二〇頁。

(22) 内維爾・馬克斯韋爾：《印度対華戦争》、陸仁訳、北京：世界知識出版社一九八一年、第一〇〇－一〇一、一一二－一一五頁；《中印辺境自衛反撃作戦史》、第九五－九六頁；《周恩来年譜》中巻、第三一五－三一六頁。東部国境におけるインドの国境管理の状況とマクマホン・ラインを示した地図については、外檔、一〇五－〇〇九四四－〇二、第五三－六〇頁を見よ。

(23) 外檔、一〇五－〇〇九四四－〇三、第六一－七二頁。

(24) 外檔、一〇九－〇一九四一－〇四、第三八頁；一〇九－〇一三五四－〇四、第六九頁。

(25) 《十年論戦》、第二一一－二一二頁。

(26) 外檔、一〇九－〇〇八七〇－〇一、第三二－三九頁。

(27) 《周恩来年譜》中巻、第二五二－二五三頁。

(28) 《中蘇関係文件》第一三巻、第三一九七－三一九九頁。

(29) 《十年論戦》、第二一〇頁。

(30) *Кулик Б.Т.* Советско-китайский раскол, с. 292；《中華人民共和国外交史》第二巻、第二二八頁。

(31) 《中華人民共和国外交史》第二巻、第二二八－二二九頁；外檔、一〇九－〇〇八七三－一二、第七六－七九頁；《十年論戦》、第二一三－二一四頁。ソ連の声明の全文は一九五九年九月一一日《人民日報》を見よ。

(32) 詳しくは一九五九年九月一〇、一一、一二日《人民日報》を見よ。

(33) 外檔、一〇五－〇〇九四六－〇四、第三六－三七、三八－四一頁。

(34) АВПРФ, ф.0100, оп.52, д.11, п.443, л.181.（以下より引用。*Кулик Б.Т.* Советско-китайский раскол, с. 292; TsKhSD, f.5, op.30, d.246, Prozumenschikov, "The Sino-Indian Conflict," *CWIHP Bulletin*, Issues 8-9, Winter 1996/1997, p. 251）

(35) 《中蘇関係文件》第一三巻、第三三四六－三三四一七頁。インド財務省が発表した情報によると、独立から一九五九年一一月三日までに、世界銀行を含むアメリカからインドが受けた援助は一一三億三〇〇〇万ルピーに達し、特に一九五八から一九五九年にはアメリカ政府機関による援助が急増し、それまでの総額の四三・七%を占めたとされている。（外檔、一〇五－〇一〇〇一－〇四、第二六－二八頁。）一九五九年三月と五月だけで、アメリカはインドに一二億九〇〇〇万ルピーの借款を提供した。（外檔、一〇五―〇〇九四六―〇一、第一―二頁。）

(36) 外檔、一〇五―〇〇九四四―〇七、第八五―八六頁。

(37) 《中蘇関係文件》第一三巻、第三二五〇―三二五六頁。

(38) 福建省檔案館、一〇一／一二／三七四、第一七二頁。

(39) Мемуары Никиты Сергеевича Хрущева//Вопросы истории, 1993, №3, с. 69；外檔、一〇五―〇〇九四六―〇四、第三六―三七頁。

(40) 外檔、一〇九―〇一三五四―〇四、第六九頁。

(41) РГАНИ, ф.5, оп.30, д.303, л.82.

(42) 《毛文稿》第八冊、第二四七―二四九、二六九頁。

(43) 《毛文稿》第八冊、第二六九頁；《周恩来年譜》中巻、第二二四―二二五頁。

(44) 外檔、一〇五―〇〇九四六―〇四、第三六―三七、四一頁。

(45) 《周恩来年譜》中巻、第二二七頁。

(46) 《内部参考》一九五九年九月九日第二八六六期、第一九―二三頁。

(47) *Кулик Б.Т.* Советско-китайский раскол, с. 293-294；外檔、一一一―〇〇八七四―〇二、第七―二〇頁；《毛文稿》第八冊、第四五九―四六〇頁。

(48) 一九五九年八月五日《人民日報》。八月一四日、ソ連が新聞にこの社説の抜粋を掲載した際、上述の内容は省略されていた。外檔、一〇九―〇一三五三―〇五、第二一四―二四一頁を見よ。

(49) 一九五九年九月一七日《人民日報》。

(50) 《十年論戦》、第二一九頁。

(51) 《十年論戦》、第二〇四頁。

(52) 一九五九年九月二〇日《人民日報》。

(53) *Шепилов Д.Т.* Воспоминания Д.Т. Шепилова//Вопросы истории, 1998, №10, с. 30.

(54) *Капица М.С.* На разных параллелях, с. 68；麦徳維傑夫：《赫魯暁夫伝》、第一九六頁。

(55) 閻明復、朱瑞真：《一九五九年赫魯暁夫訪華的前前後後》《中共党史資料》二〇〇六年第四期、第三一―三二頁。

(56) 一九五九年一〇月一日《人民日報》。

(57) 閻明復、朱瑞真：《一九五九年赫魯暁夫訪華的前前後後》、第三三―三四頁。

(58) 一九五九年一〇月一日《人民日報》。

(59) *Капица М.С.* На разных параллелях, с. 68；李越然：《外交舞台上的新中国領袖》、第一六四頁。

(60) この会談の内容については、特に注記がない限り、以下からの引用である。*Зубок В.М.* Переговоры

Н.С.Хрущева с Мао Цзэдуном 31 июля-3 августа 1958г. и 2 октября 1959г.//Новая и новейшая история, 2001, №2, с. 94-106.

(61)《阿爾希波夫的回憶》を見よ。

(62)一九五九年一〇月五日《人民日報》。

(63)《阿爾希波夫的回憶》；中共中央聯絡部編印：《赫魯暁夫言論（一九五九）》第四冊、一九五九年一二月、未刊、第七一四―七一五頁。

(64)《十年論戦》、第二二七―二二八頁。

(65)ЦХСД, ф.5, оп.49, д.235, л.. 89-96.

(66)特羅揚諾夫斯基：《跨越時空》、第二〇一頁。

(67)Президиум ЦК КПСС 1954-1964, Том 1, с. 389-390.

(68)Президиум ЦК КПСС 1954-1964, Том 3, с. 55

(69)コンカ峠事件に関して、中国側の主張は、以下を見よ。外檔、一〇九―〇〇八七〇―〇三、第四七―五二頁；一九五九年一〇月二四日《人民日報》。インド側の主張は、馬克斯韋爾：《印度対華戦争》、第一一六頁を見よ。

(70)《中印往来文件匯編》、第二一二―二一三頁；古普塔：《中印辺界秘史》、第七一頁。

(71)《周恩来年譜》中巻、第二六五―二六六頁；《毛沢東伝（一九四九―一九七六）》、第一〇二三―一〇二四頁。

(72)外檔、一〇五―〇〇四〇八―〇一、第七、八頁。

(73)馬克斯韋爾：《印度対華戦争》、第一四〇頁；《中印往来文件匯編》、第二一四―二一九頁。

(74)《中蘇関係文件》第一三巻、第三二五〇―三二五六、三二六九―三二七一頁。

(75)外檔、一〇九―〇一三五四―〇二、第三〇、三一頁；一〇九―〇一三五四―〇三、第四一頁。

(76)外檔、一〇五―〇〇九四六―〇四、第四二頁。

(77)外檔、一〇五―〇〇九四六―〇四、第四五、四九頁。

(78)外檔、一〇九―〇〇八八二―〇一、第三頁。

(79)《内部参考》一九五九年一一月一一日第二九〇六期、第二六頁；一一月一八日第二九一二期、第一六―一七頁；一一月二〇日第二九一四期、第一二頁。

(80)外檔、一〇五―〇〇九四六―〇四、第四八頁。

(81)外檔、一〇五―〇〇九四六―〇四、第四六―四七頁。

(82)《周恩来年譜》中巻、第二六五―二六六頁；薄一波：《若干重大決策与事件的回顧》下巻、北京：中共中央党校出版社一九九三年、第一一四一―一一四二頁；《毛沢東伝（一九四九―一九七六）》、第一〇二二―一〇二三頁。

(83)《若干重大決策与事件的回顧》下巻、第一一四三―一一四四頁；《毛沢東伝（一九四九―一九七六）》、第一〇二七頁。

(84) ЦХСД, ф.5, оп.49, д.235, л.107-110, *CWIHP Bulletin*, Issue10, March 1998, pp. 169-170.

(85) 《十年論戦》、第一二三〇頁。

(86) 《毛沢東伝（一九四九—一九七六）》、第一〇二八頁；《十年論戦》第一二三〇—一二三五頁；《毛文稿》第八冊、第五九九—六〇三、六〇四頁。

(87) ЦХСД, ф.2, оп.1, д.415, л.56-91,《中蘇関係文件》第一三巻、第三二八八—三三二四頁。

(88) ЦХСД, ф.2, оп.1, д.416, л.1-9, 沈志華整理・編輯：《俄国檔案原文複印件匯編：蘇聯歴史》（以下《蘇聯歴史文件》）第一五巻、華東師範大学冷戦国際史研究中心、第二五一—二五九頁。英訳は *CWIHP Bulletin*, Issues 8-9, Winter 1996/1997, pp. 418-420 を見よ。

(89) ЦХСД, ф.2, оп.1, д.416, л.10,《蘇聯歴史文件》第一五巻、第二六四頁。英訳は *CWIHP Bulletin*, Issues 8-9, Winter 1996/1997, p. 420 を見よ。

(90) 一九五九年一二月二三日《人民日報》。

(91) 一九五九年一二月二六日《人民日報》。

(92) 外檔、一〇九—〇二〇六四—〇二、第三七—四一頁。

(93) 外檔、一〇九—〇二〇七八—〇一、第一—四頁。

(94) 外檔、一〇九—〇二〇六四—〇二、第四二—四八頁。

(95) 外檔、一〇九—〇二〇七七—〇四、第三七—三九頁。フルシチョフの報告の全文は一九六〇年一月一六日《人民日報》を見よ。

(96) 毛のこの話について、筆者は一部異なるがおおまかに同じ内容の三つの記録を見たことがある。《林克日記》（手稿）、未刊、第一二二—一二六頁；福建省檔案館、一〇一／一二／一一七、第七頁；《毛沢東伝（一九四九—一九七六）》、第一〇四九—一〇五〇頁。

(97) 内蒙古自治区檔案館、一一—一四—二七二、第二頁。

【第Ⅳ部】（下巻）
牛　軍（ぎゅう　ぐん）
北京大学国際関係学院教授
中国人民大学で博士号取得。研究分野は、中国外交史、アメリカ外交、中米関係史など。主要論著に『冷戦と中国』（編著、世界知識出版社 2002 年）、『中米関係史 1994-1972』（上海人民出版社 1999 年）、『冷戦期中国外交の政策決定』（社会科学文献出版社 2012 年）、『アメリカのグローバル戦略』（鷺江出版社 2000 年）など。

【訳者】
熊倉　潤
法政大学法学部国際政治学科教授
2009 年東京大学文学部歴史文化学科（東洋史）卒業。2011 年東京大学大学院法学政治学研究科（旧ソ連政治史）修士課程修了。同研究科（国際政治）博士課程在学中の 2012 年から 2016 年にかけて米イェール大学、ロシア人文大学、中国北京大学に留学。2016 年同博士課程修了。博士（法学）。日本学術振興会海外特別研究員、台湾国立政治大学客座助研究員、アジア経済研究所研究員などを経て、2021 年法政大学法学部国際政治学科准教授。23 年から現職。主な著書に『新疆ウイグル自治区――中国共産党支配の 70 年』（中央公論新社、第 17 回樫山純三賞〈一般書部門〉受賞）、『民族自決と民族団結――ソ連と中国の民族エリート』（東京大学出版会）、『習近平の中国』（共著・東京大学出版会）、『世界珍食紀行』（共著・文藝春秋）など。

編者・執筆者・訳者紹介【所属は刊行時】

【編者】・【第Ⅱ部】（上巻）
沈　志華（しん　しか）
華東師範大学歴史学部教授、冷戦国際史研究センター主任、周辺国家研究院院長
1950 年北京生まれ。68 年に解放軍入隊（71 年まで）。北京石景山発電所、北京電力管理局勤務を経て、79 年に中国社会科学院世界史系大学院入学。82 年、深圳（シンセン）でビジネスに従事したのち、92 年、民間学術団体の中国史学会東方歴史研究センター（後に北京東方歴史学会に改名）を設立、続いて「東方歴史研究出版基金」を創設。中国人民大学、北京大学、香港中文大学、米国ウィルソンセンターなどで客員教授、研究員を歴任した後、2005 年、華東師範大学歴史学部の終身教授、同大学冷戦国際史研究センター主任に就任、2016 年 6 月、新設の同大学周辺国家研究院の院長に任命される。専門は冷戦史、ソ連史、中朝関係史、朝鮮戦争など。
著書に『中ソ同盟と朝鮮戦争研究』（広西師範大学出版社、1999 年）、『最後の天朝――毛沢東・金日成時代の中国と北朝鮮』（岩波書店、2016 年、第 29 回アジア・太平洋賞大賞受賞、第 33 回大平正芳記念賞特別賞受賞）など。

【第Ⅰ部】（上巻）
楊　奎松（よう　けいしょう）
華東師範大学（上海）歴史系教授。中国における中共党史、当代史研究の第一人者で、歴史学界のカリスマ的存在。主な著作に『西安事変新探―張学良与中共関係之謎』（江蘇人民出版社、2006 年）、「毛沢東与莫斯科的恩恩怨怨』（江西人民出版社、2008 年）などがあり、新史料に基づいて中国現代史の謎を次々に解明している。昨年、その一連の主著が著作集『革命』（全 4 巻、広西師範大学出版社）にまとめられ、大きな反響を呼んでいる。

【第Ⅲ部】（下巻）
李　丹慧（り　たんけい）
華東師範大学冷戦国際史研究センター研究員
華東師範大学国際冷戦史センター研究員、『国際冷戦史研究』誌編集長。主要著書 :『中国とインドシナ戦争』（編著 2000 年）、『北京とモスクワ : 同盟から対抗まで――中ソ関係論文集』（2002 年）

中ソ関係史　上　1917-1960

2024年10月31日　初　版

［検印廃止］

編　者　沈《しん》　志華《しか》

訳　者　熊倉《くまくら》　潤《じゅん》

発行所　一般財団法人　東京大学出版会

代表者　吉見俊哉

153-0041 東京都目黒区駒場 4-5-29
http://www.utp.or.jp/
電話 03-6407-1069　Fax 03-6407-1991
振替 00160-6-59964

装　幀　大倉真一郎
印刷所　大日本法令印刷株式会社
製本所　牧製本印刷株式会社

ISBN 978-4-13-026179-1　Printed in Japan

沈　志華　中ソ関係史　下　一九六〇－一九九一　A5　五四〇〇円

高原明生他編　日中関係　二〇〇一－二〇二二　A5　三五〇〇円

有賀　貞著　現代国際関係史　一九四五年から二一世紀初頭まで　A5　三五〇〇円

高原明生他編　日中関係史　一九七二－二〇一二（全四巻）　A5　三〇〇〇～三八〇〇円

木宮正史他編　日韓関係史　一九六五－二〇一五（全三巻）　A5　三六〇〇～四〇〇〇円

川島　真他著　日台関係史　一九四五－二〇二〇　増補版　A5　二八〇〇円

ここに表示された価格は本体価格です．ご購入の際には消費税が加算されますのでご了承下さい．